Das Buch

Viele Menschen, aber auch Dörfer, Städte, ja sogar ganze Landstriche tragen ihre Namen. Ihre Biographien lieferten die Motive für zahllose Werke der bildenden Kunst und der Literatur. Sie beherrschen den Kalender vom ersten bis zum letzten Tag des Jahres. Und sie können durch das ausgedehnte und weitverzweigte Netz der Christianisierung, das sie schufen, als die eigentlichen Schmiede des heutigen Europa angesehen werden. Wer also waren sie, diese Heiligen? Abweichend von der Tradition der ›Legenda aurea‹, Heiligenviten lexikalisch aneinanderzureihen, verleiht die französische Historikerin Régine Pernoud jenen Frauen und Männern, die ein Jahrtausend prägten, Lebendigkeit und Plastizität. Sie stellt sie in den abenteuerlichen Rahmen ihrer Zeit, vom 5. bis zum 14. Jahrhundert, und veranschaulicht ihre Herkunft, soziale Stellung sowie ihre Beziehung zu den Zeitgenossen als Leitbilder und Vorkämpfer für Christentum und Zivilisation. Régine Pernoud gewährt einen faszinierenden Einblick in eine Epoche, die die christlichste Europas war.

Die Autorin

Régine Pernoud zählt zu den führenden Historikerinnen Frankreichs. In über zwanzig Werken hat sie sich seit mehr als vierzig Jahren mit dem Mittelalter beschäftigt. Bereits 1946 erhielt sie den Prix Fémina, und sie ist Offizier der Ehrenlegion. Auf deutsch liegen von ihr u. a. vor: ›Königin der Troubadoure. Eleonore von Aquitanien‹ (1966), ›Christine de Pizan‹ (1990), ›Herrscherin in bewegter Zeit. Blanca von Kastilien, Königin von Frankreich‹ (1991), ›Heloise und Abaelard‹ (1991), ›Der Abenteurer auf dem Thron. Richard Löwenherz, König von England‹ (1994).

Régine Pernoud:

Die Heiligen im Mittelalter
Frauen und Männer, die ein Jahrtausend prägten

Mit einem Kapitel über die deutschen Heiligen im Mittelalter von Klaus Herbers

Aus dem Französischen von Sybille A. Rott-Illfeld

Deutscher
Taschenbuch
Verlag

dtv

Von Régine Pernoud
sind im Deutschen Taschenbuch Verlag erschienen:
Königin der Troubadoure (30042)
Christine de Pizan (30086)
Herrscherin in bewegter Zeit (30359)
Heloise und Abaelard (30394)

Ungekürzte Ausgabe
1. Auflage Dezember 1994
2. Auflage April 1995: 9. bis 14. Tausend
Deutscher Taschenbuch Verlag GmbH & Co. KG,
München

Titel der französischen Originalausgabe:
Les saints au Moyen Age

Umschlaggestaltung: Simone Fischer
Umschlagabbildung: Meister von Heiligenkreuz
(Tod der heiligen Klara, um 1410)
Satz: ICS Communikations-Service GmbH, Bergisch Gladbach
Druck und Bindung: C. H. Beck'sche Buchdruckerei,
Nördlingen
Printed in Germany · ISBN 3-423-30441-3

Inhaltsverzeichnis

Vorwort

Es gibt eine »Internationale« der Heiligkeit. Am auffälligsten ist sie in jenem Jahrtausend, das wir fälschlicherweise als Mittelalter bezeichnen, also besser gesagt, in den zehn Jahrhunderten vor der Zeitepoche, die wir – nicht weniger falsch – Renaissance nennen.

Das vorliegende Buch machte uns dies bewußt. Nachdem die deutsche Übersetzung unseres Werks *Les saints au Moyen Age* beschlossene Sache war, fanden die dafür Verantwortlichen, daß den Heiligen, die in deutschen Landen wirkten, größeres Augenmerk zukommen sollte, da ich mich im wesentlichen auf das westliche Europa, vor allem auf Frankreich und England konzentrierte. In meiner Darstellung sind lediglich die großen deutschen Äbtissinnen des 11. und 12. Jahrhunderts berücksichtigt, insbesondere Herrad von Landsperg und Hildegard von Bingen, deren umfangreiches Werk heute für so bedeutend angesehen wird, daß in Amerika eine internationale Gesellschaft unter der Schirmherrschaft der Ball Street University in Muncie, Indiana, ins Leben gerufen wurde, die es studieren soll.

Der deutschsprachigen Ausgabe einen Abschnitt über die Heiligen des germanischen Kulturkreises anzufügen, war also unumgänglich. Klaus Herbers nahm sich dieser Aufgabe an und verfaßte eine umfassende Gesamtschau, die unsere Arbeit aufs schönste ergänzt. So erfuhren wir beispielsweise, daß in den Anfängen der Christianisierung Deutschlands zwei

Frauen eine wichtige Rolle spielten: die heilige Afra von Augsburg und jene heilige Ursula, der die Legende elftausend Jungfrauen beigegeben hat; wahrscheinlich waren es nur elf, aber sie sind untrennbar mit ihr verbunden, wenn man an die Bildwerke – Gemälde, Miniaturen, Goldschmiedearbeiten – denkt, zu denen diese Heilige angeregt hat. In diesen Kapiteln wird geschildert, wie irische Mönche als unermüdliche Glaubensboten an Seen, in Tälern und Wäldern Deutschlands dafür sorgten, daß das Christentum Wurzeln schlug. Man erlebt die Entstehung der ersten Klöster, von denen einige die Zeiten überdauert haben, besonders die mächtige Abtei Einsiedeln, deren Bibliothek – ein barockes Schmuckkästchen – ein kostbares Kleinod birgt: Das *Leben des heiligen Meinrad,* eine in Holztafeln geschnittene Bilderfolge, ohne die Gutenbergs Erfindung nicht denkbar gewesen wäre. Der Leser begegnet auch einer Reihe den Mediävisten wohlvertrauter Namen: Bonifatius, Hrabanus Maurus, den Heiligen Heinrich und Bruno, dem heiligen Norbert, dessen Wirken sowohl in Frankreich wie in England seine Fortsetzung fand in dem jüngst wieder auflebenden Prämonstratenserorden, und selbstverständlich auch den großen Denkern und Mystikern wie Meister Eckhart, Johannes Tauler und Heinrich Seuse.

Und man staunt über die internationale Bedeutung der Heiligkeit, diese Ausstrahlung der Heiligen über die ganze Welt.

Es ist wohl nicht übertrieben zu behaupten, daß unser Europa, dessen Existenz uns für das Überleben der Menschheit unabdingbar erscheint, seine erste Prägung durch seine Heiligen erfuhr. Durch die weltweite Verehrung, die ihnen zuteil wurde, spannte sich gleichsam ein Netz von einem heiligen Ort zum anderen, entstand ein riesiger Bildteppich mit einigen markanten Figuren in leuchtenden Farben, auf dem aber jeder noch so kleine Stich bedeutsam wurde. Es kam jedoch auch eine Zeit, da dieses Europa in einander feindlich gesinnte Staaten zerfiel, die sich damit zugrunde richteten, Angriffswaffen von höchster Zerstörungskraft zusammenzutragen. Darum sollten wir uns heute vor allem wünschen, wieder etwas zu haben, das wir gemeinsam bewundern und anbeten können, um so auf unserem Planeten, der mit den wachsenden Möglichkeiten der Forschung immer mehr zu schrumpfen scheint, eine neue Eintracht herzustellen. Wer weiß, vielleicht gelingt den Heiligen unserer Zeit das, worum sich so viele Militärs, Politiker und Wissenschaftler bisher vergeblich bemüht haben . . .

André Malraux sagte einmal: »Das 21. Jahrhundert wird religiös sein, oder es wird nicht sein.«

Jedenfalls kann es nicht schaden, sich vor Augen zu führen, was das Streben nach Heiligkeit anderen Zeitabschnitten unserer Vergangenheit gebracht hat. Die Werke André Vauchez' in Frankreich, angefangen von seiner Dissertation über *Die Heiligkeit im Abendland in den letzten Jahrhunderten des Mittelalters*, sowie die Seminare und wissenschaftlichen Arbeiten, die sie zum Gegenstand hatten, geben über das hier behandelte Thema detailliert Auskunft. Überflüssig zu sagen, daß sie von herausragender Qualität sind. Gleichzeitig sei auch auf das bemerkenswerte, zwar populärwissenschaftlich gehaltene, aber wissenschaftlich untadelige Werk des Paters Georges Naïdenoff hingewiesen, nämlich die Zeitschrift *Missi*, insbesondere auf die Ausgabe April/Mai 1982 mit dem Titel *Welche Heiligen für welche Zeiten?*

Dazu kommt eine sehr bedeutende Biographie des heiligen Norbert von Pater François Petit, *Norbert et l'origine des Prémontrés* (Ed. du Cerf, 1981), die bereits den Einfluß eines außergewöhnlichen Heiligen auf das gesamte Europa hervorhebt.

Eine kleine Anmerkung noch: Ich habe mit diesem Buch das

Thema weder aus soziologischer noch aus philosophischer oder theologischer, sondern allein aus historischer Sicht betrachtet. Es ging mir weniger um die Frage »Was ist Heiligkeit?«, als vielmehr lediglich um den Versuch, darzulegen, wie jene lebten, handelten und starben, die Menschen »wie du und ich« waren, die ihre Zeit überstrahlten und die man Heilige nennt.

Régine Pernoud

1. Eine grosse Schar

Sie sind überall, sie treten uns an allen markanten Punkten der Landschaft, aber auch der Geschichte entgegen. Das ist zumindest der Eindruck, den wir aus der Sicht des 20. Jahrhunderts gewinnen.

Es ist die große Schar der Heiligen, auf die wir überall treffen. In der Feudalzeit, vom 10. bis zum 14. Jahrhundert, und auch schon seit der Frankenherrschaft im 5. Jahrhundert war es unmöglich, einen Schritt zu tun, ein Bauwerk zu besichtigen, eine Handschrift aufzuschlagen, ohne dem einen oder anderen Heiligen zu begegnen. Und ihre Reihen wurden mit der Zeit immer dichter. Noch während der letzten beiden Jahrhunderte des Mittelalters wuchs ihre Zahl stetig an. Für den Mediävisten ist das nichts Neues. Aber irgendwann stellt er sich doch die Frage: Warum gab es gerade damals so viele Heilige? Menschen tragen ihren Namen, vor allem aber auch Kirchen und Klöster, ja sogar ganze Gegenden, Dörfer und Städte. Kein Sakral- und Profanbau, der mit Plastiken oder Gemälden geschmückt, nicht den einen oder anderen Heiligen zeigt! Ihre Biographien liefern Motive für alle Arten der bildlichen Darstellung, sie führen den Pinsel des Freskenmalers, den Meißel des Bildhauers, das Werkzeug des Glasmalers und auch die Feder des Kopisten. In jeder Ausdrucksform gedenkt man ihrer: in der bildenden Kunst, in Dichtung und Theater. Ihre Leidensgeschichten werden weitergegeben und ihre Reliquien verehrt. Um ihre sterblichen Überreste aufzubewahren, fertigt man kostbarste Behältnisse an, Schreine aus Silber und Gold, aufs reichste verziert mit Email und Edelsteinen. Nichts kann für sie schön genug sein!

Wer also sind sie, diese Heiligen? Woher kommen sie, und was haben sie getan, um Heilige zu werden? Warum genießen sie solche Verehrung? Worin besteht diese ungewöhnliche Auszeichnung, und wer kann Anspruch auf sie erheben?

Die Pilgerfahrt des Aimery Picaud

Um das Jahr 1100 kam der Feudalismus zur vollen Entfaltung. Schon erhoben sich unter dem Himmel Burgunds, einer Trutzburg der Heiligkeit gleich, die sieben Türme der mächtigen Abteikirche von Cluny, des größten Bauwerks der Christenheit, größer sogar noch als der Petersdom zu Rom. Von Poitiers bis Jumièges, von Mont-Saint-Michel bis Le Thoronet herrschte allenthalben ein Baufieber, das drei Jahrhunderte lang nicht nachließ, während man jenseits des Meeres im fernen Jerusalem den Grundstein zum großartigen Bau der Grabeskirche legte.

Seit den Anfängen seiner Evangelisation hat Europa verschiedene Phasen durchlaufen. Eine besonders wichtige war das Aufblühen des Christentums im 6. und 7. Jahrhundert (wovon noch später die Rede sein wird). Dann, nach Karl dem Großen, folgte eine Periode der Zerstörungen, verursacht im Norden durch die Normannen, im Süden durch jene Völker, die man Sarazenen nennt, und im Osten durch die Magyaren. An allen Grenzen standen Horden, um Europa auszurauben und zu verwüsten. Um die Wende des 11. zum 12. Jahrhundert jedoch herrschte in unseren Breiten wieder Frieden und Wohlstand.

Zu jener Zeit machte sich ein Pilger auf den Weg nach Santiago de Compostela, der sich Aimery Picaud nannte und aus Parthenay-le-Vieux stammte.

Nach seiner Rückkehr, die sicher vor das Jahr 1139 zu

datieren ist, wollte er den ab nun sehr zahlreichen Pilgern, die dieselbe Reise zu unternehmen beabsichtigten wie er, seine Erfahrungen vermitteln.

Denn inzwischen besaß die Christenheit neben Jerusalem und Rom eine dritte große Pilgerstätte: Santiago in Galicien. Jakobus, der Apostel, der in Spanien[1] das Evangelium verkündet haben soll, wird in diesem Land sehr verehrt, seit man, vermutlich um das Jahr 866, sein Grab angeblich wiedergefunden hat. Es war ein Stern, der einem Einsiedler den Weg wies und damit jenem Ort, wo man das Grab verehrt, den Namen »Sternenfeld« gab, also *Campus stellae* oder Compostela. Während des Kampfes um die Rückeroberung von den Mauren, die im Jahrhundert zuvor auf der Iberischen Halbinsel eingefallen waren, verstand er es, die Völker Spaniens und ihre Nachbarn für den heiligen Jakob so zu begeistern, daß die Pilgerreise allmählich eine Bedeutung annahm, die uns heute unglaublich erscheint.[2]

»Vier Pilgerstraßen führen nach Santiago, die sich in Puente-la-Reina auf spanischem Boden zu einer einzigen vereinen. Die eine führt über Saint-Gilles (du Gard), Montpellier, Toulouse und den Somport, eine andere über Notre-Dame in Le Puy, Sainte-Foy-de-Conques und Saint-Pierre in Moissac, eine andere berührt Sainte-Marie-Madeleine in Vézelay, Saint-Léonard im Limousin und die Stadt Périgueux, wieder eine andere verläuft über Saint-Martin in Tours, Saint-Hilaire in Poitiers, Saint-Jean-d'Angély, Saint-Eutrope in Saintes und die Stadt Bordeaux.«

Schon allein beim Lesen dieser wenigen Zeilen, die Aimery Picauds Pilgerführer einleiten, wird uns klar, daß zu Beginn des 12. Jahrhunderts die Heiligen das Land buchstäblich überfallen haben; von den fünfzehn genannten Orten tragen zehn die Namen von Heiligen. Einige davon, wie der heilige Eutropius, sind frühe Märtyrer, deren Spuren in der Geschichte schwer aufzufinden sind, da man oft gar nicht genau weiß, ob sie überhaupt gelebt haben. Notre-Dame – Unsere Liebe Frau –, die historisch gesehen erste aller Heiligen, thront in Le Puy, von wo die erste überlieferte Pilgerfahrt nach Santiago ihren Ausgang genommen hat. Die heilige Maria Magdalena in Vézelay ist durch eine Reliquie gegenwärtig und ebenso der heilige Johannes der Täufer, der seinen Namen der Stadt Saint-Jean-d'Angély gegeben hat, die sich rühmt, sein Haupt zu besitzen. Ganz im Gegensatz dazu haben alle anderen oben angeführten Heiligen auch in der jeweiligen Gegend gelebt, und man weiß auch zu welcher Zeit: der heilige Ägidius, ein Grieche, kam im 7. Jahrhundert zur Welt und starb 725, der heilige Leonhard im Limousin lebte im 6. Jahrhundert und hätte Venantius Fortunatus kennen können. Was den heiligen Martin und den heiligen Hilarius angeht, so haben beide im 4. Jahrhundert in Gallien das Evangelium verkündet. Und das Erstaunliche dabei ist, daß für jeden gilt, was Jeanne Vieillard in einer Anmerkung zum ersten Kapitel des von ihr herausgegebenen Führers von Compostela sagt. »Meistens«, so schreibt sie, »werden die Städte Frankreichs durch ihr wichtigstes Gotteshaus bezeichnet: für den Pilger zählt die Stadt nur wegen ihres Heiligen.«[3]

Obwohl der Führer über jede Teilstrecke des langen Weges genaue Angaben macht, wobei er auch auf die Bodenschätze der Gegend und den Charakter ihrer Bewohner eingeht (er bezeichnet ganz offen die Navarrer und Basken als »barbarisch und ausschweifend, hinterlistig, unredlich, trunksüchtig, grausam und wild«, die Kastilier als »böse und lasterhaft«, die Menschen Galiciens als »jähzornig und streitsüchtig«), widmet er seine ganze Aufmerksamkeit dem achten Kapitel, in dem er ausführlich auf die, wie er sie nennt, »heiligen Leichname« eingeht, die entlang des Weges nach Santiago ruhen und die er den Pilgern zu besuchen empfiehlt. Es ist eine Art Bestandsaufnahme der jeweiligen Regionen anhand der Heiligen, die in ihrer Erde ruhen. Jede Stadt wird als

Reliquienschrein angesehen, wodurch das Sprichwort: »Da man ihre Heiligen kennt, verehrt man sie« verständlich wird. In Arles sind dies Trophimus, Cäsarius, Honoratus und Genesius. Der letztgenannte, ein Soldat, war Gerichtsschreiber in Arles und dürfe, so heißt es, nicht verwechselt werden mit dem heiligen Genesius von Rom, noch heute Patron der Schauspieler und einer jener Heiligen, die nach ihrer Enthauptung ihren Kopf aufhoben und in ihren Händen davontrugen. Danach kommt der heilige Ägidius, dessen Wunder in allen Einzelheiten beschrieben werden. Seine Kirche, von der nur das große beeindruckende Portal und die Treppe, genannt Schraube des heiligen Ägidius, übriggeblieben sind, war eine der meistverehrten des Mittelalters. Aimery Picaud wird ganz poetisch, wenn er »diesen hellen Stern aus Griechenland« preist und den großen goldenen Schrein schildert, der als sein Grabmal diente.[4]

Auf der Pilgerroute über Toulouse besucht der Wallfahrer dann »den Leichnam des seligen Bekenners Wilhelm«. Dabei handelt es sich um Wilhelm von Aquitanien, der sich als Mönch nach Gellone zurückzog und in zahlreichen altfranzösischen Heldengedichten gefeiert wird, besonders in jenem, das von seiner Abkehr vom weltlichen Leben berichtet. Er hat die Abtei Saint-Guilhem-le-Désert gegründet, dann folgte die Abtei Saint-Thibéry, wo man die drei Heiligen Tiberius, Modestus und Florentius, die unter Diokletian den Märtyrertod starben, verehrt. Die Stadt Toulouse selbst ist stolz darauf, den Leichnam des heiligen Severin zu besitzen, und nebenbei erwähnt Aimery Picaud, daß die Pilger, die über Le Puy kommen, die Reliquien der heiligen Fides verehren können, und diejenigen, die über Saint-Léonard wandern, die der Magdalena in Vézelay. Der heilige Leonhard von Noblat, nach dem eine Stadt benannt ist, bildet den Gegenstand einer längeren Ausführung, in der erzählt wird, wie er der Patron der Gefangenen wurde, da, so führt Aimery Picaud aus,

Tausende von Gefangenen dank seiner Fürsprache freigelassen wurden. Der nächste Ort ist Périgueux, wo man den heiligen Fronto verehrt. Ohne sich allzusehr um den genauen Verlauf der Route zu kümmern, weist Picaud dann auf den heiligen Evortius von Orléans und das Wunder in der Kirche Sainte-Croix hin, wo eine göttliche Hand über dem Altar erschien, als der heilige Bischof die Messe zelebrierte. Er erwähnt auch kurz den heiligen Martin von Tours und den heiligen Hilarius von Poitiers. Schließlich beschäftigt er sich eingehend mit dem Leben des heiligen Eutropius von Saintes.

In Blaye, der nächsten Station, gedenkt der Pilger mit großer Ehrfurcht des heiligen Romanus, denn dieser ist der Patron der Reisenden und überdies einer der Gefährten Rolands, des Helden aus dem *Rolandslied*. In Bordeaux besucht er den Leichnam des seligen Severinus, dann macht er einen Umweg bis nach Belin, wo es übrigens ein Pilgerhospital gibt, um mehrere heilige Märtyrer zu verehren. Oliver, Ogier der Däne, Garin der Lothringer und andere »Recken« aus der Umgebung Karls des Großen nehmen weniger in der Liturgie als in mittelalterlichen Legenden einen wichtigen Platz ein.

In Spanien angelangt, huldigt der Pilger zunächst dem heiligen Dominikus, genannt »von der Straße«, *de la Calzada*, der Baumeister und Ingenieur war. Die gepflasterte Straße zwischen Najera und Redecilla, auf der die Pilger besser vorankommen, geht auf ihn zurück. Er starb 1109, kurz vor der Entstehungszeit des Pilgerführers. Es folgen der heilige Facond in Sahagun und der heilige Isidor in León. Letzterer ist in Léon bestattet und war, wie man weiß, ein berühmter Gelehrter aus Sevilla, dessen Werke im Mittelalter allen Studenten als Studiengrundlage und Lehrbücher dienten.

Und so, von einem heiligen Grab zum nächsten wandernd, erreichen die Pilger Santiago de Compostela, das Aimery uns ausführlich beschreibt. In der Stadt gibt es zehn Kirchen: eine ist der heiligen Dreifaltigkeit geweiht, eine andere der Jungfrau Maria, die übrigen verschiedenen Heiligen, Petrus, Michael, Martin, Susanna, Felix, Benedikt, Pelagius, und »mitten in der Stadt gelegen, in Ruhm erstrahlend«, die Kirche des heiligen Jakob, Apostel und Bruder des heiligen Johannes. Bei diesem Bauwerk verweilt er, beschreibt es minuziös und schließt: »In dieser Kirche gibt es keinen Bruch, keine Unvollkommenheit, sie ist vortrefflich gebaut, groß, geräumig, hell, die Maße sind ausgewogen, sie ist wohlgestaltet in Länge, Breite und Höhe. Sie wirkt vortrefflicher, als man dies auszudrücken vermag, und umfaßt zwei Stockwerke wie ein Königspalast. Wer durch die Schiffe der Emporen wandelt, wird, wenn er traurig hinaufgestiegen ist, glücklich und getröstet von dannen gehen, nachdem er die vollkommene Schönheit dieser Kirche geschaut hat.« Ein solches Zitat macht, das muß wohl kaum betont werden, die Behauptungen all jener zunichte, die bis vor nicht allzulanger Zeit die Meinung vertraten, das einfache Volk habe, obwohl es die Wunder der romanischen Kunst selbst errichtete, nichts davon verstanden und sei für ihre Schönheit in keiner Weise empfänglich gewesen!

Verblüffend ist, wie häufig Pilgerfahrten angetreten werden und mit welcher Leichtigkeit Menschen aller sozialen Schichten sie unternehmen. Zum Beispiel soll der Goldschmied Facio aus Cremona Mitte des 13. Jahrhunderts achtzehnmal nach Santiago de Compostela gepilgert sein, und ebensooft nach dem, allerdings viel näher gelegenen Rom. Dabei handelt es sich keineswegs um Schätzungen: Wir besitzen Berichte von mehreren seiner Pilgerfahrten, wir kennen die Namen einiger seiner Reisegefährten. Ein gewisser Bruder Matteo, ein Zanino di Bonagente, von Beruf Flickschuster, und andere wie Henri Giordani, Gratiolo di Valverde haben ihn begleitet. Man erfährt, daß sie während einer der Pilgerfahrten bei Albenga einem Unwetter entronnen sind, daß ein anderes Mal Facio der Kirche Sainte-Marie de Finisterre einen von ihm selbst gefertigten Kelch gestiftet hat, und daß dieser bei einem Brand, der das Bauwerk in Schutt und Asche legte, auf wunderbare Weise verschont wurde. Facio ist nämlich ein heiliger Mann, dessen Lebensgeschichte niedergeschrieben und dessen Wunder weitererzählt worden sind. Jedenfalls genügt er als Beispiel, um zu verdeutlichen, welchen Stellenwert die Pilgerfahrt nach Compostela in der Frömmigkeit der Feudalzeit eingenommen hat.

Raum und Zeit

An dieser Stelle ist jedoch wichtig anzumerken, daß die Heiligen zunächst die ländlichen Gebiete und die Straßen in Besitz nahmen, dann erst die Städte. Mit anderen Worten, sie herrschten über die Weite des Raumes. Man könnte mit einem weiteren Bericht der gleichen Art fortfahren, zum Beispiel der Pilgerfahrt des heiligen Ludwig nach Rocamadour im Jahre 1244, aus dem man ersehen kann, daß sich mehr als hundert Jahre nach der von Aimery Picaud beschriebenen Pilgerreise nicht nur die Zahl der Gotteshäuser und Pilgerherbergen vervielfacht hat, sondern auch die Zahl der Heiligen selbst durch die vielen Söhne des heiligen Franziskus und des heiligen Dominikus gewaltig angewachsen ist; Rocamadour ist übrigens Frankreichs älteste Marien-Wallfahrtsstätte. Die meisten Kirchen des Landes sind der Mutter Gottes geweiht, angefangen bei jenen Kirchen, die wie ein »Kathedralenkranz«, ein Ausdruck, der auch heute noch geläufig ist, die Krondomäne umschließen und von Noyon über Amiens, Reims, Senlis, Chartres bis nach Beauvais reichen. Nicht zu vergessen ist die Kathedrale Notre-Dame in Paris, die bis in unser zwanzigstes Jahrhundert hinein der Ile-de-France ihr besonderes Gepräge verleiht.

Doch die Heiligen haben nicht nur Land und Raum geprägt, sondern auch die Einteilung der Zeit verändert. Sie beherrschen den Kalender vom ersten bis zum letzten Tag des Jahres und folgen aufeinander wie die Perlen eines Rosenkranzes. Ihr Festtag erinnert an den Tag, der als ihr wahrer Geburtstag gilt, der Tag, an dem sie in den Himmel aufgenommen wurden. Nur beim heiligen Johannes dem Täufer wird, ebenso wie bei Jesus selbst und bei der Jungfrau Maria, der Tag der leiblichen Geburt gefeiert, und zwar mit einem großen Fest, an dem sich die gesamte Bevölkerung beteiligt. Bis in unsere Zeit werden am 24. Juni oder in der Nacht davor die Johannisfeuer entzündet, um an die biblische Voraussage »Viele werden sich freuen, weil er geboren ist« zu erinnern.

So wie sie den Raum in Besitz nahmen, haben die Heiligen sich auch der Zeit bemächtigt. Ihre Feste gliedern das Leben, mehrere Zeitrhythmen überlagern und vermischen sich, sie schreiben Tage des Ausruhens und der unvorhergesehenen Freude in den Jahreslauf ein. Da gibt es zunächst den großen Erlösungszyklus, der im Osterfest seinen Höhepunkt erreicht, aber auch andere Festtage wie Weihnachten, also die Geburt Christi, und das erste Erscheinen des Herrn vor der Welt, also das Dreikönigsfest, umfaßt. Mit diesem Hauptzyklus eng verbunden sind auch die Marienfeste zu Ehren der Mutter Jesu: von Mariä Reinigung am 2. Februar, bekannter unter dem Namen Lichtmeß, dem Fest der Kerzen, zu Ehren jener Frau, durch die das Licht auf die Welt kam, bis Mariä Himmelfahrt am 15. August, ein Fest, das in der griechischen Kirche schon seit dem 7. Jahrhundert unter der schönen Bezeichnung »letzter Schlaf Mariens« und bei uns seit dem 9. Jahrhundert gefeiert wird.

Der Kreis der Heiligen vergrößerte sich rasch, und in allen liturgischen Büchern, den Meß- und insbesondere Stundenbüchern, wurde von nun an dem Kalender große Bedeutung zugemessen. Aus ihm wurde in den Klöstern täglich den versammelten Mönchen oder Nonnen im Kapitelsaal vorgelesen, während heute die in ihm angegebenen Feste der Lokalheiligen den Gelehrten als Orientierungshilfe dienen, wenn es eine Handschrift zu datieren oder den Ort zu bestimmen gilt, an dem sie entstand. So etwa besitzen wir den Kalender eines Meßbuchs aus einer Abtei, die an der Straße nach Compostela lag, ein Werk, das wohl um die gleiche Zeit verfaßt wurde wie der Führer des Aimery Picaud, das heißt, in den letzten Jahren des 11. oder zu Beginn des 12. Jahrhunderts. Es ist der Kalender von San Millán de la Cogolla, einem Kloster in der Provinz Logroño südlich von Nájera. Durch ihn kann man den Ablauf des Jahres kennenlernen, so wie man aus dem Führer alles über den Ablauf der Pilgerreise und die einzelnen Wegstrecken erfährt. Die Stadt Nájera zum Beispiel, zwischen Estella und Burgos gelegen, wird als viertes Etappenziel nach dem Übergang über die Pyrenäen genannt. Traditionsgemäß beginnt dieser Kalender mit dem Monat Januar, der nicht in allen Gegenden mit dem Jahresanfang im engeren Sinn, das heißt mit dem Jahreswechsel, zusammenfällt. In diesem Punkt wird bekanntlich unterschiedlich verfahren. In Frankreich beginnt das Kalenderjahr im allgemeinen zu Ostern, in England zum Beispiel am 15. März. Viele Regionen wählen als Jahreswechsel den 25. März, also Mariä Verkündigung, einige andere, wie etwa die Dauphiné, ziehen den 25. Dezember vor. Im großen und ganzen jedoch beginnt die Monatszählung der handschriftlichen Kalender normalerweise mit dem Monat Januar. Es ist wohl nicht verwunderlich, darin nicht nur die Apostel, sondern auch die heiligen Märtyrer aufgeführt zu finden, die, angefangen bei dem frühesten von allen, dem heiligen Stephanus, als erste verehrt wurden.

Doch schon scheinen jene im Kalender auf, »die mehr durch ihr Leben als ihren Tod zu Märtyrern wurden«. Wir werden später noch Gelegenheit haben, auf sie zurückzukommen. Der heilige Gregor der Große schrieb über sie: »Obwohl sie nicht in einer Zeit der Verfolgung lebten, haben sie sich doch durch die Geduld, mit der sie die Gemeinheiten des verborgenen Gegners ertrugen, durch die Liebe zu ihren Feinden, durch ihren Widerstand gegen die Sinnenlust tief im Herzen Gott dem Allmächtigen hingeopfert und dadurch, trotz der Zeit des Friedens, in der sie lebten, wahrlich das Martyrium erlitten.« Diese Meinung wurde oft wiedergegeben und weiterentwickelt, insbesondere durch den heiligen Isidor von Sevilla. Unter diesen Märtyrern finden wir an erster Stelle jene Bischöfe, die für ihre Gemeinden »Väter im Glauben« gewesen sind. Darum führt unser Kalender auch mehrere davon an, beginnend mit dem Fest des heiligen Hilarius und des heiligen Remigius, Bischof von Poitiers der eine, von Reims der andere. Am 3. Januar bereits begegnen wir der Jungfrau Genovefa von Paris, die zur Zeit Chlodwigs und Chlothildes gelebt hat, und im darauffolgenden Monat, am 10. Februar, der heiligen Scholastika, Schwester des heiligen Benedikt, der ein wenig später genannt wird, nämlich am 21. März. Der heilige Germanus, Bischof von Paris, nimmt den 28. Mai ein und der heilige Martial von Limoges den 30. Juni. Am 1. September finden wir den heiligen Ägidius, von dem Aimery Picaud berichtete, und am 1. November das Fest, an dem alle Heiligen gemeinsam gefeiert werden. Es geht auf die Initiative Papst Bonifatius IV. zurück, der ihnen am 13. Mai des Jahres 603 das frühere Pantheon in Rom geweiht hatte, nachdem er die Gebeine der Märtyrer aus den Katakomben dorthin überführen ließ. Zum erstenmal beging man im neunten Jahrhundert unter Papst Gregor IV. am 1. November den Gedenktag aller Heiligen. Wenn dieser Tag den 13. Mai verdrängte, dann wahrscheinlich deshalb, weil an ihm auch das in den keltischen Ländern berühmte Samuin-Fest stattfand. In dieser Nacht gedachte man feierlich aller verstorbenen Angehörigen, und dieses Totenfest war ein

Freudenfest, das sich eigenartigerweise als solches in den angelsächsischen Ländern bis in unsere Zeit erhalten hat, insbesondere in den Vereinigten Staaten, wo man es Halloween nennt. Am Abend verkleiden sich die Kinder und tollen mit Masken durch die Straßen, während man auf dem Land vor den Häusern originelle Lampen – improvisierte Laternen oder ausgehöhlte Kürbisse mit einer brennenden Kerze darin – hängen sieht. All das sind folkloristische Erinnerungen an das Samuin-Fest, das den 1. November zu einem besonders geeigneten Datum machte, um an die große Schar der Heiligen zu erinnern, die, wie es in der Apokalypse heißt, »dem Lamm das Geleit geben«.

Im 10. Jahrhundert fügte ein Abt von Cluny, der heilige Odilo, dem Allerheiligenfest noch einen weiteren Gedenktag hinzu, den er allen Dahingegangenen widmete. Dieses erste Fest der Toten wurde am 2. November 998 begangen, und Durandus von Mende, ein Liturgiker des 13. Jahrhunderts, schrieb darüber folgendes: »Der Vortag von Allerheiligen ist ein Trauertag, der Festtag selbst ist ein Tag der Freude, der nächste ist ein Tag des Gebets.« Um jene Zeit wurde diese Regelung von der gesamten Christenheit übernommen. Ausgenommen ist jedoch der Kalender von San Millán de la Cogolla, wo nur das Allerheiligenfest erwähnt ist.

Nun aber treten noch andere Daten in Erscheinung, die mit den Heiligen in Zusammenhang stehen, und zwar die ihrer Übertragung. Damit gedenkt man des Tages, an dem die Reliquien eines Heiligen von einem Ort zu einem anderen gebracht worden sind, wo sie seither verehrt werden. So erwähnt der Kalender am 8. November die Übertragung des heiligen Felix, bei dem es sich um einen heiligen Eremiten handelt, der im 6. Jahrhundert in Bilibio in der Provinz Alava lebte. Er war der Lehrer des heiligen Ämilian, der, ebenfalls Eremit, der Abtei (San Millán) seinen Namen gab. Die sterblichen Überreste des heiligen Felix wurden am 6. November

1090 in die Abtei überführt. Dieses Ereignis wird ein wenig später, am 12. November, gemeinsam mit dem Tod des heiligen Ämilian vermerkt. Es gibt aber auch die Oktaven, die Nachfeiern eines Heiligengedenktages acht Tage nach dem Fest selbst, wie etwa die Oktav des heiligen Andreas am 7. Dezember als Abschluß seines Festes zur Erinnerung an seinen Märtyrertod am 30. November. Man braucht nicht eigens zu betonen, daß sich auf diese Weise die Kalender füllten.

Der Kalender ging in den Alltag ein, und bald wurden Daten nicht mehr durch den Soundsovielten eines Monats ausgedrückt, sondern durch das Fest eines Heiligen. »Es war am Tag des heiligen Martin genannt ›der Kochende‹, schrieb noch im fünfzehnten Jahrhundert der berühmte »Bürger von Paris«. Es handelt sich um den 4. Juli, den Festtag der Überführung des heiligen Martin, den man deswegen »den Kochenden« nennt, weil diese im Hochsommer stattfand, während das eigentliche Martinsfest am 11. November ein Herbstfest ist. In Marseille findet das, was wir Gemeindewahlen nennen würden, die jährliche Bestellung des Stadtdirektors und derer, die ihn in seinem Amt unterstützen sollen, am Tag des heiligen Simon und des heiligen Judas Thaddäus, das heißt am 28. Oktober, statt. In den ländlichen Gegenden waren die Abgaben im allgemeinen am St. Michaelstag, also am 29. September, fällig. »Meine Stimmen haben mir gesagt, daß ich vor Johanni gefangengesetzt werden würde«, sagte Jeanne d'Arc in ihrem Prozeß. Das Johannisfest wird am 24. Juni gefeiert, und in der Tat wurde sie am 23. Mai ins Gefängnis gesperrt.

Man hat das Leben des heiligen Ludwig anhand der datierten Urkunden, die erhalten geblieben sind, teilweise rekonstruieren können. Diese sehr zahlreichen Dokumente – acht- bis neunhundert – verteilen sich über seine gesamte Regierungszeit von vierundvierzig Jahren, von 1226 bis 1270, und oft lesen sie sich fast wie eine Litanei: am Vortag des Laurentiusfestes (9. August), am Samstag nach dem Fest des heiligen Vinzenz (24. Januar), zu Lichtmeß (2. Februar), am Vortag von St. Andreas (29. November), zu St. Nikolaus (6. Dezember), am Tag nach St. Philippus und St. Jakobus (2. Mai), am Mittwoch nach St. Magdalena (27. Juli), am Sonntag nach dem Fest der Enthauptung des heiligen Johannes des Täufers (28. August). So begleiten die Heiligen den Weg des Königs durch das ganze Jahr. Ihre Festtage bilden zeitliche Bezugspunkte: Barnabas, Peter und Paul, Dionysius und viele andere! Ganz zu schweigen natürlich von den großen, immer wiederkehrenden Einschnitten wie Weihnachten, Ostern, Christi Himmelfahrt, Pfingsten, den Marienfesten, Aschermittwoch, der Fastenzeit, Mittfasten und dem Allerheiligenfest. Das letzte Dokument des heiligen Ludwig aus dem Jahr 1270 ist datiert mit »Donnerstag vor dem Fest des heiligen Laurentius« (7. August); vierzehn Tage später erlag der König der Ruhr, die im Heer wütete – und es kam ein weiterer Festtag hinzu, der Tag des heiligen Ludwig, der 25. August.

Im täglichen Leben

Jeden Tag also werden die Erinnerung an einen Menschen, sein Bild und seine Lebensgeschichte heraufbeschworen. Recht bald schon übrigens nahmen diese Heiligenviten legendäre Züge an und wurden Teil der Volksüberlieferung. Dies ging jedoch viel weiter als das, was wir heute unter dem Begriff Folklore verstehen.

Auf dem Lande wurden die Heiligen zu 90 Prozent mit den täglichen Verrichtungen und dem Leben der Bevölkerung in Verbindung gebracht.

Als der heilige Mamertus, Bischof von Vienne, im Jahr 470

zur Abwendung von Erdbeben, Überschwemmungen und anderen Heimsuchungen öffentliche Fürbitten einzurichten versuchte, waren es die Litaneien der Heiligen, die ausgewählt und auch beibehalten wurden. Seither rezitiert man sie auf den sogenannten Bittgängen, die jedes Frühjahr, im allgemeinen am 25. April, dem Fest des heiligen Markus, auf dem Lande veranstaltet werden.

Die Glocken, die nun in allen Dörfern läuten, erinnern die Einwohner an die heilige Agatha, eine junge Sizilianerin aus Catania, die im 3. Jahrhundert den Märtyrertod starb. Bei einem Ausbruch des Ätna hatte die Bevölkerung den Schleier geholt, der ihr Grab bedeckte, und der Lavastrom war am Rand der Stadt zum Stillstand gekommen. Das führte dazu, daß man bei einem drohenden Gewitter oder anderem Unheil, das mit Sturmläuten angekündigt wurde, die Heilige anrief, und ihre Verehrung mit dem Glockengeläut verbunden blieb.

Ein Zeitgenosse des heiligen Mamertus ist übrigens der heilige Amabilis von Riom, der erste Landpfarrer, der in den Heiligenkatalog aufgenommen wurde. Damit scheint auch erstmals eine Landgemeinde auf – und diese Ehre wurde einem Ort im Herzen der Auvergne zuteil.

Viel später, im 12. Jahrhundert, symbolisierte ein Zeitgenosse Aimery Picauds, ein kleiner Bauer aus der Umgebung von Madrid, unter den Heiligen das Landleben. Der heilige Isidor und seine Frau wurden um 1130 durch ihr vorbildliches Leben so berühmt, daß sie als Schutzheilige von Madrid galten, obwohl ihre offizielle Heiligsprechung erst im 17. Jahrhundert erfolgte.

Die Hirten, die im Landleben ein wenig abseits stehen, haben die Wahl zwischen dem heiligen Lupus von Sens und dem heiligen Drogo, gewöhnlich auch Sankt Druon genannt, dem sanftmütigen Vagabunden, der vom Hirten zum Pilger wurde, während die Hirtinnen ein Mädchen aus dem Poitou, Néomage, anrufen. Viel später, im 16. Jahrhundert, kam eine andere Hirtin zu Ehren, nämlich die kleine Germaine Cousin aus Pibrac bei Toulouse. Jedenfalls vertrauen die einen wie die anderen ihre Herden dem heiligen Veranus aus Cavaillon an, der Stadt, in der dieser als Bischof wirkte, nachdem er in den Bergen der Haute-Provence eine Zeitlang ein Einsiedlerleben geführt hatte.

Welche Tätigkeit man auch ausübte, ob man auf einem Herrschaftssitz oder in den in der Feudalzeit entstehenden Städten arbeitete, stets fand sich ein Heiliger, den man anrufen konnte. Der heilige Joseph ist natürlich der Patron der Zimmerleute und aller holzverarbeitenden Handwerke; für Schmiede, Metallarbeiter und vor allem Goldschmiede ist der heilige Eligius, 588 in Catillac bei Limoges geboren, zuständig. Er war ein Vertrauter Chlotars II. und auch mit dessen Nachfolger, Dagobert I., wird sein Name in Verbindung gebracht. Die Chroniken seiner Zeit schildern, wie er in seiner Werkstatt zusammen mit seiner Magd Thille arbeitete, einer Sächsin, die ebenfalls ein erbauliches Leben führte. Vor seiner Werkbank hatte Eligius stets ein geöffnetes Gebetbuch liegen, in dem er las, »damit er, bei welcher Arbeit auch immer, den göttlichen Willen ausführe«. Danach wurde Eligius Bischof von Noyon und gründete mehrere Klöster. Aber es war vor allem sein Talent als ein Goldschmied, der darauf achtete, »auch nicht das kleinste Körnchen unter der Feile zu verlieren, nichts unbedacht der Flamme auszusetzen«, dem er seine Beliebtheit verdankte. Ihm wird eines der Kreuze, eine herrliche Arbeit in Gold mit eingelegten Saphiren und Smaragden, zugeschrieben, das bis zur Französischen Revolution zum Schatz von Saint-Denis gehörte.

Die den Stein gestaltenden Künstler, die uns so viele Zeugnisse ihrer Tätigkeit hinterlassen haben, egal, ob sie den Stein brachen, ihn behauten oder daraus Bauwerke errichteten, die wir noch heute bewundern, haben einen berühmten Vorgänger. Es ist Papst Silvester, der unmittelbar nach dem

Edikt von Mailand den der Kirche versprochenen Frieden nutzte, um die Lateranbasilika und andere Kirchen zu bauen, die vor allem dem heiligen Petrus, aber auch Laurentius, Agnes und Marcellinus geweiht wurden. Bei seinem Tod im Jahr 335 zeichnete sich in diesen neuen, von Kaiser Konstantin geförderten Bauwerken bereits ein christliches Rom ab. Dieser Heilige, der andere Heilige ehrte, kann seiner Popularität sicher sein, da sein Festtag mit dem letzten Tag des Jahres zusammenfällt.

Aber manche unter den Steinhauern wählen einen der Ihren, Marinus, der ebenfalls im 4. Jahrhundert lebte und sein Handwerk in Rimini ausübte. Schon nach kurzer Zeit wandte er sich von der Welt ab und hauste fortan als Einsiedler auf jener Erhebung, auf der heute die Republik San Marino liegt.

Viele Maurer und Bauhandwerker vertrauen auf die sogenannten »vier gekrönten Märtyrer«, – Severus, Severianus, Carpophorus und Victorinus –, die von Diokletian verfolgte Märtyrer waren. Man scheint sie ein wenig mit einer Gruppe von fünf Bildhauern verwechselt zu haben, die, nachdem sie sich geweigert hatten, eine für die Anbetung des Volkes bestimmte Kaiserstatue zu meißeln, zu Tode gemartert wurden. Die Vier Gekrönten, die in Rom unter der sehr schönen Kirche, die ihre Namen trägt, begraben sind, gelten jedenfalls als Patrone der Steinmetzen, Maurer und Bildhauer. In England wurde im achtzehnten Jahrhundert sogar eine große Freimaurerloge ihrem Schutz unterstellt.

Die Jäger verehren den heiligen Hubertus, die Gärtner den heiligen Fiacrius, die Winzer den heiligen Vinzenz, der als Diakon in Saragossa wirkte und im Jahre 304 den Martertod fand. Die Schuhmacher, Gerber und Sattler rufen Crispinus und Crispinianus an, die zu Beginn des vierten Jahrhunderts in Soissons lebten. Sie nennen ihre Werkzeuge die »Gebeine des heiligen Crispinus«. Andere ziehen Deusdedit vor, der sein Handwerk im Rom des 6. Jahrhunderts ausübte; jede

Woche verteilte er alles, was er erspart hatte, unter die Armen.

Dasselbe tat der Patron der Bäcker, der heilige Autbertus, der im 7. Jahrhundert in der Nähe von Tournai als Eremit lebte. Sein Esel zog alleine los, um Brot auszutragen, und seine Gewinne stiftete er als Almosen. Er starb als Bischof von Cambrai. Bekannter geblieben jedoch ist der heilige Honoratus, der dem Bäckerviertel von Paris seinen Namen gab und nach dem ein kranzförmiger Kuchen benannt ist, der noch heute in Paris gebacken wird. Honoratus lebte im 6. Jahrhundert und war Bischof von Amiens.

Im Lauf der Zeit mehrten sich die Patronate: So etwa rufen die Advokaten einen der ihren an, Ivo von Tréguier, der Ende des 13. Jahrhunderts die Bewunderung seiner Mitbürger genoß: »Advokat und kein Dieb! Das ist kaum zu glauben«, sang man an seinem Festtag. Desgleichen können die Maler Fra Angelico verehren, dessen herrliche Fresken im Kloster von San Marco zu Florenz bereits im 15. Jahrhundert jedermann kannte. Er selbst wandte sich wahrscheinlich noch an den heiligen Lukas, von dem es hieß, er habe das Bild der Jungfrau Maria gemalt. Die Patrone der Ärzte indes sind noch immer die Heiligen Kosmas und Damianos, die im 3. Jahrhundert bedürftige Kranke unentgeltlich heilten. Die Musiker rufen die heilige Cäcilia an, von der es in den Gebeten heißt, daß sie während ihrer Hinrichtung »himmlische Klänge« vernahm.

Sogar die Kaufleute haben einen Beschützer. Es ist der heilige Gerald von Aurillac – was nicht der Komik entbehrt, denn als er erfuhr, daß er einen pelzgefütterten Mantel in Italien billiger eingekauft hatte, beeilte er sich, den Preisunterschied an denjenigen zu senden, der ihm diesen verkauft hatte!

Das Zeitgeschehen hat zweifellos einen gewissen Einfluß auf die Popularität der Heiligen. So etwa fällt auf, daß in der

Epoche, in der Jahr um Jahr Kreuzzüge in das Heilige Land aufbrachen, die Verehrung des heiligen Georg und des heiligen Theodor zunahm – so wie sie am Portal von Chartres zu sehen sind. Später stellten sich die Bogenschützentruppen unter den Schutz des heiligen Sebastian, der ja bekanntlich von Pfeilen durchbohrt wurde.

Schließlich gehören zu dieser Schar auch noch mehrere Dichter, Schriftsteller und Denker, angefangen von Rainer von Pisa, dem Troubadour, der auf einer gefahrvollen Seereise Lieder sang, um seinen Reisegefährten Mut zu machen, bis zu Albertus Magnus von Lauingen, dem Philosophen und Gelehrten, der die Grundlagen der Mineralogie schuf und die Scholastik begründete. Die Juristen berufen sich auf den heiligen Raimund von Peñafort, der genau hundert Jahre lebte (1175–1275), eine systematische Zusammenfassung des Kirchenrechts schrieb und durchsetzte, daß am Vorabend von Sonn- und Feiertagen die Arbeit niedergelegt wird. Zu der obengenannten Schar von Heiligen zählen auch Isidor von Sevilla, der im 7., Beda Venerabilis, der im 8., Thomas von Aquin, der im 13. und Raimund Lullus, der um die vierhundert Werke schrieb und ebenfalls im 13. Jahrhundert lebte, genauso wie der heilige Ägidius, der des Lesens und Schreibens unkundig war. Die Philosophen haben als Schutzherrin eine Frau, die heilige Katharina, die die versammelten Gelehrten widerlegt hat und im Katharinenkloster auf dem Berg Sinai begraben sein soll. Nicht zu vergessen die gesellschaftlichen Außenseiter, die armen Teufel, die Taugenichtse wie der bereits erwähnte Drogo, wie Gerlach und einige andere, bis hin zu Benedikt Labre im 18. Jahrhundert, der als geistig zurückgeblieben galt.

Viel interessanter ist jedoch die Tatsache, daß die Anfänge der französischen Literatur in gewissem Sinn auf die Heiligen zurückgehen. Welches sind denn die ersten literarischen Texte in französischer Sprache? Die *Sequenz der heiligen*

Eulalia, das *Leben des heiligen Leodegar*, das *Alexiuslied*. An der Wiege der französischen Literatur stand also die Heiligenverehrung:

Buona pulcella fut Eulalia
Bel avret corps bellezour anima.
Eine gute Jungfrau war Eulalia
Schön war ihr Leib, schöner noch ihre Seele.

Dieses erste von 28 Disticha der Sequenz ist »das allererste Auftauchen einer volkssprachlichen Dichtung«.[5] Sie entstand im späten neunten Jahrhundert, wahrscheinlich kurz nach 878, dem Jahr der Auffindung der Reliquien der heiligen Eulalia, einer spanischen Jungfrau, die im 3. Jahrhundert den Märtyrertod starb. Das Gedicht wurde vermutlich von den Mönchen der in der Nähe von Valenciennes gelegenen Abtei Saint-Amand verfaßt. Es erzählt, wie die Feinde Gottes auf Geheiß Kaiser Maximians, »der in jenen Tagen über die Heiden herrschte«, Eulalia in Versuchung führen wollten, damit sie ihr Keuschheitsgelöbnis breche. Aber »weder für Gold, Silber oder Geschmeide, noch durch Bitten oder Drohungen« war Eulalia willens, ihnen Gehör zu schenken. Daraufhin ließ der Kaiser sie auf den Scheiterhaufen werfen, aber Eulalia wurde vom Feuer verschont. Als man sie dann enthauptete, flog ihre Seele »in Gestalt einer Taube« zum Himmel auf.

Das *Leben des heiligen Leodegar*, Bischof von Autun, entstand etwas später, wahrscheinlich Mitte des 10. Jahrhunderts. Dieses Werk ist in einer Handschrift enthalten, die in Clermont-Ferrand verwahrt wird und unter anderem auch einen mit einer Notenschrift versehenen Vers aufweist. In derselben Handschrift findet sich eine *Passion* von 516 Versen in französischer Sprache. Das kürzere *Leben des heiligen Leodegar* (240 unvollständig gereimte Verse) berichtet von den Streitigkeiten Leodegars als Mönch von Luxeuil mit dem neustrischen Hausmeier Ebroin, der sein Mönchsleben aufgab und nach König Chilperichs Tod die Stadt Autun angriff, zu deren Bischof Leodegar ernannt worden war. Ebroin bemächtigte sich der Stadt und ließ den Prälaten erst foltern, dann einkerkern. Obwohl man ihn der Zunge beraubt hatte, predigte Leodegar weiter und bekehrte seine Umgebung. Ebroin ließ ihn schließlich von gedungenen Mördern enthaupten. Doch sein Körper blieb auch mit abgehauenem Kopf stehen.

Viel weniger dramatisch ist das auf etwa 1040 datierte *Alexiuslied*, eine sehr gefühlvolle Geschichte, die in unserer Zeit von Henri Ghéon unter dem Titel *Le Pauvre sous l'escalier* (Der Arme unter der Treppe) zu einem Bühnenstück verarbeitet wurde. Auch dieses Werk ist in unvollständig gereimten Versen abgefaßt (der echte Reim taucht in der französischen Dichtkunst erst später auf) und besteht aus 125 Strophen von je fünf zehnfüßigen Versen.

Es erzählt, wie Alexius noch am Abend seiner Hochzeit seine vornehme junge Braut verläßt und aus dem Vaterhaus flieht, da er sich berufen fühlt, sein Leben Gott zu weihen. Siebzehn Jahre bleibt er verschwunden. Danach kehrt er in die Stadt zurück, in der sein Vater »Euphemius, ein schöner Herr und reicher Mann«, seine Mutter und auch seine Braut leben. Als demütiger Bettler auftretend, bittet er darum, unter der Treppe des Hauses wohnen zu dürfen. Dort verbringt er die nächsten siebzehn Jahre betend und in tiefster Armut. Danach schreibt er seinen Lebensbericht auf ein Stück Pergament, um das er gebeten hatte, und stirbt. Seine Eltern finden das Schriftstück und lesen es vor seinem Leichnam, wobei sie in Klagen darüber ausbrechen, ihren heißgeliebten Sohn nicht wiedererkannt zu haben. Das Gedicht schildert ihren Schmerz:

Weint heftig und stößt laute Schreie aus,

während Euphemius seufzt:

Schlecht habe ich dich untergebracht unter meiner Treppe.

Diese sehr schöne, herzergreifende Geschichte stammt aus der gleichen Zeit wie der älteste literarische Text in provenzalischer Sprache, das *Lied der heiligen Fides von Agen*, das ebenfalls um 1050 entstand.

Die frühe französische Literatur wurde also von Nord bis Süd von den Heiligen inspiriert. Der gesamte Bereich der Dichtkunst, der Geisteswissenschaften ganz allgemein – dabei ist die Musik mit einzubeziehen, da sie in jener Zeit nie von der Dichtkunst getrennt wurde – hat ihren Ursprung in der Verehrung der Heiligkeit.

Das *Lied der heiligen Fides* verdient sogar besondere Erwähnung, denn die 593 Verse des Gedichts sind vollständig gereimt. Aus dem Aufbau des Lieds darf geschlossen werden, daß es wahrscheinlich von drei verschiedenen Stimmen abwechselnd vorgetragen wurde; dazu wurde vielleicht sogar getanzt, sicher erfolgte jedoch auch eine pantomimische Darstellung. Es wäre also ein Werk, das ganz nahe an das Theater im eigentlichen Sinn herankommt. Man glaubt, daß es von Laien während der Frühmesse am 6. Oktober, dem Festtag der heiligen Fides, aufgeführt wurde, da es nicht in lateinischer Sprache geschrieben ist und keine liturgischen Züge aufweist.

Später begegnet man in allen romanischen Dialekten hagiographischen Werken. Es entstand eine wachsende Anzahl von Heiligendarstellungen, darunter einige literarisch wertvolle wie das Werk des Guernes von Pont-Sainte-Maxence, der mit Neugier und journalistischem Gespür wie ein hervorragender Reporter zwei Jahre nach Thomas Beckets Tod eine Geschichte des Ermordeten schrieb. Auch die Zahl der sogenannten »Mirakelbücher« stieg ständig an. Eines der ältesten, das *Mirakelbuch von Notre-Dame de Rocamadour*, ist eine auf das Jahr 1172 datierte Handschrift, in der die Wunder Tag für Tag festgehalten wurden. An mehreren Pilgerstätten war es Brauch geworden, auf diese Weise die Wunder zu registrieren. Solche Verzeichnisse sind höchst aufschlußreich, sowohl im Hinblick auf die soziale wie auch auf die religiöse Entwicklung bis zu dem Augenblick, da anhand des Wunderberichtes eine literarische Darstellung entstand. Zu den ersten Verfassern solcher Werke gehörten Gautier von Coincy, ein 1236 verstorbener Mönch von Saint-Médard in Soissons, von dem die hervorragende Sammlung *Die Wunder von Notre-Dame* stammt. Ohne sich auch nur im geringsten um historische Authentizität zu bemühen, schrieb er eine köstliche Abhandlung über die Art und Weise, wie man nicht nur im allgemeinen, sondern vor allem zur Heiligen Jungfrau, der hervorragendsten und größten Heiligen aller Zeiten, beten sollte.

Das umreißt die Bedeutung, die den männlichen und weiblichen Heiligen im kulturellen Leben des Mittelalters zukam und auch heute noch zukommt. Die Zahl der Gelehrten und Philologen, die sich mit Texten wie dem *Alexiuslied* oder dem *Leben der heiligen Eulalia* beschäftigten und sie vom linguistischen Standpunkt aus untersucht haben, ist Legion. Heute erkennt man immer mehr, wie interessant diese Aufzeichnungen für die Sozial- und Wirtschaftsgeschichte sind. Abgesehen von ihrem religiösen Wert, bringen uns diese Texte über heilige Männer und Frauen, so überschwenglich sie auch sein mögen, doch das Leben im Mittelalter auf unmittelbare Weise nahe. Der Lebensrhythmus wurde buchstäblich von den Heiligen bestimmt. Durch ihre Gedenktage vervielfachte sich in den verschiedenen Berufen die Zahl der arbeitsfreien Tage. So hatten Mitte des 13. Jahrhunderts in Paris die Bäcker nicht nur zu hohen Festtagen wie Ostern,

Weihnachten und Pfingsten arbeitsfrei, sondern auch an den Gedenktagen für Genovefa, Johannes den Täufer, Laurentius, Dionysius, Nikolaus und noch an vielen anderen, im ganzen siebenundzwanzig Tagen. Und da bei den meisten Festen auch schon am Vortag teilweise die Arbeit ruhte, kann man noch einmal dieselbe Anzahl freier Nachmittage hinzuzählen. Die Feste der Heiligen – der Tag ihrer Aufnahme in den Himmel, der den Lohn ihres Wirkens und das Ziel ihres Strebens darstellt – brachten eine Abwechslung in den Jahreslauf, von der wir uns heute keine Vorstellung mehr machen können. Nicht zu vergessen sind Lokal-, Regional- und Zunftheilige, die ständig Anlaß zu kirchlichen Festen gaben. Und um ja keinen einzigen Heiligen zu vergessen, führte man noch den Gedächtnistag für alle, Allerheiligen, ein.

Es gab keinen Bereich menschlicher Betätigung, kein Land, keinen Augenblick, da die Christenheit nicht einen Heiligen hätte geltend machen können, auf den sie stolz war. Dieses Phänomen ist bezeichnend für jenes Jahrtausend, das wir nach wie vor Mittelalter nennen. Nicht, daß es später und bis in unsere Zeit keine Heiligen mehr gegeben hätte, aber man hat sie offenbar nie mehr, zumindest nicht in Europa, mit solcher Einmütigkeit verehrt wie damals. Heute werden ihnen keine Statuen mehr errichtet, sie erhalten weder Ehrungen noch Auszeichnungen. Dennoch werden sie im Volk fast immer noch genauso inbrünstig verehrt wie einst.

Es ist aber, nebenbei bemerkt, doch noch etwas anderes, das die Heiligen charakterisiert als ihre Volkstümlichkeit und die Fähigkeit, den Menschen Kraft zu geben, dem Staat, politischen Parteien oder den Streitkräften Widerpart zu bieten.

Dies führt uns nun dazu, zunächst einmal die Frage nach der Heiligkeit als solcher zu stellen und vor allem zu erforschen, wie »das alles« begann.

II. Die Anfänge der Geschichte

»Sie führten nur einige Streitfragen gegen ihn ins Feld, die ihre Religion und einen gewissen Jesus betreffen, der gestorben ist, von dem Paulus aber behauptet, er lebe.«

Der schwerfällige, aber pflichtbewußte Beamte, der dies, gewissenhaft wie alle Vertreter der römischen Verwaltung, in seinem Bericht festgehalten hat, ahnte nicht, daß er damit die wohl klarste und vollständigste Zusammenfassung des christlichen Glaubens gab. In Hunderttausenden von Abhandlungen, Predigten, Enzykliken und Pastoralbriefen sowie Gesprächen aller Art bemühte man sich jahrhundertelang um Definitionen, ohne jemals eine gleichwertig prägnante Formel zu finden, die sozusagen den Keim zu all jenem barg, was später entwickelt, untersucht, angefochten, verehrt, diskutiert und über die ganze Welt hinweg verkündet werden sollte.

Jener Beamte hieß Festus und war seit dem Jahr 59 oder 60 Prokurator von Judäa. Anläßlich eines Besuchs des Königs von Chalkis, Marcus Julius Agrippa, in Cäsarea berichtete ihm Festus von einem Fall, der ihm lästig war. Als guter Verwaltungsbeamter wollte er sich absichern, ehe er den Angeklagten Paulus nach Rom überstellte, wo er vor dem Tribunal des Kaisers erscheinen sollte.[1]

Etwa dreißig Jahre zuvor war in Jerusalem während der Vorbereitungen für das große Sabbatfest ein Mann namens Jesus gestorben. Man hätte, da es sich ja um einen hohen Feiertag handelte, den drei Kreuzen, die an jenem Tag auf dem Berg Golgotha vor den Toren der Stadt errichtet worden waren, wenig Aufmerksamkeit geschenkt, wenn dieser Jesus unter denen, die zur Feier des Sabbat in die Heilige Stadt gekommen waren, nicht eine Reihe von Anhängern gehabt hätte.

Einige Tage später verbreitete sich ein merkwürdiges Gerücht: »Derjenige, den man ans Kreuz geschlagen hat, soll leben, er soll wieder auferstanden sein!« Dieses Gerücht wurde zunächst als Gerede abgetan, dem nicht einmal die Anhänger glauben wollten. Doch einige Wochen später, am Tag des Erntefestes, bestätigte es Petrus, ganz aufgeregt und mit lauter Stimme. Er und seine Gefährten liefen durch die Straßen Jerusalems und riefen, Gott habe diesen Jesus, der gestorben war, auferstehen lassen. Obwohl man selbst zur Erntezeit in den frühen Morgenstunden nur äußerst selten einem berauschten Menschen begegnete, glaubten alle, Petrus und seine Gefährten seien betrunken. Aber es dauerte nicht lange, und die Erregung griff auf das gesamte Volk über:

»Als sich das Getöse erhob, strömte die Menge zusammen und war ganz bestürzt; denn jeder hörte sie in seiner Sprache reden. Sie gerieten außer sich vor Staunen und sagten: Sind das nicht alles Galiläer, die hier reden? Wieso kann sie jeder von uns in seiner Muttersprache hören: Parther, Meder und Elamiter, Bewohner von Mesopotamien, Judäa und Kappadozien . . . von Ägypten und dem Gebiet Libyens . . . auch die Römer . . . Juden und Proselyten, Kreter und Araber, wir hören sie in unseren Sprachen Gottes große Taten verkünden.«[2]

Niemand konnte ahnen, daß man zweitausend Jahre später noch immer von dem, was hier begann, in gleicher Weise sprechen würde. Die einen würden ratlos ihre Schultern heben, die anderen sich wundern, viele weitergehen und ihrer Zeit entsprechend bemerken: »Sie sind berauscht« oder »Sie sind verrückt« oder »Sie sind manipuliert oder schwachsinnig«. Einige freilich würden sich auch heute noch zu Petrus umwenden, so wie es viele an jenem Tag in Jerusalem taten, und fragen: »Was sollen wir tun?«

Gemäß der einzigen Quelle, die uns von diesem Ereignis Kenntnis gibt, waren es dreitausend, die auf Petri Ruf: »Jesus, . . . ihn, der . . . hingegeben wurde, habt ihr durch die Hand von Gesetzlosen ans Kreuz geschlagen. . . . Diesen Jesus hat Gott auferweckt, dafür sind wir alle Zeugen«, antworteten, und die ihn und die anderen Apostel fragten: »Was sollen wir tun, Brüder?« – »Kehrt um, und jeder von euch lasse sich auf den Namen Jesu Christi taufen zur Vergebung seiner Sünden, dann werdet ihr die Gabe des Heiligen Geistes empfangen.«[3]

Vielleicht haben viele dieser Menschen geglaubt, daß sich alles auf der Welt sofort und grundlegend ändern würde. Ganz offensichtlich irrten sie sich. In unserem 20. Jahrhundert würde bei einer Meinungsumfrage gewiß eine große Mehrheit finden, daß sich eigentlich nichts geändert habe, daß die Botschaft jener Leute wertlos und ohne Bedeutung gewesen sei, oder daß man sie anders hätte auslegen müssen, als Petrus und die anderen es taten. Andererseits sagen aber auch viele Menschen auf der ganzen Erde nach wie vor, daß dieser Jesus, den man Christus nennt, gestorben sei *und* daß er lebe. Seit Jahrhunderten sagen sie es mit ungebrochener Beharrlichkeit, trotz vieler Rückschläge, die selbst von jenen, die das Wort Petri angenommen und weitergegeben haben, anerkannt werden.

Wenn wir die historische Entwicklung betrachten und untersuchen, in welcher Hinsicht diese Worte »die Welt verändert« haben und was an Neuem, an Anderem seit jenem Ernte- bzw. Pfingstfest des Jahres 33 hinzukam – was stellen wir fest? Natürlich gab es Veränderungen. Denken wir zum Beispiel nur an etwas, das wir in seiner Tragweite heute viel besser begreifen als noch unsere Vorfahren vor hundert oder zweihundert Jahren: das Verschwinden der Sklaverei. Aber die augenfälligste Veränderung ist zunächst das Auftreten einer neuen Art von Menschen, von Männern wie von Frauen (diese Präzisierung ist nicht selbstverständlich und hat im vorliegenden Fall große Bedeutung). Es ist eine radikale Neuerung, die man in der Antike in keiner Kultur antrifft: das Auftauchen der Heiligkeit als Appell, der alle angeht.

Gewiß gibt es überall und in allen Kulturen Helden, Weise, Philosophen und Asketen, aber nur unter den Christen werden Menschen, die so waren wie alle anderen, Menschen jeden Standes, aller sozialen Schichten, jeder Herkunft und jeden Alters als Heilige verehrt. Ihr Tun zeitigte große Wirkung, im allgemeinen übrigens weniger zu ihren Lebzeiten als nach ihrem Tode. Die Bewunderung, die ihnen widerfuhr und die Kraft, die sie den Menschen gaben, hatten in der Tat Folgen, die sich im ganzen Volk verbreiteten. Lebensweisen änderten sich, Wertvorstellungen, die man für ewig festgeschrieben glaubte, wurden umgestoßen, und neue Perspektiven und Möglichkeiten eröffneten sich für jedermann, ungeachtet seines Ursprungs und seiner Fähigkeiten. Das war die große Neuerung, die sich in der Jerusalemer Rede Petri ankündigte.

Die Gemeinschaft der Heiligen

Auf die am Pfingsttag von der Menschenmenge in Jerusalem gestellte Frage »Was sollen wir tun?« hatte Petrus sehr einfach geantwortet: »Kehrt um und laßt euch taufen!« Und sogleich wird uns die idyllische Gemeinschaft beschrieben, die später jedes Christen Denken erfüllen und all jenen vor Augen stehen sollte, die im Namen Christi zusammenkamen. Ein erhabener Augenblick, wie es ihn wahrscheinlich erst im himmlischen Jerusalem wieder geben wird: »Sie hielten an der Lehre der Apostel fest und an der Gemeinschaft, am

Brechen des Brotes und an den Gebeten. Alle wurden von Furcht ergriffen; denn durch die Apostel geschahen viele Wunder und Zeichen. Und alle, die gläubig geworden waren, bildeten eine Gemeinschaft und hatten alles gemeinsam. Sie verkauften Hab und Gut und gaben davon allen, jedem so viel, wie er nötig hatte. Tag für Tag verharrten sie einmütig im Tempel, brachen in ihren Häusern das Brot und hielten miteinander Mahl in Freude und Einfalt des Herzens. Sie lobten Gott und waren beim ganzen Volk beliebt. Und der Herr fügte täglich ihrer Gemeinschaft die hinzu, die gerettet werden sollten.«[4]

Dieses Bild ist so überzeugend, daß es keiner weiteren Erklärung bedarf. Es zeigt eine vollkommene Gemeinschaft, so wie viele Menschen sie sich in späterer Zeit vorstellen sollten. Zu diesen Menschen gehören auch jene, die weggelassen haben, was die Apostelgeschichte in erster Linie nennt, nämlich das Gebet, das Brechen des Brotes und die Lehrtätigkeit der Apostel. Hier liegen Ursprung und zentraler Kern dessen, was man unter heilig und Heiligkeit versteht. Signifikant übrigens, daß dieser Ausdruck, der im Alten Testament nur in Zusammenhang mit Gott verwendet wird, im Neuen Testament gleich für alle jene Menschen gebraucht wird, die an Christus glauben. Als Christen wurden zunächst in Antiocheia, und später auch überall sonst, jene bezeichnet, die an den Auferstandenen glaubten. Da Jesus Gott und damit der Heilige schlechthin ist, werden alle, die an ihn glauben, ebenfalls zu Heiligen. Gleichzeitig mit dem Evangelium verbreitete sich also auch das Wort »Heiliger«. Im ersten Korintherbrief wendet Paulus sich »an die Geheiligten in Christi Namen, berufen als Heilige mit allen, die den Namen Jesu Christi, unseres Herrn, überall anrufen«,[5] im zweiten »an alle Heiligen in ganz Achaia«[6] (ganz Griechenland); und am Ende desselben Briefes verabschiedet er sich mit den Worten: »Es grüßen euch alle Heiligen.«[7]

Gott, der allein heilig und durch seine Menschwerdung allein der Ursprung aller Heiligkeit ist, ruft alle jene zur Heiligkeit auf, die an Ihn glauben und von nun an einen »heiligen Stamm« bilden. Das ist jener Ausdruck, den seinerseits auch der Apostel Petrus verwendete.[8]

Bei aller Einfachheit des Sachverhalts machten solche Versicherungen doch großen Eindruck, was auch sehr rasch deutlich wurde. Nach der Apostelgeschichte, der einzigen Quelle, die dies klar ausspricht, war diese Urgemeinde sogar mit einer radikalen Änderung ihres bisherigen Gottesbegriffes einverstanden: Derjenige, den sie früher als den All-Mächtigen verehrten, wurde nun in erster Linie der »All-Liebende«. Zwar hatten ihn schon die alten Israeliten während ihrer gesamten Geschichte als Retter angerufen, aber jetzt war das Heil in Gestalt eines Menschen zu ihnen gekommen, dessen kurzes Verweilen auf Erden ungeahnte Auswirkungen hatte, die erst nach und nach erkannt, offengelegt und vertieft wurden.

Genau das predigten die Apostel, jene Männer, die mit Ihm gelebt hatten, von Ihm ausgewählt und benannt worden waren und denen die Mitglieder dieser allerersten Gemeinde »einmütig« zuhörten. Das ist das erste Merkmal, auf das wir hingewiesen werden. Es folgten die brüderliche Gemeinschaft, das Brechen des Brotes, das Gebet, mit anderen Worten jene Feier also, die das »Volk der Heiligen« vereint und die, zumindest was das Beten angeht, eine alte jüdische Tradition fortsetzt. Die Psalmen nahmen wohl darin den größten Raum ein, und wahrscheinlich kam noch das Vaterunser hinzu, jenes Gebet also, das Jesus seinen Gefährten vorsprach, als sie ihn baten: »Lehre uns beten!«

Eine Begebenheit macht offenkundig, was das Gebet vermag: Der Bericht darüber steht im dritten Abschnitt der Apostelgeschichte, folgt also unmittelbar auf die Beschreibung der Gemeinde von Jerusalem. Während des täglichen

Gangs zum Tempel blieben eines Nachmittags Petrus und Johannes vor einem Lahmen stehen, der sie um ein Almosen bat. »Petrus sagte zu ihm: ›Silber und Gold besitze ich nicht. Doch was ich habe, das gebe ich dir: Im Namen Jesu Christi von Nazareth, geh umher!‹ Und er faßte ihn bei der rechten Hand und richtete ihn auf.« Und der von Geburt an Lahme ging mit ihnen in den Tempel, »lief und sprang und lobte Gott«. Er hatte nur um ein Almosen gebeten und wurde statt dessen von seiner Krankheit befreit. Dieses Ereignis, das sich vor der »Schönen Pforte« des Tempels abspielte, ist maßgebend. Überall begleitet das Wunder, in welcher Form auch immer, den Glauben. Durch seine Wunder hat Jesus bewiesen, daß für Ihn selbst die Einschränkungen, die die Naturgesetze den Menschen auferlegen, nicht gelten. Von nun an charakterisiert diese Erweiterung des menschlichen Horizonts auch diejenigen, die an Ihn glauben. Petrus äußerte sich dazu sogleich wie folgt: »Israeliten, was wundert ihr euch darüber? Was starrt ihr uns an, als hätten wir aus eigener Kraft oder Frömmigkeit bewirkt, daß dieser gehen kann?«[9]

Von diesem Augenblick an geschah alles so, als sei eine grenzenlose und noch unfaßbare Macht in die Welt der Menschen getreten. Sehr bezeichnend erscheint, daß Petrus nicht die Verwunderung der Menge teilte. Für ihn wie für alle Christen hinfort gibt es nur ein Wunder, die Menschwerdung Gottes. Daß Gott Menschengestalt angenommen hat, ist das Erstaunliche, das Verblüffende, das Unmögliche. Wird die Menschwerdung anerkannt und akzeptiert, so ist alles möglich.

Freilich nur unter der Bedingung, daß das vom Glauben gesteuerte Tun klar und rein und ohne Falsch ist. Eine dramatische, furchteinflößende Episode, von der im fünften Kapitel der Apostelgeschichte berichtet wird, beweist dies: Ein Mann namens Hananias und seine Frau Saphira haben, wie viele andere auch, auf den Rat des Evangeliums hin »Verkaufe alles, was du hast und gib es den Armen«, ihren Besitz verkauft. Gemeinsam beschlossen sie jedoch, einen Teil des Erlöses für sich zu behalten, was ihnen, nachdem sie Petrus ihre Lüge vorgetragen haben, zum Verhängnis wird. Hananias und Saphira stürzten auf der Stelle tot zu Boden. Dieser Bericht zeigt deutlich, was ihnen vorgeworfen wird: »Du belügst den Heiligen Geist«, sagte Petrus jedem von beiden.[10] Seine nächste Bemerkung läßt klar erkennen, daß kein Mitglied der Gemeinde gezwungen war, sein Hab und Gut zu verkaufen, um anderen den Erlös zu geben, und daß jeder davon behalten kann, soviel er will. Das Vergehen liegt vielmehr in der Lüge, darin, nicht einen Menschen, sondern Gott zu belügen, so zu tun, als habe man alles gegeben, was ja gar nicht gefordert wird, und dabei einen Teil für sich zu behalten. Das ist, so scheint es, der grundlegende Anspruch in diesem, die Christen kennzeichnenden Streben nach Heiligkeit. Diejenigen, die zwei Fliegen auf einen Schlag zu fangen versuchen, indem sie sich den Anschein der Heiligkeit geben, werden unverzüglich getötet. Jener Heilige Geist, der den Lahmen an der »Schönen Pforte« heilte, bestrafte hier den Lügner, und es ist derselbe Heilige Geist, »der von nun an auf der Welt wirkt«, mit dem künftig alle Werke und alles Tun der Heiligen in Zusammenhang gebracht wird.

Dieser Episode kann man die von Simon dem Zauberer gegenüberstellen, die etwas später erzählt wird.[11] Dieser Simon, der sich in Samaria durch die Ausübung seiner Kunst einen Namen gemacht hatte, war ein Zauberer, wie es sie, zum Beispiel in Afrika, immer gegeben hat und noch heute gibt. Von den Wundern der Apostel tief beeindruckt, bot er Petrus Geld an, damit er ihm etwas von der geheimnisvollen Macht abgebe, die er an ihm festgestellt hatte. Darauf antwortete Petrus energisch: »Dein Silber fahre mit dir ins Verderben, wenn du meinst, die Gabe Gottes lasse sich für Geld kaufen.« Simon jedoch zeigte Reue, und es wurde ihm vergeben. Auch diese Episode zeugt von dem Anspruch auf Reinheit für die Heiligen. Die Heiligkeit, ein Geschenk des Heiligen Geistes, besteht im wesentlichen darin, diese Gabe anzunehmen, ohne daß durch menschliches Einwirken der Glaube, den sie bedingt, geschmälert wird.

Dieser Glaube wurde sehr bald auf die Probe gestellt. Noch am Abend jenes Tages, an dem Petrus und Johannes an der »Schönen Pforte« den Lahmen heilten, wurden die beiden Apostel ins Gefängnis geworfen, die Tempelautoritäten »waren aufgebracht«, sie von der Auferstehung Jesu sprechen zu hören. Es beunruhigte sie wohl auch, daß die Zahl der Anhänger innerhalb von wenigen Tagen auf ungefähr 5000 angewachsen war. Nicht lange, und die Apostel wurden erneut ins Gefängnis geworfen. Und bald hatte die Urgemeinde ihren ersten »Zeugen« – das ist die ursprüngliche Bedeutung von Märtyrer –, nämlich Stephanus, der gesteinigt wurde, weil er die Auferstehung Christi, der in einer Person Sohn Gottes und selbst Gott ist, gepredigt hatte. Damit wird ein weiteres Wesensmerkmal der Heiligkeit charakterisiert, sie stellt sich als etwas Absolutes dar, das zunächst nur Ärgernis, dann aber Feindseligkeit erregt. Für den Heiligen selbst bedeutet die Heiligkeit einen Anspruch, der weit über sein eigenes Leben hinausgeht.

Im Ganzen genommen aber ist das Wesentliche, das durch die Jahrhunderte die Geschichte der Heiligen und ihrer Gemeinschaft charakterisierte, die »Gemeinde«, eine Bezeichnung, die schon sehr früh in der Apostelgeschichte aufscheint.[12] Es ist der Anfang einer Geschichte, die immer mehr an Bedeutung gewann, weil sie weitergetragen wurde, Kreise zog, in der man aber immer wieder – mit übrigens unvorhersehbaren Entwicklungen – den gleichen Elementen begegnet.

Sogar für ihre irdischen Vertreter waren diese Entwicklungen unvorhersehbar. Beim Lesen der Apostelgeschichte fällt auf, daß die Apostel aus dem Staunen nicht herauskamen, das, was geschah, einfach nicht begreifen konnten. Daß sie verfolgt werden würden, hatte Christus ihnen vorausgesagt, damit rechneten sie. Keineswegs aber hatten sie erwartet, daß sie in Saulus von Tarsus, einem ihrer erbittertsten Gegner, plötzlich Paulus, ihren stärksten Helfer und Verbündeten, finden würden. Sie dachten, nur die jüdische Gemeinschaft, in der sie predigten, bekehren zu können, nicht jedoch auch die Heiden, die sich an sie wandten. Zu ihrer Verwunderung empfingen aber auch diese den Heiligen Geist. Das erlebten sie beispielsweise bei dem Centurio Cornelius, einem Hauptmann des römischen Heeres, das in Cäsarea in Garnison lag. Die Apostel standen immer wieder fassungslos vor neuen Überraschungen. Die meisten von ihnen waren einfache Männer, von Beruf Fischer, und nicht ohne Fehl. Man stelle sich einmal Jesu Miene vor, als er die zwölf Männer auswählte, um sie zu seinen Jüngern zu machen: der erste ein Renegat, der letzte ein Verräter, keiner der zwölf Auserkorenen besonders vertrauenerweckend. Und auch das bildete ein bleibendes Charakteristikum in der Geschichte der Kirche.

In diesen ersten, in der Apostelgeschichte dargestellten Jahren erlebt man die Jünger voller Kraft und Energie. Auch wenn sich die wesentlichen Strukturen schon abzeichneten, so finden wir sie im Laufe der Geschichte doch immer wieder. So etwa die Einsetzung von mit verschiedenen Gemeindeangelegenheiten betrauten Diakonen, so daß sich die Apostel dem widmen konnten, was ihnen wesentlich erschien: ». . . beim Gebet und beim Dienst am Wort bleiben.«[13] Zu den Diakonen zählt auch Stephanus, der erste Märtyrer, der wegen seiner Predigten festgenommen wurde. Das beweist, daß auch diejenigen, die im praktischen Bereich tätig waren, das Predigen nicht vernachlässigten. Den Heiligen Geist riefen die Apostel insbesondere auf jene herab, denen sie durch Handauflegen einen Teil ihrer Fähigkeiten übertrugen. Es waren dies die Presbyter, die wir heute wohl als Priester, und die Episkopen, die wir heute als Bischöfe bezeichnen würden. In seinen Briefen legte Paulus übrigens die Empfehlungen nieder, wie beide die ihnen anvertrauten Aufgaben erfüllen könnten.

Das erste Kirchenkonzil war ein Ereignis, das unter allen anderen herausragte. Sehr bezeichnend ist, daß es anläßlich einer jener überraschenden Begebenheiten stattfand, die den Aposteln immer wieder zu schaffen machten. Die Frohe Botschaft, die Nachricht von der Existenz des liebenden Gottes, sollte auch den Heiden verkündet werden. Dabei ergab sich allerdings die Streitfrage, ob es nicht gerechtfertigt wäre, daß diese dieselben Gepflogenheiten annehmen sollten wie die Juden, die auf die Ankunft des Messias warten. Mit anderen Worten: Müssen die Heiden, die sich zu Christus bekennen, nicht ebenfalls beschnitten werden?

Aufgeworfen wurde diese Frage im syrischen Antiocheia in einer Gemeinde auf heidnischem Boden. Um sie zu prüfen, berief man eine Versammlung nach Jerusalem ein. Die Sache ließ sich schlecht an, da die Integralisten auf der Beibehaltung dessen, was ihnen als wesentliche Tradition erschien, beharrten. Auf der Gegenseite standen diejenigen, die, beeinflußt von Paulus, der sich immer stärker der Missionierung der Heiden widmete, zwischen Gebräuchen, die veralten könnten, und bleibender Tradition unterscheiden wollten. Diese schwierige Unterscheidung beschäftigte immer wieder die Urgemeinde und führte zu schweren Auseinandersetzungen. Obwohl der Bericht zurückhaltend ist, kann man sich gut vorstellen, welch heftige Wortgefechte sich die Vertreter der beiden Meinungen lieferten. Doch da erhob Petrus seine Stimme, um die Diskussion zu beenden: »Wir glauben, im Gegenteil, durch die Gnade Jesu, des Herrn, gerettet zu werden auf die gleiche Weise wie jene.«[14] Das Gesetz Mose und die Beschneidung brauchten also den zu Gott bekehrten Heiden nicht vorgeschrieben zu werden.

»Da schwieg die ganze Versammlung«, heißt es im Text

weiter. Diese Versammlung bestand nicht nur aus den Aposteln, sondern auch aus den »Ältesten«, mit denen wohl diejenigen bezeichnet wurden, die schon seit langem den Glauben angenommen hatten und wahrscheinlich die Ratgeber der Apostel waren. So mancher unter ihnen zauderte, da es eine beachtliche Bereitschaft zur Erneuerung erforderte, mit jahrtausendealten Bräuchen zu brechen.[15]

Das religiöse Verständnis dieser Juden wurzelte in der Überzeugung, sich von den übrigen Völkern zu unterscheiden und eine Tradition ohnegleichen zu besitzen, wie es sie auch vorher noch nie gegeben hatte. Darum muß es ihnen sehr schwergefallen sein, das zu akzeptieren, was ihnen wie eine Lossagung von Gott erschienen sein mag. Allein der den Menschen eigene Widerstand gegen alles Neue, der sich ja in jeder Gruppe bemerkbar macht, wäre Grund genug gewesen, im Fall einer Änderung mit Problemen zu rechnen. Hinzu kamen noch die Vorschriften eines seit alters her geltenden Gesetzes, das als unantastbar galt. Zweifellos bestand die größte Schwierigkeit für sie darin, Gnade und Gegenwart des Heiligen Geistes anzuerkennen, da beides sie ständig aus der Fassung brachte. So gesehen wird die Versammlung von Jerusalem nie zu einem Ende kommen. Das in gewisser Hinsicht fundamentale Dilemma, das sich auf diese Weise ausdrückt, wird für die Gläubigen bestehen bleiben, da sie kaum in der Lage sind, zwischen veralteten Strukturen, die es abzulegen gilt, und der Notwendigkeit, sich an die Gebote des Glaubens zu halten, zu unterscheiden. Darum müssen Petrus und seine Nachfolger immer wieder, manchmal sogar gegen ihren Willen, Entscheidungen treffen, die die Traditionen bewahren und die Gebräuche erneuern.

Petrus verließ Jersualem und reiste nach Rom. Der Zeitpunkt seines Aufbruchs ist schwer festzulegen, da im weiteren in der Apostelgeschichte vor allem von den Reisen und dem Wirken Pauli die Rede ist. Es ist ein entscheidender Einschnitt, der gewiß vor der Christenverfolgung durch Nero lag, das heißt vor dem Jahr 64 n. Chr. Die Zeit ist vorbei, da sich die Urgemeinde in ihrer Zitadelle Jerusalem versammelte, wo sich jener Tempel befand, zu dem, was die eigentlichen Kulthandlungen betraf, nur die Priester Zutritt hatten, und der die einzige Stätte war, wo Gott sich offenbarte. Von nun an ist der gesamte Erdkreis das Betätigungsfeld der vom Heiligen Geist beseelten Christen. Er ist ein Acker, der durch den Tod Jesu auf dem Berg Golgotha und durch seine Auferstehung geschaffen wurde.

Alles, was auf Erden spriesst

Rom war der Mittelpunkt der Welt. Von Jerusalem nach Rom zu gehen, bedeutete für Petrus und die anderen Apostel den Sprung ins kalte Wasser, denn hier hatten sie es nicht mehr nur mit der jüdischen, sondern mit der ganzen Welt zu tun. Sie lösten sich von den alten Gesetzen, um sich vollkommen der Gnade Gottes und der Führung des lebendigen und tätigen Heiligen Geistes anzuvertrauen, da sie von Rom aus »die Völker lehren« konnten, so wie Christus es ihnen aufgetragen hatte.

Doch auch hier geschah wieder das Unvorhersehbare: im Juli des Jahres 64 brannte Rom, Nero schob die Schuld daran den Christen zu und ließ sie verfolgen. Petrus war eines der Opfer und Paulus, in Rom gefangengehalten, wurde 67 enthauptet. Der Krieg, den die Römer währenddessen in Palästina gegen die Juden führten, endete mit der Zerstörung des Tempels durch Kaiser Titus im Jahr 70.

Die Christen waren nun ihres Lebens nicht mehr sicher. Sie tauchten unter und hausten in Kellern, die sie nur ab und zu für kürzere oder längere Zeit verlassen konnten. Kein Wunder, daß es aus dieser Zeit nur wenige Texte gibt, die uns Einblick in jene Periode gewähren.

Es gibt jedoch genügend Schriften, aus denen hervorgeht,

worin sich die Christen von ihren Mitbürgern unterschieden. Da sie aus allen Gegenden des Reiches kamen, aus jenem Teil Italiens, der damals Großgriechenland hieß, aus Griechenland selbst oder von noch weiter weg, aus Syrien, Palästina oder Kleinasien, war ihre Volkszugehörigkeit kein Unterscheidungsmerkmal. Im allgemeinen waren es kleine Leute, jedenfalls aber gesellschaftliche Außenseiter, die vor allem durch ihr ungewöhnliches Betragen auffielen. Ende des 2. Jahrhunderts beschrieb sie ein Unbekannter in dem sogenannten *Brief an Diognet:* »Die Christen zeichnen sich vor den übrigen Menschen weder durch ihre Sprechweise aus, noch durch ihre Sprache oder Kleidung; sie halten sich an die örtlichen Bräuche, was das Essen und die Lebensweise betrifft . . . Sie heiraten wie jedermann, sie haben Kinder, aber sie setzen ihre Neugeborenen nicht aus.«[16]

Die wenigen Texte, die die christliche Gesellschaft der ersten zwei Jahrhunderte hervorgebracht hat, bestätigen dieses von einem Außenstehenden festgehaltene Bild. Sie enthalten in der Tat nur wenige Empfehlungen in Hinblick auf die Sitten selbst, aber diejenigen, die sie gaben, bewirkten bei den Christen eine Verhaltensweise, die sich von der der römischen Gesellschaft deutlich unterschied. So findet man im frühesten dieser Texte, dem Brief des Clemens von Rom, der wahrscheinlich um das Jahr 98 entstand, einige Moralvorschriften. Clemens war nach Linus und Anaklet der dritte Nachfolger Petri und damit der vierte Papst. In diesem Brief faßte er die aus dem Glauben an Jesus sich ergebenden Vorschriften für den Lebenswandel der Christen zusammen: »Da wir nun ein heiliger Teil sind, wollen wir alle Werke der Heiligung tun.« Es werden auch einige dieser Werke aufgezählt: »Wir wollen es also mit denen halten, welchen von Gott die Gnade verliehen ist. Lasset uns anziehen die Eintracht, voll Demut und Enthaltsamkeit, von jeder Ohrenbläserei und Verleumdung uns ferne haltend, durch Werke gerechtfertigt und nicht durch Worte.«[17] Er bestand auf gegenseitiger Hilfe: »Jeder soll seinem Nächsten sich fügen, wie es in seiner Gnadengabe begründet ist. Der Starke sorge für den Schwachen, und der Schwache kümmere sich um den Starken; der Reiche unterstütze den Armen, der Arme aber danke Gott dafür, daß er jenem gegeben, wodurch seinem Mangel abgeholfen werde.«[18]

Ähnliche Moralvorschriften finden sich in jenem Text, den man *Didache* nennt und der ebenfalls sicher aus dem 1. Jahrhundert stammt. Hier sind die Gebote differenzierter ausgearbeitet und gleichzeitig präziser: »Du sollst nicht töten, du sollst nicht ehebrechen, du sollst nicht Knaben schänden, du sollst nicht Unzucht treiben, du sollst nicht stehlen, du sollst nicht Zauberei treiben, du sollst nicht Gift mischen, du sollst das Kind nicht durch Abtreiben umbringen und das Neugeborene nicht töten . . . Deine Rede sei nicht lügnerisch, nicht leer . . . Du sollst nicht habgierig sein, nicht auf Raub bedacht, nicht verschlagen, nicht boshaft, nicht hoffärtig . . . Du sollst niemand hassen.«[19] Wir kommen später noch auf den »Weg des Todes« zu sprechen und auf jene, die ihn einschlagen. »Leute, die weit entfernt sind von Sanftmut und Geduld . . . Die kein Mitleid haben mit den Armen, sich nicht annehmen um den Bedrückten . . . Ihre Kinder töten, das Gebilde Gottes umbringen . . .« Und als Empfehlung: »Reißet euch los, Kinder, von allen diesen.«[20]

Diese Belehrungen enthielten also bereits einige Merkmale, durch die sich die Christen von der übrigen Gesellschaft unterschieden. Schon vor dem Auftreten Christi machten sich die Römer über die Juden lustig, weil sie alle ihre Kinder behielten und keine Abtreibungen vornahmen. Die Achtung vor dem Leben, vor jedem menschlichen Leben, nach und auch vor der Geburt, ist eine Einstellung, die man schon in frühesten Zeiten findet und die die Christen von den Heiden trennen wird.

Doch man würde die Bedeutung und den wahren Gehalt dieser allerersten Texte – derjenigen, die das Bindeglied zum Neuen Testament bilden – falsch einschätzen, zitierte man nur die moralischen Unterweisungen, die darin in Wirklichkeit nur geringen Raum einnehmen. Ihr Gegenstand ist vor allem der Glaube, dieser Glaube der Heiligen, der lauter bleiben und unter dessen Zeichen alles andere stehen muß: ihr Gebet, ihr Lebenswandel, ihre Werke; mit dem Ziel, wie es im Clemensbrief[21] heißt, die Gaben Gottes zu empfangen, als da sind: »Leben in Unsterblichkeit, Glanz in Gerechtigkeit, Wahrheit in Freimut . . . Enthaltsamkeit in Heiligung«. Dieser Brief wurde übrigens anläßlich interner Streitigkeiten unter jenen Bischöfen geschrieben, die ihres Amtes enthoben worden waren, ohne, wie es im Brief heißt, etwas getan zu haben, das ihre Verabschiedung gerechtfertigt hätte. Der Bischof von Rom rief die gesamte Christenheit zur Einheit auf: »Warum herrschen Streit, Zorn, Gegensätze, Zwiespalt und Krieg unter euch? Etwa deshalb, weil wir einen einzigen Gott haben, einen Christus, einen Geist der Gnade, der über uns ausgegossen ist, und weil eine Berufung ist in Christus?«[22] Er verwies auf den Brief des Paulus, in dem dieser die Christen ermahnte, sich nicht zu spalten, keine »Sekten« zu bilden. Dabei sei es gerade die von Paulus gegründete Gemeinde von Korinth, in der solche Zwietracht herrsche: »Flehen und beten wir daher zu seiner Erbarmung, daß wir erfunden werden in Liebe ohne menschliche Parteiung, frei von Tadel . . . Aber auch diejenigen, die Führer der Empörung und Entzweiung gewesen sind, müssen die gemeinsame Hoffnung ins Auge fassen.«[23] Ein solcher päpstlicher Aufruf zur Eintracht in jener frühen Zeit ist erstaunlich. Nachdem Clemens zahlreiche Beispiele aus dem Alten und Neuen Testament zitierte, um zu dieser Einigung aufzurufen: »So soll denn unser ganzer Körper gerettet werden in Jesus Christus«,[24] gab er auch einige Anweisungen für den Gottesdienst:

»Jeder von uns, Brüder, soll in seinem Stande Gott danken, damit er sich ein gutes Gewissen bewahrt und die für seine Verrichtung festgesetzte Regel nicht übertritt, in würdigem Wandel.«[25] Für die Bischöfe, Priester und Diakone gab es demnach bereits feste Vorschriften. Auch die *Didache* befaßt sich mit der Liturgie. Man findet darin den Text des Vaterunsers mit seiner Endformel, die nicht in der Bibel enthalten ist und in den ersten Gemeinden entstanden sein muß: »Dein ist die Macht und die Ehre in Ewigkeit.«[26] Die Liturgie der Eucharistie (der Ausdruck wird absichtlich verwendet) wird folgendermaßen beschrieben: »Am Tage des Herrn versammelt euch, brechet das Brot und saget Dank, nachdem ihr zuvor eure Sünden bekannt habet, damit euer Opfer rein sei.«[27] Die Liturgie der Taufe wird formuliert und Ratschläge werden gegeben, wie man den wahren vom falschen »Propheten« und den wahren vom falschen »Heiligen« unterscheiden kann. »Wenn aber einer spricht im Geiste: ›Gib mir Geld oder sonst etwas‹, so höret nicht auf ihn; wenn er aber für andere Bedürftige um Gaben bittet, soll niemand ihn richten.«[28] Obwohl diese christliche Gemeinde noch klein war, gab es bereits Menschen, die »mit ihrem Christentum Geschäfte machen« und vor denen man sich hüten muß.[29]

Dann gibt es noch eine ganze Reihe von Briefen, die es uns gestatten, mit diesen frühen Heiligen in Verbindung zu treten. Die des Ignatios von Antiocheia zum Beispiel, von dem man weiß, daß er um das Jahr 110 in Rom, auf jeden Fall unter Kaiser Trajan, als Märtyrer starb. Die Briefe, deren Echtheit außer Frage steht, schrieb Ignatios an verschiedene Gemeinden, als er unter Bewachung nach Rom reiste, um dort den Märtyrertod zu erleiden. Sie sind an die Epheser, Magnesier und Trallianer, spätere an die Philadelphier, Smyrnäer und namentlich an den Bischof dieser Stadt, Polykarpos, gerichtet, der einige Jahre danach, 155 oder 156, jedenfalls an einem 23. Februar, selbst zum Märtyrer wurde. In diesen sieben Briefen[30] geht es in erster Linie um die Einheit – eine Einheit, die sehr deutlich in der bestehenden Hierarchie verkörpert ist: »Wer ohne Bischof, ohne Presbyterium und ohne Diakone etwas tut, der ist nicht rein in seinem Gewissen.« »Befleißiget euch, alles zu tun in der Eintracht Gottes ... Liebet einander in Jesus Christus allezeit«; oder in dem Brief an die Christen von Philadelphia: »Bemühet euch, nur eine Eucharistie zu feiern; denn es ist nur ein Fleisch unseres Herrn Jesu Christi und nur ein Kelch zur Einigung mit seinem Blute, nur ein Altar, wie nur ein Bischof ist in Verbindung mit dem Presbyterium und den Diakonen, meinen Mitknechten.« In seinem Brief an die Römer sagt er ausdrücklich, daß diese Gemeinde »den Vorsitz führt am Orte des römischen Bezirkes« und grüßt sie, »die geliebt und erleuchtet ist im Willen dessen, der alles Seiende gewollt hat, gemäß der Liebe Jesu Christi, unseres Gottes ... und Vorsteherin ist des Liebesbundes, die das Gesetz Christi hat, des Vaters Namen führt«. Ignatios war übrigens der erste, der den Begriff »katholisch« verwendete.

Neben seinen zündenden Aufrufen zu Eintracht finden wir in seinen Briefen Grundlegendes in bezug auf die Lehre. Er beharrte auf der Tatsache der Menschwerdung, auf Christus als wahrem Gott und wahrem Menschen, auf der Empfängnis Mariens »nach dem Heilsplan Gottes«. Von der Jungfräulichkeit Mariens spricht er vor allem in seinem Brief an die Epheser. Für ihn ist jede Häresie wie ein Ehebruch. Es ist überraschend, wie kraftvoll und klar hier das Wesentliche des christlichen Glaubens formuliert wird.

Und dieser Mann ging dem Martyrium entgegen. Er wußte, daß er bei seiner Ankunft in Rom wilden Tieren vorgeworfen werden würde, und in seinem Brief an die Römer bat er diese, seinen Martertod nicht zu verhindern. Im Gegenteil, sobald er geopfert sei, »bildet ihr in Liebe einen Chor und lobsinget dem Vater in Jesus Christus, weil Gott den Bischof von Syrien zu finden sich gewürdigt hat und ihn vom Osten nach dem Westen sich herbeigeholt hat«.

Alle Christen jener Zeit waren mehr oder weniger, auch wenn sie ihr Los nicht immer so hinnahmen wie Ignatios von Antiocheia es getan hat, vom Martyrium bedroht. In diesem Zusammenhang stellt sich natürlich die Frage, warum die Christen mit dieser Versessenheit verfolgt, gemartert und getötet wurden. Manche führen als Grund an, die Christen seien eine willkommene Reserve an Menschen gewesen, die man bei den im Volke so beliebten Zirkusspielen in Rom gegen wilde Tiere antreten lassen konnte. Aber das klingt nicht ernstgemeint, da die asiatischen Religionen, allen voran der Mithras-Kult, in Rom sehr verbreitet waren. Warum hat man also die Christen verfolgt und nicht die Anhänger des Mithras? Und warum hat man den wilden Tieren nicht einfach weiterhin Sklaven oder Kriegsgefangene vorgeworfen, wenn doch die Zirkusspiele sehr viel älter als die Prophezeiungen des Evangeliums sind?

Sich an diese Erklärung zu halten, hieße vergessen, daß mit wenigen Ausnahmen zu allen Zeiten und bei fast allen Völkern Verfolgungen stattfanden. Denkt man an das England des 16. und des frühen 17. Jahrhunderts[31], als die Anhänger des Papstes ebenso grausam gequält wurden wie die Christen Roms im 1. Jahrhundert – selbst Frauen und Familienmütter wie Margaret Clitherow –, so wird man sich über die Verfolgungen im alten Rom, den wütenden Haß so hochgelobter Kaiser wie der Antoninen oder eines für seine Weisheit so berühmten Mannes wie Marc Aurel und die Greueltaten von Nero bis zu Konstantin am Beginn des 4. Jahrhunderts wohl weniger wundern.

Die Märtyrer

Die Zeugen des auferstandenen Christus gaben für ihr Bekenntnis ihr Leben hin, wodurch das Wort »Zeuge«, Märtyrer, eine gemeinsame Bezeichnung für all jene Menschen wurde, die unter Qualen starben. Diese Opfertode gehörten zum Alltag der Kirche, bis Konstantin im Jahr 313 mit dem Edikt von Mailand den Christen erstmals die freie Kultausübung gestattete. Schon im ältesten bekannten Text, dem obenerwähnten Brief des Clemens von Rom an die Korinther, werden Märtyrer erwähnt. Eigenartigerweise sind jene Märtyrer, auf die er näher eingeht, Frauen. Als Zeugen nennt er zunächst die von den Christen einmütig verehrten Apostel Petrus und Paulus, fügt aber dann hinzu: »Frauen wurden wegen der Eifersucht verfolgt (er schreibt den Grund für die Mißhandlung der Christen der Eifersucht zu) wie Danaiden und Dirken, ertrugen fürchterliche und grauenhafte Peinen, wandelten so auf dem sicheren Pfade des Glaubens und holten sich den herrlichen Preis, obwohl sie schwach am Leibe waren.«[32] Diese ein wenig rätselhaft anmutenden Worte beschreiben jene Frauen, die in der Arena eines schrecklichen Todes starben, da sie im Amphitheater zum Vergnügen des römischen Volkes die Danaiden oder andere mythologische Gestalten spielen mußten, die der Sage nach von wilden Tieren zerrissen worden waren.

Im ältesten Schriftstück der Kirche finden wir diese ergreifende Huldigung an Frauen und junge Mädchen, die den wilden Tieren buchstäblich zum Fraß vorgeworfen wurden, um damit die Sensationslust der Volksmenge zu befriedigen, neben der Lobpreisung der Jungfräulichkeit Mariens. Letzteres vor allem in den auf dem Weg zum Martertod geschriebenen Briefen des Ignatios von Antiocheia.

Damit kommen wir auch schon zu dem Bild, das uns von der frühen christlichen Gemeinschaft überliefert ist. Mann und Frau hatten von Anfang an unterschiedliche Aufgaben. Nirgends, auch nicht in der Bibel selbst, ist von einer aktiven Rolle der Frau die Rede, und zwar weder in den den Priestern vorbehaltenen Aufgaben noch in leitenden Verwaltungsfunktionen. Demgegenüber sind Männer und Frauen gleichermaßen aufgerufen, das Ziel und die eigentliche Aufgabe der Kirche zu verwirklichen, und zwar die Hinführung zur Heiligkeit. Verwalten, Predigen und die Liturgie haben nämlich keinen anderen Zweck, als die Erinnerung an Christus lebendig zu erhalten, seine Lehre zu verbreiten und diejenigen zu stärken, die sie mittels der Taufe annehmen und damit in die Gemeinde der Heiligen eintreten. Das liturgische Gebet, die Unterweisung und die spezielle Ordnung, die in dieser Gesellschaft erforderlich sind, um ihre Einheit zu bewahren und sich gegen Verirrungen und Verrat wehren zu können, dienen nur dazu, die Zeugenschaft, die das Wesentliche ist, unverfälscht weiterzugeben.

Unter denen, die Zeugnis ablegen, nehmen die Frauen einen besonderen Platz ein, und dafür werden sie auch ganz besonders geehrt. Die Bewunderung des Clemens galt – unmittelbar nach Petrus und Paulus – den Frauen. Schon sehr früh erwies man nicht nur den Märtyrern, sondern auch jenen, die, wie man meinte, das Ideal der Heiligkeit verwirklicht hatten, so wie Christus es allen Menschen verheißen hatte, Ehren, die man öffentlich nennen könnte, hätte sich während dieser dreihundert Jahre das Leben der Gemeinde nicht im verborgenen abspielen müssen. Auf jeden Fall waren dies Ehren, die sehr bald in die Liturgie der Kirche Eingang fanden und bei denen kein Unterschied zwischen Männern und Frauen gemacht wurde. Der heilige Paulus hat erklärt: »Es gibt weder Griechen noch Juden mehr, weder Mann noch Frau.« Das heißt, der so tief im Menschen verankerte instinktive Rassismus, der auf der ganzen Welt und in allen Kulturen zu Kastenbildung und zu Unterscheidungen, die mit der

Geburt zusammenhängen, geführt hat, existierte in der Gemeinde der Heiligen nicht. Die über alle Regionen der römischen, das heißt der bekannten Welt verbreiteten Christen gehörten den verschiedensten ethnischen Gruppen und sozialen Schichten an. Ihren Märtyrern wurden in späterer Zeit ohne Unterschied des Geschlechts und der Herkunft die höchsten Ehren zuteil.

An dieser Stelle seien auch noch die Witwen erwähnt, die, mit Ausnahme einiger sehr reicher Witwen, in der römischen Gesellschaft besonders schlecht gestellt waren. Sie wurden in die christliche Gemeinschaft integriert und übernahmen manchmal ganz bestimmte Funktionen, wie die der Diakonissinnen. Diese waren die einzigen Frauen in der eigentlichen Kirchenhierarchie, verrichteten allerdings wie die Diakone nur Hilfsdienste. Schon in den Briefen des Apostels Paulus wurden sie erwähnt. In seinem Brief an Polykarpos, den Bischof von Smyrna, schrieb Ignatios von Antiocheia zu Beginn des 2. Jahrhunderts: »Witwen dürfen nicht vernachlässigt werden; nach dem Herrn sollst du ihr Schutzherr sein.« Oder: »Sklaven und Sklavinnen verachte nicht . . .«[33]

Polykarpos entwickelte ähnliche Empfehlungen. In seinem Brief an die Philipper schrieb er: »Auch die Witwen lehret besonnen zu sein im Glauben an den Herrn, ohne Unterlaß für alle zu beten, sich ferne zu halten von jeder Verleumdung, übler Nachrede, falschem Zeugnis, Geldgier und von jeglichem Bösen, in der Erkenntnis, daß sie ein Altar Gottes sind.«[34]

Nach den uns überlieferten Texten ist es neben dem Martyrium des Ignatios und des Polykarpos der Opfertod der jungen Sklavin Blandina, der besonders betroffen macht. Diese Blandina vereinte in sich als Frau und Unfreie die beiden Hauptgründe für ein Leben in Verachtung oder Isolation durch die Gesellschaft ihrer Zeit. Sie bildet den Mittelpunkt aller Lobpreisungen in dem berühmten Brief der Christen von Lyon, die Zeugen der Martyrien des Jahres 177 in ihrer Stadt geworden waren.[35] Sie war die letzte, die zusammen mit einem fünfzehnjährigen Knaben namens Ponticus im Amphitheater den wilden Tieren vorgeworfen werden sollte. Man glaubte nämlich, daß der qualvolle Tod der vor ihr hingerichteten anderen Märtyrer – Sanctus, ein Diakon aus Vienne, Maturus, der kurz zuvor die Taufe empfangen hatte, Attalus aus Pergamon und Alexander, gebürtig aus Phrygien in Kleinasien – die junge Sklavin zum Abfall von ihrem Glauben bringen würde. »Alle«, so heißt es in dem Brief, »hatten wir gefürchtet, daß Blandina wegen ihrer körperlichen Schwäche nicht mehr in der Lage sein würde, ihren Glauben offen zu bekennen, aber jedesmal sagte sie: ›Ich bin eine Christin, und bei uns geschieht nichts Böses . . .‹« Bis zum letzten Atemzug blieb sie standhaft, fand die Kraft, den gemarterten Knaben zu trösten, erduldete wie er tapfer die Peitschenhiebe, die Angriffe der Tiere und die Tortur auf dem eisernen Stuhl, bevor man sie, in ein Netz eingewickelt, einem wütenden Stier aussetzte. Schließlich wurde ihr vor der mit Abscheu erfüllten Menge die Kehle durchgeschnitten.

»Bei uns geschieht nichts Böses.« Mit dieser Beteuerung antwortete Blandina auf die Anschuldigungen, die gegen die Christen erhoben wurden, denn seit Nero sie für den Brand Roms verantwortlich gemacht hatte, waren sie die Sündenböcke der römischen Gesellschaft. Man folterte sie unter dem Vorwand, daß von offizieller Stelle Klage gegen sie erhoben worden sei oder eine Anzeige vorliege, und bezichtigte sie unter anderem, Festessen mit Menschenfleisch zu veranstalten. Aus historischer Ferne gesehen mag es seltsam erscheinen, daß Anschuldigungen dieser Art zu einer Verfolgung Anlaß gaben und schließlich in jenen Zirkusspielen gipfelten, bei denen sich der Sadismus einer blutgierigen, manipulierten Menge offenbarte. Ebenso hatte der Vorwurf, Menschen zu opfern, teilweise den Vorwand oder die Rechtfertigung für römische Expeditionen, zum Beispiel gegen Gallien, geliefert. Ein Dokument über diese Verleumdungen ist uns erhalten: der berühmte Brief des Plinius.[35] Er ist schon deshalb interessant, weil er das heidnische Gegenstück des Briefes der Christen von Lyon bildet. Plinius, Statthalter in Bithynien, bittet darin Kaiser Trajan um Direktiven, wie er sich gegenüber den Christen verhalten solle. Als Römer, der das Recht achtet, hatte er sich zunächst gewissenhaft über die Sitten und Gebräuche der Christen unterrichtet. Zu diesem Zweck hatte er einige junge Mädchen, die man ihm als Christinnen anzeigte, foltern lassen. Das Bild, das er von den Morgengebeten und dem eucharistischen Mahl gibt, ist recht genau (»Sie pflegen sich an einem bestimmten Tag vor dem Morgengrauen zu versammeln, um das Lob Christi als ihrem Gotte zu singen . . .«). Mit anderen Worten: der Beamte war sich sehr wohl darüber im klaren, daß die Christen Opfer verleumderischer Anklagen wurden. In gesellschaftlicher Hinsicht sah er in ihnen das, was sie waren: Menschen, die die Gesetze und die Obrigkeit achteten, deren Andachtsübungen ziemlich unverständlich, aber harmlos waren. Er schien nicht einmal zu argwöhnen, welche Gefahr es für die römische Gesellschaft bedeutete, daß einfache Sklaven die Möglichkeit erhielten, über die Wahrheit nachzudenken.

Eigentlich konnte man den Christen nur vorwerfen, daß sie sich weigerten, den Göttern zu opfern. Das war aber in jener Zeit eine schwere Anschuldigung, da sich alle weltliche und geistliche Gewalt in der Person des Kaisers, der selbst als Gott galt, vereinigte. Trajans Antwort war unmißverständlich: »Man soll«, sagte er, »den Christen nicht nachstellen. Werden sie jedoch angezeigt und überführt, müssen sie bestraft werden. Leugnet aber einer, daß er Christ ist, und beweist es dadurch, daß er zu unseren Göttern betet, wird er meine Vergebung erlangen.« Dieser Antwortbrief Trajans aus dem Jahr 112 zeichnete in etwa die Politik der nächsten zweihundert Jahre vor.

Im Lauf der Zeit lernte man jedoch, systematischer die

verantwortlichen Christen, die Bischöfe und vor allem den Bischof von Rom aufzuspüren. Man hat errechnet, daß zuerst um das Jahr 250 und dann um 303 – es war die schlimme Zeit der Christenverfolgungen durch Diokletian – die durchschnittliche Dauer der Pontifikate drei Jahre betrug.

Der wahre Grund liegt darin, und das spürten die Kaiser dieser drei Jahrhunderte mehr oder weniger genau, daß der christliche Glaube nicht mit den römischen Gesetzen in Einklang gebracht werden konnte und ein Widerspruch innerhalb eines perfekt organisierten Reiches war, das sich auf der Sklavenhaltung, einem starken Heer und der Vergöttlichung der Macht gründete.

Nirgends drückte sich dies deutlicher aus als in der Verfolgung der Frauen, obwohl sie in der Hierarchie der Kirche und ihrer Amtsträger nur eine untergeordnete Stellung einnahmen. Sie wurden mit einem Eifer verfolgt, der überraschen mag, aber verständlich ist, wenn man bedenkt, daß in den meisten Fällen der Anlaß für die Verfolgung die Verweigerung der Heirat war. Unter den Männern befanden sich jene, die in den Militärdienst eingetreten waren, in Widerspruch zu den Gesetzen, nicht weil sie den Kriegsdienst verweigerten, sondern weil sie es ablehnten, dem Kaiser Opfer darzubringen wie einem Gott. Bei den Frauen war es der Ungehorsam gegenüber dem Vater, den man ihnen zur Last legte. Im Römischen Reich waren sie ihr Leben lang unmündig und, was die Heirat betraf, der väterlichen Gewalt unterworfen. Viele Mädchen lehnten unerwartet und in Widerspruch zur gesetzlichen Regelung, die Ehe ab und wollten jungfräulich bleiben. Dies stellte eine schwerwiegende Weigerung dar, da sie der Familienvater im allgemeinen bei ihrer Geburt nur am Leben ließ, damit sie seinen Namen weitertragen würden. Während ihm das Gesetz untersagte, seine Söhne zu töten, wenn sie wohlgebildet waren, wollte es in Rom der Brauch, daß er nur eine Tochter behielt, im allgemeinen die erste. Die

Empfehlung an die Christen, ihre neugeborenen Kinder nicht zu töten und nicht abzutreiben, machte sie zu Außenseitern. Durch die Auflehnung gegen den väterlichen Willen wurden die Mädchen zu Rebellinnen. Die Gehorsamsverweigerung hat bei den Christen den Begriff des eigenständigen Individuums begründet, das sein Schicksal mit Hilfe Gottes, der durch Christus verkörpert wird, selbst entscheidet.

Die Achtung vor dem Individuum breitet sich langsam und unter Schwierigkeiten aus, bis das endgültige Ziel der Kirche erreicht ist und alle Menschen, die trotz ihrer Unterschiedlichkeit in einer Gemeinschaft leben, ein Volk der Heiligen bilden.

Wenn man weiß, wie sie gelebt haben, kann man besser beurteilen, inwieweit sich die Heiligen des Christentums von dem unterschieden, was man vor Christus unter Heiligkeit verstand, wobei letzteres übrigens von der Suche nach Weisheit oder dem Heroenkult überstrahlt wurde.

Ein ganz neuer Aspekt ist auch, daß die Kirche dem gesamten Volk offensteht, während der antike Tempel den Priestern vorbehalten war.

Ein anderes Charakteristikum kommt bereits in den ältesten Werken christlicher Kunst zum Ausdruck. Es handelt sich um jene Rundbogenarkaden, die man ab dem 3. Jahrhundert auf Sarkophagreliefs[36] findet und die einzelnen Personen voneinander trennen, aber auch gleichzeitig miteinander verbinden. Dieses Dekor wurde später häufig zunächst in der romanischen Kunst – auf den Vorderseiten der Altäre, auf Kirchenfassaden oder als Einrahmung der Portale – und später auch noch in der Gotik verwendet. Es gibt kaum ein besseres Symbol für das Volk der Christen: Jede Person wird durch die Bogenumrahmung deutlich sichtbar gemacht und gleichzeitig mit den anderen untrennbar verbunden. Die Heiligkeit stärkt den Menschen und verbindet ihn mit der Gemeinschaft der Getauften – der Kirche.

III. Das Feld wird bestellt

»Große Ruhe kehrte ein.«

Mit dem im Jahr 313 proklamierten Edikt von Mailand, das den Christen Frieden zusicherte, wurde die grausamste aller Verfolgungen, die seit 303 andauernde diokletianische Christenverfolgung, beendet. Als die Bischöfe 325 in Nikaia zusammentraten, trugen einige noch die Spuren der erlittenen Foltern.

Doch auch nach dem kaiserlichen Edikt gab es noch Märtyrer, da sich mit einer gesetzlichen Regelung das Volksbewußtsein nicht von heute auf morgen ändern kann. Unter diesen Märtyrern sei einer erwähnt, der Almachios oder Telemachos hieß. Um das Jahr 400 warf er sich in einen Gladiatorenkampf, denn er wollte das tödliche Spiel dieser Männer beenden, die sich in aller Öffentlichkeit gegenseitig umbrachten. Die wütende Menge lynchte ihn auf der Stelle. Vielleicht würde sie heute ebenso reagieren, wenn ein paar Verfechter der Gewaltlosigkeit es wagen würden, in einen Boxkampf einzugreifen. Diese entstanden bekanntlich erst im 19. Jahrhundert unter den walisischen Bergarbeitern, die zu den ersten Opfern der Industriellen Revolution zählten. Man hat errechnet, daß in unserem 20. Jahrhundert jährlich um die zehn Boxer an den Folgen dieser Kämpfe sterben.

Das Evangelium durfte also von nun an ohne Einschränkungen gepredigt werden. Entgegen herkömmlicher Meinungen faßte der christliche Glaube vor allem in den Städten Fuß, war also eine städtische Religion. Die ländlichen Gebiete waren eine Art »christliches Niemandsland«, wo die keltische Bevölkerung ihren jahrtausendealten Kulten verhaftet blieb.

An diese Landbevölkerung wendeten sich später die Wanderheiligen des Hochmittelalters, die eine neue Gattung von Heiligen bildeten, kein Martyrium mehr zu befürchten hatten und sich dafür ihr ganzes Leben der Verbreitung des Evangeliums widmeten.

Wir haben drei von diesen Heiligen ausgewählt, die unermüdlichsten und schöpferischsten von denen, die den Boden bereiteten für den Samen, der das Wort Gottes ist. Einer kam aus Ungarn, die beiden anderen aus Irland. Sie waren es, die Tag um Tag den Boden Europas bearbeiteten und das kirchliche Leben des 4., 5. und 6. Jahrhunderts prägten.

Der heilige Martin

Das 4. Jahrhundert, in dem der christliche Glaube anerkannt wurde und sich rasch nach West und Ost ausbreitete, ist wahrscheinlich eines der aufregendsten der Kirchengeschichte. Nachdem 313 zum Schutz der neuen Lehre das berühmte Edikt von Mailand erlassen wurde und die Christen an die Öffentlichkeit zu treten wagten, versammelte sich die Kirche im Jahr 325 in Nikaia, wo das stattfand, was man das erste ökumenische, das heißt allgemeine Konzil nennt. Das Konzil sollte die inneren Kämpfe[1] beenden, von denen die Kirche seit einiger Zeit zerrissen wurde. Die unzähligen Kontroversen waren buchstäblich Staatsaffären, da auch der Kaiser immer wieder eingriff, so wie er es auch in Nikaia selbst tat, um zu erwirken, daß sich die Christen ein für alle Male einig wurden.

Zum Konzil von Nikaia erschienen rund dreihundert Bischöfe aus all jenen Gegenden in Ost und West, in denen das Evangelium gepredigt wurde. Keiner von ihnen zweifelte daran, daß jede weitere Missionstätigkeit und die Zukunft der Kirche nur von ihnen selbst abhingen. Keiner von ihnen konnte ahnen – und wie hätte er es auch sollen –, daß sich in Ticinum, einer kleinen Garnison am Fluß Ticino in Norditalien, dem heutigen Pavia, jüngst etwas ereignet hatte, das nicht nur für die Kirche Frankreichs, sondern für die gesamte Kirche höchst folgenreich sein sollte. In Ticinum lebte eine römische Veteranenfamilie, die aus Pannonien, das heißt Ungarn, zugezogen war. Dem Vater, einem Offizier und Legionär, der von der Pike auf gedient hatte, war, wie für ausgediente Soldaten üblich, wenn sie es zu einem gewissen Rang – dieser war Tribun, das heißt Legionsführer – gebracht hatten, ein Stück Land zugesprochen worden, von dem er mit seiner Frau und seinem Sohn lebte. Dieser Sohn war vor kurzem unangenehm aufgefallen, da er ausgerissen war und mehrere Wochen verschwunden blieb. Doch dann kehrte der etwa zehnjährige Junge in sein Vaterhaus zurück, und man verzieh ihm seinen Streich. Inzwischen aber hatte sich etwas in ihm festgesetzt, das eines Tages Früchte tragen sollte. Die Zeit, die er verschwunden gewesen war, hatte er nämlich mit christlichen Priestern verbracht, die ihm die Hände aufgelegt und die Anfangsgründe des Evangeliums beigebracht hatten. Nach Hause zurückgekehrt, dachte Martin nur noch an eines: wieder wegzugehen, sich Gott zu widmen und nach diesem Evangelium, von dem man ihm einige Bruchstücke vermittelt hatte, zu leben. Seine Eltern waren Heiden, die wahrscheinlich der Staatsreligion anhingen, denn sie waren gute Untertanen eines Kaisers, dessen Kult zum wachsenden Ruhm Roms überall gefeiert wurde. Diese Flucht Martins im Jahr 326 (er war 316 oder 317 im fernen Pannonien geboren worden) war der erste Keim von Protest, der – aber das wußte der Knabe zu diesem Zeitpunkt noch nicht – noch lange Zeit, etwa vierzig Jahre, benötigen würde, um aufzugehen.

Nicht genug damit, daß er rebellierte, Martin wurde bald auch noch fahnenflüchtig. Als Sohn eines ehemaligen Offiziers hatte er, wie im gesamten Kaiserreich üblich, die gesetzliche Pflicht, mit Erreichen des 15. Lebensjahres in das Heer einzutreten, die Uniform anzuziehen und sich einer militärischen Ausbildung zu unterziehen. Er versuchte zu flüchten, wurde aber als Wehrdienstverweigerer festgenommen, in Ketten gelegt und mußte sich wohl oder übel für das Militär entscheiden, da man sich mit fünfzehn der *schola* nicht entziehen konnte. Martin wurde der Reiterei, der kaiserlichen Garde, zugeteilt. Als Nichtrömer hatte man ihn unter jene eingereiht, die man *clibanarii* nannte, womit nicht nur Kürassiere, sondern auch Schutzbefohlene bezeichnet wurden. Sie trugen Metallpanzer, Kammhelm, Schild, Schwert und über allem die *chlamys*, einen weiten weißen Überwurf bestehend aus zwei Teilen, dessen oberer mit Schaffell gefüttert war. Diese Ausrüstung hat die Dichter Venantius Fortunatus und Claudianus inspiriert, diese »weiße Armee« zu beschreiben. Sie muß ein ebenso herrliches Bild abgegeben haben wie im 20. Jahrhundert die Spahis, die Meharireiter Nordafrikas. Durch seinen Soldateneid gehalten, kam der junge Mann zur Lanzenreiterei nach Sabaria und diente dann in Gallien, zunächst in Reims, später in Amiens.

Und in Amiens vollzog Martin im Winter 338/339 die für seine Berufung maßgebliche Handlung. Es kam zu der Szene, die in den folgenden Jahrhunderten immer wieder dargestellt wurde. Als er eines Abends von einem Erkundungsritt in die Stadt zurückkehrte, begegnete ihm am Stadttor von Amiens ein in Lumpen gehüllter, halb erfrorener Bettler. Der Winter war laut zeitgenössischen Berichten »härter als gewöhnlich«, so daß »viele Menschen durch die Kälte ums Leben kamen«. Martin zog sein Schwert und trennte seinen Mantel entzwei – den schönen Mantel der weißen Armee! In der folgenden Nacht erschien ihm Christus, mit jenem Teil seines Mantels bekleidet, den er dem Bettler gegeben hatte, und sagte: »Martin, der noch nicht getauft ist, hat mich bekleidet.«

Martin war tatsächlich noch nicht getauft. Seine Biographen beschreiben ihn, der nicht leugnete, als Zehnjähriger ausgerissen zu sein, als jungen Mann von untadeligem Lebenswandel, durch den er sich von seinen Kameraden abhob – man kann sich vorstellen, welchem Spott er ausgesetzt war – und als so kameradschaftlich, daß er seine Ordonnanz wie einen Gleichgestellten behandelte. Vielleicht waren es seine Handlungsweise und mehr noch der darauffolgende Traum, die ihn zu dem entscheidenden Schritt bewogen: In der Osternacht des Jahres 339 empfing er im Alter von etwa zweiundzwanzig Jahren die Taufe.

Martin blieb jedoch noch zwei weitere Jahre im Heer, entweder weil er sich dazu verpflichtet hatte, oder, wie sein Biograph Sulpicius Severus angibt, weil er sich von seinem Tribun, mit dem er befreundet war und der noch zwei Jahre Dienst vor sich hatte, überreden ließ, bei ihm zu bleiben.

Der Augenblick kam, da die Einheit, der er angehörte, »aktiv« wurde. Da am Rhein Gefahr drohte, wurden die kaiserlichen Truppen in der Nähe der Stadt Worms im Rheinland, dem Ziel der Franken, zusammengezogen.

Hier stellte sich Martin, der gegen seinen Willen in die Armee eingetreten war und sich weigerte, Blut zu vergießen, zum erstenmal die Gewissensfrage. Als die Legionäre aufmarschierten, um ihre Belohnung zu empfangen, die ihnen traditionsgemäß vor dem Kampf ausgehändigt wurden, trat er aus der Reihe und erklärte, er wolle nichts annehmen, da er nicht kämpfen wolle. Sulpicius Severus legte ihm folgende Worte in den Mund: »Bloß von Waffen werde ich mich vor meine Legion stellen und mit dem Kreuz allein statt Schild und Helm beschirmt im Namen Christi furchtlos als erster durch die Schar der Feinde brechen.«

Betroffen und wütend ergriff man ihn und warf ihn ins

Gefängnis. Betend verbrachte er die Nacht. Aber im Morgengrauen, genau in dem Augenblick, da man den Ungehorsamen aus dem Kerker holen wollte, änderte sich unerwartet die Lage: Der Feind suchte um eine Unterredung mit dem Kaiser nach und bot den bedingungslosen Frieden an.

Martin durfte den Dienst quittieren, nachdem er, wie Henri Ghéon, einer seiner Biographen des 20. Jahrhunderts, vermerkt, die einzige militärische Leistung, die er für sich verbuchen konnte, vollbracht hatte.[2]

Nach dieser Episode in Worms, die sich im Jahre 341 ereignete, vergingen zehn Jahre. Möglicherweise reiste Martin in dieser Zeit nach Trier, wo der heilige Athanasios der Große, Patriarch von Alexandrien, der sein Leben lang von einer Verbannung in die nächste ging, beim heiligen Bischof Maximinus Aufnahme gefunden hatte. Kurz nach 350 begegnen wir dem Mann, der bis dahin nichts weiter als ein pannonischer Reitersoldat gewesen war, beim Bischof Hilarius von Poitiers. Dieser, ein ehemaliger heidnischer Advokat, der sich, wie er selbst erklärte, durch die Lektüre des Johannesevangeliums plötzlich bekehrte, sollte bald eine wichtige Rolle in den theologischen Kontroversen seiner Zeit spielen. Man nannte ihn später »Athanasios des Okzidents«.

Bei ihm bereitete sich Martin auf das religiöse Leben vor und wurde mit dem Amt eines Exorzisten betraut. Der Theologe, Polemiker und Dichter Hilarius war einer der führenden Männer der Kirche Galliens und hat gewiß sehr schnell Martins Fähigkeiten erkannt.

Der ehemalige Legionär beschloß jedoch, sich von demjenigen, den er als seinen Lehrmeister betrachtete, für eine Weile zu trennen. Er wollte seine Eltern an den Ufern des Ticino wiedersehen, vielleicht bei ihnen mit dem Missionsauftrag, dem er sich verschrieben hatte, beginnen. Er machte sich also auf nach Italien, reiste über Lyon und die Alpenpässe, und da ereignete sich ein Zwischenfall, den seine Chronisten uns überliefert haben: Er fiel einer Räuberbande in die Hände. Den Tod vor Augen, blieb er völlig gelassen, hob dann an, ihnen das Wort Gottes zu verkünden, so daß beim Morgengrauen zumindest einer der Räuber bekehrt war. »Dieser selbe Mann«, fährt Sulpicius Severus fort, »führte in der Folge ein untadeliges Leben; was ich erzählt habe, stammt aus seinem eigenen Munde.«

In Mailand angelangt, stellte sich Martin ein anderer Widersacher entgegen: der Teufel. Es kam zu dem Zwiegespräch, das so kurz und entschieden war, wie das bei der Versuchung Christi:

»Wohin gehst du?«

»Ich gehe, dahin der Herr, mein Gott, mich ruft.«

»Wohin du auch gehen magst, was immer du unternimmst, allezeit wirst du mich neben dir finden.«

»Der Herr ist mit mir, ich fürchte nicht, was mir ein Mensch tut.«

Martin hatte mit einem Psalm geantwortet, und die Gestalt verschwand.

Noch einige Tage und er war wieder bei den Seinen, bei Vater und Mutter. Diese empfing ihn zutiefst bewegt. Sein Vater hingegen verhielt sich reservierter. Martin machte dem ehemaligen Berufsoffizier keine Ehre, und sein neuer Entschluß, sich dem Gott der Christen, den sein Vater als Heide nicht anerkennen wollte, zu weihen, war einem Einvernehmen zwischen Vater und Sohn nicht gerade förderlich. Es gelang Martin, seine Mutter zu bekehren, sein Vater indes weigerte sich beharrlich, seine Gepflogenheiten zugunsten eines Glaubens, in dem er einen revolutionären Keim ahnte, zu ändern.

Anschließend fuhr Martin in sein Geburtsland Pannonien, wo es bereits zahlreiche Christen gab, sich aber auch eine Irrlehre auszubreiten begann. Auf dem Bischofsstuhl seiner Vaterstadt Sabaria saß ein Arianer. Martin mischte sich in die

Zwistigkeiten ein, wurde mit Stockschlägen verjagt und kehrte nach Italien zurück, wo er erfuhr, daß auch Hilarius von Poitiers vertrieben worden war. Er blieb in Italien und lebte auf der Insel Albenga probeweise als Einsiedler, was er schon so lange hatte tun wollen. Erst als Hilarius in seine Bischofsstadt zurückkehren durfte, traf Martin wieder mit ihm zusammen.

Ab diesem Zeitpunkt, 360 oder 361, da der vierundvierzigjährige Martin in der Nähe und sozusagen im Schatten des großen Bischofs Hilarius von Poitiers sein Eremitendasein aufnahm, wurde sein Leben zu einer ständigen Paradoxie. Er wollte die Menschen fliehen und sich wie die großen Einsiedler des Orients, Paulus oder Antonius der Große, in der Einsamkeit ganz dem Gebet widmen. Martin zog sich also nach Ligugé im Clain-Tal, einem abgelegenen Ort im Poitou, etwa zehn Kilometer von der Bischofsstadt entfernt, zurück, fest entschlossen, seine Klause nur zu verlassen, wenn sein Freund Hilarius ihn rief, was dieser auch ab und zu tat.

Fortan unternahm er immer wieder Wanderungen und erlebte dabei soviel Zulauf, wie es die moderne Werbung nicht hätte besser bewirken können. Durch seine Reisen, durch sein ganzes Tun erlangte er gegen seinen Willen eine Berühmtheit, derer er sich kaum erwehren konnte.

Nicht weit entfernt von den Gebäuden der Abtei Ligugé befindet sich hinter dem Hochaltar der Kirche eine Kapelle, die am 11. November und am 4. Juli, den beiden Festtagen des heiligen Martin, von vielen Pilgern aufgesucht wird. Bei den seit 1954 durchgeführten Ausgrabungen stieß man unter dieser Kapelle nicht nur auf eine Krypta aus dem 7. Jahrhundert, sondern auch auf eine Gedenkkapelle, die am Ort des Wunders errichtet worden war. Martin nahm nämlich eines Tages in seiner Klause einen Mann auf, der ihn gebeten hatte, ihn im Evangelium und in der Religion der Christen zu unterweisen. Martin erklärte sich dazu bereit, und sein

Gefährte wich ihm nicht mehr von der Seite. Bald gesellten sich noch andere Männer zu ihnen. Ein ähnliches Beispiel aus unserer Zeit ist Taizé, wo zwei Mönche, die sich von der Welt abgekehrt haben, um in Einsamkeit zu leben, gerade deswegen von vielen Menschen aufgesucht werden.

Zu einem Zeitpunkt, da Martin gerade abwesend war – Bischof Hilarius hatte ihn vermutlich wieder einmal zu sich gerufen –, erkrankte sein erster Gefährte und starb kurz darauf. Zurückgekehrt, schloß sich Martin mit ihm in seiner Hütte ein, blieb bei dem auf seinem Lager ausgestreckten Leichnam, und da geschah das, was die moderne Medizin als Reanimation bezeichnen würde. Er betete wie Elisa, legte sich auf den Leichnam, erhob sich und betete wieder; nach zwei Stunden begann sich der Verstorbene zu regen und öffnete die Augen. Martin stieß die Türen auf, und die Brüder, die sich draußen versammelt hatten, sahen, daß der Tote wieder lebte. Er wurde getauft und war gerettet.

Einige Zeit später wiederholte Martin dieses Wunder bei einem jungen Sklaven, der sich erhängt hatte. Wieder erwachte ein Toter zu neuem Leben. Martins Gebete hatten Gewicht vor dem Herrn. Und die Wunder umstrahlten ihn gleich einem Heiligenschein, mit dem zu jener Zeit bereits Maler und Mosaizisten das Haupt eines Heiligen einrahmten, oder wie der Glorienschein, der die Gestalt Christi umgibt.

Martin verkörperte einen neuen Heiligentypus. Drei Jahrhunderte lang waren es Männer und vor allem Frauen, die als Märtyrer ihr Leben für ihren Glauben hingegeben hatten und daher von der Kirche hoch verehrt wurden. Sobald die Kirche jedoch staatlichen Schutz genoß, was zu eben jenem Zeitpunkt begann, da die Irrlehren anfingen um sich zu greifen, traten jene Menschen auf, die wie Athanasios stritten und predigten. Sie bedienten sich der Offenbarung, um Bekanntes darzulegen und neue Erkenntnisse zu gewinnen und um die Wahrheit vom Irrtum zu unterscheiden, was der

Christenheit um diese Zeit überaus not tat. Martin war von ganz anderem Schlag, er war ein Volksheiliger, eine bodenständige Persönlichkeit, einer, der dem biblischen Sämann die Wege ebnete. In alle seine Werke, auch in die alltäglichen, die greifbaren, brachte er das Ferment ein, das arbeiten und den Menschen, der es aufnahm, an Ort und Stelle verändern sollte. Der ehemalige, aus den Ebenen Zentraleuropas stammende Soldat kümmerte sich wenig um die Kontroversen. Er handelte und setzte den biblischen Satz »Steh auf und geh umher« in die Praxis um.

Das Reisen entsprach einer grundlegenden Notwendigkeit. Das Evangelium, das sei nochmals betont, wurde zuerst in den Städten verbreitet. Die von den römischen Legionen angelegten gepflasterten Straßen kamen den Männern, die predigen wollten, sehr zunutze. Das zur Kaiserzeit in Gallien angelegte Straßennetz bestand bekanntlich aus fünf Zweigen, die alle von Lyon, der – wie Albert Grenier sagte – »römischen Hauptstadt Galliens«, ausgingen. Der eine folgte dem Rhône-Tal, der andere führte von Lyon über Clermont, Limoges und Saintes nach Bordeaux, der dritte von Lyon über Langres und Reims nach Boulogne, ein weiterer über Metz und Trier bis in die Provinzen Germaniens. Der fünfte schließlich ging über die Alpenpässe und verband Lyon mit Rom. Dieses Straßennetz, das an die fünf Finger einer Hand erinnert, erklärt, warum in den Kirchenannalen Städten wie zum Beispiel Trier große Bedeutung zukam und das Evangelium zuerst in den Städten verkündet wurde.

Mit Martin änderte sich alles. Im Gegensatz zu den anderen folgte er nicht den römischen Straßen, sondern den gallischen Wegen. Sein missionarisches Tun fiel genau in jene Zeit, in der sich die römische Verwaltung allmählich auflöste und das »Land« im eigentlichen Sinn, der *pagus* (Bezirk), sein eigenes Leben wiederfand. Martin stellte sich genau auf die Bevölkerung jeder Gegend ein, die er Stück um Stück eroberte. Deshalb suchte er nicht die großen Zentren auf, sondern die kleinen Dörfer und Ansiedlungen, so daß sich bald ein Frankreich bestehend aus Pfarrgemeinden und Diözesen abzuzeichnen begann. Er schuf damit übrigens eine geographische Gliederung, die sich mit der dem Volk vertrauten deckte und die Menschen für Jahrhunderte prägen sollte.

In Ligugé empfing Martin die höheren Weihen und durfte von da an selbst Weihen erteilen. Sein Biograph Sulpicius Severus berichtet, wie sehr er zögerte, diese Ehre anzunehmen, und wie bewegt er war, als sie ihm zuteil wurde.

Eines Tages holte die Bevölkerung von Tours, die einen Bischof suchte, Martin aus seinem Refugium. Da die Umstände dieser feierlichen Einsetzung bereits die Komik eines mittelalterlichen Schwankes aufweisen, sind sie es wert, erzählt zu werden: Martin hatte den Einwohnern von Tours geantwortet, er wolle nicht ihr Bischof werden. Kurz darauf tauchte in Ligugé ein gewisser Rusticius auf, der sich vor ihm auf die Knie warf und ihn anflehte, seine kranke Frau zu heilen. Martin ließ sich überreden und brach mit dem Besucher auf. Unterwegs, zwischen Poitiers und Tours, gerieten sie in einen Menschenauflauf, ein paar kräftige Burschen bemächtigten sich des Mannes, den sie sich zum Bischof erwählt hatten, und setzten ihn buchstäblich gefangen. Das Ersuchen des Rusticius war eine Falle gewesen. Es heißt auch, der Bischof von Angers, ein gewisser Defensor, habe gegen die Wahl dieses Einsiedlers protestiert, weil er »häßlich sei von Gebärde und garstig von Angesicht«. Aber am Tag seiner feierlichen Einsetzung gelang es freilich dem Lektor nicht, sich einen Weg durch die Menschenmenge zu bahnen, um zum Rednerpult zu gelangen. Ein Helfer des Zelebranten sprang für ihn ein, schlug aufs Geratewohl den Psalter auf und las den erstbesten Psalm: »Aus dem Munde der Kinder und Säuglinge schaffst du dir Lob, deinen Gegnern zum Trotz; deine Feinde und Widersacher müssen verstummen.«

Alle Welt sah darin eine Anspielung auf den niederträchtigen Bischof, und das Volk brach in lauten Beifall aus, da es sich in den Kindern und Säuglingen des Psalmes wiedererkannte.

Wie er es in Poitiers getan hatte, suchte Martin auch als Bischof von Tours die Einsamkeit. Bald fand er sie in der alten Einsiedelei, wo sich einst der heilige Gatian häufig aufgehalten hatte. Dieser war um das Jahr 250 der erste Bischof von Tours gewesen. Nach dem heiligen Lidorius war Martin nun der dritte. 371 bezog er die in den Fels gehauenen Höhlen, wo Gatian in Zeiten der Verfolgung Zuflucht gefunden hatte, und machte aus ihnen, wie in Ligugé, seine Gebets- und Wohnstätte. Auch hier fanden sich bald zahlreiche Schüler ein. Es entstand ein großes Kloster, *Majus monasterium*, Marmoutier, das etwa vierundzwanzig Felshöhlen umfaßte. So konnte Martin Klosterleben und bischöfliche Tätigkeit in Einklang bringen.

Durch Sulpicius Severus kennen wir einige interessante Einzelheiten aus dem Leben der Mönche dieses Klosters, deren Regeln nicht schriftlich niedergelegt wurden: »Niemand besaß etwas für sich selbst; alles gehörte allen. Nichts durfte gekauft und nichts verkauft werden. Man übte keinerlei Kunst aus, außer der des Kopisten.« Wichtig ist zu vermerken, daß das Mönchsleben eine gewisse Bildung, gründliche Kenntnisse der Liturgie und Erfahrung im Umgang mit den heiligen Texten voraussetzte. Das Kloster, das um Martin entstand, umfaßte auch eine Schule, aus der zahlreiche Mönche, Bischöfe und Lehrer hervorgingen, die ihrerseits die Lehre, die sie selbst übernommen hatten, verbreiteten. Schon von Anfang an war vorhersehbar, welche Bedeutung dereinst die Werkstatt von Tours, das *scriptorium*, als eine der berühmtesten und wichtigsten des Mittelalters erlangen würde. Alle Experten, die sich mit der Geschichte der Schriftkunst beschäftigen, beziehen sich heute auf die Tätigkeit dieses *scriptoriums*, mit dem sich nur die der Klöster Corbie in

Frankreich und Bobbio in Italien messen können. Aus der in Marmoutier geschaffenen Schrift ging auch unsere heutige hervor.[3] Diese Einrichtung und die Aufmerksamkeit, die man dem Bedürfnis nach Kultur von Anfang an entgegenbrachte, hatten Auswirkungen, von denen man damals noch nichts ahnte, die aber noch heute in allen unseren Bibliotheken spürbar sind.

Nun begann Martin, was zu jener Zeit etwas ganz Neues war, seine – wie man heute sagen würde – Hirtenreisen. Derselbe Mönch, der sich zunächst von der Welt zurückgezogen und ein Kloster gegründet hatte, war sich klar geworden, daß man das Evangelium nur wie der Apostel Paulus durch das Wort von einem zum anderen weitergeben kann. Man muß zu den Menschen gehen, vor sie hintreten und nicht darauf warten, daß sie von selber kommen. Mit zweien oder dreien seiner Mönchsbrüder machte er sich also auf und verweilte planlos in irgendwelchen kleinen Dörfern, auf Bauernhöfen, überall da, wo er Landleuten begegnete, die noch Heiden waren. Man kann sich gut vorstellen, wie er diesen Bauern, die Kittel und Hosen trugen und auf dem Kopf die Kapuze, aus der die mittelalterliche Kappe wurde, vom lebendigen und wahren Gott, dem Gott der Offenbarung, erzählte.

Die Religion, die diese Landleute ausübten, unterschied sich von der, die den römischen Imperialismus festigen sollte. Es handelte sich weder um einen offiziellen Kaiserkult noch um eine zum Klischee erstarrte Mythologie, die dazu bestimmt war, sich der Hilfe spezialisierter Götter zu versichern. Die Kelten glaubten, daß der Natur, den Quellen und Bäumen zum Beispiel, ein göttlicher Geist innewohnte, waren sie doch ein wenig vom griechisch-römischen Glauben beeinflußt und errichteten mancherorts dem Gott Merkur, und damit eigentlich ihrem eigenen Gott Teutates, dessen Stimme der Donner ist, einen Tempel. Martin erkannte schnell, daß er, um sie zu überzeugen, ihnen beweisen mußte, daß diese

Naturkräfte leicht bezwungen werden könnten. Er mußte ihnen zeigen, daß der eine dreifaltige Gott der Offenbarung, der die Welt erschaffen hatte und auf den alles Leben, das allen, dem Menschen wohl- oder feindlich gesinnten Mächten innewohnt, zurückgeht, mächtiger und von anderem Wesen ist. Damit entriß er die Landbevölkerung einem fortschritts- und wissenschaftsfeindlichen Animismus, um sie zu jenem Lebensweg zu führen, der mit der Taufe beginnt. Und so verstand Martin seinen Sendungsauftrag: Wenn er einen Baum fällte oder einen Tempel niederriß, dann tat er dies, um das Vorhandensein einer höheren Macht zu beweisen. Auf diese Weise befreite er die ländlichen Gegenden Frankreichs von einem primitiven Animismus, der auch noch im 20. Jahrhundert in so vielen Gegenden der Erde verbreitet ist. Die Überlegenheit des Abendlands in puncto wissenschaftliche Forschung resultiert letztlich aus der Überzeugung, die natürlichen Kräfte nicht in abergläubischer Angst zu fürchten, sondern sie im Gegenteil für das Wohl der Menschen zu nutzen. Martin baute Tabus ab und bereitete den Boden nicht nur für das, was man später als »Naturwissenschaften« bezeichnete, sondern auch für das Eindringen der göttlichen Gnade in das Bewußtsein der Menschen.

Er beschränkte sich übrigens nicht darauf, die ländlichen Gegenden zu bereisen, sondern schaffte die Voraussetzungen für künftigte Pfarrgemeinden. In Amboise, wo er allein durch die Kraft seines Gebetes einen Turm zum Einsturz brachte, der einem Gott der vermutlich zu dieser Zeit schon fast vollständig abgezogenen römischen Besatzung geweiht gewesen war, ließ er seinen Gefährten Marcellus zurück, der hier der erste Pfarrer wurde. Gleiches tat er überall, wo er hinkam. Und wenn man heute in Frankreich an jeder Straßenbiegung, überall wo man haltmacht, einen von Häusern umgebenen Glockenturm vorfindet, so ist das zweifellos Martin zu verdanken.

Fortan gewann die inzwischen übliche Form des menschlichen Zusammenlebens Gestalt: Im Mittelpunkt der aus Häusern oder Hütten bestehenden Ansiedlungen befindet sich das Gemeinde- und Gotteshaus. Nach Ansicht von Fachleuten ist der Gegensatz zu den Dörfern bestimmter Länder wie Indien oder ganz allgemein dem Fernen Osten frappierend, da ihnen der Glockenturm, der im Abendland dem kleinsten Weiler Seele und Schönheit verleiht, fehlt.

Zunächst errichtete Martin einen Glockenturm in Amboise, seiner ersten Pfarrei, dann in vielen anderen. Laut seinem Biographen sind in der Loire-Gegend zu verzeichnen: Candes an der Vienne, Langeais, Saint-Pierre-de-Tournon, Ligueil, Sonnay, Chisseaux und Levroux im Berry. Im letztgenannten Ort war er von den Bewohnern bedrängt, geschlagen und verletzt worden, da sie die Zerstörung des Tempels erbost hatte. Beschützt von zwei Engeln, die das wütende Volk fernhielten, machte er sich seelenruhig wieder an seine Arbeit.

Die Missionsreisen Martins überschritten die Grenzen seiner Diözese bei weitem. Sie führten ihn mindestens zweimal nach Trier, einmal um vor Kaiser Valentinian die Sache der Christen gegen die Arianer zu verteidigen und ein zweites Mal zum Usurpator Maximus anläßlich der Affäre Priscillian. In Zeiten, da Kaiser und Usurpator nur allzu geneigt waren, sich um Kirchenangelegenheiten zu kümmern, gehörten solche Reisen übrigens zu den Pflichten eines Bischofs. Seine eigentlichen Missionsreisen, diejenigen also, die er als Glaubensbote unternahm, waren zahlreich. Man fand ihn in Chartres, wo er zum drittenmal einen Toten auferstehen ließ. Diesmal war es ein Kind, das er vor einer Schar von Heiden ins Leben zurückrief. Für Martin waren Wunder ein notwendiger Bestandteil seiner Missionstätigkeit. Er muß Lutetia, das heutige Paris, das damals nur die Ile de la Cité umfaßte, sowie Reims und jene Städte, die an der großen Straße von

Paris nach Tours liegen wie Étampes, Orléans und Blois, besucht haben. Gregor von Tours aus der Auvergne bestätigte, daß er möglicherweise Clermont besuchte, sicher jedoch Autun. Hier ereignete sich das sogenannte »Kiefernwunder«: der Baum, den er schlagen ließ und der sich gegen den Heiligen neigte, richtete sich wieder auf und stürzte nach der anderen Seite zu Boden. Viele lokale Legenden wissen zu berichten, daß er auch in Sens, in Beaune und in Dijon war. Er ging nach Bordeaux, um an einem Konzil teilzunehmen, vielleicht sogar auch nach Saragossa. In Vienne in der Dauphiné begegnete er dem lauen Christen Paulinus von Nola und verwandelte ihn in einen frommen Gläubigen. Eine Inschrift bezeugt, daß er mit eigener Hand eine junge Christin namens Foedula taufte. Um das Jahr 395 starb Martin schließlich in Candes, wohin er gereist war, um in einer der von ihm gegründeten Pfarreien Zwistigkeiten zu schlichten. Das, was unmittelbar nach seinem Tod geschah, mutet fast wie ein Bauernschwank an. Nach seinem Hinscheiden kamen die Leute von Tours und Poitiers zusammen. Es ging darum, wer die sterblichen Reste des Mannes, der so viele Wunder vollbracht und Klöster gegründet hatte, bekommen sollte. Die Leute von Tours trugen den Sieg davon, da sie in der Nacht den Leichnam stahlen und ihn zu einer Schleife der Vienne schafften, wo ein Kahn wartete, der von der Strömung die Loire abwärts nach Tours, seiner Bischofsstadt, getragen wurde.

Sogar noch im Tode trat der ewig Reisende eine Reise an. Aber damit war seine Wanderschaft allerdings noch nicht zu Ende. Man könnte meinen, daß Martin dazu ausersehen war, in seiner Person und in seinem Schicksal all das zu vereinen, was nach ihm etwa zehn Jahrhunderte oder noch länger überdauern sollte.

Mit einer Beständigkeit, die fast zu einem Zivilisationsmerkmal wurde, zog das Grab des heiligen Martin in Tours

Massen von Besuchern an. Um Etienne Delaruelles Worte zu gebrauchen: die Pilgerstätte von Tours wurde zu eimem »Ort, wo sich die Wahrheit des Evangeliums offenbart«, und nach dieser Wahrheit dürsteten im Laufe des Mittelalters die Menschen immer mehr. Damit entstand ein fortwährender Sog – vergleichbar dem, der die Pilger nach Rom, nach Jerusalem und einige Jahrhunderte später auch nach Santiago de Compostela zog.

Martin errichtete im Abendland dieses personifizierte Christentum, das auch das unsere werden sollte: Ihm verdanken wir das, was man von nun an im ganzen Land, genauer gesagt, auf den Straßen, antreffen wird, nämlich einen nicht abreißenden Strom von Menschen, die gehen und kommen, und die bauen.

Das hat seine Auswirkungen sogar auf den Wortschatz: Was man in Tours verehrt, sind nicht nur die Gebeine des Heiligen, sondern auch sein Umhang. Dieser Umhang, wahrscheinlich die Hälfte jenes Mantels, den er vor dem Stadttor von Amiens entzweigeschnitten hatte, wurde zu einer bevorzugten Reliquie. Und man kann nicht umhin zu bewundern, daß es diese Geste des Teilens und damit der Ehrfurcht gegenüber dem Bedürftigen war, die Tausende und aber Tausende von Menschen, vom geringsten bis zum höchstgestellten, zu einer Pilgerfahrt veranlaßte.

Kaum war Chlodwig I., König der Franken, Christ und Katholik geworden – ungefähr ein Jahrhundert nach Martins Tod –, wallfahrtete er nach Tours. Und hier empfing er die Insignien der Macht, die er vom Schattenkaiser als eine Art Anerkennung seiner, des »Barbarenkönigs« Herrschaft gefordert hatte. Immer wenn feierliche Eide geleistet wurden, geschah dies »beim Rock des heiligen Martin«. Von diesem Wort, französisch »chape«, leitet sich die uns allen geläufige Bezeichnung Kapelle ab. Vielleicht erhielt der Frankenherzog Hugo den Beinamen Capet, weil sich der Mantel des heiligen

Martin in seinem Herrschaftsbereich verwahrt fand. Übrigens zog es nicht nur Könige, sondern ebenso auch Königinnen zum Grab des Heiligen. Chlothilde lebte nach dem Tod Chlodwigs als Witwe in Tours, und einige Jahrzehnte später fand hier Radegundis Zuflucht. Der gelehrte Alkuin, der sich auf Rat Karls des Großen in Tours niedergelassen hatte, empfing hier nicht nur den Kaiser, sondern auch einen in geistlicher Hinsicht wichtigen Besuch, nämlich den des Benedikt von Aniane, der die Klöster reformierte. Er selbst schrieb später das *Leben des heiligen Martin*. In Tours begegnen wir auch einem der Vertreter der Reformbewegung von Cluny, dem heiligen Odo, der sich eine Weile in der Stadt aufhielt und Martin eine Predigt widmete.

Man könnte noch viel mehr über den heiligen Martin erzählen. Zu seinen Lebzeiten und nach seinem Tod haben seine Biographen die Wunder, die er vollbrachte, in allen Einzelheiten beschrieben. Sulpicius Severus, der mit ihm in Berührung kam, schildert lang und breit verschiedene Episoden aus seinem Leben. Gregor von Tours hat in *De virtutibus sancti Martini* die Heilungen festgehalten, die sich am Grab Martins ereigneten. Dabei legte er den Akzent auf die *virtus*, die Kraft, die von diesem Mann ausging, und zeigte, welch »große Macht dem Glauben innewohnt«. Der Dichter Venantius Fortunatus berichtet, wie er, von Blindheit bedroht, durch diese *virtus*, diese Kraft des Glaubens, die vom heiligen Martin ausging, geheilt wurde. In unserer Zeit schließlich hat Henri Ghéon mit viel Liebe und auf der Grundlage einer genauen Dokumentation das Leben dieses Heiligen, der einer der beliebtesten geblieben ist, nachgezeichnet. Schließlich wäre auch noch darauf hinzuweisen, daß in Frankreich rund 700 Dörfer behaupten, auf den heiligen Martin zurückzugehen, während sich nur 461 auf den heiligen Petrus, 444 auf den heiligen Johannes und 274 auf den heiligen Germanus berufen. Die Namen der französischen Gemeinden, die, wie

Emile Mâle einmal sagte, »einer Litanei gleichen«, sind ein beredtes Zeugnis für diesen ländlichen Glaubenseifer, der durch das Wirken Martins geweckt wurde. Zu den genannten 700 französischen Pfarrgemeinden kommen noch unzählige andere in der gesamten christlichen Welt hinzu, die alle dem heiligen Martin geweiht worden sind.

Vielleicht sollte man auch noch daran erinnern, daß Martin für das Christentum des Mittelalters der Initiator der Wallfahrten war, der das Verlangen weckte, zu gehen, zu sehen, zu berühren und durch eine Handlung, die Körper und Geist in Bewegung setzte, seinen Glauben konkret kundzutun. Damit wurde der Kirche, das heißt der Gemeinschaft der Getauften, ins Gedächtnis gerufen, daß sie in der Praxis nicht mit Grundsätzen oder Abstraktionen arbeiten, sondern vor allem das »Steh auf und geh umher!« des Evangeliums verwirklichen sollte.

Der heilige Patrick

Vier oder fünf Jahre nach dem Tod des heiligen Martin wurde in Wales ein Knabe von Piraten geraubt, verschleppt und als Sklave verkauft. Er war sechzehn Jahre alt und hieß Patrick.

»Ich wurde mit Tausenden anderen Menschen als Gefangener nach Irland gebracht«, schrieb er in der *Confessio*[4], einem der beiden Werke, die er uns hinterlassen hat. »In Irland angekommen, hütete ich jeden Tag die Herden und betete mehrere Male am Tag. Immer mehr wuchs meine Liebe zu Gott, aber auch die Furcht vor Seinem Namen. Mein Glaube nahm zu . . . In den Wäldern, auf den Bergen erwachte ich vor Tagesanbruch, um bei Schnee, Eis und Regen zu beten. Der Müdigkeit achtete ich nicht. Nie war ich, wenn ich es heute richtig beurteile, zu träge dazu.« Zweimal hörte er im Schlaf ein geheimnisvolles Rufen; das erste Mal sagte eine Stimme zu ihm: »Bald fährst du in deine Heimat«, das zweite Mal: »Dein Schiff liegt nun bereit.«

»Aber«, so fuhr Patrick fort, »das Meer war fern: es waren vielleicht zweihundert Meilen bis zum Hafen. Ich war nie dort gewesen und kannte da keinen Menschen, aber ich beschloß zu flüchten und verließ den Mann, bei dem ich sechs Jahre verbracht hatte.«

Sechs Jahre der Knechtschaft also in dem ihm fremden Irland. Patrick stammte aus Schottland, wahrscheinlich aus Dumbarton an der Mündung des Clyde. Um 410 kehrte er zu den Seinen zurück – sein Vater war, wie er uns berichtet, Diakon und hieß Calpornius –, in demselben Jahr, da der Ruf ihn zur Flucht bewogen hatte. »Gott hat mir Kraft gegeben, und unter seiner Führung wanderte ich über die Straßen. Ich fürchtete mich vor nichts, bis ich im Hafen anlangte. Am Tag meiner Ankunft lag da ein Schiff, bereit in See zu stechen.« Aber der Steuermann, an den er sich wandte, wies ihn zurück, und Patrick entfernte sich unter Gebeten. »Da hörte ich, wie mir jemand lauthals nachschrie: ›Komm schnell, diese Leute rufen dich‹; ich ging rasch zu ihnen zurück, und sie sagten mir: ›Komm, wir nehmen dich mit, weil wir dir vertrauen. Schließe Freundschaft mit uns, wenn es dir gefällt.‹« Patrick schiffte sich also mit diesen unbekannten Heiden ein. Die Überfahrt dauerte drei Tage, dann erreichte das Schiff eine Bucht in einer unbewohnten Gegend, zweifellos war es Gallien. Die Seefahrer drangen in einen Wald ein, verloren die Orientierung und gingen im Kreis, ohne einer Menschenseele zu begegnen. »Achtundzwanzig Tage wanderten wir so durch die Wildnis. Schließlich gingen unsere Nahrungsmittelvorräte zu Ende, und der Hunger begann uns zu quälen. Eines Tages sagte der Steuermann zu mir: ›Was behauptest du, Christ? Daß dein Gott groß sei und mächtig? Warum betest du dann nicht für uns, die wir dabei sind, Hungers zu sterben? Es besteht wohl kaum noch Aussicht, daß wir je eine Menschenseele zu Gesicht bekommen.‹ Und ich antwortete ihnen: ›Bekehrt euch von ganzem Herzen zum Herrn, Unserem Gott, denn ihm ist nichts unmöglich. Noch am heutigen Tag kann er uns soviel Nahrung senden, daß ihr satt werdet, denn überall hat er Speise in Fülle.‹ Und gottlob geschah es auch so. Gleich darauf erblickten wir eine Herde Schweine, schlachteten viele von ihnen, blieben zwei Tage an diesem Ort und fraßen uns voll . . . . Da dankten sie Gott, und ich fand große Achtung vor ihren Augen.«[5] Da im Mittelalter die Bauern nicht nur in Gallien ihre Schweine und ihr übriges Vieh in den Wäldern Nahrung suchen ließen, ist es durchaus denkbar, daß die Männer auf diese Weise gerettet wurden.

An einer anderen Stelle seines Berichts spricht Patrick auch von wildem Honig, den man in den keltischen Wäldern sammelte, wie man es auch noch in späteren Zeiten tat. Diesen Honig wies er übrigens zurück, denn er diente einst als Geschenk für die heidnischen Götter. Und wieder wurde er gefangengesetzt, aber diese zweite Gefangenschaft dauerte nicht lange, höchstens zwei Monate. Schließlich verließ Patrick die Gestade, an die das Meer ihn getragen hatte, und es gelang ihm, England zu erreichen, wo er seine Familie und seine Verwandten wiedersah. Diese Rückkehr wird ungefähr auf das Jahr 410 datiert. Er war vierundzwanzig Jahre alt. Sein Bericht geht weiter mit einem Traumgesicht, das seinem Leben die Richtung wies: »Eines Nachts sah ich einen gewissen Victoricius von Irland zu mir kommen. Er brachte mir eine Anzahl von Briefen; und ich las über einem davon die Worte ›Stimme der Iren‹. Während ich laut den Anfang dieses Schreibens las, glaubte ich Stimmen zu hören . . ., die sagten: ›Wir bitten dich, heiliger Jüngling, zu kommen und weiter unter uns zu leben‹; das rührte mein Herz sehr, und ich konnte nicht weiterlesen. Und ich wachte auf. Gottlob ging nach mehreren Jahren ihr Wunsch in Erfüllung.«

Vergebens bemühten sich seine Eltern, ihn zum Bleiben zu

bewegen. Patrick brach wieder auf. Sein Ziel war Gallien, wo er sich auf das Apostolat, zu dem er sich nun berufen fühlte, vorbereiten wollte. Wahrscheinlich verbrachte er dort siebzehn Jahre, von 415 bis 432. Wahrscheinlich ist auch, daß er die wichtigsten Klöster Galliens besuchte, Marmoutier bei Tours, vielleicht Lérins am Mittelmeer. Fest steht jedoch, daß er mehrere Jahre in Auxerre bei den beiden Bischöfen, den Heiligen Amator und Germanus, die damals in dieser Stadt aufeinander folgten, lebte. Danach wurde er zum Bischof geweiht, vielleicht von Germanus, vielleicht aber auch von Papst Coelestin. Er war nun ein Titularbischof, der durch das Land wanderte, was nebenbei gesagt seiner Art Missionstätigkeit und Heiligkeit bestens entsprach. Im Jahr 432 landete er ein weiteres Mal in Irland, ohne Zweifel an der heute Downpatrick genannten Stelle, wo man ihm in unserer Zeit eine Statue errichtet hat.[6]

Damit begann die eigentliche Geschichte Irlands. Die Insel hat natürlich eine lange Vergangenheit, die weit ins Dunkel der Zeiten zurückreicht. Diese Vergangenheit spricht zu uns aus einer Vielzahl von Rätseln und Legenden, die tief verborgen in Irlands Erde ruhen, in jenen unterirdischen Labyrinthen, die von der modernen Archäologie wiederentdeckt wurden, aber auch aus den mächtigen Umwallungen, deren Überreste unser Staunen erregen, Mauern aus Feldsteinen auf den Aran-Inseln oder an den Hängen der felsigen Westküste, wo sie wie Wachtposten über den Ozean blicken; und natürlich aus den alten Epen und Märchen, unseren besten Informationsquellen über diese keltische Welt, die zur Wiege unseres gesamten Abendlandes wurde. Doch erst mit dem heiligen Patrick, mit der Verbreitung des Wortes Gottes, die unglaubliche Früchte tragen sollte, trat Irland in die Geschichte der Historiker ein. Das ist zum einen Teil dem Umstand zu verdanken, daß Patrick als guter Diener Gottes den Iren im wörtlichen und im übertragenen Sinn die Schrift brachte. Die

Kelten sperrten sich gegen die Schrift, sie lehnten jede Überlieferung ab mit Ausnahme der mündlichen, die von der Präsenz und von der Stimme des Dichters selbst oder des Vortragenden lebte. Durch die Bibel lernten sie schreiben, und es ist der *Cathatch,* eine Bibelhandschrift, die wir als ältestes schriftliches Zeugnis der bodenständigen Kultur kennen.

Wie Martin zog Patrick mit unermüdlichem Eifer kreuz und quer durch das Land, und wie bei jenem zeitigten seine Bemühungen auf der Insel, überall wohin er kam, die besten Erfolge. Daß er kämpfen mußte, weiß man, das Gegenteil wäre wohl abnormal gewesen, da er es mit einem tief religiösen Volk zu tun hatte, bei dem die Druiden eine hochverehrte Kaste bildeten. Es heißt, daß im alten Irland drei Persönlichkeiten besonderes Ansehen genossen: der König, der Druide und der Dichter. Mehrere Male hatte Patrick Auseinandersetzungen mit Druiden, die sich nicht auf Wortgefechte beschränkten, denn er berichtet, daß er mehr als einmal ins Gefängnis geworfen wurde. Bemerkenswert in der Geschichte der Christianisierung ist die Tatsache, daß es nur in Irland – ganz im Gegensatz zu den romanischen Völkern, den Griechen und den Hebräern – keine Märtyrer gab. Wie die ländlichen Gegenden Galliens zeigten sich auch die irischen offen gegenüber dem christlichen Glauben. Patrick beherrschte die Sprache der Inselbewohner, er kannte ihre Sitten und Gebräuche, verstand es, auf den existierenden Glaubensvorstellungen aufzubauen und ihnen einen anderen Sinn zu geben. Der Kult des unbesiegbaren Sonnengottes, *Sol invictus,* stellte für ihn die Verehrung Christi dar. Die größte Wirkung erzielte er mit einem dreiblättrigen Kleeblatt, das er eines Tages in Cashel als Zeichen für die Dreifaltigkeit vorzeigte. Seine Predigt begeisterte die Zuhörer so sehr, daß das Kleeblatt zum Symbol des Glaubens und zum Symbol Irlands schlechthin wurde. Den Kelten waren Dreiheiten vertraut, ihre Denkweise, ihre Gedichte glichen oft jenen seltsamen Gestalten, bei denen drei Antlitze zu einem einzigen verschmolzen. Patrick konnte ihnen daher die Dreigestalt Gottes, den Gott der Liebe, dessen Liebe nicht nur ein Band, sondern die wahre Einheit bedeutet, glaubhaft machen. Das schöne Gedicht *St. Patricks Schild* zeugt von den Schwierigkeiten, die der heilige Mann durch seinen Einsatz und seinen unvergleichlichen Glauben gemeistert hat:

> Auf meinem gefahrvollen Weg
> Erfleh' ich, Patrick, Gottes Diener
> Von da oben
> Cherubs Liebe . . .
> Ich richt' mich heut auf, geschützt durch der Himmel Macht.
> Der Sonne Herrlichkeit
> Des Mondes Glanz
> Des Feuers Helle, der Dämmerung Schnelle
> Des Windes Eile
> Des Meeres Tiefe
> Der Erde raschen Lauf
> Des Felsens Härte.
> Ich gehe meinen Weg
> Auf Gottes Stärke mich stützend.

Die Gedichte der Barden vor Augen, betete Patrick Litaneien, nach denen er den Rhythmus seiner Schritte richtete, wenn er durch Ulster, Connaught, Meath und Munster und die Grafschaft Limerick – kurz, durch ganz Irland mit seinen Bergen, Schluchten, Torfmooren, Kornfeldern und Weideflächen – wanderte. Dabei hatte er manches Wortduell, das meist mit einem eindrucksvollen Erfolg endete, auszufechten, da die Iren gern reden und diskutieren. »Durch mein Amt«, schrieb er, »hat sich der Herr Tausender und aber Tausender erbarmt«; und weiter: »Die Söhne der Skoten und die Töchter der Könige gelten jetzt allgemein als Mönche und Jungfrauen Christi.« Man schreibt ihm fünfundsechzig Bischofsweihen zu, was freilich etwas übertrieben sein mag, aber er hat tatsächlich die gesamte Insel bekehrt, und diese Bekehrung war, wie wir noch sehen werden, von Dauer. Historisch gesichert ist die Gründung des Bistums Armagh im Jahr 445, das zwei Klöster umfaßte. Patrick ernannte seinen ihn begleitenden Neffen Mel zum Abt und Bischof.

Irland zeichnete aus, daß schon zu Beginn seiner Christianisierung die Klöster eine Blütezeit erlebten und den Platz einnahmen, der anderswo der höheren Geistlichkeit, den Bischöfen, denen Priester zur Seite standen, zukam. Das religiöse Leben spielte sich von Anfang an im wesentlichen in den Klöstern ab. Manche glauben, daß ganze Druidenkollegien geschlossen zum Christentum übertraten und auf diese Weise die irischen Klöster, die Bildungsstätten für künftige Heilige, entstanden. Der Widerstand der Druiden war also weder, wie viele gemeint haben, eine Feindschaft, noch kämpften sie für ihren Glauben. Der heilige Patrick erwähnt nichts dergleichen, obwohl er gewiß seinen ganzen Bekehreifer aufwenden und all sein theologisches Wissen in die Diskussionen, die er mit den Heiden führte, einbringen mußte. Gleichzeitig hatte er aber auch vor den keltischen Bräuchen und Traditionen eine dermaßen hohe Achtung, daß er fähig war, darin Gemeinsamkeiten mit der Offenbarung zu erkennen. Als er im Jahr 461 starb, war Irland christianisiert.

Charakteristisch für die Missionstätigkeit des heiligen Martin waren Wunder, die die Macht des Wortes offenbarten; die des heiligen Patrick scheint sich vor allem auf das Gebet und die Buße gestützt zu haben. Zu Gott beten und Buße tun – dessen befleißigen sich natürlich alle gläubigen Christen: Patrick und seine Nachfolger jedoch waren darin wohl kaum zu übertreffen. Im Brevier heißt es am 17. März, dem Tag des heiligen

Patrick, daß »er jeden Tag den gesamten Psalter mit allen Liedern und Hymnen rezitierte und zweihundert stille Gebete hinzufügte«; der Psalter, das sind die 150 Psalmen, die, aufgeteilt über die Woche, die Liturgie bilden. In den irischen Klöstern soll er täglich rezitiert worden sein. Dazu kamen asketische Übungen wie Kniebeugungen, Prostrationen, Bekreuzigungen und auch die sogenannten *crosfigill*, bei denen der Betreffende beide Arme seitlich waagerecht wie zu einem Kreuz ausstreckt. Diese Stellung nahmen manche Mönche oft stunden- und tagelang, manche angeblich sogar jahrelang ein, wie zum Beispiel der heilige Kevin, Eremit von Glendalough. Es wird berichtet, daß in der Hand dieser lebenden Statue sogar Vögel genistet haben sollen.

Dies zeigt deutlich die Formen der irischen Spiritualität, die sich in den am Weg des heiligen Patrick entstandenen Klöstern ausbreitete. Sie war der alten keltischen Märchen würdig, deren Helden immer wieder unsinnige Wetten, sogenannte *gabs*, eingingen; sie war voller Inbrunst und Edelmut, wenn auch mit einem gewissen Hang zur Übertreibung, eng verwoben mit der Natur, der Schönheit der Seen und Wildbäche, dem Gesang der Vögel und den hinreißenden Landschaften der Insel im Ozean.

Wie soll man sich ein irisches Kloster vorstellen? Einen Begriff davon geben vielleicht die Zellen, die man auch heute noch auf den Skelligs, wind- und meergepeitschten Inselchen an der äußersten Westküste Irlands, findet. Es sind Unterkünfte aus Feldsteinen, die den als Anachoreten und gleichzeitig auch in Gemeinschaft lebenden Männern wahrscheinlich als Oratorium wie Wohnstatt dienten. Diese Anfänge des Klosterlebens in Irland gleichen ein wenig den Lauren der orientalischen Kirche, und man könnte sie jenen Höhlen in der Loire-Gegend gleichstellen, in denen zur Zeit des heiligen Martin ebenfalls Mönche lebten. Das an der Westküste gelegene *Gallarus oratory* ist eine sehr schöne große Zelle aus Feldsteinen, die besonders sorgfältig gebaut ist: Die Steine wurden so ausgeklügelt aufeinandergeschichtet, daß nie ein Tropfen Wasser ins Innere drang. Übrigens begegnet man in allen keltischen Ländern solchen Feldsteinbauten, die man in der Provence *bories* nennt und die typisch sind für eine Kultur, die den Mörtel nicht kannte oder vielleicht nicht verwenden wollte.

Solche Zellen waren dorfartig um eine Kirche gruppiert, in der die Mönche zu den Stundengebeten zusammenkamen: fünfmal tagsüber, dreimal in der Nacht. Zu diesen gemeinsamen Gebeten kam noch das individuelle Gebet, das, wie wir gesehen haben, vor allem aus dem Rezitieren der Psalmen bestand. Wie die Kartäuser in ihren Häuschen, hatte jeder Mönch in seiner Hütte eine Lagerstatt, vermutlich aus Stroh und Tierfellen, einen mit Stroh belegten Stein als Kissen, eine Bank, ein Kreuz und ein Lämpchen aus Schilfrohr, in dem Talg verbrannt wurde. Wahrscheinlich waren die großen Zellen wie das Oratorium von Gallarus entweder Refektorien oder vielleicht Gästehäuser, beziehungsweise Werkstätten. Die manuelle Arbeit spielte nämlich eine wichtige Rolle, alle Handwerke waren im Kloster vertreten, das autark war wie eine Herrschaftsdomäne. Da gab es Maurer, Schmiede, Schreiner, Goldschmiede und Köche, aber auch Weber und Flickschuster. Sie alle sorgten dafür, daß die Gemeinschaft hatte, was sie zum Leben benötigte. Vor allem aber gab es die Werkstatt der Schreiber, von denen noch die Rede sein wird, da das Erbe, das sie der Nachwelt hinterlassen haben, unvergleichlich ist.

Der heilige Patrick scheint seinen Mönchen keine festen Regeln gegeben zu haben – das wird erst der heilige Kolumban tun –, aber er hat sicher in jedem Kloster einen Abt eingesetzt, der auf die Einhaltung der Gebetszeiten, einen geordneten Tagesablauf, den frommen Lebenswandel der Insassen und die Ausbildung der jüngeren Mönche achtete. Und so wird das Leben der Mönche in einem Kloster des 6. Jahrhunderts beschrieben, das der heilige Fintan 548 in Clonenagh einrichtete: »Sie arbeiteten mit den Händen wie die Einsiedler und bestellten die Felder mit einer einfachen Hacke. Sie versagten es sich, auch nur das geringste Tier zu Hilfe zu nehmen, nicht einmal eine Kuh. Wenn man ihnen ein wenig Milch oder Butter anbot, wiesen sie die Gabe dankend zurück . . . Wilde Kräuter und grünes Gemüse bildeten das Alltagsessen der Gemeinschaft, und Wasser war ihr einziges Getränk.« Weiterhin heißt es, daß Fintan selbst sein ganzes Leben lang nur getrocknetes Gerstenbrot und Wasser zu sich genommen habe.

Kurz nach dem Tod des heiligen Patrick, um 487, wurde das erste Frauenkloster, das der heiligen Brigitta in Kildare, erwähnt. Unter der Obhut eines Bischofs namens Maccaille weihte sie sich Gott, und da bald viele Männer und Frauen zu ihr kamen, errichtete sie in den Ebenen der Liffey ein Doppelkloster, das erste von vielen, die später in allen keltischen Ländern gegründet werden sollten. Die heilige Brigitta ist auch heute noch eine der Patroninnen Irlands.

Besser als eine trockene Aneinanderreihung von Namen würde eigentlich eine Landkarte die sprunghaft ansteigende Zahl der neuen Klöster deutlich machen, in deren Händen die gesamte geistliche Organisation lag und die das religiöse Leben ganz Irlands bestimmten. Dennoch seien die wichtigsten Klöster hier genannt: zum Beispiel Clonmacnoise, im Jahr 548 am linken Ufer des Shannon-Flusses in der Grafschaft Offaly erbaut. Sein Gründer, Kieran der »Erstgeborene«, hatte in Enda, einem Kloster auf den Aran-Inseln, seine Ausbildung erhalten. Clonmacnoise bestand bis zum Einfall der Dänen im 10. Jahrhundert. Es heißt, daß das Kloster vier- oder fünfhundert Jahre lang fast die Hälfte Irlands maßgeblich beeinflußte, wovon seine immer noch eindrucksvollen Ruinen Zeugnis ablegen.

Was aber vor allem außergewöhnlich ist und das irische Christentum für alle Zeiten prägte, war das Umherwandern seiner Missionare, wie wir es schon beim heiligen Martin gesehen haben und bei den irischen Mönchen in noch viel stärkerem Maße erleben. Die irischen Glaubensboten verkörperten den Typus einer sich ständig in Bewegung, in Ausbreitung befindlichen Heiligkeit von grenzenlosem Schaffensdrang, der allerorten Klöster entstehen ließ.

Schon im 6. Jahrhundert, kaum hundert Jahre nach den Missionsreisen des heiligen Patrick, offenbarte sich diese Expansionskraft. Einer der ersten Glaubenspioniere war der Mönch Kolumba, den man – um Verwechslungen mit seinem Fast-Namensvetter zu vermeiden – oft Columcille nennt. Er entstammte einer hochadeligen Familie, dem Geschlecht der Könige von Leinster, war der Neffe des Königs von Tara, entsagte allen weltlichen Würden und trat in das Kloster Clonard in der Grafschaft Meath ein, das der heilige Finnian gegründet hatte und wo schon im 6. Jahrhundert mehr als dreitausend Mönche gelebt haben sollen! Kolumba seinerseits gründete im Jahr 546 das Kloster Derry im Norden jener Provinz Ulster, die in unseren Tagen traurige Berühmtheit erlangt hat und der es noch immer nicht gelungen ist, ihre Freiheit und ihre Identität wiederzuerlangen. Zehn Jahre später gründete er das Kloster Durrow und dann das bekannteste von allen, Kells. Die beiden letztgenannten kennt jeder Fachmann aufgrund der besonders schönen Handschriften, die uns hinterlassen wurden. Noch weitere Klöster entstanden an Kolumbas Weg, aber das bedeutendste ist jenes, das er außerhalb Irlands in Schottland auf der Insel Iona gründete.

Auf dieser Insel wiederum bereitete sich ein anderer Heiliger, und zwar der heilige Brendan, zu Recht der Seefahrer genannt, auf das Mönchsleben vor. Er bereicherte die irische Literatur um einen phantastischen Reiseroman, der ihm zugeschrieben wird. Bevor er jedoch seine berühmte Seefahrt unternahm, gründete der heilige Brendan im Jahre 557 in der

Grafschaft Galway das Kloster Clonfert, dessen Reste noch heute zu sehen sind. Auch von Clonfert heißt es, daß es mehr als dreitausend Mönche beherbergte.

Der Reisebericht Brendans ist eine jener typisch keltischen Geschichten, die man seit prähistorischer Zeit häufig in der mündlichen Überlieferung der Druiden findet. Gleichzeitig ist er charakteristisch für die irische Geisteswelt, die im frühen Mittelalter die Zeit ihrer höchsten Blüte erlebte. Die moderne Wissenschaft macht natürlich einige Einschränkungen, was die geschichtliche Zuverlässigkeit des Berichts selbst betrifft. Es wird darauf hingewiesen, daß der heilige Brendan um das Jahr 580 gestorben ist, daß aber der Bericht von seiner Seereise in der ersten uns bekannten Fassung nicht vor Beginn des 9. Jahrhunderts entstand. Das sagt aber nichts über die Echtheit des geschichtlichen Geschehens aus, da die mündliche Überlieferung auch im 6., 7. und 8. Jahrhundert die gebräuchlichste Art der Nachrichtenübermittlung war. Es steht jedoch außer Zweifel, daß dieser Bericht, wie wir dies bei vielen ähnlichen kennen, neben den uns heute glaubhaft erscheinenden historischen Tatsachen zahlreiche mythische und visionäre Elemente enthält. Daß die *Seereise des heiligen Brendan* in der ganzen damaligen Christenheit bekannt war, ergibt sich nicht nur aus den Fresken, die man in unserer Zeit bis hin nach Preußen wiederentdeckt und identifiziert hat, sondern auch aus Hinweisen Rodu Glabers, eines Chronisten des 11. Jahrhunderts.

Demnach soll Brendan gehört haben, daß es jenseits des Ozeans ein von Heiligen bewohntes »Gelobtes Land« gebe. Daß sich diese Ahnung von einem Land im Westen auf der anderen Seite des Atlantiks acht- oder neunhundert Jahre später bestätigte, ist bekannt. Brendan setzte sich also in den Kopf, sein Kloster zu verlassen und dieses Land der Glückseligen zu suchen. Nachdem er sich für vierzig Tage in die Berge zurückgezogen und ein Schiff gebaut hatte, stach er mit siebzehn Gefährten in See. Mehrere Male liefen sie Inseln an, von denen einige menschenleer, andere bewohnt waren. Auf letzteren fanden sie freundliche Aufnahme. Eines Tages sichteten die Seefahrer mitten im Meer einen Turm, der bis in die Wolken ragte und so weiß wie Kristall, so hart wie Marmor, so durchsichtig wie Wasser war. Dann wieder entdeckten die Mönche, die immer weiter vorgestoßen waren, eine Insel, die in Flammen zu stehen und von einem siedenden Meer umspült zu sein schien. Sie glaubten, grimmig dreinblickende Schmiede zu erblicken, die an diesem abgelegenen Ort, den sie für den Eingang zur Hölle hielten, ihre Arbeit verrichteten. Zwei der Gefährten Brendans starben hier. Schließlich fanden sie das Gelobte Land der Heiligen, pflückten dort wohlschmeckende Früchte und sammelten kostbare Edelsteine. Ihre Seereise dauerte sieben Jahre und endete mit einer glücklichen Heimkehr in ihr Kloster.

Man erkennt in diesem Bericht ohne Mühe die zwei Phänomene, denen man auf einer Fahrt nach Norden begegnen kann: Bei dem Marmor- und Kristallturm, der sich aus dem Meer erhob, handelte es sich wahrscheinlich um einen Eisberg oder um Packeis und bei dem Eingang zur Hölle, dem kochenden Meer, natürlich um einen Vulkan. Mit anderen Worten, es ist wahrscheinlich, daß der heilige Brendan auf seiner Seereise Island erreichte. Das bestätigen uns auch die alten isländischen Sagen, die bis ins 11. Jahrhundert zurückgehen und von Christen sprechen, die viel früher als die Normannen, die Eroberer der Insel, gelandet seien: Die Iren sollen sich Ende des 7. Jahrhunderts auf Island niedergelassen haben. Wenn diese Überlieferungen auch nicht in direktem Zusammenhang mit der Reise des heiligen Brendan stehen, so bezeugen sie doch, wie auch der Bericht selbst, das unbändige Bedürfnis der Iren, das Christentum weiterzutragen, und ihre Abenteuerlust, die oft ebenso poetischen Ausdruck fand wie in diesem Bericht. Es gibt übrigens noch eine andere historische Quelle, das wissenschaftliche Werk *De mensura orbis terrae*, das um 825 von dem Iren Dicuil verfaßt wurde. Er war ein Mönch, der im 7. oder 8. Jahrhundert im Norden der Shetland-Inseln (dem *Ultima Thule* der Antike) und auf den Färöer-Inseln Einsiedeleien errichtet haben soll.

Der heilige Kolumban

Die teils legendenhafte und teils historische Seereise des heiligen Brendan war der erste Schritt zu jener bald darauf folgenden Explosion, die man als »irisches Wunder« bezeichnet. Das Land, in dem das Christentum so schnell Wurzeln gefaßt hatte, begann nicht einmal hundert Jahre nach dem Tod des heiligen Patrick, einen ganzen Schwarm tatkräftiger, von ihrem Taufbefehl überzeugter Glaubensboten auf den europäischen Kontinent zu entsenden.

Dieses leidenschaftliche irische Sendungsbewußtsein verkörperte sich vor allem im heiligen Kolumban, einem der Wanderapostel, die man zu jener Zeit häufig antraf. Diese Zeit des Mittelalters vegetierte nicht, wie man lange glaubte, in Unwissenheit dahin, sondern war zweifellos das bewegteste Jahrhundert vor dem unseren.

Kolumban, ein Mensch gleichen Schlages wie der heilige Bernhard oder der heilige Majolus von Cluny, von dem es in seiner Trauerrede hieß, er sei »ein vollkommen schöner Mann« gewesen, scheint alle körperlichen, geistigen und seelischen Qualitäten, die ein Mensch besitzen kann, in sich vereinigt zu haben. Jonas, einer seiner Schüler, hat sein Leben erzählt. Obwohl er eine Menge Einzelheiten, die uns interessieren würden, ausgelassen hat, wissen wir aus dieser Biographie, daß Kolumban schön war und sich in seiner Jugend der körperlichen Ertüchtigung in gleichem Maße widmete wie dem Studium. Um das Jahr 540 als Sohn einer vornehmen Familie in der Grafschaft Leinster geboren, wurde er dank einer sehr sorgfältigen Erziehung ein hervorragender Reiter und Bogenschütze und entwickelte aufgrund seines engen Umgangs und seiner Freundschaft mit den Hirten und Bauern der Gegend ein ausgeprägtes Gefühl für die Natur. Schon in seiner Kindheit hatte er einen Hang zum Gebet, zum Absingen der Psalmen und zum Lesen der Heiligen Schrift. Wie damals üblich, lernte er anhand des Psalters lesen, und der Lehrer, den man ihm gegeben hatte, brachte ihm auch die Grundbegriffe jener Freien Künste bei, die die Basis der Erziehung bildeten: Musik, Arithmetik, Astronomie und vor allem Grammatik, das heißt sowohl das, was wir heute unter diesem Ausdruck verstehen, als auch die Geisteswissenschaften ganz allgemein, Dichtung, Geschichte und Literatur. Schon in jungen Jahren dichtete er selbst, und seine Mutter, die vor seiner Geburt die Vision hatte, sie würde mit einer glutroten Sonne niederkommen, erkannte bald an ihrem kleinen Sohn, wie dieses Traumgesicht auszulegen war.

Bereits in seiner Jugend war Kolumban mit den zahlreichen Versuchungen, denen ein so außerordentlich begabter Knabe ausgesetzt ist, konfrontiert. Würde er ihnen widerstehen, über sich hinauswachsen, sich ganz und gar Gott anvertrauen, damit er ihn zu dem hinführe, was für ihn vorgesehen war? Hin- und hergerissen, zaudernd, verzweifelt über seine Triebe und die Verlockungen, die sich ihm stellten, suchte Kolumban den Rat einer heiligen Frau, einer Klausnerin – heute würden wir von einer in völliger Zurückgezogenheit lebenden Nonne sprechen –, die in seiner Nähe hauste und als sehr weise galt. Sie empfahl ihm mit Nachdruck, der Welt zu entsagen, so wie sie selbst es fünfzehn Jahre zuvor getan hatte, indem sie den Rat der Bibel, »Steh auf und geh umher!«, befolgte. Nach Hause zurückgekehrt, beschloß Kolumban, alles aufzugeben und auch seinen Geburtsort, an dem er sehr hing, und seine Mutter, die stets so voller Bewunderung für ihn gewesen war, zu verlassen.

Bei seinem Aufbruch legte sie sich, nachdem sie alles versucht hatte, um ihn zurückzuhalten, quer über die Schwelle des Hauses. Kolumban zitierte aus dem Evangelium: »Wer Vater und Mutter mehr liebt als mich, ist meiner nicht würdig« und schritt über die Schwelle hinweg, die für ihn im wahrsten Sinn des Wortes wie ein Mutterschoß war, einer zweiten Geburt entgegen und war damit nicht der einzige Heilige, der eine so radikale Trennung vollzog. Fünf oder sechs Jahrhunderte später verwendete der Dichter Chrétien de Troyes diesen für die volle Entfaltung jedes Menschen unumgänglichen Bruch als Thema seines Romans *Perceval le Gallois.* Solche und noch viel gewaltsamere und schmerzhaftere Abschiede gibt es bei allen Menschen von starker Empfindsamkeit und tiefer Religiosität. Der Biograph erzählt dann, unter welchen Tränenströmen die beiden nach ihrer abrupten Trennung ihre neuen Lebensabschnitte begannen.

Der junge Mann begab sich auf die Insel Cleen und wurde in der Abtei Cluain Inis aufgenommen, die ein heiliger Abt namens Sinneill leitete. Dort bereitete er sich einige Jahre lang auf das Mönchsleben vor, indem er mit den anderen Mönchen zusammen war oder sich in seine Hütte, die ihm Schutz bot und wo er betete, schwieg und arbeitete, zurückzog. Danach ging er in die Abtei Bangor in Ulster, in der angeblich dreitausend Mönche lebten. Hier wurde er zum Priester geweiht. Bangor hatte eine nachhaltige Ausstrahlung, und das berühmte *Antiphonar*, das uns die Abtei hinterlassen hat – es wird heute in der Ambrosianischen Bibliothek in Mailand aufbewahrt –, zeugt vom Stand der intellektuellen und spirituellen Entwicklung dieser Abtei in der zweiten Hälfte des 7. Jahrhunderts. Wie das berühmte *Book of Kells* ist es reich mit Spirallinien, Schnörkeln und allen möglichen Fabeltieren illustriert und mit sicherer Hand und einer für die irische Kunst von den Anfängen bis ins 13. Jahrhundert charakteristischen Formenvielfalt, die wir auch in der romanischen Kunst wiederfinden, gezeichnet. Aber das »Steh auf und geh umher!« muß Kolumban von neuem in den Ohren geklungen und ihn bewogen haben, sich einem der fruchtbarsten Unternehmen dieser Pioniere, die von ihrer Insel aufbrachen, anzuschließen. Mit zwölf Schülern, so heißt es, stach er in See. Sie landeten in Cornwall, dann in der Bretagne, und es könnte sein, daß der Name des Dorfs Saint-Coulomb, nicht weit von der Bucht von Saint-Malo (Ille-et-Vilaine), an eine dieser Zwischenlandungen erinnert, vielleicht sogar an seine endgültige Landung in Gallien. Die Ankunft der weißgewandeten fremden Mönche, die nach irischem Brauch eine Tonsur trugen, das heißt, die Stirn halbmondförmig ausrasiert hatten, so daß das Haar nach hinten und auf die Schultern fiel, muß die Einwohner überrascht haben. Um das Bild abzurunden sei noch hinzugefügt, daß sie einen kleinen Sack oder Beutel bei sich hatten, in dem sie ihren Schatz, das Evangelium, verwahrten.

Die Mönche erfreuten sich eines guten Rufs, der bald auch das Königreich Burgund erreichte. Dessen König Guntram[7] bot ihnen an, sie bei sich aufzunehmen. Kolumban und seine Gefährten ließen sich in Annegray am Rand der Vogesen nieder. Dort erhob sich in einem Waldgebiet an der Grenze von Burgund und Austrasien ein halbzerstörtes und nicht mehr bewohntes *castrum*.

Zunächst entsprach alles ihrem Bedürfnis nach Askese. Als Nahrungsmittel kamen nur die Früchte des Waldes in Frage, das Wild, das sie jedoch nicht aßen, und die Fische, deren sie sich vielleicht ebenso enthielten. Da wurde einer der Gefährten schwer krank. Kolumban forderte die anderen auf zu fasten, um noch mehr beten zu können. Schon am Rande einer Ohnmacht, sahen sie plötzlich einen Mann auf sich zukommen, der einige mit Lebensmitteln beladene Lasttiere führte. Da seine Frau krank war, hatte er – gleich einer Inspiration – den Einfall, den seltsamen Mönchen, die auf den Lichtungen von Annegray hausten, ein wenig Verpflegung zu bringen und sie als Gegenleistung um Gebete zu bitten. Der kranke Mönch genas, ebenso die Frau ihres Retters, und die Gemeinschaft nahm wieder ihr gewohntes Leben auf.

Ein anderes Mal, zur Zeit der ersten Ernte, die sich ein wenig verzögerte, traf eine Ladung Korn ein, die der Verwalter einer nahen Abtei ihnen sandte. Er erzählte Kolumban und seinen Gefährten, wie er, als er sich einmal im Wald verirrt hatte, die Pferde allein gehen ließ und diese ihn ohne zu zögern nach Annegray brachten.

Den Geschichten der ersten Zeit mangelt es nicht an Elementen, die man mit den *fioretti* des heiligen Franziskus vergleichen könnte, die aber den Stempel eines rauheren Landes und kärgerer Anfänge tragen: Bald waren es Wölfe, die Kolumban einkreisten und sich schließlich zurückzogen, so daß er sich ungeschoren seinen Anrufungen widmen konnte, bald Nachzügler der Sueven, die als Räuberbanden die Wälder unsicher machten, aber an ihm vorübergingen, ohne ihn zu sehen. Noch heute wird oberhalb von Annegray auf einem bewaldeten Hügel die Höhle gezeigt, in die Kolumban sich zurückzog, um in aller Stille zu beten. Es war ursprünglich die Höhle eines Bären gewesen, der dann sein Gefährte wurde.

Im Jahr 590, als Annegray für die vielen Schüler, die herbeiströmten, zu eng wurde, gründete Kolumban Luxeuil, sein zweites und berühmtestes Kloster. Bald darauf folgte noch ein drittes, Fontaines.

Wir besitzen den Text der Regeln von Luxeuil, die der heilige Kolumban verfaßt hat. Vermutlich sind sie mehr oder weniger identisch mit den verlorengegangenen Regeln von Bangor. Die wesentlichen Punkte darin sind das Gebet, die Arbeit, die Askese, die alle dazu dienen sollen, beim Mönch die Nächstenliebe und die Liebe zu Gott zu stärken und ihm die Einhaltung seiner drei Gelübde – Keuschheit, Armut und Gehorsam –, die jeder religiösen Weihe zugrunde liegen, zu erleichtern.

Das Gebet fußte, wie jedes Gebet der damaligen Zeit, auf den Psalmen. Einige unter den Mönchen zwangen sich, den ganzen Psalter zu rezitieren, im allgemeinen rezitierte man jeden Tag ein Drittel, also fünfzig Psalmen. Das Gebet bezog auch den Körper mit ein und wurde daher von zahlreichen Kniebeugen, Prostrationen oder der Gekreuzigtenhaltung begleitet.

Bei der Arbeit handelte es sich entweder um manuelle Tätigkeiten, was für die Mönche etwas ganz und gar Gewohntes war, oder um Studien, da die geistige Arbeit in allen irischen Klöstern sehr entwickelt war. So kam es, daß Irland aus seinen Klöstern auf der Insel selbst und aus denen, die seine Mönche im gesamten Abendland gründeten, ganz Europa mit Gelehrten versorgte. In einer Epoche des allgemeinen Niedergangs der Schulen und der Bildung waren dank ihrer Kenntnisse, besonders des Griechischen, allein sie in der Lage, das Wissen der Antike auf den Gebieten der Astronomie, der Geographie und der Grammatik, das heißt der antiken Geisteswissenschaften, weiterzugeben. Zwei Jahrhunderte nach Kolumban berief nicht nur Karl der Große irische Gelehrte an seine Hofschule, sondern es stand auch der große Alkuin, Erzbischof von York, in Briefwechsel mit dem Kloster Clonmacnoise.

In diesen Klöstern gewann die Askese stark an Bedeutung. Das heftige Streben nach dem Absoluten, der Wunsch, über sich selbst hinauszuwachsen, der die Mönche oft bis zum Äußersten trieb, äußerte sich in freiwilligen Bußübungen, wie unbeweglichem Stehen mit seitlich ausgestreckten Armen, eiskalten Bädern, bei denen die Mönche oft Psalmen rezitierten, oder strengstem Fasten. Fleisch war ganz und gar verboten, Fisch scheint man nur an Festtagen zu sich genommen zu haben, ebenso Eier und entrahmte Milch. Es gab nur eine Mahlzeit am Tag.

Die Geschichte von Luxeuil, so wie Jonas sie in der Lebensbeschreibung Kolumbans nachgezeichnet hat, enthält unter anderem auch die Schilderung jener Wunder, die einen Teil des Ruhms des Klosters und seines Gründers ausmachen. Aufgrund der Gebete Kolumbans wurde Waldelin, dem Herzog des transjuranischen Burgund, und seiner Gemahlin Flavia ein Sohn geboren, den sie Donatus nannten, da er für sie ein Geschenk des Himmels war. Er wurde in Mönchsschulen unterrichtet, da die heiligen Männer eine umfangreiche Lehrtätigkeit entwickelt hatten. Donatus bekam später noch einen Bruder und zwei Schwestern.

Den Mönchen wurde auch Freundschaft entgegengebracht, wie das Beispiel des Priesters Winioc zeigt. Schon bei seinem ersten Besuch hatte Winioc einen Unfall, als er den Mönchen beim Roden half. Ein Keil traf ihn mit solcher Wucht, daß er ihm über den Augen ein Loch in den Schädel schlug. Kolumban eilte herbei, warf sich betend zu Boden, strich dem Verunglückten ein wenig von seinem Speichel auf die Stirn und schloß die Wunde, die sofort verheilte. Nach diesem Zwischenfall kam Winioc immer wieder nach Luxeuil. Eines Tages sah er, daß der Speicher fast leer war, und warf dem Klosterverwalter Mangel an Fürsorge vor: Sollten seine Brüder dafür büßen und am Hungertuch nagen?

Am nächsten Tag, als Winioc wieder vorbeikam, stellte er fest, daß der Speicher gefüllt war und von Korn überquoll. Auf seine Frage antwortete der Verwalter: »Niemand war da. Du kannst dich selbst davon überzeugen, auf den Wegen sind keine Spuren zu sehen, und ich habe die ganze Nacht den Speicherschlüssel bei mir gehabt. Aber nachdem der Herr mit fünf Broten fünftausend Menschen gespeist hat, kann er auch dem Kloster helfen.«

An diesem Wunder erkannte der verblüffte Winioc, welche Macht Kolumbans Glauben innewohnte. Er blieb dem Kloster verbunden, und einer seiner Söhne, Bobolenus, wurde später Abt von Bobbio.

Das Leben des Gründers von Luxeuil war reich an Begebenheiten verschiedenster Art. Zu den mißlichsten gehörten zweifellos seine Auseinandersetzungen mit Königin Brunhilde, die für ihre jugendlichen Enkel das Doppelkönigreich Austrasien und Burgund regierte. Da sie am Herrschen Geschmack gefunden hatte, schob sie die Machtübergabe an ihren Enkel Theuderich hinaus, indem sie seinen Vergnügungen – er hielt sich ein Gefolge von Dienerinnen, die gleichzeitig seine Konkubinen waren – Vorschub leistete. Da Brunhilde schon mit Desiderius, dem Erzbischof von Vienne, in Streit lag, hielt sie es für ratsam, sich mit Kolumban zu versöhnen. Eines Tages brachte sie einige der illegitimen Kinder Theuderichs mit der Bitte zu ihm, sie zu segnen. Der Mönch lehnte dies ab und entgegnete ihr – es klang wie eine Prophezeiung –, daß diese Kinder nie das Zepter halten würden. Darauf verbot Brunhilde ihren Untertanen, die Grenzen des Klosters Luxeuil zu überschreiten oder deren Mönchen auch nur das geringste zu schenken. Aber diese Blockade des Klosters sollte nicht lange dauern. Kolumban begab sich zu König Theuderich, der damals in Epoisses residierte, weigerte sich aber, seinen Fuß über die Schwelle des Palastes zu setzen. Theuderich, dem dies aufgrund seines Lebenswandels ein wenig peinlich war, ließ ihm eine Mahlzeit bringen. Kolumban ergriff die Schüsseln und warf sie auf den Boden: Er hatte eine recht eigenwillige Auffassung von den Gesetzen der Diplomatie.

Doch diese Antwort nahm der zornigen alten Königin und dem jungen König den Wind aus den Segeln, und sie hielten zumindest eine Zeitlang Ruhe. Für Kolumban war die Ehe eine heilige Pflicht, und der König sollte auf diesem Gebiet mit gutem Beispiel vorangehen. Theuderich reagierte empfindlich auf die Vorhaltungen des Asketen, so daß der Zwist bald wieder auflebte, bis Kolumban schließlich verbannt wurde. Zunächst ging er nur in die nahegelegene Stadt Besançon und kehrte heimlich nach Luxeuil zu seinen Mönchen zurück. Aber Brunhilde erfuhr davon und ließ ihn verjagen, ebenso wie alle

Mönche, die mit ihm aus Irland gekommen waren. Die Königin wußte, daß es wegen bestimmter liturgischer Fragen, auf die später eingegangen werden wird, zu Unstimmigkeiten zwischen den Iren und den Bischöfen Galliens gekommen war, so daß ihr persönlicher Haß gegen Kolumban bei letzteren auf Verständnis stieß.

Im Jahr 610 verließ Kolumban das Kloster Luxeuil, um nach Irland zurückzukehren. Auf dem Wege dorthin geschah etwas Bedeutsames: Er und seine Gefährten wurden unter Bewachung nach Besançon geführt, und von da, wohl auf der noch benutzten Römerstraße über Chalon-sur-Saône, Autun, Avallon und Auxerre in die Normandie. Doch schon beim Aufbruch ereignete sich etwas, das eine neue Klostergründung nach sich zog: Einer der Gefährten des Heiligen, ein gewisser Desle, der sehr betagt war, mußte stehenbleiben, da einer seiner Füße ihm den Dienst versagte. Kolumban erlaubte ihm, im Oignon-Tal an einer Stelle, wo später die Abtei Lure entstand, als Einsiedler zu leben. Danach erhielt die Wache den Befehl, gegen Nevers abzuschwenken und dann der Loire bis Nantes zu folgen. Offensichtlich hatte Brunhilde erfahren, wieviel Volk herbeieilte, um die Mönche zu sehen, und war in ihrem Stolz verletzt. Die Befehle wurden strenger, die Soldaten der Eskorte schlugen die Mönche und setzten ihnen sehr zu. Es geschahen jedoch noch mehrere Wunder, unter anderem die Heilung eines blinden Syrers in Orléans, der es zusammen mit seiner Frau als einziger gewagt hatte, den Gefangenen Essen anzubieten.

Danach gelangten sie nach Tours, wo Kolumban vor dem Schrein des heiligen Martin eine Nacht im Gebet verbringen durfte. Dem Bischof der Stadt, der ihn an seine Tafel bat, sagte er den bevorstehenden Untergang der Familie, die ihn des Landes verwiesen hatte, voraus. Schließlich erreichte die kleine Gruppe Nantes, wo sie auf ein Schiff warten mußte, das sie auf ihre Insel übersetzen sollte. Da geschah ein neues Wunder: Ein

Armer klopfte an ihre Tür, und Kolumban ließ ihm ein Maß Mehl geben, das letzte, das ihnen geblieben war. Am nächsten und den zwei darauffolgenden Tagen mußten alle hungern. Doch am dritten Tag sandte ihnen eine Dame, deren Namen – Procula – der Biograph festgehalten hat, hundert Maß Wein, zweihundert Maß Weizen und hundert Maß Gerste, um Bier daraus zu brauen.

Ein Brief, den Kolumban von Nantes aus an seine Gefährten in Luxeuil schrieb, ist erhalten geblieben. Aus ihm sprechen die ganze Tatkraft und der unerschütterliche Mut des irischen Heiligen. »Friede sei mit euch«, begann er und schrieb dann: »Die Evangelien geben uns die nötige Kraft, sie sind nur geschrieben worden, um die Getreuen des gekreuzigten Jesus zu lehren, ihm zu folgen und dabei ihr Kreuz zu tragen; zahlreich sind die Gefahren . . . und der Feind furchtbar, aber der Lohn ist sondergleichen und unsere freie Wahl offensichtlich. Ohne Gegner kein Kampf, ohne Kampf kein Sieg . . . und ohne Freiheit keine Würde.« Er empfahl ihnen, »ein Herz und eine Seele« zu sein und fuhr fort: »Ich bin auf Erden, weil ich allen nützlich sein wollte; ich habe an alle Menschen geglaubt, und das war töricht, möget ihr weniger unbesonnen sein.« Und zum Abschluß sandte er ihnen seinen Segen.

Doch da lief ein Handelsschiff in den Hafen ein, das Waren für die britannischen Inseln geladen hatte. Kolumban und seine Gefährten gingen an Bord. Bald aber strandete das Schiff an einer Untiefe. Es kam erst nach drei Tagen wieder frei, nachdem der Kapitän, wohl um das Gewicht zu verringern, die Mönche gezwungen hatte, sich auszuschiffen.

Wieder an Land, erfuhren die Soldaten der Eskorte, daß Brunhilde gemeinsam mit Theuderich einen Krieg gegen ihren anderen Enkel Theodebert begonnen hatte. Kein Grund also, großen Pflichteifer zu entwickeln. Sie machten sich aus dem Staub, und Kolumban begab sich an den Hof des Königs von Neustrien, Chlotar II. Vermutlich um diese Zeit verließ ihn einer seiner Gefährten, Potentinus, der sich nach Coutance begab und seinerseits ein Kloster gründete. Kolumban indes wollte die Gelegenheit nutzen und nach Rom pilgern, ein Plan, den er schon lange gehegt hatte. Kurz nach seinem Aufbruch kam es zu einer denkwürdigen Begegnung. Kolumban machte Station beim Vater seines Schülers Chagnoald, einer hochgestellten Persönlichkeit des Burgunderreiches, einem Leuden, wie man die Lehensherren damals nannte. Diesem Mann, einem gewissen Hagnerich, werden wir an anderer Stelle wieder begegnen. Hier sei nur darauf hingewiesen, daß seine Tochter Fara oder Fare, damals nicht viel älter als zehn Jahre, sich besonders aufmerksam um Kolumban zu kümmern schien, der sie vor seinem Scheiden segnete. Da sich aber in Austrasien die Lage inzwischen verändert hatte, wurde der Mönch mit der Begründung zurückgerufen, daß die Gebirgsgegenden im Osten des Landes noch von halb heidnischen Stämmen bewohnt seien.

Kolumban zog das Rheintal hinauf. Nach der Überlieferung trennte sich hier ein weiterer Gefährte, Ursicinus, von der Gruppe, um am Fluß Doubs im Jura als Einsiedler zu leben. Er soll die Abtei Sainte-Ursanne, im heutigen Kanton Bern gelegen, gegründet haben.

Nachdem Kolumban und die bei ihm verbliebenen Gefährten die Limmat aufwärts und dann den Zürichsee entlang gewandert waren, rasteten sie in Tuggen, wo es zu Zusammenstößen mit der Bevölkerung kam. Nachdem einer der Mönche, ein gewisser Gallus, die Statuen der lokalen Götter in den See geworfen hatte, war es ratsam, das Weite zu suchen. Von Arbon, im heutigen Thurgau am Südufer des Bodensees gelegen, zogen die Mönche, geführt von einem Priester namens Willimar, der sie sehr herzlich empfangen hatte, zu dem aufgelassenen *castrum* Bregenz. An diesem Ort hatte sich einst eine der heiligen Aurelia geweihte Kapelle befunden, und die Iren beschlossen, sie wieder aufzubauen. Aufgrund von

Streitigkeiten zwischen dem wahrhaftig unverbesserlichen Gallus und den Einheimischen entstand in Bregenz aber ein neues Kloster. Und aus den Klosterberichten – solche Zeugnisse aus dieser Zeit sind voll von Zeichen und Wundern – erfahren wir, daß, wie während des biblischen Exodus, drei Tage lang Wachteln vom Himmel fielen, so daß sich die Mönche nach langer Zeit endlich wieder einmal satt essen konnten.

Und wieder begannen König Theuderich und seine Großmutter Kolumban mit ihrer Feindschaft zu verfolgen.[8] Der Mönch fühlte sich von neuem bedroht. Auch seine nächsten alemannischen Nachbarn zeigten sich ihm übel gesonnen. Sie töteten sogar zwei seiner Mönche, die man beschuldigte, die Jagden des örtlichen Lehnsherrn gestört zu haben. Kolumban merkte, daß hier kein Bleibens mehr für ihn war, und wieder schien ihm eine Romfahrt die beste Lösung zu sein. Sein Schüler Gallus bat ihn, in diesem Land bleiben zu dürfen. Dank ihm wuchs bald die mächtige Abtei von St. Gallen aus dem Boden, deren großartige Bibliothek und prachtvolle, im 18. Jahrhundert wiedererrichtete Bauten noch heute weltberühmt sind. Auch der Mönch Sigisbert ging seine eigenen Wege und gründete die Abtei von Disentis im heutigen Graubünden, die eine der schönsten mit Fresken verzierten romanischen Decken besitzt, die im Abendland erhalten geblieben sind.

Kolumban betrat nun das Herrschaftsgebiet des Langobardenkönigs Agilulf. Dieser war Arianer, aber seine Gemahlin, Königin Theudelinde, war katholisch und versuchte, ihn zum rechten Glauben zu bekehren. Kolumban, mittlerweile 72 Jahre alt, überschritt also die Alpen (wahrscheinlich über den mehr als 2300 Meter hohen Septimer-Paß) und gelangte schließlich nach Mailand. »Im halsbrecherischen Lauf der Zeit sind wir bei dreimal sechs Olympien angelangt«, schrieb er in lateinischen Versen an einen seiner Schüler und fügte hinzu:

»Lebe, lebe fröhlich und gedenke des traurigen Alters.« Ein Dorf in der Po-Ebene, zwischen Piacenza und Pavia gelegen, trägt seinen Namen. Ob er sich dort aufgehalten hat? Sicher ist jedenfalls, daß er sich in der Lombardei aktiv am Kampf gegen die Arianer beteiligte. Eines Tages ließ ihm König Agilulf höchstpersönlich ein Angebot übermitteln: Man hätte ihn auf eine alte, dem heiligen Petrus geweihte Kirche im Tal der Trebbia am Zusammenfluß mit dem Wildbach Bobbio aufmerksam gemacht und diese wolle er ihm nun überlassen.

Wieder einmal machte sich Kolumban mit seinen Gefährten ans Werk und bald entstand in diesem Tal, nicht weit von Pavia, ein Kloster. Doch bald holte man ihn wieder aus seiner Zurückgezogenheit: König Chlotar II., der, nachdem er Königin Brunhilde zu Tode foltern hatte lassen, über das Merowingerreich herrschte, sandte ihm seinen Schüler Eustasius, Abt von Luxeuil, mit der Bitte, er möge in sein Land zurückkehren. Aber Kolumban wollte sich lieber um seine Neugründung kümmern, und fühlte überdies sein Ende nahen. Er starb am 23. November des Jahres 615 und wurde in Bobbio beigesetzt.

Weit weg von Bobbio erwachte eines Morgens sein Schüler Gallus und sagte zu seinem Diakon Magnoald: »Bereite alles vor, was nötig ist, um die Messe zu feiern, denn ich hatte vorhin ein Gesicht. Ich weiß, daß mein seliger Vater Kolumban gestorben ist.« Erzürnt darüber, daß Gallus unbedingt in der Schweiz bleiben wollte, hatte Kolumban ihm nämlich verboten, zu seinen Lebzeiten die Messe zu lesen. Vor seinem Tod jedoch hatte der Patriarch seine Mönche gebeten, Gallus zum Zeichen, daß er ihm verziehen habe, seinen Hirtenstab, die *cambuta*, zu überbringen, was Magnoald, von Bobbio zurückgekehrt, auch tat. Gallus starb im Alter von neunzig Jahren in jenem Kloster, das an seinem Weg im Wald von Arbon errichtet worden war.

In unserer Zeit hat Gonzague de Reynold hervorgehoben, welche Bedeutung in der Entwicklung der Schweiz den großen

Klöstern wie Reichenau oder St. Gallen sowie dem von Sigisbert gegründeten Disentis und schließlich St. Moritz zukam. Den Mönchen von Disentis, denen die Einwohner des Kantons Uri zur Seite standen, ist die Eröffnung der berühmten Route über den St. Gotthard mit der Hängebrücke über das Tal der Reuss zu verdanken, die seit dem 12. Jahrhundert die germanischen Lande mit Italien verbindet. St. Gallen ist berühmt für seine herrlichen irischen Handschriften, die noch heute in seiner Bibliothek aufbewahrt werden. Ein Katalog aus dem 9. Jahrhundert zählt zweiunddreißig auf, alles Meisterwerke der keltischen Kunst aus der Zeit ihrer höchsten Blüte. Dieselbe Abtei besitzt außerdem einige Schätze der deutschen Literatur, darunter zwei Handschriften des *Nibelungenliedes.*

Kolumban war zugleich Asket und Prophet. Eine Art Johannes der Täufer, von den Machthabern verabscheut, anspruchslos wie kaum ein zweiter und vom Volk bewundert. Ähnlich genügsam wie der «Wegbereiter«, der sich von Heuschrecken und wildem Honig ernährte, lebte er vom Wasser der Wildbäche, von Strauchbeeren und Gerstenbrot. Als Kopfkissen benutzte er einen mit Stroh oder trockenem Laub bedeckten Stein. In den von ihm gegründeten Klöstern war Milch ein Luxusgetränk und Fisch ein Festmahl.

So wie Johannes der Täufer kannte auch er keine Nachsicht. Wie oft hörte man ihn wettern: »Ihr Schlangenbrut, wer hat euch denn gelehrt, daß ihr dem kommenden Gericht entrinnen könnt.«[9] Diese Unnachsichtigkeit galt besonders den Großen, jenen, von denen seine Amtseinsetzung, ja sogar seine Existenz abhingen. Die Geschichte der vom jungen König Theuderich an ihn gesandten Mahlzeit, die er dem Überbringer vor die Füße warf, ist typisch für ihn. Seine Unnachsichtigkeit ging manchmal bis zur Ungerechtigkeit, wie zum Beispiel im Falle seines Schülers Gallus, der gegen seinen Willen handelte und dem er erst im Angesicht des Todes verzieh.

Zu Beginn der Christianisierung Europas finden wir mehr als einen dieser bedingungslosen Menschen, die keinen Kompromiß und keine Abweichung duldeten und zu sich selbst ebenso streng waren wie zu den anderen. Kolumban ist ein Beispiel für viele. Sein Leben war beherrscht vom Bild des Erlösers, geprägt vom Kreuz, den Nägeln und den Dornen. In seinem Fall war das Mönchsleben ein Pionierleben, man durfte keine Mühe scheuen, keine Geste des Gehorsams durfte schwerfallen. Die Klosterregeln von Luxeuil sind uns erhalten geblieben und weisen vor allem auf die Entsagungen hin, die den Mönch charakterisieren: »Denke nicht daran, was du bist, sondern was du sein wirst; was ist, dauert nur einen Augenblick; was sein wird, ist ewig«; und sie tun es mit eindrucksvollen Worten: »Du hast nichts auf Erden, o Mensch; nackt wirst du sterben, so wie du nackt geboren bist, und dein Leib wird zu Staub zerfallen . . . Hüte dich davor, den Himmel zu verkaufen, wo dein Erbe liegt, für alle Ewigkeit! Verkaufe eher dich selbst und erwirb dir das Leben.« In zehn Kapiteln sprechen sie vom Gehorsam, vom Schweigen, von der Armut, von dem, was der Mönch essen und trinken soll, von seiner Keuschheit, seinen Kasteiungen, seinem Gebet, seiner Bescheidenheit, seiner Vollkommenheit. Auch die Bestrafungen werden aufgeführt: täglich eine einzige Mahlzeit gegen drei Uhr nachmittags, vor der sich der Mönch wie vor der Nachtruhe, wie man dies noch heute nennt, »an die Brust schlagen« und einem seiner Mitbrüder seine Versäumnisse oder Schwächen bekennen muß. Als Bußübungen sind vorgesehen: Fasten bei Wasser und Brot, Rutenhiebe, aber vor allem wurde »der Schwatzhafte zum Schweigen verurteilt, der Ungestüme zur Sanftmut, der Eßlustige zum Fasten, der Faule zum Wachsein, der Hochmütige zu Gefängnis, der Verräter zu Acht und Bann«. Die Mönche lebten in strenger Abgeschiedenheit, kein Laie durfte das Kloster betreten, und nur mit Erlaubnis seines Superiors konnte der Mönch mit Außenstehenden, einschließlich seiner

Familie, Verbindung aufnehmen. Kolumban empfahl seinen Schülern, »streng zu sein in der Zärtlichkeit und zärtlich in der Strenge«.

Man hat das Gefühl, daß es für Menschen wie Kolumban keinerlei Hindernisse gab, ja daß sie sogar die Naturgewalten bezwingen konnten. Die Geschichte von den wütenden Wölfen, die von ihm abließen, und dem Bären, mit dem er seine Höhle teilte, sind typisch für ihn. Sein Schüler Domoal beschwerte sich, daß er täglich Wasser von einer entfernt gelegenen Quelle holen mußte. Kolumban befahl ihm, ein Loch in den Fels zu hauen, und sofort sprudelte Wasser hervor. Ein anderer Schüler, Theudegesilius, schnitt sich mit der Sichel einen Finger ab. Kolumban rief ihm von weitem zu, mit seiner Arbeit fortzufahren, und der Finger, der nur noch an einem Stück Haut hing, wuchs von selbst wieder an. Ein anderes Mal erfuhr Kolumban, als er sich gerade in seiner Klause aufhielt, daß in Luxeuil die meisten Mönche krank darniederlagen und die Gesunden nicht mehr zahlreich genug waren, um die Fiebernden zu pflegen. Er eilte zu ihnen, hieß alle aufstehen und sofort auf der Tenne Korn dreschen. Und tatsächlich wurden alle, die ihm gehorchten, ihr Lager verließen und arbeiteten, wieder gesund.

In jener Zeit war das Auftreten einer hervorragenden Persönlichkeit, eines Wegbereiters, eine dringende Notwendigkeit. Als Kolumban in Gallien landete, lag das Feld, das der im Jahre 397 gestorbene heilige Martin zu bearbeiten angefangen hatte, brach. Die Völkerwanderung hatte eingesetzt, und zweihundert Jahre oder noch mehr waren seither vergangen, eine Zeit der Gewalt, der Plünderungen, Vertreibungen und Störungen aller Art. Chlodwigs Übertritt zum katholischen Glauben und seine Taufe um das Jahr 496 reichten offensichtlich nicht aus, den Menschen das Evangelium zu vermitteln und ihren Glauben zu festigen. Das um so mehr, als der arianische Irrglaube, zu dem sich mit Ausnahme der Franken die meisten der eindringenden Völker bekannten, die Menschwerdung Gottes, das heißt die Existenz eines liebenden Gottes bestritt. Darum bedurfte es gerade zu dieser Zeit mehr denn je des uneingeschränkten Glaubenseifers eines Kolumban, um in Frankreich und von da aus in Belgien, der Schweiz und Italien die Kirche wiederherzustellen.

Übrigens wäre es mit der Ankunft der Iren auf dem europäischen Festland beinahe zu neuen Häresien gekommen. Die irischen Glaubensboten hielten nämlich an einem bestimmten Ostertermin fest, so wie sie auch die Tonsur auf ihre Weise trugen. Die lange und heftig diskutierte Frage war ein erstes Mal in Rom und dann für das gesamte Abendland im Jahr 325 im Konzil von Nikaia entschieden worden. Und zu Beginn des 6. Jahrhunderts war aufgrund der Berechnungen des Mönchs Dionysius Exiguus endgültig ein Kalender aufgestellt worden, nach dem sich die meisten richteten. Die Iren jedoch hatten den alten Kalender aus der Zeit, da sie selbst vom heiligen Patrick christianisiert worden waren, beibehalten. Mehrere Male wandte sich Kolumban an den Papst und drängte ihn, die eine oder die andere Zeitzählung für rechtens zu erklären, denn die burgundischen Bischöfe und ihre Diözesane wunderten sich über die Abweichungen in Luxeuil. Tatsächlich wurde die Angelegenheit aber erst Mitte des 7. Jahrhunderts entschieden, als in Whitby ein Konzil unter dem Vorsitz der Äbtissin Hilda zusammentrat, die dafür sorgte, daß die Iren und die übrigen Inselbewohner ihre Eigentümlichkeit aufgaben.

Sein Empfinden für Sünde und Buße veranlaßte übrigens Kolumban, die Beichte unter den Christen bekanntzumachen. Nicht etwa daß er sie erfunden hätte, ihr Ursprung geht auf die allerfrühesten Texte wie die *Didache* und natürlich auf das Evangelium selbst zurück, aber der Einfluß der Iren im allgemeinen und der Kolumbans im besonderen trug dazu bei, die

Beichte, das Bekennen von Verfehlungen, zu verbreiten und zu popularisieren. Das ging nicht ohne Mißbräuche ab, denn nach dem Vorbild der Klosterregeln, die für jedes Vergehen eine bestimmte Buße vorschrieben, entstand eine Art Bußkatalog, der in den sogenannten Pönitentialien niedergelegt wurde. Diese Bücher enthielten Anweisungen über die für einzelne Sünden wie Trunksucht, Diebstahl, Meineid und Sinnenlust aufzuerlegenden Strafen. Es handelte sich um einen Bußkanon, vergleichbar etwa mit dem Wehrgeld, das nach verschiedenen bürgerlichen Gesetzen erhoben werden konnte.

Die Bußbücher waren vor allem im 7. und 8. Jahrhundert verbreitet. Die spätesten wurden im frühen 11. Jahrhundert zusammengestellt, stärkten zwar einerseits das religiöse Bewußtsein, führten aber andererseits zu einer Art Buchhaltung, die nicht vereinbar war mit der Inanspruchnahme der göttlichen Gnade; so glichen manche Bußbücher einem Tarifverzeichnis. Jedenfalls ist es Kolumban zu verdanken, daß die Beichte populär wurde. Das Konzil von Châlons im Jahr 651 legte sie allen Gläubigen sehr ans Herz. Heute ziehen wir ihr die bequeme Couch des Psychoanalytikers vor, die zu nichts verpflichtet, aber wohl noch nie jemanden wirklich von seiner Vergangenheit befreit hat.[10]

Wie groß Kolumbans geistige Nachkommenschaft war, ist nur zu ermessen, wenn man eine Landkarte zur Hand nimmt. Da er sein ganzes Leben auf Wanderschaft war, ergibt die Saat seines Wirkens eine geographische Struktur Europas, die im Grunde ebenso interessant ist wie die politische, im Gegensatz zu dieser aber keine Grenzen kennt. Diese Saat fand ihren Niederschlag unter anderem in einer künstlerischen Fruchtbarkeit, die sich entweder in Form von Skulpturen oder – seltener – von Handschriften, die in vielen Bibliotheken ruhen, erhalten hat. Die einen wie die anderen machen es uns möglich, die präromanische Kunst zu ergründen. Ihre Motive sind ein wenig wie

Musiknoten, als solche sehr schlicht, aber durch ihre Verknüpfung oder Verquickung immer wieder neu, so daß ein Gleichmaß entsteht, eine kraftvolle Geschlossenheit, die in ganz Europa noch heute spürbar ist. Die Iren erneuerten in der Tat kraftvoll den keltischen Stil, der in Frankreich, Spanien und Italien von der klassischen griechisch-römischen Kunst verdrängt worden war. Durch den christlichen Geist wirkte er nun wie etwas vollkommen Neues, und der Glaubenseifer, der von den Klöstern und den Asketen mit der kahlen Stirne ausging, verlieh dieser Kunstrichtung eine unvergleichliche Lebendigkeit. Wo andere sich damit begnügten, Künstler zu sein, wurden die irischen Mönche zu großen Meistern. Ein herrliches Beispiel hierfür ist das berühmte *Book of Kells* mit seinen Spirallinien und seiner reichen Flechtbandornamentik. Dieselben Formen, vom einfachen Fischgrätornament bis zu Spiralmustern, Palmetten, gedrehten Tauen, Zöpfen, schuppenartigen Verzierungen usw., die manchmal als Laub oder als der Natur nachempfundene oder phantastische Tiere, dann wiederum, auf dieselbe »abstrakte« Weise gestaltet, als menschliche Antlitze erscheinen, sind auch heute noch in kleinen Dorfkirchen anzutreffen und haben mehr als sechshundert Jahre lang das gesamte künstlerische Schaffen in Europa – Bildhauerei, Malerei, Email- und Goldschmiedekunst – beeinflußt.

Wir haben bereits davon gesprochen, welche Rolle Kolumban in der Entwicklung der Schweiz gespielt hat. Es standen aber auch der gesamte Norden Frankreichs und Belgien unter der Wirkung der drei Klöster Annegray, Fontaines und vor allem Luxeuil, die sich übrigens sehr rasch großer Beliebtheit erfreuten, da für jedes Kloster einheimische Mönche rekrutiert wurden, die ihrerseits nach der Frohen Botschaft lebten und sie verbreiteten. Zu den unmittelbaren Schülern Kolumbans kann man diejenigen zählen, die, wie etwa Eustasius, dann Waldebert, in Luxeuil seine Nachfolge antraten, oder jene, die wie

Berchar in Montier-en-Der oder Romarich in Remiremont in derselben Abtei ausgebildet worden waren. Ebenso gehörten dazu der heilige Walaricus, nach dem ein Ort an der Somme-Mündung benannt ist, und der heilige Audomar, dessen Namen ein anderer Ort weiter nördlich angenommen hat und der Bischof der alten Stadt Thérouanne, die im 16. Jahrhundert von den Truppen Karls V. geschleift wurde, gewesen war. Audomar weihte Wandregiselus, der später heiliggesprochen wurde, zum Priester, während Philibert ganz in der Nähe das Kloster Jumièges und am Atlantik Noirmoutier gründete. Der heilige Bertin gab seinen Namen der früheren Abtei Sithiu, und Amandus, der Apostel der Belgier, war in seinem Missionsauftrag vom heiligen Kolumban unterstützt worden.

Aber das sind noch nicht alle. Viele Iren haben gleich Kolumban und oft nach seinem Vorbild wesentlich zur erstaunlichen Entwicklung der christlichen Kirche im 7. Jahrhundert beigetragen! Wir haben es hier mit einem geographischen Phänomen zu tun, das ganz im Widerspruch zu unseren Denkgewohnheiten steht, nach denen jede Anregung, jeder »Einfluß« aus dem Süden kommt – von Rom, Griechenland, dem Vorderen Orient. Während dieser Periode, die vom 5. bis zum 8. Jahrhundert reichte, wurde das gesamte kulturelle Leben von einer Strömung bestimmt, die von der Irischen See im Westen ausging und auf dem europäischen Festland sehr gut »ankam«. Bernard Guillemain hat entsprechende Zahlen zusammengestellt: In Deutschland gab es im 6. und 7. Jahrhundert einhundertfünfzehn irische Heilige, in Frankreich fünfundzwanzig, in England vierundvierzig, sechsunddreißig in Belgien, fünfundzwanzig in Schottland, dreizehn in Irland ... Von noch größerer Bedeutung als diese Zahlen aber sind die Namen, Gründungen, Hinterlassenschaften. Im Museum von Reims ist ein sehr schön geschnitztes Stück Holz ausgestellt, der sogenannte Stock des heiligen Gibrian. Auch Gibrian war Ire. Nach der Überlieferung kam er mit sechs

Brüdern und drei Schwestern in das Frankenreich. Als historisch bewiesen gilt die Existenz Tresans, der einer der Brüder Gibrians war; beide empfingen die Priesterweihe, der letztgenannte aus den Händen des heiligen Remigius, im frühen 6. Jahrhundert also.

Gibrian starb im Jahre 509. Ein Dorf an der Marne nahe Châlons trägt noch heute seinen Namen. Die Kapelle, in der er beigesetzt worden war, wurde um das Jahr 892 von den Normannen zerstört und niedergebrannt. Ab dem 12. Jahrhundert wurde er vom Volk wieder sehr verehrt, da man unter den Mauerresten der Kapelle seinen unversehrten Leichnam wiedergefunden hatte. Eine Reliquie war schon zu Beginn des 10. Jahrhunderts unter dem Altar der Abtei Saint-Remi bestattet worden. Aber erst Abt Odo (1118–1151) beschloß die Anerkenntnis der Echtheit und die Erhebung der Reliquie des heiligen Gibrian vorzunehmen. Von einer Pilgerfahrt nach Rom zurückgekehrt, bestellte er eines Tages bei einem gewissen Hubert einen neuen Schrein für den Heiligen. Dieser Hubert hatte sich auf den Grund und Boden der Abtei Saint-Remi geflüchtet, um der Gerechtigkeit zu entgehen – er wurde wegen eines nicht näher genannten Vergehens verfolgt –, und genoß dort Asyl. Da er von Beruf Goldschmied war, fertigte er den neuen Schrein für den heiligen Gibrian. Nach der Übertragung, die am 16. April 1145 stattfand, geschahen an seinem Grab einige Wunder, was viele Menschen in den bei Reims gelegenen Marktflecken Saint-Remi lockte. Abt Odo beauftragte daraufhin einen Mönch namens Balduin, über die Wunder Buch zu führen. Vom 16. April bis 24. August vermerkte Balduin einhundertzwei Wunder. Es handelte sich um Heilungen unbestimmter Krankheiten; viele der Geheilten waren vorher gelähmt, sechzehn blind, acht geisteskrank gewesen. Manchmal waren es Geistliche, in zwei Fällen Adelige, meistens aber »armes Volk«. Das Gotteshaus von Saint-Remi war oft so voll von Menschen, daß die Mönche ihre angestammten Plätze verlassen und mitten im Chor stehend das Offizium singen mußten. Am Sonntag, dem 29. April, war die Zahl der Wunder so groß, daß der Mönch sich außerstande erklärte, alle festzuhalten, da viele mitten in der Menge oder außerhalb der Kirche stattgefunden hätten.

Sechshundert Jahre nach seinem Tod hat sich also der heilige Gibrian auf diese Weise in und um Saint-Remi manifestiert. Nicht alle seiner Landsleute wurden so berühmt wie er, aber die meisten genossen durch alle Jahrhunderte der Feudalzeit tiefe Verehrung. In seiner Untersuchung über die Ursprünge des Klosterwesens in der Diözese Besançon hat Gérard Moyse[11] sehr gut aufgezeigt, was die mittelalterliche Kirche bis zum 10. Jahrhundert den Iren, insbesondere Donatus, dem ehemaligen Mönch von Luxeuil, der im 7. Jahrhundert Erzbischof von Besançon war, zu verdanken hat. Charakteristisch für diese Zeit ist die Tatsache, daß die Mitglieder der geistlichen Hierarchie oft aus dem Kreise der Mönche ausgewählt wurden – angefangen beim höchstgestellten, Papst Gregor dem Großen.

Donatus war der Sohn Waldelins und seiner Gemahlin Flavia. Seine Geburt wird, wie wir gehört haben, den Gebeten Kolumbans zugeschrieben. Als Witwe gründete Flavia um das Jahr 636 in Besançon ein Frauenkloster. Donatus selbst verfaßte für ein anderes Kloster, Sainte-Marie de Lussa-Moûtier, bis heute erhalten gebliebene Regeln, die nach der des heiligen Cäsarius von Arles die erste eigens für Nonnen verfaßte Klosterordnung darstellen. Chramnelenus, ein weniger bekannter Bruder Donatus', gründete wahrscheinlich um das Jahr 630 das Kloster Romainmôtier, in dem er einen Abt namens Siagrius einsetzte. Neben vielen anderen nahm auch der heilige Wandregiselus hier Aufenthalt. Um die Jahrhundertwende entstand in diesem Kloster eine sehr schöne Abteikirche. Donatus war übrigens verschwägert mit einem gewissen Amalgar, dessen Tochter Adalsind Äbtissin eines Nonnenklosters wurde, das man allerdings heute nicht mehr genau lokalisieren kann.

Iren waren auch die beiden Mönche Chaidocus und Fichori, die großen Einfluß auf den späteren heiligen Richarius hatten; oder in Fosses in Belgien die drei Brüder Furseus, Foillan und Ultan; und, wenn auch wesentlich später, jener Findan, der Mitte des 9. Jahrhunderts, von den Normannen verschleppt, nach Schottland gelangte, dann nach Rom reiste und sich nach einem Aufenthalt im Kloster Farfa auf der Insel Reichenau niederließ. Von ihm erhalten geblieben sind ein Kalender und ein Meßbuch, die heute in Zürich und St. Gallen aufbewahrt werden, sowie Regeln, die er seinen Gefährten hinterließ und für die gewiß die Regeln des heiligen Kolumban für Luxeuil als Vorbild gedient hatten.

Irische Mönche wirkten auch im Elsaß, in Saint-Dié, in Burgund und in Brabant. Ihr Einfluß machte sich auch noch in der gewaltigen Klosteranlage von Saint-Jean-de-Laon bemerkbar. Voll zum Tragen kam er in der östlich von Paris sich erstreckenden Brie, und es würde sich lohnen, der geistigen Nachkommenschaft Kolumbans in dieser Gegend ein eigenes Kapitel zu widmen.

Aber zuerst sollte man vielleicht feststellen, welchen Beitrag die Mönche in den vielen neuen Klöstern zum mittelalterlichen Leben geleistet haben. Diese Männer waren nicht nur hochgebildet, sondern verstanden es auch, den Boden urbar zu machen und Häuser und Kirchen zu bauen. Dabei galt zu ihrer Zeit die manuelle Arbeit noch immer als mindere Tätigkeit, als Sklavenarbeit. Es fällt uns heute wohl ein wenig schwer, die Bedeutung der lautlosen Revolution dieser Mönche, die mit ihren Äxten Lichtungen in den Urwald schlugen, den Boden urbar machten, säten und ernteten, nachzuvollziehen. Die Wirtschafts- und Sozialgeschichte sollte ihnen mehr Ehre als bisher erweisen. Das Kloster war zunächst ein Ort, wo die

Menschen von ihrer Hände Arbeit lebten und der Vater Abt, wie die anderen auch, sich an diesen Arbeiten beteiligte. Daß der Weizen, die Gerste und das Gemüse wuchsen, von denen sich die Mönche ernährten, gehörte in den neugegründeten Klöstern Annegray und Luxeuil zu den Hauptsorgen der Anfangszeit. Darum war oft von der Hacke die Rede, mit der man den Boden bearbeitete, dem Dreschflegel, mit dem man auf den Tennen den Weizen drosch, ja sogar von Arbeitshandschuhen, denn eines Tages entwendete ein Rabe Kolumban einen Handschuh und brachte ihn auf dessen ausdrücklichen Befehl wieder zurück. Die manuelle Arbeit galt nun als ehrsam, da auch der Mann Gottes mit den Händen arbeitete. Damit wurden die Grundlagen zu einer vollkommen neuen Denkweise geschaffen.

Man kann die Tragweite dieses Umschwungs nicht genug betonen: Die manuelle Arbeit hatte, da sie Sklavenarbeit war (man spricht auch von Sklavendiensten), bis dahin etwas Entwürdigendes. So etwa waren viele der »Barbaren«, die damals Gallien und die anderen Länder des Okzidents bevölkerten, herbeigerufen worden, damit sie das Land bestellten, weil man sich selbst nicht mit der Bodenbearbeitung beschäftigen wollte. Es gab also eine tief verwurzelte Verachtung für alles, was körperliche Anstrengung erforderte. Und da kamen nun diese Gottesmänner, die, anstatt sich ausschließlich der Kontemplation, dem Studium der Heiligen Schrift und dem liturgischen und individuellen Gebet zu widmen, die »niedersten« Dienste verrichteten. Die Historiker, die heute die Geschichte auch aus wirtschaftlicher Sicht betrachten, sehen ganz genau die Veränderungen, die sich aufgrund dieser neuen Geisteshaltung ergaben. Sie sehen im Kloster vor allem auch ein Produktionszentrum und ihnen ist klar, welche Bedeutung man dort den beispielsweise von Kolumban häufig erwähnten Arbeitswerkzeugen – Äxten und Keilen zum Holzfällen, Sicheln für die Ernte, Karren für die Beförderung – beimaß.

Mit dieser ganzen Technologie, die man sich im Lauf der Zeit ausgedacht hatte, wollte man den Menschen Mühe ersparen und ihnen die Arbeit erleichtern, damit sie mehr Zeit für das Studium der Schriften und das Gebet erübrigen könnten. So kam es, daß die Mühle, eine der großen Erfindungen jener Zeit, zuerst im Kloster Saint-Ours zu Loches erwähnt wurde.

In seinen Ordensregeln widmete der heilige Benedikt der manuellen Arbeit ein eigenes Kapitel (Kapitel 48). Man liest darin: »Wahre Mönche sind sie nur, wenn sie von ihrer Hände Arbeit leben« und weiter, im Sinne der Mäßigung, die die gesamten Regeln auszeichnet: »Auf daß jedoch alles mit Maßen getan werde, wegen der Schwachen.«

Die Ordensregeln des heiligen Benedikt sind hier deshalb zitiert, weil sie sehr bald von den Mönchen des Klosters Luxeuil und verschiedenen Schülern Kolumbans benutzt wurden. Gérard Moyses Untersuchung hat deutlich gezeigt, wie bekannt schon zu Lebzeiten Kolumbans die Regeln des heiligen Benedikt waren, obwohl sie in Luxeuil erst unter Abt Waldebert, dem zweiten Nachfolger Kolumbans, eingeführt wurden. Aus einer genauen Analyse der Parallelen, die sich in den Texten finden, zieht Moyse den Schluß: »Ab dem Jahr 620 oder 632 kommt für ein Jahrhundert eine ideale Kombination zum Tragen, da sich der Asket Kolumban dem Organisator Benedikt unterstellt.«[12] Die Benediktregeln, die sich weitgehend an den kurz vorher entstandenen Text der sogenannten *Regeln des Meisters* anlehnten, waren so ausgewogen und eine so glückliche Mischung von religiöser Inbrunst und klugen Ratschlägen hinsichtlich der Aufgabenverteilung innerhalb des Klosters, der Zeitplanung der Mönche und der Grundbedürfnisse einer Gemeinschaft, daß fast alle abendländischen Klöster sie übernahmen. Durch sie wurde die manuelle Arbeit, die ja ausdrücklich erwähnt wird, in gewisser Weise geheiligt. Ihr Einfluß auf die Einstellung der Bevölkerung hielt bis zum Ende der Feudalzeit, auf jeden Fall aber bis ins frühe 14. Jahrhundert, an. Mit wachsendem Einfluß des römischen Rechts lebten jedoch, wenn auch nur sehr langsam, die Verachtung der manuellen Arbeit, sowie ab dem 16. Jahrhundert die Sklaverei wieder auf.

Noch auf eine andere Auswirkung der Benediktregeln, nämlich die den Mönchen abverlangte Beständigkeit, sei hier hingewiesen. Schon im ersten Kapitel werden jene Wandermönche verurteilt, die von einem Kloster zum anderen zogen, ebenso wie jene, die sich zwar Mönche nannten, aber keiner Regel unterwarfen und in Wirklichkeit nach ihren eigenen Vorstellungen lebten und deren Tonsur eine Lüge war. Das bedeutete natürlich keine Mißbilligung des Umherziehens der irischen Mönche, das im 6. und 7. Jahrhundert und noch später zu einer Blüte des Klosterwesens im Abendland führte, sondern war Ausdruck einer neuen Tendenz zu einem geregelteren und besser organisierten Leben, die sich in der monastischen Bewegung abzuzeichnen begann.

Und die heiligen Frauen

Die heilige Genovefa wird als erste Heilige Frankreichs angesehen, und sie eröffnet auch am 3. Januar, der der Überlieferung nach ihr Todestag ist, den Heiligenkalender. Die Verehrung, die sie seit mehr als einem Jahrtausend bei den Einwohnern von Paris genießt, geht auf den Hunnensturm vom Jahr 451 zurück, als sie den Mut der entsetzten Bevölkerung stärkte und die Menschen überredete, nicht aus der Stadt zu flüchten, da dies nur ihr Schicksal besiegeln würde. Und tatsächlich: Attila, der Metz zerstört, Troyes und Orléans bedroht hatte, aber durch die Bischöfe Lupus und Anianus zurückgeworfen worden war, zog sich zurück, ohne Paris angegriffen zu haben. Immer wenn sich die Stadt bedroht sah, scharten sich die Einwohner um den Schrein, der die Reliquien der heiligen

Genovefa enthält. So zum Beispiel im Jahr 886, als die Normannen Paris belagerten, oder auch im September 1914.

Diese beiden Beispiele zeigen, wie tief der Glaube an die Hilfe der heiligen Genovefa verwurzelt ist. Auf dem »Berg«, der ihren Namen trägt, wurde schon im 6. Jahrhundert über ihrem Grab eine Basilika errichtet. Chlodwig, der 511 starb, wünschte neben ihr bestattet zu werden, und um das Jahr 630 fertigte der heilige Eligius eigenhändig einen Schrein für sie. Da viele Pilger von dem Gipssarkophag, in dem sie ruhte, immer wieder Teilchen abschabten, wurde für die Gebeine der Heiligen, als sie im Jahre 1807 in die Kirche Saint-Etienne-du-Mont überführt wurden, ein neuer Schrein angefertigt.

Aufgrund jüngster Arbeiten, die großes Aufsehen erregten,[13] weiß man heute mehr über die heilige Genovefa, die Péguy in einem seiner Gedichte so trefflich mit der heiligen Johanna von Orléans verglichen hat. Sie war keine Nonne, sondern eine geweihte Jungfrau, wie es sie seit den Anfängen des Christentums gegeben hat. Ihre Lebensgeschichte wurde achtzehn Jahre nach ihrem Tod – sie starb wahrscheinlich im Alter von 80 Jahren kurz nach dem Jahr 500 – niedergeschrieben. Die Verehrung, die man ihr schon zu Lebzeiten entgegenbrachte, reichte bis in den Orient. So ist es historisch belegt, daß der berühmte Symeon Stylites syrische Kaufleute beauftragte, der heiligen Genovefa seinen Gruß zu übermitteln.

Der Überlieferung nach wurde sie vermutlich in Nanterre geboren, wobei in ihrem Falle die allgemeine hagiographische Regel, daß Heilige vornehmer Herkunft seien – durch hochgestellte Persönlickeiten als Eltern wollte man das Ansehen der Heiligen vergrößern –, sich ins Gegenteil kehrte. Genovefa soll »Hirtin« gewesen sein, obwohl ihr Vater Severus und ihre Mutter Gerontia östlich von Paris, in der Gegend von Meaux, in Marizy-sur-Orcq und sogar in Troyes ausgedehnte Ländereien besaßen. Nach ihrem Tod übernahm Genovefa die Verwaltung, und wahrscheinlich war es ihr aufgrund der

Erträgnisse, die diese Güter abwarfen, möglich, während einer Hungersnot die Bevölkerung von Paris zu ernähren.

Ihr anonymer Biograph hat einige Begebenheiten aus ihrem Leben festgehalten. Eine davon ist sogar genau datiert: Im Jahr 429 machte Germanus, Bischof von Auxerre, in Begleitung des Lupus von Troyes Station in Nanterre. Unter denen, die gekommen waren, sie zu sehen, befanden sich auch Severus, Gerontia und deren Tochter Genovefa. Nachdem Germanus das Mädchen aufgefallen war und er sie gesegnet hatte, gelobte Genovefa, Jungfrau zu bleiben. Und als Germanus später von Auxerre wieder einmal nach Paris kam, konnte er feststellen, daß sein Segen bei ihr sozusagen Früchte getragen hatte.

Genovefa werden mehrere Wunder zugeschrieben. So soll sie, genauso wie der heilige Martin, ein totes Kind namens Cellomaris in ihrer Zelle auferweckt haben. Gesichert ist ebenfalls, daß sie über dem Grab des heiligen Dionysius eine Basilika errichten ließ, nachdem der Heilige in der Nähe von Paris, im *vicus Catulliacus*, dem heutigen Saint-Denis, den Märtyrertod gestorben war.

Zur selben Zeit wie Genovefa lebte auch Brigitta von Kildare, die Stifterin des ersten Doppelklosters, dessen Bewohner ganz im Geiste des keltischen Christentums lebten. Gemäß einer Beschreibung aus dem 7. Jahrhundert, als das ursprüngliche Kloster bereits wieder aufgebaut wurde, umfaßte es drei Kirchen oder besser gesagt Oratorien, in denen jeweils die Mönche auf der rechten und die Nonnen auf der linken Seite saßen. Aus dem frühen 6. Jahrhundert – um 513 – stammen auch die ersten, eigens für ein Frauenkloster festgelegten Regeln des heiligen Cäsarius von Arles, auf die wahrscheinlich um das Jahr 570 Radegundis für die Regeln des Klosters Sainte-Croix in Poitiers zurückgriff.

Kennzeichnend für das Christentum des 7. Jahrhunderts in Frankreich, England und Spanien sind die Doppelklöster, die zuerst in Irland gegründet wurden. In ihnen entfaltete sich das monastische Leben der Frauen, denen das Männerkloster Unterstützung, Hilfe und notfalls auch Schutz gewährte. Es fällt auf, daß nur in Spanien die Nonnen von den Mönchen abhängig waren. In allen anderen Ländern war es die Äbtissin, die den gesamten Komplex des Doppelstiftes verwaltete. Dies galt bekanntlich auch für das im frühen 12. Jahrhundert gegründete Kloster von Fontevrault, als nach den innerkirchlichen Wirren des 10. Jahrhunderts und den Verwüstungen durch die Normannen- und Sarazeneneinfälle des 9. Jahrhunderts wieder Friede eingekehrt war.

Vor allem entlang der Reisewege des heiligen Kolumban entstanden solche Doppelklöster.[14] Wie die heilige Genovefa wurde auch die heilige Fara in jungen Jahren durch die Begegnung mit einem großen Heiligen geprägt.

Wir haben gehört, daß Kolumban, den der Haß Brunhildes und ihrer Enkel von Luxeuil vertrieben hatte, von einem adeligen Burgunder namens Hagnerich vorübergehend aufgenommen worden war. Die Familie dieses Mannes ist wohlbekannt; sein Vater war Mitglied jener königlichen Eskorte gewesen, die den Auftrag hatte, Chlodwig seine junge Gemahlin, die spätere heilige Chlothilde, zuzuführen. Hagnerich war ein Leude, ein Lehensherr, der in einem Ort namens Pipimissiacum bei Meaux umfangreiche Ländereien besaß. Hagnerich nahm Kolumban und seine Gefährten nicht nur aus christlicher Nächstenliebe bei sich auf, sondern auch, weil sich unter ihnen sein eigener Sohn Chagnoald befand. Hagnerich hatte auch eine, damals ungefähr zehnjährige Tochter namens Fara oder Burgundofara. Kolumban segnete das Haus und auch ganz besonders das kleine Mädchen. Von diesem Zeitpunkt an weihte Fara ihr Leben Gott. Das geschah jedoch unter großen Schwierigkeiten und nach vielen Auseinandersetzungen mit ihrem Vater, der sich ihrer Berufung widersetzte. Fara erkrankte schwer und verlor ihr Augenlicht. Obwohl sie durch

Eustasius, einen Schüler und Nachfolger Kolumbans als Abt von Luxeuil, geheilt wurde, verweigerte der unbeugsame Hagnerich Fara seine Erlaubnis, sich Gott zu weihen. Daraufhin flüchtete sie aus dem Elternhaus, und Eustasius mußte erneut eingreifen, um den Vater umzustimmen. Schließlich schenkte Hagnerich seiner Tochter eines seiner Güter, das zwischen zwei Flüssen (dem heutigen Grand Morin und dem Aubetin) gelegene Eboriac. Aus der Hand des Bischofs von Meaux, Gondoald, nahm sie den Schleier entgegen, und bald – wahrscheinlich um 620 – wurde das später Faremoutiers genannte Kloster Eboriac erbaut. Alle diese Einzelheiten sind so eng mit dem Wirken der Schüler Kolumbans verbunden, daß man sie im Lebensbericht Kolumbans findet, den sein Schüler Jonas von Bobbio verfaßte.

Jonas, der Mönch in Eboriac war, nannte die Äbtissin *mater monasterii*, da sie nicht nur Oberin der Nonnen war, sondern auch die Gemeinschaft der Klosterbrüder leitete. Von diesen wurde sie sowohl materiell als auch in geistlichen Dingen, zum Beispiel bei der Messe und in allem, was die Sakramente betraf, unterstützt. Faras Bruder Cagnoald war der erste Prior des Klosters und wurde bald danach Bischof von Laon.

Die Klosterschwestern lebten nach den etwas abgeänderten Regeln des heiligen Kolumban. In diesem Zusammenhang ist auf die für Gallien typische Macht der örtlichen Sitten hinzuweisen, die zur Folge hatten, daß in jedem Kloster andere Gepflogenheiten herrschten. Sicher ist jedoch, daß alle Nonnen nicht nur am Tage, sondern auch des Nachts jeweils dreimal zum Beten zusammenkamen. In der Nacht waren dies zunächst die Vesper, dann die Mitternachtsvigil und zuletzt die Laudes oder Breviergebete zur Stunde des Hahnenschreis. Die übrige Zeit war aufgeteilt zwischen der *lectio divina*, dem Studium und der Meditation der Heiligen Schrift, der manuellen Arbeit und den Ruhestunden. Da es, wie aus den Regeln des heiligen Cäsarius von Arles bekannt, in den Klöstern keine

Laienschwestern gab, arbeiteten die Nonnen abwechselnd in der Küche oder sorgten in den Räumlichkeiten des Klosters für Ordnung. Die Nonnen nahmen täglich nur eine Mahlzeit zu sich. Sie durften kein Fleisch essen, Eier, Geflügel und Fisch waren jedoch gestattet. Mittwoch und Freitag waren Fastentage. Charakteristisch für diese Frauengemeinschaften waren die Schulen, die sie in ihren Klöstern einrichteten. Die Kinder lebten entweder im Kloster selbst oder bei ihren Familien.

Aus den Anfangszeiten dieses Klosters, das im 7. Jahrhundert von weitreichender Wirkung war,[15] ist uns viel erhalten geblieben. Unter anderem besitzen wir das authentische Testament der heiligen Fara, in dem sie alles, was sie auf der Welt ihr eigen nannte, verteilte. Ausdrücklich erwähnt sind zwei Mühlen, die eine an der Marne, die andere an der Aube, die sie dem Kloster vermachte. Ebenso sind die sich auf Faremoutiers beziehenden Abschnitte aus dem *Leben des heiligen Kolumban* erhalten geblieben. In diesem Werk finden sich verschiedene poetische Stellen, zum Beispiel jene himmlischen Gesänge, die die Ordensfrauen beim Tod einer ihrer Schwestern, einer gewissen Sisetrud, vernahmen, oder die Beschreibung des hellen Lichtes, das sie unter ähnlichen Umständen, nämlich beim Tod einer anderen Schwester namens Erkantrud, erblickten. Es verheimlicht aber auch nicht, was den Nonnen, die aus dem Kloster zu flüchten versuchten, oder die sich der von Kolumban dreimal täglich vorgeschriebenen aufrichtigen Beichte entzogen, zustieß.

Noch interessanter wird die Geschichte des Klosters durch den irischen Heiligen Fiacrius, dem in Frankreich ein erstaunliches Schicksal zuteil wurde. Er kam nach Faremoutiers, da er von der Heiligkeit Faros, des Bischofs von Meaux und zweiten Bruders der heiligen Fara, gehört hatte. »Eine größere Anzahl Menschen vom Volke der Skoten strömte, von der Frömmigkeit des heiligen Faro angezogen, in diese Gegend von Meaux, und so kam es, daß dank der großzügigen Gastfreundschaft dieses Landes und seines geistigen Vaters das Klosterwesen, das auf der Lehre der Skoten und dem Aufschwung der Heiligkeit fußte, beim Volke der Franken Eingang und Verbreitung fand.« Dieser Bericht stammt aus dem *Leben des heiligen Faro*, das Bischof Hildegar im 9. Jahrhundert verfaßte. Es war also Faro, der den aus Irland kommenden heiligen Fiacrius aufnahm. Da sich dieser von der Welt zurückziehen wollte, wies ihm Faro ein Waldstück zu, wo er sich eine Einsiedelei einrichten konnte. Da Fiacrius aber auch einen Garten haben wollte, gewährte ihm Faro soviel Land, wie er mit einem in einem Tag auszuhebenden Graben umfrieden konnte. Fiacrius begnügte sich damit, einen Stock über den Boden zu ziehen, und der Graben öffnete sich von selbst. Eine Frau, die ihm dabei zuschaute, hielt dies für Zauberei und beschimpfte ihn. Aber Fiacrius setzte sich seelenruhig hin und wartete das Ende ihrer Beschimpfungen ab, während sich der Stein, auf dem er saß, in einen bequemen Sitz verwandelte. Plötzlich erschien der Bischof, sah die beiden Wunder, lobte Fiacrius und überließ ihm das ganze Stück Land, auf dem Fiacrius dann das Kloster Breuil gründete. Fortan setzten sich viele Pilger auf jenen Stein, um von Geschwüren, Geschwülsten und ähnlichen Beschwerden geheilt zu werden. Auch heute noch kann er in der in der Diözese von Meaux gelegenen und Johannes dem Täufer und Fiacrius geweihten Kirche besichtigt werden.

Der Heilige erfreute sich bald außerordentlicher Beliebtheit. Er ist der Patron der Gärtner und wird meist mit einem Spaten dargestellt. Es ist wohl diese Eigenschaft, der er in Frankreich seine Volkstümlichkeit verdankt, dem Hang der Franzosen zum eigenen Gärtchen, in dem man Radieschen und grüne Erbsen anbauen kann. In Frankreich gibt es nicht weniger als fünfhundertzweiundzwanzig Statuen dieses Heiligen, von denen einhundertneunundzwanzig vor dem 17. Jahrhundert entstanden sind. Zweimal erlangte der heilige

Fiacrius sogar Berühmtheit: das erste Mal, als ein junger Priester namens Jean Eudes, der als Novize in die Abtei Saint-Geneviève in Paris eingetreten war, auf wunderbare Weise von seinem Ischias geheilt wurde, nachdem er den heiligen Fiacrius angerufen hatte; danach ein zweites Mal in noch stärkerem Maße, als der Wagenverleiher Nicolas Sauvage im Jahre 1650 sein Geschäft in der Rue Saint-Martin gegenüber dem *Hôtel Saint-Fiacre* einrichtete und die von ihm vermieteten Kutschen daher den Namen des irischen Heiligen erhielten.

In Zusammenhang mit dem heiligen Faro sei auch der heilige Kilian erwähnt, der ungefähr zur selben Zeit wie Fiacrius beim Bischof von Meaux Aufnahme fand. Nach einem Aufenthalt bei Fiacrius evangelisierte er das Artois.

In ihrem Testament weihte die heilige Fara die Kirche von Faremoutiers der Heiligen Jungfrau und dem heiligen Petrus, später wird jedoch ausschließlich der Name Notre-Dame gebraucht. Es ist überraschend festzustellen, daß die Frau, die der »sehr edlen Äbtissin Fara« nachfolgte, Engländerin war, und zwar Sethrid, die Tochter Hereswithas, der Königin von Essex. Daraus wird deutlich, welch enge Beziehungen zwischen den Konventen der Brie und ihrer Umgebung und denen Englands bestanden. Der Geschichtsschreiber Beda begründete dies damit, daß es in England nur wenige Klöster gab und die Adeligen ihre Töchter in den Klöstern Galliens erziehen ließen. Daher intensivierten sich im Lauf der Zeit der geistige Austausch und die Besuche zwischen den Konventen Englands und des Kontinents, vor allem mit den drei Abteien »Faremoutiers, genannt die heilige, Jouarre, die reiche und Chelles, die edle«, die nach alter Tradition zusammengehörten.

Das Kloster Chelles, vermutlich von Königin Chlothilde gegründet, entstand aus einer in ihrem persönlichen Besitz befindlichen Villa und blieb ein Nonnenkloster. Seine erste Äbtissin war Bertila, die in Jouarre erzogen worden war.

Berühmt wurde es durch den Eintritt der Königin Bathildis und den Aufenthalt der heiligen Hilda, die 647 für ein Jahr hier lebte. Hilda war die Schwester Hereswithas, die nach dem Tod ihres Gemahls in Chelles Nonne geworden war. Sie kehrte später nach England zurück und wurde zunächst Äbtissin von Hartlepool und danach von Whitby. Auch Whitby war ein Doppelkloster. Man darf annehmen, daß in diesem Kloster, das während der Reformationszeit zerstört wurde – seine Ruinen an der wilden Küste Yorkshires wirken noch immer sehr eindrucksvoll –, unter der Ägide der Äbtissin Hilda die Vermischung und Durchdringung dreier Welten, der sächsischen, der keltischen und der römischen, stattfand. Dies wurde durch die Synode von Whitby ermöglicht, die im Jahre 664 stattfand und in puncto Liturgie für die Kelten die Anpassung an die Gepflogenheiten Roms vorsah – Gepflogenheiten, gegen die sich Kolumban so sehr gewehrt hatte! Es war also einer Frau gegeben, diese so eigenständige und auf ihre Besonderheiten so stolze Kirche mit der des übrigen Europa zu vereinen. Zu erwähnen wäre auch noch der anhaltende Einfluß Hildas auf Kirchenlied und Kirchendichtung, die sich in England schnell verbreiteten. So wurde ein Reiterbursche des Klosters Whitby, der ein begabter Sänger und Dichter war, nach einem Traum von Hilda ermuntert, sein Talent zu Nutz und Frommen seines Klosters zu pflegen.

Von den Mauern des Klosters Jouarre sind noch beachtliche Reste vorhanden, die heute genau untersucht und konserviert werden. Da ist vor allem die Krypta mit den Grabmälern Agilberts und der Äbtissin Theodechild, berühmte Zeugen jener Zeit und ihrer Bildhauerkunst. Auch Jouarre ist ein Erbe Kolumbans, das in den Jahren seines unsteten Lebens nach seiner Vertreibung aus Luxeuil entstand. Er wurde vom Ehepaar Authar und Aiga aus Vulciacum (Ussy-sur-Marne) aufgenommen und lernte auf diese Weise auch ihre Söhne

Dado und Ado kennen. Dado kennt man vor allem unter dem Namen Audoin, der, nachdem er das Kloster Rebais gegründet hatte, Bischof von Rouen wurde. Ado gründete um das Jahr 635 das erste Kloster Jouarre, wo zunächst nur Mönche lebten. Bald hielten jedoch auch Nonnen Einzug, und, wie die Marquise von Maillé in ihrem Werk über die Geschichte des Klosters schrieb, »sind es die Frauen, die den Männern den Rang ablaufen«. Jouarre wurde ein Doppelkloster, das, wie viele andere auch, unter der Leitung und Amtsgewalt einer Äbtissin stand. Mit ihrer Ernennung zur ersten Äbtissin erhielt Theodechild, die zuvor in einem Nebengebäude des Klosters untergebracht war, von ihrem Bruder Agilbert, der später Bischof von Paris wurde, das Hauptgebäude mit dem Kreuzgang angeboten, während er selbst sich mit seinen Mönchen in die Nebengebäude zurückzog. Damit wurde die Vormachtstellung der Frauen auch nach außen hin dokumentiert. Die Mönche und Nonnen lebten, insbesondere nach Agilberts Aufenthalt in Irland, nach den Regeln Kolumbans. An dieser Stelle sollte noch erwähnt werden, daß die zwei Krypten von Jouarre, die den Heiligen Paulus und Ebregisilus gewidmet sind, zu den wenigen noch erhaltenen merowingischen Bauwerken Frankreichs gehören. Diese Krypten sind nicht nur wegen der beiden bereits obenerwähnten Grabmäler einen Besuch wert, sondern auch wegen der Liegefigur der heiligen Osmanna, die zwar aus späterer Zeit stammt, aber aufgrund ihrer reinen Schönheit alle Äbtissinnen und Königinnen zu verkörpern scheint, die die ersten Klöster gegründet und mit ihrem Geist erfüllt haben.

Auf diese oder ähnliche Weise entstanden also jene großen Doppelklöster, die uns ein so frappierendes Bild vom christlichen Leben des 7. Jahrhunderts und der Zeit danach vermitteln. Die Klosteranlagen mit ihren hölzernen und oft sehr ausgedehnten Einfriedungen konnten rekonstruiert werden: in Laon beispielsweise reichte die Umzäunung über die Wälle hinaus, manchmal, wie in Solignac, waren sie kreisförmig angelegt. Ebenso haben wir Beschreibungen von Schlafräumen und Zellen, wobei letztere den kranken oder den betagten Schwestern vorbehalten waren. Sowohl der Zellentrakt wie auch die Schlafräume waren durch eine Treppe mit der Kirche verbunden, so daß die Klosterbewohner direkt zu Messen und Andachten Zugang hatten. Beschrieben sind auch die Gärten, wo die Mönche landwirtschaftliche Arbeiten verrichteten, und vor allem die Abteikirche, wo dieselben Mönche die Messe zelebrierten, Choräle sangen und Tagesgebete sprachen. In einigen Klöstern, wie in Remiremont, das nach dem Mönch Romarich benannt ist und ursprünglich *Villa Habendum* hieß, lösten die Chöre der Nonnen einander laufend ab, so daß Tag und Nacht Gesänge zum Lob des Herrn – die *laus perennis* – erklangen. Nach einem Brauch, der aus dem Kloster St. Moritz stammte und der typisch für das Kloster war, so wie er es später auch für das Kloster Saint-Marcel-les-Chalon wurde, gab es sieben Chöre, die aus je zwölf Nonnen bestanden.

In jedem der Klöster lebt auch heute noch die Erinnerung an die heiligen Äbtissinnen, die in ihnen wirkten, fort: in Laon an die heilige Salaberga, in Nivelles an die heilige Gertrud und in Pavilly bei Jumièges an die heilige Austreberta.

Eines der bekanntesten und auch heute noch sehr stark besuchten Doppelklöster auf englischem Boden ist die Kathedrale von Ely, wo man immer noch den Einfluß der heiligen Audrey,[16] die früher Etheldreda genannt wurde und das Kloster prägte, zu fühlen glaubt.

Sie war die zweite Tochter der bereits genannten Hereswitha und deren Gemahls Anna, des Königs von Essex, und wurde um das Jahr 630 geboren. Die sehr schöne und fromme Audrey sollte einen jungen Adeligen namens Tonbert heiraten, dessen Ländereien ein ausgedehntes, zur Hälfte von Sümpfen bedecktes Gebiet umfaßten. In der Mitte lag die sogenannte Insel Ely, auf der sich heute noch mitten im

Grünen die Kathedrale erhebt, zu der jahrhundertelang die Menschen strömten. Im 7. Jahrhundert jedoch war der Ort, wo die *Norman Lady* – »Normannische Dame« ist der Spitzname der Kathedrale als Gegenstück zu *Norman Lord*, dem »Normannischen Herrn« von Durham – steht, nur ein einsamer, fast unzugänglicher Flecken. Audrey vermählte sich also im Jahr 652 mit Tonbert, der ihr versprach, die Ehe nicht zu vollziehen, so daß sie Jungfrau bleiben konnte, um sich ganz Gott weihen zu können. Nachdem Tonbert drei Jahre später gestorben war, erschien kurze Zeit danach wieder ein Freier, und Audrey ließ sich schließlich überreden, den jungen Egfried, Sohn von König Oswy von Northumbrien, zum Gemahl zu nehmen. Sie war achtundzwanzig Jahre alt, er erst fünfzehn oder sechzehn. Da auch diese Verbindung eine Josephsehe wurde, trennte sich das Paar schließlich, und Audrey trat in das Kloster Coldingham ein, dessen Äbtissin übrigens Ebba, eine Tante Egfrieds, war. Egfried, der im Jahr 670 König wurde, bereute jedoch, daß er seine Gattin ins Kloster hatte gehen lassen. Er machte sich nach Coldingham auf, um sie, notfalls mit Gewalt, zurückzuholen. Aber die Äbtissin Ebba hatte Audrey in Begleitung von zwei Nonnen zu der damals noch menschenleeren Insel Ely geschickt. Egfried verfolgte sie, aber eine plötzliche Überschwemmung hinderte ihn daran, die drei Nonnen einzuholen, was er als ein Zeichen des Himmels ansah. Das bewog ihn, auf die Frau, die so entschieden die mystische Ehe mit Christus gewählt hatte, zu verzichten.

Mit Hilfe Wilfriths, des Erzbischofs von York, und ihres Bruders Aldwulf, des Königs von Essex, begann Audrey im Jahr 673 mit der Errichtung des ersten Klosters ein kleines Stück nördlich der heutigen Kathedrale. Von diesem ersten Bauwerk haben eine Krypta und eine Art Stele, die jeder Pilger in der heutigen Kathedrale aufsucht, überdauert. Bei der Stele handelt es sich um den sogenannten Ovinsstein, den Sockel eines Kreuzes, der die lateinische Inschrift *Lucem Tuam Ovino da Deus et requiem. Amen.* trägt. Dieser Ovin war der Hofmeister und Begleiter der Königin gewesen, bis sie in Coldingham den Schleier nahm. Er selbst trat daraufhin als Mönch in ein Kloster in Yorkshire ein, wo er im Ruf der Heiligkeit sein Leben beschloß. Der Stein stammt aus dem 8. Jahrhundert und ist inmitten der Pracht der Kathedrale wohl das schlichteste Stück, das an Audrey erinnert. Im Gegensatz zu den wichtigsten Klöstern Englands wurde dieses Bauwerk, gewiß aufgrund seiner Bedeutung, von Heinrich VIII. nicht zerstört.

In dem Doppelkloster, das Audrey errichtet hatte, gab es ein Gebäude für die Nonnen und ein anderes für die Mönche, aber eine gemeinsame Kirche. Audrey, von der Beda sagte, sie sei, obwohl zweimal verheiratet, dennoch »eine reine und ruhmreiche Jungfrau« geblieben, lebte dort bis zu ihrem Tod am 6. Juni 679.

Ihre ältere Schwester Sexburga, die in das Kloster Sheppey eingetreten war, wurde ihre Nachfolgerin in Ely. Vor ihrem Eintritt in das Kloster Sheppey war sie die Gemahlin König Erkonberts von Kent gewesen, und ihre gemeinsame Tochter Ermenhild heiratete ihrerseits den König von Mercia. Im Jahr 695 ließ Sexburga Audreys Leichnam, der im Friedhof der Nonnen bestattet worden war und bei der Öffnung des Grabes keinerlei Veränderungen aufwies, in die Kirche überführen, wo er in einem prächtigen antiken Marmorsarkophag, den man in Cambridge gefunden hatte, beigesetzt wurde. An diesem Grabmal ereigneten sich zahlreiche Wunder. 699 starb Sexburga, und Ermenhild folgte ihrer Mutter als Äbtissin von Ely nach. Die drei Kronen auf der Vorderseite des Hauptaltars von Ely erinnern noch an diese drei Königinnen, denen ein so eigenartiges Schicksal beschieden war.

Das Kloster wurde im Laufe der Däneneinfälle zerstört, deren erster im Jahr 789, nicht viel mehr als ein Jahrhundert nach Audreys Tod erfolgte. Die nächsten Einfälle fanden um dieselbe Zeit statt, zu der die Normannen wiederholt in Frankreich einfielen. Doch diese Normannen sollten nach ihrer Bekehrung zum Christentum die Ruinen von Ely wieder aufbauen. Wilhelm der Eroberer kam persönlich nach Ely, um mit den Mönchen, die noch die Stätte bewohnten, über den Wiederaufbau zu verhandeln. Danach sandte er ihnen seinen Verwandten Simeon, Prior von Winchester, der, obwohl bereits achtzigjährig, sofort mit dem Wiederaufbau der Abteikirche und verschiedener, noch heute erhaltener Gebäudeteile begann. Das sogenannte Priorstor mit seinem Rundbogen, dem Tympanonrelief, das Christus als Weltenrichter darstellt, und der herrlichen Flechtbandornamentik an der Einfassung, stammt aus dieser Zeit. Ely kann übrigens als eine Art geniale Zusammenfassung der verschiedenen Entwicklungsphasen der englischen Bau- und Bildhauerkunst bis zur Renaissance gelten.

In der Normannenzeit wurde das Doppelkloster in ein Männerkloster umgewandelt und Ely Bischofssitz.

Die Doppelklöster erlebten nun fast überall eine neue Blütezeit, in England ebenso wie im Frankreich vor allem des 12. Jahrhunderts, wo zum Beispiel der Orden von Fontevrault zu großem Einfluß gelangte. Es ist, das sei nochmals gesagt, überraschend festzustellen, daß zu jener Zeit die Nonnen in diesen Doppelklöstern gegenüber den Mönchen eine ganz andere Stellung einnahmen, als dies seit dem 16. Jahrhundert der Fall ist. Heute verrichten in vielen Männerklöstern ein paar »Schwestern« die sogenannten niederen Dienste wie Kochen, Waschen, Kleiderpflege usw.

Im Hochmittelalter hingegen befanden sich die Mönche tatsächlich in Abhängigkeit von den Nonnen. Sie verrichteten die schweren Feldarbeiten, die die Körperkräfte der Frauen überstiegen, und versahen für die Nonnen auch das ausschließlich Männern vorbehaltene Priesteramt, die unbedingte Voraussetzung für das im Mittelpunkt stehende liturgische Leben.

Die Doppelköster waren Einrichtungen von überraschender Eigenständigkeit, voller Harmonie und Gleichgewicht, in denen eine Gesittung herrschte, die geeignet ist, so manche uns heute sehr vertraute Vorstellung umzustoßen. Heute wird hin und wieder das Priesteramt für Frauen, um das diese sich betrogen fühlen, verlangt. Damit tritt jedoch eine heidnische Auffassung des religiösen Lebens zutage, in der das Priesteramt als ein Machtinstrument der Kirche hingestellt wird, während es sich im Gegenteil dabei ja um eine dienende Tätigkeit handelt. Es ist darum vielleicht ganz nützlich, sich ein wenig mit dem Leben in diesen Doppelklöstern zu beschäftigen, wo die Frauen in Gebet und monastischem Leben eine wichtige Rolle spielten. Es scheint, daß man damals aufgrund der starken Prägung durch das Evangelium die Meinung vertrat, die Frau, die ja beim letzten Abendmahl fehlte, sei als erste am Grab Christi gewesen, um seine Auferstehung festzustellen, und habe in der Person Mariens gemeinsam mit den versammelten Aposteln am Pfingstfest den Heiligen Geist empfangen. Wie der Gründer von Fontevrault, Robert von Arbrissel, darlegte, spiegeln die Beziehungen zwischen Nonnen und Mönchen die Beziehung zwischen der Heiligen Jungfrau und dem heiligen Johannes dem Evangelisten wider, der »sie zu sich nahm« und sein Leben lang ihr aufmerksamer Diener, der geliebte Sohn, war.

IV. Vereint in »Brot und Speis«

Heutzutage behandeln, zumindest in Europa, Gesetze und Institutionen die Menschen als Einzelwesen. Jeder hat eine Sozialversicherungsnummer, gehört einer bestimmten Berufsgruppe an, ist wahlberechtigt, hat seinen Reisepaß, seinen Personalausweis und ist vor Gesetz und Gericht nur für sich selbst verantwortlich.

Ähnliches gilt auch für das geistliche Leben; nur eine Einzelperson kann heiliggesprochen werden. Jeder Kalenderheilige hat seinen individuellen Geburts- und Todestag, seine spezifische Identität, und so wie jeder Bürger von Gesetzes wegen einen Namen trägt, erhält auch er bei der Taufe einen bestimmten Namen, der ihn kennzeichnet und unter dem er, von Ausnahmen abgesehen, kanonisiert wird. Heiliggesprochen wird man vor allem aufgrund seiner persönlichen Beziehung zu Gott, durch das Gebet und die Gnade, die man empfängt. Das Evangelium verstärkt noch die Außenseiterrolle der Heiligen, wenn es empfiehlt, sich allein in eine Kammer zurückzuziehen, um zu beten und sich an den Vater zu wenden, »der im geheimen sieht«.

Im bürgerlichen Leben hingegen tritt der Mensch früher oder später einer Vereinigung oder einer politischen Partei bei und schließt eine Versicherung ab. Kaum arbeitet er in einer Fabrik oder dient beim Militär, erkundigt er sich nach denen, die aus derselben Gegend stammen wie er selbst oder denselben Beruf ausüben. Kein Mensch lebt völlig isoliert, und wenn er es doch tun muß, wird dies als Strafe empfunden. Ganz abgesehen von persönlichen Erfahrungen, sprechen auch Ärzte und Psychologen immer wieder davon, welchen Schock es für einen normalen Menschen bedeuten kann, von seiner Familie gewaltsam getrennt oder von ihr verstoßen zu werden oder aus einer entzweiten Familie hervorgegangen zu sein. Die Reaktionen auf solche traumatischen Erfahrungen füllen die Spalten der Zeitungen und zeigen deutlich, welch schwerwiegende Folgen sich ergeben können.

Eigentlich ist ja das ganze Leben eine nicht endende Auseinandersetzung zwischen dem Einzelnen und der Gruppe oder den verschiedenen Gruppen, denen er angehören kann.

Diese Auseinandersetzungen gibt es auch bei den Heiligen, und ihre Geschichte scheint seltsamerweise beeinflußt vom Gruppenleben zu sein, und zwar dem Leben aller möglichen Gruppen, angefangen von der natürlichen Umgebung bis zu jenen, die aus der Heiligkeit selbst hervorgegangen sind und von denen noch zu sprechen sein wird. Alles spielt sich im geistigen Leben ab, so als werde die durch die Taufe begründete persönliche Beziehung eines jeden zu Gott genährt, aufrechterhalten, ja sogar bis zu einem gewissen Grad ausgelöst durch das Spiel menschlicher Beziehungen und Gruppen.

Wird dieses geistige Leben nicht genährt und aufrechterhalten, letztlich fast auf biologische Weise weitergegeben durch die natürliche Abstammung, die jeden Menschen kennzeichnet? Und beginnen nicht die Lebensbeschreibungen der meisten Heiligen mit den Eltern, also mit ihrer Herkunft?

»Es gehört sich, daß Bräutigam und Braut mit Gutheißen des Bischofs die Verbindung eingehen, damit die Ehe sei im Sinne Gottes und nicht nach sinnlicher Begierde. Alles geschehe zu Gottes Ehre.« Das schrieb Ignatios von Antiocheia in seinem Brief an Polykarpos, den Bischof von Smyrna – also vor dem Jahr 110 und weniger als hundert Jahre nach Christi Tod und Auferstehung. Damit nahm er auf, was Paulus in seinen Briefen an die Epheser bezüglich der Ehe geschrieben hatte: »Dies ist ein tiefes Geheimnis; ich beziehe es auf Christus und die Kirche.«[1] Schon seit den Anfängen, seit dem Neuen Testament und der Zeit der Urkirche, wird von der Entstehung allen Seins aus der Vereinigung von Mann und Frau gesprochen, die seitdem wie ein Geheimnis, ein Abbild Christi und der Kirche gesehen wird. Was die Bestimmungen der Ehe betrifft, so wechselten sie, wie man sich denken kann, im Lauf der Jahrhunderte, und die Konzile, von denen seit dem Beginn des Mittelalters berichtet wird, hatten immer wieder Anlaß, sie neu zu formulieren oder abzuändern.

Die Ehe war also durchaus vereinbar mit jener Heiligkeit, zu der jeder Christ aufgerufen war. Ignatios von Antiocheia stellte sie im selben Absatz[2] des obengenannten Briefes einem Leben in Keuschheit gegenüber. Die Keuschheit, so sagte er, sei der Ehe nicht vorzuziehen, allerdings warnte er vor den Versuchungen, die sie birgt: »Wenn jemand in Keuschheit zu leben vermag zur Ehre des Fleisches unseres Herrn, so bleibe er ohne Selbstüberhebung. Wenn er sich rühmt, ist er verloren, und wenn er sich für mehr hält als der Bischof, so ist er dem Verderben verfallen.« Später kam es zu manchen Meinungsverschiedenheiten über diesen Punkt, und es mangelt bis in unsere Zeit nicht an Sekten und Irrlehren, die diese Vereinigung des Fleisches beim Vollzug der Ehe tadeln und sogar verbieten möchten. In der Kirche gab und gibt es nichts dergleichen. So wie es im Evangelium geschrieben steht, ist man der Auffassung, daß einige Menschen zu diesem »vortrefflicheren« Weg einer Jungfräulichkeit, die aus Liebe zu Gott bewahrt wird, berufen sind – ohne die Gefahren, deren größte der Stolz ist, zu unterschätzen, denen man sich dadurch aussetzt. Für die Gesamtheit der Christen gibt es jedoch zwei im Grunde parallele Wege, die beide aufgrund der inneren Ansprüche des einzelnen zur Heiligkeit führen.

Darum findet man in der christlichen Gesellschaft schon in

frühester Zeit jene grundsätzliche Diskrepanz, die in jeder Gesellschaft zwischen den Ansprüchen der Gruppe und des Einzelwesens existiert, Ansprüche, die sich mit der Weiterentwicklung und Verfeinerung dieser Gesellschaft verstärken und deren Wert und Bedeutung deutlich spürbar sind und heftig diskutiert werden.

Diese jeder menschlichen Gesellschaft inhärente Diskrepanz wird in der christlichen Gesellschaft in keiner Weise unterdrückt oder gar abgebaut; man könnte vielmehr sagen, daß sie ihren Höhepunkt erreicht. Ein Leben nach dem Evangelium hatte nämlich zur Folge, daß zwei bis dahin bedeutungslose, unbegreifliche Begriffe auftauchten: Auf der einen Seite erschien, verbunden mit der Jungfräulichkeit, der Begriff der Person, der den Begriff des Einzelwesens aufwertete. Ein Bewohner des Römischen Reiches – das heißt der bekannten Welt – hätte gar nicht auf die Idee kommen können, eine Frau oder einen Sklaven als vollwertiges menschliches Wesen zu betrachten. Die Frau war nicht einmal Rechtssubjekt, der Sklave nur »Sache«, Eigentum des Freien, des Bürgers. Die ersten auf eine einzelne Person bezogenen Rechte gegenüber der Gesellschaft manifestierten sich bei jenen Mädchen, die die vom Vater geforderte Heirat verweigerten, um jungfräulich zu bleiben. Damit zeigten sie ihre Unabhängigkeit, ihren Willen, den Weg der mystischen Vereinigung zu gehen und sich Gott zu weihen. Ein Ehepaar hingegen sah sich mit etwas völlig Neuem konfrontiert, das nach allgemeiner Auffassung und damaliger Denkweise ebenfalls ungeheuerlich war, der prinzipiellen Gleichstellung von Mann und Frau, so wie Christus sie verkündete. Das führte in der Praxis zu einer ganzen Reihe von Auswirkungen: Der Ehemann konnte sich nicht mehr als der alleinige Besitzer der Personen und der Dinge betrachten, die bis dahin ihm gehört hatten; er hatte eine Frau zu achten und als ihm gleichgestellt anzusehen – was Treue miteinschloß; er durfte nicht mehr über Leben und Tod seiner Kinder entscheiden – ein bis dahin gesetzlich verankertes Recht, nach dem man sich aber weiterhin richtete, bis es im Jahr 390 abgeschafft wurde. Kurzum, mit dem Evangelium wurden die Probleme nicht beseitigt, sondern nur sublimiert.

Im Lauf der Zeit begegnet man allen nur möglichen Lebensformen der Heiligen, wobei Ehe und Jungfräulichkeit stets zwei parallele und einander ergänzende Wege der christlichen Gesellschaft blieben. Welches Leben die Heiligen auch geführt haben mögen, sie lebten streng nach dem Evangelium. Beschäftigt man sich näher mit ihnen, stellt man immer wieder einen einzigen Bezug fest. Es handelt sich um das Urbild dessen, was man als heilige Gemeinschaft bezeichnen könnte, eine Gemeinschaft, die mit allen jeweils gebräuchlichen künstlerischen Mitteln wie Malerei, Bildhauerei, Buchmalerei oder Dichtkunst dargestellt wird: die Heilige Familie.

Die Heilige Familie

Von allen Menschen, die um ihn waren, stand Christus seine Mutter besonders nahe. »Geboren sowohl aus Maria als auch aus Gott«, schrieb Ignatios von Antiocheia in seinem *Brief an die Epheser*[3] als Definition der Person Christi, ein Brief, in dem er auch von den »drei laut rufenden Geheimnissen« der Jungfernschaft Marias, der Geburt und dem Tod des Herrn, die dem Teufel verborgen blieben, sprach. Eine der ältesten Katakombenmalereien, etwa um die gleiche Zeit entstanden wie diese Briefe, zeigt die Jungfrau mit dem Kinde und neben ihr den Propheten Bileam und den Stern, die im Alten Testament das Warten auf das Geheimnis ausdrückten.

Um den zahlreichen Häresien entgegenzutreten, erklärte die Kirche die Jungfrau Maria zur Mutter Gottes, zur *Theotokos*. Diese Bezeichnung tauchte bereits Ende des 3. Jahrhunderts in Ägypten auf und wurde vom heiligen Kyrillos von

Alexandrien beim Konzil von Ephesus folgendermaßen formuliert: »Denn wenn unser Herr Jesus Christus Gott ist, warum wäre dann die Heilige Jungfrau, die ihn geboren hat, nicht die Mutter Gottes?« Während der gesamten Geschichte der Christenheit entwickelt sich die Verehrung der Mutter Gottes in gleicher Weise wie das eigentliche Heiligkeitsmodell, wie die Kirche selbst, als Schrein Gottes, als Sakrament des Heils, als Braut Christi und als Mutter der Gläubigen. Durch sie vereint die Heilige Familie sowohl die gottgeweihten Männer und Frauen als auch die Familienväter und -mütter und ihre Kinder. Wir haben es hier mit einer Art universalem Vorbild zu tun, ein Vorbild, das alle gesellschaftlich möglichen Zustände zusammenfaßt und einschließt.

Wenn man jedoch dieses Heiligkeitsmodell genauer untersucht, wird man sich – zur allgemeinen Überraschung – fragen müssen, ob die Heilige Familie nicht der Prototyp der »Problemfamilie« ist, da das gemeinsame Leben dieser vollkommenen Familie mit einem Verdacht beginnt. Ein vor der Eheschließung gezeugtes Kind ist in allen Kulturen ein Grund zum Abbruch einer Beziehung, zumindest aber für ein tiefes Unbehagen. Zwar erhebt man sich über den Verdacht, aber dies ist allein durch den Glauben bedingt. Joseph nahm hin, was ihm der Engel des Herrn mitteilte, und fügte sich fortan den Ratschlüssen des Unsichtbaren, was ja im wesentlichen den Glauben ausmacht.

Darin liegt für jeden Christen zweifellos die Grundlage eines heiligen Familienlebens ebenso wie jeder individuellen Heiligkeit. Daraus aber entstand in der Feudalzeit eine Gesellschaftsordnung, in der sich als letzte Konsequenz aus diesem Beiseiteschieben des Familienvaters, das in der römischen Gesellschaft undenkbar gewesen wäre, die Stellung des Familienvaters vom Eigentümer zu so etwas wie einem Verwalter wandelte, was sich in allen unseren Sitten und Bräuchen bemerkbar machte. Das ist ein völlig neuer Aspekt des sozialen

Lebens, der zwischen dem 10. und dem Ende des 13. Jahrhunderts voll zum Tragen kam und innerhalb der Familie eine Atmosphäre der Freiheit schuf, von der die klassische bürgerliche Familie des 18. und noch mehr des 19. Jahrhunderts keine Vorstellung mehr hatte. Diese Änderung ging natürlich nicht kampflos und nicht ohne Aufregungen und Reibereien ab, da dem Familienvater nach und nach all das entzogen wurde, was in der römischen Gesellschaft seine Machtbasis bildete, wenn er gleichzeitig ein freier Bürger war: Er konnte als einziger am politischen Leben teilnehmen und konnte frei über Personen und Güter verfügen und, noch wichtiger, als Oberpriester fungieren. Diese Änderungen sollten eingehender untersucht werden, da sie nicht nur hochinteressant sind, sondern sich bisher nur sehr wenige Historiker mit diesem Problem befaßten, es sei denn von einem rein juristischen Standpunkt aus.

Doch zurück zur Heiligen Familie, da auf diese außergewöhnliche Vorgeschichte noch so einiges Unerfreuliche folgen sollte. Die erwartete Niederkunft fand unter Bedingungen statt, die jedem normalen Familienleben Hohn sprachen: Maria und Joseph mußten sich auf den Weg machen, da die Regierung eine Volkszählung angeordnet hatte. Bei ihrer Ankunft in der Stadt Davids, wo die Beamten sie registrieren sollten, waren alle Herbergen überfüllt. Sie erlebten dasselbe wie in unserem Jahrhundert so viele Vertriebenenfamilien: ratlos zogen sie von Tür zu Tür, und da man ihnen außerdem noch ihre Armut ansah, fanden sie nirgends eine Bleibe, so daß die junge Frau in den Höhlen bei Bethlehem, die den Hirten als Unterstand für ihre Tiere dienten, entbinden mußte.

Dieser ersten Wanderung schloß sich eine weitere an, um das Kind vor den Häschern des Landesfürsten in Sicherheit zu bringen; der Kampf zwischen weltlicher und geistlicher Macht zeichnete sich zum ersten Male ab. Jedenfalls lebten dann die drei – Vater, Mutter und Kind – in Ägypten als eine kleine jüdische Zelle, die dort, wo die Juden seit den Streitigkeiten zwischen Moses und dem Pharao nicht sehr beliebt waren, einen schweren Stand hatte. Es waren seit damals zwar viele Jahrhunderte vergangen, aber der Groll der Ägypter gegen die Juden bestand weiter. Sie waren arm, teilten das Los aller Entwurzelten und waren Fremde, die zwangsläufig am Rande der Gesellschaft lebten.

Doch irgendwann kam alles wieder ins Lot. Nach Herodes' Tod glaubte Joseph nach Nazareth zurückkehren zu können, und die Familie nahm wieder ihren Platz in der jüdischen Gemeinde ein, begab sich wieder in die Synagoge und befolgte die Gesetze ihres Volkes. Eines Tages, das Kind war inzwischen zwölf Jahre alt geworden, wanderten sie, wie alle Israeliten, nach Jerusalem, um das Osterfest zu feiern. Und hier geschah etwas, das jede Familie in höchste Aufregung versetzt: der Protest, das Verschwinden des Kindes. Nach zwei Nächten und einem langen Tag intensivster Suche fanden Joseph und Maria am dritten Tag ihr Kind wieder und erhielten mitten in ihrer Wiedersehensfreude die kränkende Antwort, die sie endgültig auf ihren Platz verwies: »Warum habt ihr mich gesucht? Wußtet ihr denn nicht, daß ich in dem sein muß, was meinem Vater gehört?«

Doch abgesehen von diesem schrecklichen Vorfall, dem schlimmsten, der eine in Harmonie lebende Familie treffen kann, war – so heißt es im Evangelium – das Kind gehorsam, es wuchs heran und seine Weisheit nahm zu.

Es kam aber eine Zeit, da außer seiner Mutter keiner in der Verwandtschaft das Verhalten des erwachsenen Mannes auch nur im geringsten verstehen konnte, der im Alter von etwa dreißig Jahren predigend durch das Land zu ziehen begann. Dabei offenbarte er überall seine Wunderkräfte, die dem Volk bestätigten, daß richtig war, was er predigte, die aber seine Nächsten nicht überzeugen konnten, so daß viele von ihnen meinten, er habe ganz einfach den Verstand verloren. Bei dieser Gelegenheit muß man sich in Erinnerung rufen, wie groß israelitische Familien sein konnten, da auch Cousins und angeheiratete Verwandte dazugezählt wurden.[4]

Auf alle Fälle endete die Geschichte mit einem Drama. Und mehr als eine oder einer unter seinen Cousinen und Cousins wird wohl den Kopf geschüttelt und gesagt haben, das sei ja vorauszusehen gewesen: Christus starb am Kreuz zwischen zwei nichtswürdigen Verbrechern. Der Skandal war vollkommen. Seine Mutter stand zuerst allein am Fuß des Kreuzes, dann zusammen mit dem Jünger, den er liebte, während um sie herum höhnische Bemerkungen fielen und Gelächter ertönte. Es waren jene Menschen, die auch in späteren Jahrhunderten immer über das gelacht haben, was sie nicht begriffen: »Anderen hat er geholfen, nun soll er doch sich selbst helfen.«

Das ist in kurzen Worten die zugegeben recht schmerzliche Geschichte einer Familie, die in menschlicher Hinsicht nicht gerade als Erfolg bezeichnet werden kann. Und doch ist sie die Heilige Familie, die bis heute und bis ans Ende aller Tage allen christlichen Familien Vorbild war und sein wird. Nichts läßt das Paradoxon des christlichen Glaubens grausamer deutlich werden, da dafür nur der Glaube allein Rechnung ablegen kann; dieser Glaube, der ein Geschenk Gottes ist und der durch das Opfer Christi erlangt wurde. In den *Passionsmysterien*, die im ausgehenden Mittelalter auf bewundernswerte Weise das Wesentliche des christlichen Glaubens zusammengefaßt darstellten, legte man ganz bewußt die Betonung auf dieses bleibende und letzten Endes unerträgliche Paradoxon, das das Leben der Heiligen Familie charakterisiert. So etwa in dem Dialog zwischen Christus und Maria in der *Passion* von Jean Michel:

Maria
Doch wenn's geschehen muß schon grad',
gewährt zumindest mir die Gnad',
daß Euer Tod sei kurz und ohne Not.

Jesus
Ich werde sterben einen bittern Tod.

Maria
Doch keinen argen, voller Schand?

Jesus
Den schändlichsten im ganzen Land.

Maria
Und kann's nicht sein in weiter Fern'?

Jesus
Inmitten jener, die mich mögen gern.

Maria
Geschieht es nicht sehr heimlich doch?

Jesus
Gehängt werd' ich am Kreuze hoch.

Maria
Tragt Kleider Ihr, nicht würdelos?

Jesus
Gebunden werd' ich sein und bloß.

Maria
Gekommen seid Ihr in die Jahr'?

Jesus
Kein Faden grau durchzieht mein Haar.

Maria
Kein Blut verliert Ihr durch Gewalt?

Jesus
Gestreckt werd' ich zur Mißgestalt,
bis offen liegt all mein Gebein,
den Rücken schinden des Sohnes dein
die ärgsten Schurken dann, die man fand,
und treiben mir in Fuß und Hand
die Nägel mit unsäglichem Schmerz.

Maria
Auf Fragen, die stellt mein mütterlich' Herz,
habt Antwort Ihr, die hart mich trifft.

Jesus
Erfüllen muß ich die Heilige Schrift.

Maria
Der Wille Gottes soll geschehn,
in Demut werd' ich fort nun gehn.
Die Hände Euch will küssen ich,
dem liebsten auf der Welt für mich.
Der Ihr mir teuer seid und wert,
geb' ich zurück dem Vater hochgeehrt.
Lebt wohl, mein Sohn.

Jesus
Lebt wohl, meine Mutter.

Das Wesentliche an dieser Familientragödie ist, daß Maria auf jede Bitte eine Antwort erhält, die, obgleich menschlich unannehmbar, eine Aufforderung enthält, über sich selbst hinauszuwachsen, eine Aufforderung zu glauben.

Das Leben der Heiligen Familie hatte soziale Folgen. Niemand scheint dies besser wiedergegeben zu haben als der humorvolle G. K. Chesterton, der erklärte, die tiefgreifendste Neuerung, die das Evangelium brachte, sei die Umkehrung der Reihenfolge bei den drei traditionellen Elementen der Familie gewesen; es hieß nicht mehr Mann – Frau – Kind, sondern genau anders herum: Kind – Frau – Mann.

Für alle Christen ist die Heilige Familie etwas Einmaliges, das es nie mehr wieder geben wird. Aber das von ihr vorgegebene Grundmuster wurde von der christlichen Gesellschaft verinnerlicht und bewirkte, daß besonders in der Feudalzeit eine Unmenge von Heiligen verschiedenster Art auftraten. Das ging sogar so weit, daß Heiligkeit, etwas, das bis dahin für den einzelnen gegolten hatte, zu einem Familienmerkmal werden konnte. Da sich die unterschiedlichsten Lebensformen herausbildeten, sei hier nur auf einige wenige eingegangen.

Delphina oder das Band der Ehe

Es gibt nur einige wenige Beispiele von Heiligen, die während ihrer Ehe vollkommen keusch blieben und keine geschlechtlichen Beziehungen zueinander hatten, obwohl sie Seite an Seite lebten. Bei ihren Heiligsprechungsprozessen strich man dann besonders die Enthaltsamkeit als »das lange Martyrium, ertragen aus Liebe zu Gott« heraus. Zu den sympathischsten heiligen Eheleuten, die wir kennen, gehört wohl jenes provenzalische Paar, das in einer von Wohlgerüchen erfüllten Gegend – Apt, Puimichel oder Cabrières – lebte und, wie André Vauchez meint, »geradewegs der *Legenda aurea* entstiegen zu sein scheint«.[5]

Delphina wurde in Puimichel, wahrscheinlich im Jahr 1285, als Tochter des örtlichen Grundherrn geboren. Ihre Mutter stammte aus dem etwa zehn Kilometer von Digne entfernten

Barras. Delphina[6] verlor sehr früh ihre Eltern. Sie hatte eine Halbschwester, die den hübschen Namen Alayette trug und schon in jungen Jahren ins Kloster ging. Sie selbst wurde von ihren Onkeln im Kloster Sainte-Catherine von Soys bei Augustinerinnen untergebracht, wo ihre Tante als Ordensfrau lebte und großen Einfluß auf das kleine Mädchen ausübte. Als sie dreizehn Jahre alt war, nahmen ihre Onkel Delphina aus dem Kloster, um sie zu verheiraten. Karl II., König der Provence und Siziliens, hatte sie als Gemahlin für den Sohn des Grafen von Ariano vorgesehen. Delphina weigerte sich jedoch und erklärte ihrer Familie, Jungfrau bleiben und sich Gott weihen zu wollen. Die wütenden Onkel bestanden auf einer Heirat, da sie befürchteten, der König würde dem Grund der Weigerung keinen Glauben schenken und darin nur eine verschleierte Art der Ablehnung sehen.

Da sie meinten, ein Geistlicher könnte das Mädchen eher umstimmen als sie selbst, schalteten sie einen Franziskanerbruder ein, dem Delphina aber unmißverständlich mitteilte, daß sie sich von ihrem Vorhaben nicht abbringen lassen würde. Der Mönch erklärte ihr, in welch schwierige Lage sie dadurch ihre Familie bringen würde, und riet ihr, in jedem Fall auf die Verlobung einzugehen, auch wenn sie sich später der Heirat entzöge. Delphina ließ sich überreden und tauschte mit dem jungen Elzear von Sabran wahrscheinlich im Jahre 1297 die erforderlichen Konsense aus.

Zwei Jahre später, am 5. Februar 1300, wurde in Avignon die Hochzeit gefeiert. Delphina war fünfzehn Jahre alt, zwei Jahre älter als ihr junger Gemahl. Als dieser auf die geschlechtlichen Beziehungen zu sprechen kam, antwortete sie ihm, indem sie die Geschichte Caecilias und ihres Gatten Valerianus und die Geschichte von Alexius erzählte, der am Abend seines Hochzeitstages seine junge Ehefrau verlassen hatte. Sie tat dies, so heißt es im Seligsprechungsprozeß Delphinas, mit so viel Liebenswürdigkeit, daß Elzear »darob vor Verehrung weinte«.

Aber er ließ sich nicht entmutigen und bedrängte ab und zu seine junge Gemahlin, bis diese eines Tages an einem gefährlichen Fieber erkrankte und ihrem Gatten mitteilen ließ, daß sie erst wieder genesen würde, wenn er ihr verspräche, für alle Zeit keusch an ihrer Seite zu leben. Kurz darauf brach er auf, um einem Ritterschlag auf der Burg Sault beizuwohnen. Während dieser Abwesenheit überdachte er noch einmal die Bitte seiner geliebten Gemahlin und beschloß, die ungewöhnliche Situation, die sich für beide daraus ergab, zu akzeptieren.

Da sein Vater gestorben war, mußte er wegen der Regelung der Nachfolge nach Italien reisen. Vier Jahre blieb er fern. Als er nach Hause zurückkehrte, gestand ihm Delphina, daß sie inzwischen in der Burgkapelle von Ansouis ihr Jungfräulichkeitsgelübde abgelegt hatte. Elzear war keineswegs gekränkt, sondern legte das gleiche Gelübde ab. Danach empfingen die Eheleute gemeinsam aus den Händen ihres Beichtvaters die heilige Kommunion. Delphina und Elzear verbrachten, soweit ihnen dies möglich war, ihr Leben damit, Gutes zu tun. Elzear, der sein Vermögen und seine Ländereien selbst verwaltete, gründete in Puimichel eine kleine ordensähnliche Gemeinschaft, die Gottesdienste abhielt, das geistliche Gespräch pflegte und Werke der Barmherzigkeit ausführte. Obwohl er nach außen hin wie ein typischer Feudalherr seiner Zeit lebte, hatte er oft mystische Visionen. Er teilte das Lager seiner Frau, die aber nur bekleidet neben ihm schlief, und sobald sie in ihrem Schlafgemach alleine waren, standen sie auf und beteten miteinander.

Während Elzear als Unterhändler am Hof Frankreichs weilte, um eine Gemahlin für den Herzog von Kalabrien auszuwählen, hatte eines Tages Delphina, die in Avignon geblieben war, während des Betens plötzlich eine Vision und sah die ganze Familie des Grafen in Schwarz gekleidet vor sich.

Da wußte sie, daß Elzear tot war. Einige Zeit später traf tatsächlich die Todesnachricht in der Provence ein. Delphina trauerte lange um den geliebten Gatten, bis er ihr eines Tages, als sie in ihrem Gemach in Cabrières betete, erschien und zu ihr sagte: »Unser Band ist zerrissen, wir sind davon befreit.« Das Band der Ehe, das zugleich ihr Glück und ihre Pein gewesen war, von ihm fanden sie sich nun beide entbunden.

Später veräußerte Delphina alles, was sie besaß, und schenkte, die Bibel beim Worte nehmend, den Erlös den Armen. Zunächst trennte sie sich von ihrer beweglichen Habe, dann auch von allen Burgen. Auf die Bitte der Königin Sancia von Mallorca, der Gemahlin König Roberts, begab sie sich nach Sizilien, wo sie mehrere Jahre blieb, um die Königin zu pflegen und ihr Gesellschaft zu leisten. Und hier gelobte sie, entsprechend dem, was sie in der Provence begonnen hatte, künftig in absoluter Armut zu leben. Sie rief ihre Freunde, Vertrauten und ihr Hausgesinde zusammen und sagte ihnen, daß ihnen alle Gegenstände ihres Haushalts bis an ihr Lebensende unter der Bedingung gehören sollten, daß sie nach ihrem eigenen Tod alles den Armen vermachten: »Wenn es euch gefällt, mich und meine Schwester, die Ordensfrau, um der Liebe Gottes willen bei euch zu behalten und uns die zum Leben notwendigen Dinge gebt wie zwei bedürftigen Frauen, hoffe ich, daß Gott es euch vergelten wird . . . Und ich will fortan nicht, daß ihr mich als eure Herrin betrachtet, sondern nur als eure Gefährtin und eine unbedeutende Pilgerin, die ihr im Namen Christi aufgenommen habt.« In die Provence zurückgekehrt, beteiligte sie sich an allen Hausarbeiten und verrichtete vornehmlich die einfachsten Aufgaben, wie den Boden zu fegen oder das Geschirr zu spülen. Sie trug nur noch grobe Wollkleider und auf dem Haupte einen Leinenschleier.

Delphina starb 1360 nach mehreren Jahren Krankheit im sechsundsiebzigsten Lebensjahr, siebenunddreißig Jahre nach ihrem Gemahl, »am Tag nach St. Katharina bei Sonnenaufgang«. Elzear war nach einem Kanonisationsprozeß 1351 heiliggesprochen worden. Drei Jahre nach Delphinas Tod begann ihr eigener Heiligsprechungsprozeß, es wurde von zahlreichen Wundern berichtet, die sich unmittelbar nach ihrem Tod ereignet hatten: Am 26. November 1360 war ihr Leichnam in der Kutte der Minoritenmönche in die Kirche Sainte-Catherine überführt worden, und in der darauffolgenden Nacht, so die Zeugenaussagen, erklangen melodische Weisen. Mehrere Zeugen versicherten, ins Freie gegangen zu sein, um zu schauen, woher diese Gesänge kämen, die sie hörten. Da sie aber niemand sahen, schrieben sie diese den Engelschören zu. Ein gewisser Etienne Martin, der nur mit Krücken gehen konnte und an jenem 26. November in die Kirche gekommen war, konnte sie gesund wieder verlassen. Und am nächsten Tag war der Bürgermeister von Apt, Raybaud de Saint-Mitre, der die Armen ins Haus der Gräfin zu einem Mahl geladen hatte, sehr überrascht, viel mehr Menschen als angenommen herbeiströmen zu sehen. Er hatte nur eine Emine Erbsen kochen lassen, und es hätte dreimal so viel gebraucht, um die etwa zweihundert Menschen zu sättigen, die erschienen waren: und trotzdem, nachdem alle gegessen hatten, war noch ein großer Topf Erbsen übrig.

Nach Delphinas Tod folgte also ein Wunder dem anderen, so daß schon 1363 ihr Heiligsprechungsprozeß eingeleitet wurde. Der Erzbischof von Aix und die Bischöfe von Vaison und Sisteron wurden mit der Beweiserhebung beauftragt, die am 14. Mai 1363 in der Franziskanerkirche zu Apt eröffnet wurde. Zu der feierlichen Sitzung in der Kathedrale fand sich viel Volk ein, das diesen Schritt guthieß und die Gräfin von Ariano eine Heilige nannte.

Nachdem die Zeugenaussagen protokolliert worden waren, war der Prozeß so gut wie beendet, und der Text wurde im folgenden Oktober dem Papst vorgelegt. Doch genau zu diesem Zeitpunkt kam es zu Ereignissen, die die gesamte Christenheit erschütterten. Urban V., der auf dem Papststuhl zu Avignon saß und übrigens Elzears Patenkind war, fand sich in einer schwierigen Lage. Er wünschte nach Rom zurückzukehren, was ihm auch, allerdings nur für kurze Zeit, gelang. Er zog es daher vor, Delphinas Heiligsprechung auf einen späteren Zeitpunkt zu verschieben. Ab dem Jahre 1378 jedoch folgten dann in Avignon mehrere Päpste aufeinander, die auf mehr als fragwürdige Weise ernannt worden waren und damit die Periode des sogenannten Großen Abendländischen Schismas einleiteten. Erst 1417 wurden innerhalb der Kirche Frieden und Einheit wiederhergestellt. Inzwischen hatte man in der Franziskanerkapelle zu Apt Delphinas Leichnam in einen Schrein gebettet, der neben dem ihres Gemahls, des heiligen Elzear, aufgestellt worden war. Die Zeit verging, und der Prozeß wurde nicht wieder aufgenommen. Während Elzear weiterhin als Heiliger verehrt wird, gehört Delphina nur zu den Seligen.

Das sonderbare Schicksal dieses heiligen Paares muß vor allem vor dem tragischen und unruhigen Hintergrund der damaligen Zeit betrachtet werden. Das 14. Jahrhundert war bekanntlich das Jahrhundert der großen Naturkatastrophen: 1315 bis 1316 waren die Jahre der Hungersnot, 1348 wütete die Pest, dazu kamen noch die englisch-französischen Kriege und die Verunsicherung der Christenheit angesichts eines geschwächten, vom französischen König und der Universität von Paris gegängelten Papsttums, das seit 1306 seinen Sitz in Avignon hatte. Während dieser Periode der Heimsuchungen erlangte die Heiligkeit dieses keuschen Paares, das vom Fortleben im Reich Gottes und dem eschatologischen Schicksal aller Menschen fest überzeugt war, große Bedeutung: »Sie werden sein wie Engel im Himmel«, liest man im Evangelium.

In dem ständigen Streben, ihren Glauben zu vertiefen, taten Elzear und Delphina Gutes, wo immer sie konnten. Elzear war mit dem berühmten Franziskaner Franciscus de Maironis aus dem Kloster Sisteron befreundet, der dem Grafen von Ariano in Paris, wo Franciscus lehrte, im Augenblick des Todes beistand. Indes war es Delphina, wie die Zeugen in ihrem Prozeß wiederholt bekräftigten, die diejenigen, »die falsche Meinungen vom Pontifex Maximus hatten oder schlecht von ihm sprachen«, davon abzubringen wußte. Das wird in und um Avignon nicht ohne Grund zu heftigen Diskussionen geführt haben, da das Leben am päpstlichen Hof alles andere als ein dem Evangelium entsprechendes Leben in Armut war. Mehr noch, ihr Prozeß war die Reaktion auf die damals sehr verbreiteten häretischen Behauptungen hinsichtlich der Heiligen Dreieinigkeit und der »Herrschaft des Heiligen Geistes«, die von vielen Illuminaten angekündigt wurde, was zur Folge hatte, daß man in das göttliche Leben eine Art »Viereinigkeit« einführte: Dies war das Ergebnis der ein wenig orakelhaften Deutungen der biblischen Weissagungen durch Joachim von Fiore, auf den man zu seinen Lebzeiten kaum gehört hatte, dessen fanatische Theorien aber über eine Kirche des Heiligen Geistes , die der Kirche Christi[7] nachfolgen würde, seine späteren Schüler jedoch wieder aufnahmen. Es ist bekannt, daß diese Irrmeinungen bei den sogenannten spiritualistischen Franziskanern auf fruchtbaren Boden gefallen waren. Ein gewisser André Durand sagte in Delphinas Prozeß aus, daß die Gräfin »entsetzt« gewesen sei über die ketzerischen Ansichten eines Minoritenmönchs, dessen Namens er sich nicht entsinnen konnte und der aus Neapel gekommen war, um mit ihr über den Glauben an die Dreifaltigkeit zu diskutieren. »Mit Hilfe von Sophismen wollte er beweisen, daß in Gott eine vierte Person vorhanden sei«, erklärte er. Daraufhin hätte die Gräfin ihn an die Lehre der Kirche und das Symbol des Athanasios erinnert. Bei einer anderen Gelegenheit versetzte Delphina Papst Clemens VI. und seine Religionsgelehrten, mit denen sie diskutieren sollte, durch ihre umfassenden Kenntnisse in Erstaunen, und alle waren sich darin einig, daß sie so viele Dinge »nur durch Eingebung des Heiligen Geistes« wissen konnte.

Zweifellos war es ein anderer Durand, über dessen wunderbare Heilung bei Delphinas Prozeß von verschiedenen Zeugen berichtet wurde. Arnaud Durand war ein Gascogner und stammte aus La Roque Aynière. Mit einigen Spießgesellen verheerte er im Jahr 1358 die Provence, bis die Bande in einen Hinterhalt der Leute von Ansouis geriet, die sie, wie ein anderer Zeuge berichtete, kurzerhand in einen tiefen Brunnen warfen. Dann warfen sie schwere Steine hinterher und entfernten sich. Durand aber hatte, während ihm die Hände gebunden wurden, insgeheim die Gräfin Delphina, die damals in Apt weilte, und von deren heiligmäßigem Lebenswandel er zutiefst beeindruckt war, angerufen, und so geschah es, daß er am Grunde des Brunnens – man hatte ihn am Montag hineingeworfen – Mittwoch früh zu sich kam und eine innere Stimme ihm sagte: »Steh auf, begib dich hinweg von hier!« Als er sah, daß die Leichname seiner Gefährten, die vor ihm in den Brunnen gestürzt worden waren, seinen eigenen Sturz gedämpft hatten und daß nur ein großer Stein ihn am Schienbein verletzt hatte, gelang es ihm, sich zu erheben und aus Leibeskräften zu schreien. Die Leute des Schlosses hörten sein Rufen, ließen Stricke zu ihm hinab und zogen ihn unversehrt in die Höhe. Danach suchte Durand Delphina auf, und nachdem er sich ihre Ermahnungen angehört hatte, bekehrte er sich, beichtete und lebte eine Zeitlang in der Nähe von Apt in der Einsiedelei Sainte-Marie de Clermont. Später wurde er offenbar Mönch, wahrscheinlich in Roc-Amadour.

Birgitta oder das Familienleben

Eine Zeitgenossin Delphinas lieferte das vielleicht frappierendste Beispiel für die Heiligkeit einer Ehefrau und Mutter zahlreicher Kinder. Im Gegensatz zu der provenzalischen Heiligen und deren Gemahl Elzear, die ihr Leben als Ehepaar auf eine rein geistige Ebene transponierten und sich von ihren Ländereien und Besitzungen trennten, war Birgitta von Schweden, die »Prophetin des Nordens«, ganz Frau und Mutter und hatte am Königshof ihres Landes und später innerhalb der Kirche die höchsten Ämter inne. Wiewohl Delphina und Birgitta zur selben Zeit lebten und von ähnlichem Streben erfüllt waren, gingen beide doch völlig verschiedene, man könnte fast sagen, gegensätzliche Wege.

Birgitta wurde 1303 im schwedischen Upland geboren. Sehr jung noch, im Alter von zehn Jahren, erwachte in ihr der Wunsch, ein mystisches Leben, das heißt ein Leben in Einheit mit Gott im Gebet zu führen. Das hinderte sie jedoch nicht daran, mit fünfzehn oder sechzehn Jahren eine Ehe einzugehen. Ihr Gemahl Ulf bekleidete am Hof von Schweden das Amt des Haushofmeisters. Es wurde eine mustergültige Ehe und Birgitta schenkte acht Kindern, vier Söhnen und vier Töchtern, das Leben. Da das Schicksal jedes einzelnen Kindes im Leben der Mutter eine große Rolle spielte und für ihre Heiligkeit von Bedeutung ist, seien sie einzeln genannt. Die Söhne hießen Karl, Birger, Benedikt und Gudmar, die Töchter Martha, Katharina, Ingeborg und Cäcilia. Diese, das achte und letzte Kind, kündigte sich genau zu dem Zeitpunkt an, da die älteste Tochter Martha sich mit einem jungen Adelsmann namens Sigrid verheiraten wollte. Birgitta ahnte in ihrem Mutterherzen, daß die Ehe nicht gutgehen würde, da der junge Mann nicht der Schwiegersohn zu sein schien, den sie sich gewünscht hatte. Er war von wenig einnehmendem Wesen und beging im Lauf seines Lebens sogar Morde, Diebstähle und andere Gewalttaten. Eines Tages glaubte Birgitta, die über die Aussicht auf diese Heirat verzweifelt war, das Kind in ihrem Schoß sagen zu hören: »Herzliebste Mutter, mach nicht, daß ich sterbe.« Da wußte sie, daß sie ihren Kummer und ihre düsteren Vorahnungen überwinden mußte, um nicht dem kleinen Kind zu schaden. Kurz darauf kam ihre letzte Tochter Cäcilia zur Welt.

Wie man es fast immer bei vielen Geschwistern erlebt, waren auch Birgittas Kinder ganz unterschiedlich. Karl, der älteste, war charmant, verwegen, leidenschaftlich, von spontaner, nur auf den Augenblick bezogener Gutwilligkeit, leicht zu begeistern, aber letztlich doch recht egoistisch. Der Vater zeigte sich ihm gegenüber, wie es oft bei einem ältesten Sohn geschieht, sehr liebevoll, aber auch schwach. Birger indes war verständig, überlegen und in seinen täglichen Verrichtungen überaus fleißig. Die Charaktereigenschaften der beiden anderen Söhne sind nicht bekannt, da beide in jugendlichem Alter starben. Die älteste Tochter Martha war willensstark, egoistisch und hörte lieber auf sich selbst als auf jemand anders. Die zweite, Katharina, war ein außergewöhnliches Kind, sowohl wegen ihrer auffallenden Schönheit – die blonde ausgewogene Schönheit einer echten Nordländerin – als auch aufgrund ihres Gottesglaubens, der sie sehr früh in einen beschaulichen Orden eintreten ließ. Auch Ingeborg, obwohl in jeder Beziehung weniger begabt, war sehr fromm. Cäcilia hingegen scheint keine so ausgeprägten Eigenarten wie ihre Schwestern besessen zu haben.

Kurz nach Cäcilias Geburt erhielt Birgitta vom Schwedenkönig Magnus das Angebot, dem kaum zwanzigjährigen Herrscher, der kurz vor seiner Vermählung mit Blanche de Dampierre stand, als Hofmeisterin zu dienen. Dieses hohe Amt setzte natürlich voraus, daß Birgitta im königlichen Schloß wohnte, wo bereits ihr Gemahl tätig war. Nachdem sie überlegt und gebetet hatte, beschloß Birgitta, obwohl dies für sie ein Opfer bedeutete, die Aufgabe zu übernehmen. Sie war zweiunddreißig Jahre alt und hatte zu diesem Zeitpunkt neunzehn Jahre mit ihrem Gemahl auf Schloß Ulfasa gelebt, wo ihre acht Kinder zur Welt gekommen waren.

Ihnen vor allem und ihrer Zukunft galt ihre Sorge. Die beiden Ältesten, Karl und Birger, setzten ihr Studium mit ihrem Erzieher fort. Benedikt kam in das Zisterzienserkloster

Alvastra, während der jüngste Sohn Gudmar bei seiner Mutter blieb und die Sankt-Nikolaus-Schule, die wohl in der Nähe des Königsschlosses in Stockholm lag, besuchte. Von den Töchtern war die älteste bereits verheiratet, Katharina und Ingeborg wurden dem Bernhardinerinnenkonvent in Risaberg, die kleine Cäcilia den Dominikanerinnen in Skeninge anvertraut. Alle oder beinahe alle Klöster, vor allem die Frauenklöster, waren damals auch Erziehungsanstalten.

Birgittas Aufgabe bestand von nun an darin, im Königsschloß, das dem jungen König Magnus vor allem als Rahmen für seine Eskapaden diente, für ein reibungsloses Funktionieren des Hofes zu sorgen. Doch schon nach kurzer Zeit starb ihr kleiner Sohn Gudmar, und Birgitta und Ulf, die darüber zutiefst betrübt waren, erhielten von ihrem königlichen Brotherrn die Erlaubnis, dem Hof eine Zeitlang fernzubleiben. Sie pilgerten nach Drontheim zum Grabmal des heiligen Norwegerkönigs Olav II., der auch heute noch verehrt wird.

Ein wenig später, 1341, waren sie ein zweites Mal auf Reisen. Diesmal hatten sie beschlossen, bis nach Santiago de Compostela zu wallfahrten. Zu Beginn ihrer Reise besuchten sie das in der Nähe von Stockholm gelegene Grabmal des heiligen Botvid, der im 11. Jahrhundert in Schweden missionierte. Hier vernahm Birgitta den ersten Ruf: »Der Geist des Herrn wird deine Seele entzünden.« Ihr Weg, den beide als Büßer zurücklegten, führte sie über Köln und Aachen in die Provence nach Tarascon. Gemeinsam unternahmen sie die Sainte-Baume-Wallfahrt und erklommen den Berg, der die Höhle der heiligen Maria Magdalena birgt. In Marseille schließlich schifften sie sich ein und erreichten bald darauf das Ziel ihrer Pilgerreise – die berühmte Kirche des heiligen Jakob.

Auf dem Rückweg erkrankte Ulf schwer und fühlte in der Herberge von Arras seine letzte Stunde nahen. Da gelobte er, wenn Gott ihm gestattete, die Heimat und seine Kinder wiederzusehen, den Rest seiner Tage in einem Kloster zu verbringen. Nach Schweden zurückgekehrt, trennten sich die Eheleute, und Ulf trat in das Zisterzienserkloster Alvastra ein. Doch noch vor dieser Trennung hatte es einige Veränderungen innerhalb der Familie gegeben: die beiden ältesten Söhne hatten geheiratet, Ingeborg war als Novizin im Kloster Risaberg geblieben, und um Katharina warb Eggard von Kyren, ein königlicher Prinz, den sie bald darauf heiratete. Drei Jahre nach seinem Eintritt ins Kloster verstarb Ulf in Alvastra. Mehrere Male nach seinem Tod erschien er seiner Gemahlin, manchmal um die Verfehlungen zu beklagen, für die er büßte – vor allem, zu seinem ältesten Sohn Karl zu nachsichtig gewesen zu sein –, oder um Birgitta wissen zu lassen, daß eines Tages zwischen ihnen die vollkommene Vertrautheit herrschen würde, von der ihre Ehe auf Erden eine Art Vorgeschmack gewesen war.

Aus Santiago zurückgekehrt, nahm Birgitta ihr Amt als Hofmeisterin im Königsschloß zu Stockholm wieder auf. Dabei verursachte sie einige Unruhe, da sie unerbittlich alle Verfehlungen und Skandale bei Hofe anprangerte. Dem König warf sie Verschwendungssucht und Ausbeutung des Volkes vor. Die Bauern ließen inzwischen ihr Land brachliegen, um den Steuern zu entgehen, die die Früchte ihrer Arbeit so stark minderten; dazu kamen Falschmünzerei und eine katastrophale Staatsführung, die Schweden ernsthaft in Gefahr brachte. Natürlich zog sich Birgitta den Zorn und Groll ihrer Umgebung zu, aber einige, insbesondere der Bischof von Abo, unterstützten sie in ihrem Tun.

1346 legte Birgitta den Grundstein für das von ihr gegründete Kloster Wadstena, in dem dann später bis zu sechzig Nonnen und fünfundzwanzig Mönche lebten. Diese Gründung erinnert einerseits an die Doppelklöster des Ordens von Fontevrault, der allerdings um diese Zeit vom Niedergang bedroht war, und andererseits an jene irischen Klöster, die von Brigitta von Kildare gegründet worden waren und eine große Blüte erlebt hatten.

Doch ein anderes Problem erfüllte ihr Herz und ihre Gedanken: Papst Clemens VI. residierte seit dem Jahr 1342 nicht mehr in Rom, sondern in Avignon und war an prunkvollen Bauwerken und Festlichkeiten mehr interessiert als an seinen religiösen Pflichten. Er hatte einen lebensfrohen Hof um sich geschart, ließ den Papstpalast beträchtlich erweitern und gab ihm sein heutiges Aussehen, indem er zwei Gebäude mit Kreuzrippengewölben anbauen ließ, die zusammen mit dem alten Palast den Ehrenhof umschließen. Sein aufwendiger Lebensstil wurde 1348 durch die erste Pestepidemie, die in Europa wütete, jäh unterbrochen.

Birgitta sandte an Clemens VI. ein Schreiben, in dem sie ihn beschwor, sein Leben zu ändern. Bald darauf wurde sie vom Papst mit allem Respekt empfangen. 1349 rief Clemens VI. dann alle Gläubigen zur zweiten Jubiläumswallfahrt nach Rom auf. Die erste hatte im Jahre 1300 stattgefunden, und aus allen Ländern des christlichen Europa waren riesige Menschenmengen nach Rom gezogen.

Birgittas sehnlichster Wunsch war es, diesem Aufruf zu folgen und nach Rom zum Stuhl Petri, der zu jener Zeit verwaist war, zu pilgern. Doch familiäre Sorgen, die sie ja nun allein tragen mußte, kamen auf sie zu. Den größten Kummer bereiteten ihr die beiden ältesten Kinder: Martha hatte ihren Gemahl Sigrid verloren, der 1346 nach einem Angriff auf seine Burg Falkenberg seinen schweren Verwundungen erlegen war. Zum Trost Birgittas hatte er noch vor seinem Tod seinen Lebenswandel bereut und war als Christ aus dem Leben geschieden. Unmittelbar danach heiratete Martha Knut Algotsson, den Bruder des königlichen Günstlings. Karl hingegen genoß in vollen Zügen das sorgenlose Leben am Hofe König Magnus'. Wie sein Vater war auch er Haushofmeister von Nerike und widmete sich vor allem dem Vergnügen und der Leidenschaft, während die Verschwendung in seinen Kreisen und die Unruhen im Lande bald einen Bürgerkrieg auslösten und ganz Schweden unter der schrecklichen Geißel der Pest litt. Nach dem Tode seiner Gemahlin Katharina heiratete Karl bald darauf eine norwegische Prinzessin namens Gitzla, die zwar schön und fromm war, der es aber auch nicht gelang, das Herz ihres unbeständigen Gatten festzuhalten.

Zur Freude Birgittas führte dagegen ihr zweiter Sohn Birger ein ehrsames und vorbildliches Leben. Sie selbst fand sich vor allem in ihrer Tochter Katharina wieder, da sie und ihr Gemahl trotz der wenig tugendhaften Gesellschaft, die sie umgab, wie Mönch und Nonne lebten.

Als Birgitta nach Rom aufbrach, schlossen sich ihr zahlreiche Landsleute an, um sie auf ihrer Pilgerreise zu begleiten. Trotzdem fühlte sie sich einsam, da sie ihren verstorbenen Gemahl Ulf sehr vermißte. Bei einer ihrer Ekstasen, in die sie manchmal fiel, stellte Christus ihr eine Gefährtin in Aussicht, ohne jedoch ihren Namen zu nennen.

Kaum in Rom angelangt, wo man ihr in Anbetracht der hohen Stellung, die sie am Hof von Schweden bekleidete, den Palast Hugo von Beauforts als Wohnung anbot, traf auch ihre Tochter Katharina ein, die Christus gemeint hatte, als er von einer Gefährtin für Birgitta sprach. Nach der Abreise ihrer Mutter hatte sie den unwiderstehlichen Drang verspürt, ebenfalls in die Stadt Petri zu fahren. Da ihr Gemahl krank war, hatte er sie nicht begleiten können, aber ihren Entschluß gebilligt und sie zu dieser Reise ermuntert.

Der Aufenthalt der beiden Frauen in Rom sollte mehr als zwanzig Jahre dauern. Bald nach ihrer Ankunft erhielt Katharina die Nachricht vom Tod ihres Gatten. Sie litt sehr unter diesem Verlust und machte sich Vorwürfe, nicht bis zu seinem Ableben bei ihm geblieben zu sein, da sie ihn über alles liebte. Ihre unvergleichliche blonde Schönheit trug ihr, wie man sich vorstellen kann, in Italien alle möglichen Schwierigkeiten ein. Eine Zeitlang drängte Birgitta ihre Tochter, sich doch wieder zu verheiraten, in der Hoffnung, sie würde auf diese Weise ihre

Bitternis und ihren tiefen Schmerz vergessen. Doch schließlich fand Katharina sich mit ihrem Schicksal ab und beschloß, sich nach dem Vorbild ihrer Mutter Gott zu weihen.

Die beiden Frauen lebten bereits seit vierzehn Jahren in Rom, als eine Pilgergruppe eintraf, der unter anderen Birgittas Söhne Karl und Birger angehörten. Zu dieser Zeit war Papst Urban V. nach Rom zurückgekehrt, die Wirren in der Heiligen Stadt hielten jedoch an und zwangen ihn bald danach, sich wieder nach Avignon zurückzubegeben. Vor seiner Abreise empfing er aber noch Birgitta und ihre Kinder zu jener denkwürdigen Begegnung, von der die Biographen oft berichtet haben. Urban V. wandte sich an Birger und sagte zu ihm: »Ihr seid wahrlich der Sohn Eurer Mutter.« Dann richtete er das Wort an Karl: »Ihr indes seid ein Sohn dieses Jahrhunderts.« Da warf sich Birgitta dem Oberhirten zu Füßen und rief: »Heiliger Vater, sprecht meine Kinder von ihren Sünden frei!« – »Diese schweren Gewänder zu tragen ist zweifellos Buße genug«, antwortete der Papst lächelnd, während er Karls schönen, mit getriebenen Metallstücken und einer reich geschmückten Schließe versehenen Gürtel in der Hand wog. Darauf antwortete Birgitta mit hocherhobenem Kopf: »Heiliger Vater, befreit Ihr ihn von seinen Sünden, dann übernehme ich es, ihn von seinem Gürtel zu befreien.«

Entgegen Birgittas Rat und ihren unablässigen, eindringlichen Warnungen verließ der Papst Rom. Auch Karl und Birger reisten nach Schweden zurück, begaben sich aber 1371 noch einmal nach Rom, da der Herr Birgitta bei einer ihrer Visionen aufgefordert hatte, sich für »die Reise nach Jerusalem« vorzubereiten, und die beiden Söhne sich ihrer Mutter anschließen wollten. Birgitta und die Ihren verließen Rom noch im Herbst desselben Jahres.

Ihre erste Station war Neapel, wo sie von Königin Johanna empfangen wurden. Auch hier kam es zu einer Szene, die Birgitta zutiefst beeindruckte und die Berühmtheit erlangte.

Sie selbst, Katharina und Birger verneigten sich tief vor der Herrscherin. Karl hingegen, der stehengeblieben war, schien plötzlich fasziniert zu sein von der jungen Königin, als sei er, der Mann aus dem Norden, geblendet von der mediterranen Schönheit Johannas, deren Liebschaften damals nicht nur die Skandalchronik Neapels füllten. Was tat Karl? Von einer jähen, unwiderstehlichen Leidenschaft erfaßt, näherte er sich der Königin und küßte sie auf die Lippen. Die Edelleute rund um die Herrscherin stürzten sich auf ihn, aber Johanna hielt sie zurück, da ihr die Huldigung dieses schönen Mannes aus dem Norden, der sich ja im übrigen auf keine andere Weise verständlich machen konnte, gefiel.

Als Folge dieser unglaublichen Begebenheit dauerte der Aufenthalt in Neapel länger als vorgesehen. Johanna wollte sich von ihrem neuen Ritter nicht mehr trennen, und Karl seinerseits war wie von ihr verzaubert. Eines Tages gab Johanna öffentlich bekannt, daß sie die Absicht habe, Karl zu heiraten. Birgitta wies sie darauf hin, daß er ja bereits eine Ehefrau habe, worauf Johanna unbekümmert antwortete, das wäre ihr gleichgültig und sie würde alle Hindernisse zu überwinden wissen.

Am 24. Februar jedoch, als die Königin eines ihrer vielen Feste gab, wartete man vergebens auf Karl. Die Boten der Königin trafen ihn zu Hause kraftlos und ohne Stimme an. Zweifellos litt er an der tödlichen Seuche, die immer wieder aufflackerte. Dank seiner Mutter mit Gott versöhnt, starb er kurze Zeit später und machte damit die Heiratspläne der Königin zunichte. Johanna fand später ein schreckliches Ende, als Karl von Durazzo, der einer ihrer Liebhaber war, sie zwischen zwei Matratzen erstickte.

Birgitta, Birger und Katharina setzten ihre Pilgerreise fort und blieben fast ein Jahr in Jerusalem. Nach Rom zurückgekehrt, starb Birgitta im Jahre 1373. Ihr Sarg wurde von ihren Kindern in das Kloster Wadstena überführt, wo sie ihren

Lebensabend hatte verbringen wollen. Katharina selbst trat in dieses Kloster als Nonne ein, wurde bald darauf zur Äbtissin ernannt und konnte zu ihrer Freude unter den Novizinnen auch Ingegerd, die Tochter ihrer ältesten Schwester Martha, begrüßen. Katharina starb 1381.

Während ihres letzten Lebensabschnitts, den sie in Rom verbrachte, hatte Birgitta die Päpste beschworen, Avignon zu verlassen und in die Heilige Stadt, den Mittelpunkt der Christenheit, zurückzukehren. Zu dem »ständigen Übel« ihres zu prunkvollen Hofstaates und einem Leben, in dem Diplomatie und Finanzen mehr Raum einnahmen als Heiligkeit und Kirchenreform, gesellte sich eine völlige Unterordnung unter den König von Frankreich und die Universität von Paris, die immer mehr der Auffassung war, sie würde, wie Jean de Meung es ausdrückte, den »Schlüssel zur Christenheit« besitzen. Daraus ging ein anderes Übel, nämlich das Abendländische Schisma, hervor, das 1378 ausbrach und die Christenheit entzweite, die bis 1417, also fast vierzig Jahre lang, zwei, manchmal auch drei Päpsten anhing. Birgitta starb vor dieser großen Krise, aber Katharina erlebte noch ihre Anfänge. Sie erlebte zunächst die diesmal endgültige Rückkehr Papst Gregors XI. nach Rom, die durch das energische Eingreifen einer anderen Katharina, der Färbertochter aus Siena und leidenschaftlichen Mystikerin, herbeigeführt worden war. Katharina hatte den Papst 1376 in Avignon aufgesucht und zu dieser Entscheidung bewogen.

Was uns jedoch vor allem interessiert, ist Birgittas Bestimmung in ihrer Rolle als Familienmutter.[8] Denn gerade innerhalb ihrer Ehe und im Kreis ihrer acht Kinder, in ihrem mehr oder minder täglichen Kampf um ein gottgefälliges Leben ihrer gesamten Familie, hat sie selbst den Ruf Gottes, den Ruf zur Heiligkeit vernommen.

Delphina und Birgitta, beide fraglos historische Gestalten, über deren Existenz zahlreiche Urkunden Auskunft geben, sind zwei, allerdings gegensätzliche Beispiele aus derselben Epoche für die in der Ehe gelebte Heiligkeit. Sie genügen aber, um das Spektrum der Lebensformen aufzuzeigen, in denen sich individuelle Heiligkeit entfalten kann. Auch im Mittelalter gab es eine Vielfalt zwischenmenschlicher Beziehungen in einer Ehe oder ähnlichen Gemeinschaft. Da gab es die sündhafte Liebe der Margareta von Cortona, die im 13. Jahrhundert lebte. Sie war eine Dirne oder zumindest Kurtisane, die der Tod eines ihrer Liebhaber, des Grafen von Montepulciano, von dem sie einen Sohn hatte, so erschütterte, daß sie ihr sittenloses Leben aufgab, Buße tat und ein Spital gründete. Im Gegensatz dazu Gangolf, ein Heiliger des 8. Jahrhunderts, der als betrogener Ehemann schließlich vom Liebhaber seiner Gemahlin ermordet wurde. Die aus Brabant stammende Oda verweigerte die Ehe, flüchtete nach einem lauten »Nein« bei der Trauungszeremonie, verstümmelte sich, indem sie sich die Nase abschnitt und trat in ein Kloster ein. Richardis, die verstoßene Gemahlin Karls des Dicken, wurde zunächst des Ehebruchs verdächtigt, konnte aber ihre Unschuld nachweisen und ging ins Kloster Andlau.

Da sind dann noch all jene Paare, die nach einiger Zeit des Ehelebens gemeinsam beschlossen, sich zu trennen, im allgemeinen, weil sie sich liebten und diese Liebe dem Herrn weihen wollten. So zum Beispiel Barnhard von Romans, der am Hofe Karls des Großen eine wichtige Stellung innehatte und nach siebenjähriger Ehe bei den Benediktinern von Ambronay eintrat; er starb als Erzbischof von Vienne (Isère). Dasselbe tat Geraldina von Pisa, deren Gemahl Kamaldulenser in Saint-Sévin wurde; sie selbst führte jahrelang das Leben einer Einsiedlerin. Athanasia überredete ihren zweiten Ehemann,

Mönch zu werden, während sie selbst in das Kloster von Ägina eintrat, wo sie um 860 starb. Humbert III. von Savoyen, der im 12. Jahrhundert lebte, heiratete sogar dreimal. Nachdem er zum zweiten Mal Witwer geworden war, zog er sich in die Abtei Hautecombe zurück. Aber seine Lehensmänner vermißten ihn so sehr, daß er die Abtei wieder verließ und auf ihre Bitte hin die Tochter des Grafen von Burgund heiratete. Nach seinem Tode wurde er in der von ihm so geliebten Abtei beigesetzt, in der er seine Tage hatte beschließen wollen. Markgraf Eberhard und Gisela, die Enkelin Karls des Großen, führten eine ideale Ehe, aus der sieben Kinder hervorgingen. Dasselbe galt auch für die Gräfin Ida von Boulogne, die Mutter Gottfrieds von Bouillon, sowie für Dorothea von Montau, die Patronin Preußens, die einen Waffenschmied heiratete und ihm neun Kinder gebar.

Noch viele andere Beispiele könnten angeführt werden, die alle erdenklichen Lebenssituationen beschreiben.

Unverändert blieb hingegen, daß die Kirche der Ehe, der ehelichen Liebe, der Aufnahme und Erziehung der Kinder größte Aufmerksamkeit schenkte, wobei natürlich auch in diesen Fällen von Heiligkeit immer noch galt, daß »Unser Herr als erster bedient sei«. Die eigentliche Form der Familie, ihre Zusammensetzung, ihre Struktur waren im übrigen sehr stark vom Einfluß der Kirche geprägt. Wenn man an die römische Zeit denkt, an die ausschließliche und einseitige Machtbefugnis des Familienvaters, der sich in Wirklichkeit nur durch seine Funktion als mündiges Mitglied der Gesellschaft und Oberpriester, und, im politischen Leben, als *civis*, Bürger, definierte, der sowohl außerhalb als auch innerhalb seines *domus* die Macht innehatte, verwundert es, zu einer Zeit, da die Zentralgewalt ihrerseits kaum zählte, in diesen kleinen Welten, die jede Familie bildete, so viel Flexibilität festzustellen. Gewiß haben in dieser Phase die Sitten – man kann sie keltische, nordische oder germanische Sitten nennen – wesentlich dazu beigetragen, einen ganz anderen Typus von Familienleben zu begründen. So kam es, daß schon im frühen Mittelalter jener natürliche Verband, den ein und dasselbe Blut vereinte, der in ein und demselben Haus wohnte, oder, wie man damals so treffend sagte, sich in »Brot und Speis« teilte, als Familie galt.

Diese Gemeinschaft bedurfte nicht eines Hauptes oder eines Herrn im strengen Sinn, sondern eines Menschen, der sie führte. Diese Rolle übernahm der Vater, dessen Machtbefugnis aber nicht mehr die des Eigentümers war. Bei Erlangung der Großjährigkeit wurden die Kinder vollwertige Familienmitglieder. Diese Großjährigkeit wurde sehr jung erreicht: in allen nichtadeligen Familien wurden die Töchter mit zwölf, die Söhne mit vierzehn Jahren mündig. Eine sehr große Rolle spielte die Mutter, die gegenüber ihrem Gatten, wie noch Vincent de Beauvais in der zweiten Hälfte des 13. Jahrhunderts sagte, weder Geliebte noch Dienerin, sondern *socia*, Gefährtin und Kameradin, war, die bei der Sorge um die Familienmitglieder und der Verwaltung des Besitzes das Mitspracherecht hatte. Das galt für alle sozialen Schichten. So wurde in Chroniken und offiziellen Dokumenten oft geschrieben, daß die Kaiserin mit dem Kaiser »ko-regiere«, oder es wurden politische Urkunden, wenn die Eheschließung nach der Thronbesteigung stattgefunden hatte, nach dem Regierungsantritt des Königs und der Königin datiert. Die unter den Urkunden aus der Feudalzeit so zahlreichen Schenkungsbriefe wurden im Namen des Vaters, der Mutter und auch der Kinder ausgestellt, da sie sonst keine Gültigkeit erlangt hätten. Jacques Boussard konnte Dokumente benennen, in denen ein bestimmtes Kind von sechs Jahren erwähnt wurde, das die Schenkung, die seine Eltern machten, guthieß.

Wir haben bereits dargelegt, wie das Familienleben bis zu dem Augenblick aussah, da unter dem Einfluß des römischen

Rechts, der zuerst Anfang des 14. Jahrhunderts spürbar wurde und sich in Frankreich immer mehr durchsetzte, bis der *Code Napoléon* Anfang des 19. Jahrhunderts das römische Recht endgültig übernahm, für die Familie ein Rechtszustand herbeigeführt wurde, der erneut nur den Vater und Eigentümer als alleinigen Inhaber aller Machtbefugnisse, einschließlich der Verfügungsgewalt über das Eigentum der Gattin, vorsah. In Wirklichkeit handelte es sich dabei um eine im wesentlichen reaktionäre Tendenz, eine Rückkehr zum *pater familias* der Antike und seiner absoluten Autorität über Personen und Sachen. Heute, Ende des 20. Jahrhunderts, können wir eine Entwicklung beobachten, die in entgegengesetzter Richtung verläuft, eine Art natürliche Tendenz hin zu einer Familie, die viel mehr dem entspricht, was das Leben tatsächlich ausmacht und die Eigenständigkeit der Mitglieder respektiert. Diese Eigenständigkeit zu erhalten, ist in jeder menschlichen Gemeinschaft unumgänglich, wo persönliche Freiheit und Gruppenzusammenhalt in Einklang gebracht werden sollen: ein notwendiges Gleichgewicht, über das eine Untersuchung der Feudalgesellschaft Aufschluß geben könnte.

Diese natürliche Gesellschaft fußte also auf der Ehe, und die Kirche bekräftigte durch eine große Anzahl von Konzilbeschlüssen in allen damit zusammenhängenden Fragen, welche Bedeutung sie diesem Sakrament beimaß, und machte Generation für Generation die ihrem Wesen nach schöpferischen Kräfte des Mannes und der Frau offenkundig. Ab dem Konzil von Elvira, das vor dem 313 erlassenen Edikt von Mailand stattfand, wurden die Kirchengesetze hinsichtlich der christlichen Ehe, dieses »großen Geheimnisses«, wie Paulus sagte, formuliert. Noch viele spätere Konzile, die von Arles und Ankyra, dem heutigen Ankara, im Jahr 314 – ganz zu schweigen von den Texten der Kirchenväter – beschäftigten sich mit der christlichen Ehe und legten die Regeln, ja sogar das Ritual fest, von dem einiges auch in den Schriften des heiligen

Ambrosius zu lesen ist, wie zum Beispiel die *velatio*, der Brauch einen Schleier über die Köpfe des Brautpaares zu halten. Bekanntlich hat sich dieser Ritus in der orthodoxen Kirche bis in unsere Tage bewahrt.

Lehre und Ritual erlebten im Lauf der Zeit allerlei Veränderungen, wobei jedoch eines, zumindest bis zur Mitte des 12. Jahrhunderts oder sogar noch später, kennzeichnend blieb: Bei allen Konzilen standen die Inzestverbote stärker im Vordergrund als die Unauflösbarkeit der Ehe. Dies war offensichtlich eine Antwort auf die Erfordernisse der Zeit, wo die Familie in der Gesellschaft ihren festen Stellenwert hatte und es daher überflüssig war, zu sehr auf der Unauflösbarkeit einer Verbindung zwischen Christen zu beharren, es jedoch andererseits einer gewissen Wachsamkeit bedurfte, damit sich die Familie nicht zu stark nach außen hin abschloß. Sie sollte vielmehr angeregt werden, sich zu öffnen, und ihre Mitglieder sollten motiviert werden, neue Verbindungen zu suchen. Damit wollte man den instinktiven Hang jeder Familiengruppe unterbinden, ihren ererbten Besitz durch Heirat zu festigen und zu vergrößern. Denn als Inzest galt zu jener Zeit auch schon eine Ehe zwischen entfernten Cousins und Cousinen (vierten oder fünften Grades), ja selbst eine geistliche Verwandtschaft wie zwischen Pate oder Patin zum Patenkind, usw. Die kanonischen Bestimmungen sollten bewirken, daß Verbindungen außerhalb der Familiengruppe geknüpft wurden, was auch die Freundschaften mehrte. Es ist interessant zu beobachten, daß beispielsweise in den Königshäusern Ehen zwischen Blutsverwandten, die im Lauf der Generationen schreckliche Folgen hatten, nur während des späten Mittelalters, im 14. und 15. Jahrhundert, nicht jedoch in der Feudalzeit üblich und erlaubt waren.

Das zeigt, welch tiefen Einfluß die Kirche auf Familie und Recht ausübte. Deshalb verwundert es nicht allzusehr, daß so viele Menschen ganz unterschiedlichen Charakters innerhalb ihrer Ehe und im Kreis ihrer Familie zu Heiligen wurden.

In zahlreichen Fällen war die Heiligkeit einer Person paradoxerweise mit ihrer Abkunft verbunden, die Heiligkeit wurde sozusagen zum Familiengut.

Wir kennen einige erstaunliche Beispiele hierfür, wie etwa das der ungarischen Könige, das André Vauchez untersucht hat. Die Magyaren oder Ungarn, die Europa in Furcht und Schrecken versetzten, bis Kaiser Otto der Große sie im Jahre 955 auf dem Lechfeld besiegte, wurden nach ihrer Niederlage endgültig seßhaft und siedelten im Donaubecken. Ihre periodischen Angriffe, in deren Verlauf sie Bayern, den süddeutschen Raum und die Lande bis hin zur Provence plünderten, hörten allmählich auf. Auch hier war es eine Frau, Saroltu, auch Karoline genannt, die selbst Christin geworden war, die ihr Volk bekehrte. Sie war die Gemahlin des Großfürsten Géza, dessen Sohn Vajk auf den Namen Stephan getauft wurde. Dieser Sohn wurde später als Stephan I. König von Ungarn.

König Stephan trieb die Christianisierung des Landes tatkräftig voran. Er richtete Schulen ein, berief Mönche und Geistliche, baute Kirchen und Kapellen und schuf zehn Bistümer. Papst Silvester II., der sich bereits unter seinem bürgerlichen Namen Gerbert von Aurillac als Gelehrter einen Namen gemacht hatte, verlieh ihm den Titel eines apostolischen Königs und sandte ihm Krone[9] und Vortragekreuz als persönliches Geschenk. Stephan regierte zusammen mit seiner Gemahlin Gisela, die später seliggesprochen wurde. Sie verkörpert das erste Beispiel von Familienheiligkeit, da sie die Schwester Kaiser Heinrichs II. war, der, wie seine Gemahlin Kunigunde, ebenfalls zu den Heiligen zählt. Von Kaiserin Kunigunde heißt es übrigens in vielen Texten ausdrücklich, daß sie »gemeinsam mit ihm regierte«. Stephan und Gisela hatten einen Sohn namens Emerich, Imre, der noch als junger Mann starb und ebenfalls heiliggesprochen wurde. Die Herrschaft des heiligen Stephan (997–1038) begründete also in einem Land, das bis dahin Schauplatz von Terror und Gewalt plündernder Völkerschaften gewesen war, so etwas wie eine Heiligkeitstriade, von der uns einige Zeugnisse erhalten geblieben sind. Zu diesen Erinnerungsstücken gehört das berühmte Kreuz, das Königin Gisela dem Kloster Niedermünster schenkte. Es ist übrigens interessant festzustellen, daß die aus jener Zeit stammenden Werke der Kunst und Literatur zumeist religiöser Inbrunst entsprangen.

Aber es blieb nicht allein bei dieser ersten »Heiligkeitswelle«. Noch einmal herrschte in Ungarn ein heiliger König, und zwar Ladislaus I., der von 1077 bis 1095 regierte. Heute würde man ihn als »seiner Zeit voraus« bezeichnen, da er in seinem Reich Muselmanen und Juden alle Freiheiten gewährte. Bei dieser Gelegenheit sei noch an einen anderen heiligen König, nämlich Ferdinand III., König von León und Kastilien, erinnert, der knapp zweihundert Jahre später in seinem Land das gleiche tat; erst nach seinem Tod kam es zu einem reaktionären Umschwung. Jedenfalls erwies sich der heilige Ladislaus auch als großer Europäer, da er sich jener Bewegung anschloß, die damals vom Bauern bis zum Baron das ganze Volk aufbrechen ließ, um Jerusalem und Palästina von den seldschukischen Türken zu befreien. Er war sogar von den anderen Initiatoren des Kreuzzuges als Führer ausersehen worden, starb aber noch vor Beginn des Kreuzzuges.

Nach Ladislaus traten noch einige andere heilige Männer und Frauen aus Nebenlinien der ungarischen Königsfamilie in Erscheinung, darunter die heilige Elisabeth von Thüringen, Tochter König Andreas II. (1207–1231). Sie wurde schon im Alter von vier Jahren mit Ludwig, dem späteren Landgrafen von Thüringen, verlobt und wuchs mit ihrem um sieben Jahre älteren Gatten auf. Mit vierzehn Jahren vermählt, gebar Elisabeth drei Kinder und wurde bereits 1227 als Zwanzigjährige Witwe. Von diesem Augenblick an war sie Zielscheibe von

Verleumdungen und Vorwürfen ihrer Umgebung, da man sie anklagte, die Schätze der Wartburg, in der sie lebte, an die Armen verschleudert zu haben. Elisabeth, deren tiefe Frömmigkeit sich schon sehr früh äußerte und die vom Geiste des heiligen Franziskus beseelt war, verließ die Burg, um fortan, nur mit dem Nötigsten ausgestattet, in einem alten Schweinestall zu hausen. Bereits als Kind hatte sie sich um die Armen gekümmert und für sie ein Hospital gegründet, wo sie 1231, im Alter von 24 Jahren, starb. Von ihr erzählt man eine Geschichte, die der *fioretti* des heiligen Franziskus würdig ist: Eines Tages überraschte ihr Gemahl sie dabei, wie sie hastig einigen Notleidenden etwas bringen wollte, das sie in ihrer gerafften Schürze verbarg. Er hatte zwar seine Gattin, die er zärtlich liebte, immer gegen die Anschuldigungen seiner Familie verteidigt, aber diesmal wollte er Gewißheit haben und zwang sie, ihm zu zeigen, was sie in ihrer Schürze versteckte. Als sie diese öffnete, fielen berauschend duftende Rosen zu Boden. Das in hagiographischen Texten mehrfach aufgegriffene »Rosenwunder« wurde zum Kennzeichen der heiligen Elisabeth von Thüringen. Sie war eine der ersten weiblichen Heiligen, die auf eine zu Beginn des 13. Jahrhunderts festgelegte Weise nach einem Kanonisationsprozeß, der bis 1235 dauerte, ordnungsgemäß heiliggesprochen wurde.

Es war wohl die weithin bekannte Heiligkeit Elisabeths, die ihre Familie beeinflußte, als sich drei ihrer Nichten trotz ihrer königlichen Geburt ebenso für ein kontemplatives und weltabgewandtes Leben entschieden. Sicher gedachte man in den ungarischen Königsschlössern oft voller Ergriffenheit der jungen Königin, Mutter und Witwe, die tätige Nächstenliebe übte und deren Almosen sich in Rosen verwandelt hatten. In den Klöstern entlang der Donau wurden ihr Altäre errichtet. So kam es, daß sich in der nächsten Generation Margareta, Jolenta und Kunigunde, auch Kinga genannt, bemühten, die Tugenden ihrer jungen Tante, die sie nicht mehr kannten, nachzuahmen.

Die beiden letztgenannten heirateten polnische Fürsten, beide mit Namen Boleslaw, während Margareta im Kloster Veszprém, wo sie erzogen worden war, Dominikanerin wurde. Mit zwölf Jahren legte sie in einem anderen Kloster, das ihr Vater auf einer Donau-Insel in der Nähe der Stadt Buda hatte errichten lassen, die Profeß ab. Viele Jahre später, nachdem die Prinzessin auf die Altäre gehoben worden war, erhielt die Insel den Namen Margaretas. In ihrer Gottbegeisterung verbrachte sie die Nächte im Gebet und erwies sich in einigen Fällen als Prophetin. In Ungarn rief die Bevölkerung sie zum Schutz vor den Überschwemmungen der Donau an. Ihr Fest wurde besonders im Orden des heiligen Dominikus gefeiert. Sechs Jahre nach ihrem Tod im Jahre 1270 wurde ihr Heiligsprechungsprozeß eingeleitet, der eigenartigerweise erst 1943 seinen Abschluß fand.

Kunigunde, die älteste der drei Schwestern, wurde die Gemahlin des Polenherzogs Boleslaw V. Auch dieses Paar lebte keusch wie Kaiser Heinrich II. und seine Gattin. 1240 legten sie vor dem Bischof von Krakau das Gelübde ab. Kunigunde, die ganz in ihrer Arbeit für die Kranken und Armen aufging, gründete in Sandecz ein Klarissinnenkloster, in das sie sich nach dem Tod ihres Gemahls zurückzog, nachdem sie sich geweigert hatte, die Regentschaft zu übernehmen. Als Polen von den Mongolen überrannt wurde, scheint das Kloster Sandecz einige Zeit lang unbewohnt gewesen zu sein, aber als die Eindringlinge abgezogen waren, konnten die Nonnen, deren Äbtissin Kunigunde geworden war, zurückkehren, denn die Gebäude selbst waren unversehrt geblieben. Kunigunde starb dort am 24. Juli 1292. Sie wurde Patronin Polens und des Großherzogtums Litauen.

Ihre Cousine Agnes von Böhmen, Tochter der Konstanze von Ungarn und König Ottokars I. von Böhmen, war eine der ersten Klarissinnen Osteuropas und starb fast zehn Jahre vor Kunigunde im Jahre 1280.

In der nächsten Generation begegnen wir zwei weiteren Frauen namens Elisabeth. Die eine, Tochter des Ungarnkönigs Andreas III., starb 1336 als Dominikanerin in Töß, die andere, Tochter König Stephans V., des Bruders von Margareta, Jolanda und Kunigunde, starb um 1220. Eine andere Großnichte der Elisabeth von Thüringen schließlich war die heilige Elisabeth von Portugal, die Tochter Pedros III. von Aragón. Als sie zwölf Jahre alt war, hielten ein Prinz von England, einer von Neapel und Dionysius von Portugal um ihre Hand an. 1292 heiratete sie Dionysius. Sie betete viel, verteilte Almosen an die Armen, besuchte Hospitäler und nahm sich der Bedürftigen und Kranken an. Der Lebenswandel ihres Gemahls indes war alles andere als beispielhaft. Wenn er sich nicht gerade mit seinen Maitressen amüsierte, führte er Krieg, bald gegen seinen Bruder Alfons von Portalegre, bald gegen seinen Schwager Ferdinand von Kastilien. Immer wieder kam es in dieser Familie zu Zwistigkeiten und Gewaltakten.

Nachdem Elisabeths Sohn Alfons sich gegen seinen Vater Dionysius erhoben hatte, verdächtigte Dionysius die Königin, ihre Hand im Spiel gehabt zu haben, und hielt sie in einer Festung gefangen, bis er seinen Irrtum zugeben mußte und sie zu sich zurückholte. Während der Belagerung von Coimbra gelang es ihr, Vater und Sohn im Kampfgetümmel miteinander auszusöhnen. Doch bald danach standen sich die beiden in Lissabon wieder als Feinde gegenüber. Erneut griff sie ein, und diesmal war die Versöhnung endgültig. Aus diesem Grunde gab man ihr den Beinamen »Friedensengel«, an den in der Hauptstadt Portugals noch heute eine an der Umfassungsmauer angebrachte Tafel erinnert. Durch die Gebete seiner Gemahlin geläutert, verbrachte Dionysius seine letzten Lebensjahre friedlich an ihrer Seite und starb 1325. Elisabeth zog die Tracht der Franziskanerinnen an, pilgerte nach Santiago de Compostela und wirkte tatkräftig an der Gründung der Universität von Coimbra mit. Ein letztes Mal mußte sie in eine

Familienfehde eingreifen, als sich ihr Sohn und ihr Enkel, der König von Kastilien, bekämpften. Nach ihrem Tod am 4. Juli 1336 wurde sie in der Klarissinnenkirche zu Coimbra, die eine ihrer Stiftungen war, beigesetzt. Man zeigt heute noch in Lissabon eine Abbildung der durch ein Hochwasser zur Hälfte überfluteten Kathedrale, in die sie jeden Tag zum Beten ging.

Diese Geschlechterfolgen von vor allem weiblichen Heiligen, die fast alle schöne Frauen und darauf bedacht waren, ihrem Volk zum Frieden zu verhelfen und sich der Armenpflege widmeten, kennzeichneten die Feudalzeit in Osteuropa. Die Arpadenfürsten waren damals eng mit den Königen und noch mehr mit den Königinnen Polens verschwägert. Gertrud, Königin von Ungarn und Mutter der heiligen Elisabeth von Thüringen, war die Schwester der heiligen Hedwig von Schlesien (1174–1243). Hedwig war mit Heinrich I., Herzog von Schlesien, verheiratet, und aus ihrer Ehe gingen sieben Kinder hervor. Eine der Töchter, Gertrud, wurde später Äbtissin des Klosters Trebnitz, wo ihre Mutter die letzten Jahre verbrachte. Die heilige Hedwig wird eigenartigerweise oft mit Schuhen unter dem Arm dargestellt: Da sie zumeist barfuß zu gehen pflegte, hatte ihr ein Beichtvater befohlen, »Schuhe zu tragen«, ein Befehl, den sie auf ihre Weise befolgte. Eine andere Hedwig, und ebenfalls eine herausragende Persönlichkeit, war die Tochter König Ludwigs von Polen und Ungarn, der aus dem Hause Anjou stammte. Sie willigte ein, sich mit dem heidnischen Großfürsten von Litauen, Wladyslaw Jagiello, zu vermählen, und bekehrte ihn. Da auch sie darauf bedacht war, die Wissenschaften zu fördern, reorganisierte sie mit ihm, nachdem er König von Polen geworden war, die Universität von Krakau, ehe sie, noch sehr jung, 1399 im Alter von achtundzwanzig Jahren starb.

Diese Heiligendynastien waren so außerordentlich, daß die Folgerung naheliegt, es habe sich dabei nur um eine Art

»sakralen Nimbus« gehandelt, der sich von Generation zu Generation fortpflanzte. Das hieße jedoch vergessen, daß jeder und jede dieser Heiligen eine ausgeprägte Persönlichkeit war, seine ureigenste Geisteswelt besaß und sich oft durch heldenmütige Akte der Barmherzigkeit auszeichnete. Es geht also nicht um etwas völlig aus der Luft Gegriffenes. Man braucht nur auf persönliche Erfahrungen zurückzugreifen und sich die Geschichte einzelner Familien anzusehen, um festzustellen, welchen Einfluß die Erinnerung, und natürlich noch mehr die Gegenwart eines Großvaters oder einer Großmutter, eines Onkels oder einer Tante haben kann, der oder die sich durch etwas Besonderes ausgezeichnet hat, gleichgültig ob durch Eskapaden oder durch ein heiligmäßiges Leben. Es erscheint daher als durchaus zutreffend, wenn manchmal von einem »heiligen Stamm«, einer *beata stirps,* gesprochen wird. So etwa gab es Familien, in denen die Heiligkeit eine Art Vermächtnis war, ein Erbe, das in jeder Generation wieder aufzuleben und sich in jedem Menschen von neuem zu manifestieren schien. In der Familie Andechs beispielsweise, der die heilige Hedwig von Schlesien entstammte, gab es zwischen 1150 und 1500 nicht weniger als zweiunddreißig Heilige.

Läßt das nicht einen gewissen Argwohn aufkommen? Denkt man nicht unwillkürlich an Propaganda, die in einer Zeit, da das Christentum bereits weit verbreitet und geachtet, mühelos durchführbar war, an ein willkommenes Mittel, um die Herrschaft einer Familie zu erhalten? André Vauchez hat die Wechselbeziehungen zwischen Heiligkeit und weltlicher Macht untersucht. Daß Könige und Adelige, deren Leben sich ja zum Teil in der Öffentlichkeit abspielt und sich auf das Alltagsleben ihrer Untertanen auswirkt, eine herausragende Stellung einnehmen und man damit über ihre Tugenden und Verdienste urteilen kann, gilt wohl für alle geschichtlichen Epochen. Geht es nicht auch heute noch, im Jahrhundert der Demokratie, in fast allen Illustrierten in gleichem Maße um

Mitglieder königlicher Familien wie um Schauspieler, Schauspielerinnen oder Komiker neben Kriminellen, Geiselnehmern und Gewalttätern aller Art? Daraus kann man schließen, daß in unserer Zeit, ebenso wie im Mittelalter, diejenigen, die entweder durch ihre Geburt oder durch ihr Wirken im Blickpunkt der Öffentlichkeit stehen, dadurch eine zusätzliche Chance haben, daß ihre Verdienste anerkannt, daß aber auch ihre Schwächen und Kümmernisse offengelegt werden. Der heute übliche Gebrauch unzähliger Werbemöglichkeiten läßt dieses in allen Zeiten anzutreffende Phänomen nur um so deutlicher werden. Daß die im Mittelalter allgemein verbreitete Heiligenverehrung von bestimmten Königen, Kaisern und Adelsherren zu Werbezwecken benutzt wurde, kann uns nicht verwundern, und es ist nicht zu leugnen, daß die Bande, die sich innerhalb einer Familie durch ein hehres, immer wieder nachgeahmtes Beispiel von Heiligkeit bildeten, Bestand hatten. Friedrich II. von Hohenstaufen etwa konnte sich, als er gegen den Papst antrat, um gegenüber dem Volk seine Rechte geltend zu machen, damit brüsten, dem Geschlecht der heiligen Elisabeth von Thüringen anzugehören. Dieses Verfahren wurde unter Zuhilfenahme der jeweils zur Verfügung stehenden Mittel zu allen Zeiten angewendet, was jedoch nichts daran ändert, daß die Frage nach der, quasi auf die gesamte Familie bezogenen Heiligkeit hochinteressant sein kann.

Dies ist übrigens ein Zug, den es schon in den Anfängen des Christentums gab. Denken wir daran, daß sich der Hauptmann Kornelius nach seiner Bekehrung durch Petrus auf der Stelle mit seiner ganzen Familie taufen ließ; oder an die Bemerkung des Evangelisten Markus über Simon von Kyrene, der er sogleich hinzufügte »Vater des Alexander und des Rufus«, was bedeutet, daß diese beiden Söhne Simons wahrscheinlich zusammen mit ihm oder kurz nach ihm den christlichen Glauben annahmen. Und wenn wir das Mittelalter betrachten, so zeichnet sich dieses Familienmerkmal um so klarer ab, als in der Gesellschaft jener Zeit die Familie eine sehr charakteristische soziale Einheit im weitesten Sinn war, da sie sich nicht nur auf ihren Kern, also Vater, Mutter und Kinder beschränkte, sondern alle jene umfaßte, die sich aus Notwendigkeit oder freiem Willen im Lauf ihres Lebens dem Stamm, dem sie entsprungen waren, angeschlossen hatten, seien sie nun Onkel, Tanten, Neffen oder Nichten, ja sogar Hausgesinde oder Leibeigene, die diesen ursprünglichen Kern wie Monde umkreisten. Es sollte nicht vergessen werden, daß die Familienverbundenheit damals verlangte, alle diejenigen Mitglieder in seinem Hause aufzunehmen, die es im Leben zu nichts gebracht hatten oder Waise geworden waren, so wie sie es allen Blutsverwandten zur Pflicht machte, für jeden von ihnen einzutreten, der gekränkt oder sonstwie geschädigt worden war. Es kann daher nicht verwundern, daß unter diesen Umständen die Heiligkeit, die als absoluter Wert angesehen wurde, in gewisser Weise das Erbe einer ganzen Sippe sein konnte – auch wenn dieses Erbe den einzelnen Mitgliedern nur ad personam zuteil werden konnte.

In England gab es bereits im 7. Jahrhundert eine Königsfamilie, aus der viele Heilige hervorgingen: Bertha, eine Christin fränkischen Geblüts, hatte Ethelbert, den König von Kent, geheiratet, der sich unter ihrem Einfluß bekehrte. Dank Bertha faßte das Christentum in England, auf der zukünftigen »Insel der Heiligen«, Fuß. Ethelbert starb 616. Von ihren vier Kindern wurden drei ebenfalls Heilige: Sethrida, Aubierga und Etheldreda oder Audrey. Die beiden erstgenannten spielten in der Geschichte des Klosters Faremoutiers, aus dem viele heilige Frauen hervorgingen, eine Rolle. Audrey gründete, wie bereits angeführt, das berühmte Doppelkloster Ely, in das sich mehrere Mitglieder ihrer Familie zurückzogen.

Aber auch anderen Zweigen der Familie entsprossen heilige Männer und Frauen. Ethelberts Sohn Erkonbert, der König von Canterbury wurde, heiratete eine gewisse Sexburga. Aus dieser Ehe gingen zwei Töchter hervor, die heilige Erkongotha, die ebenfalls Nonne in Faremoutiers wurde, und die heilige Ermenhild, die Wulpher von Mercien heiratete. Deren Tochter war die heilige Werburga. Mutter und Tochter beschlossen ihre Tage im Kloster Ely. Wir begegnen also in England von Northumbrien über Kent bis Mercien in dem noch mehr als zur Hälfte heidnischen angelsächsischen Königshaus einer ganzen Reihe von Heiligen.

Zur selben Zeit brachte auch ein fränkisches Adelsgeschlecht, das uns allerdings eher in schlechter Erinnerung geblieben ist, einige Heilige hervor. Unter den Königen Chlodwig II. und Dagobert I. war der Majordomus Pippin I., der Ältere, ein Heiliger, und auch seine Gemahlin Iduberga von Nivelles war eine Heilige. Sie hatten zwei Töchter, die heilige Gertrud, die erste Äbtissin von Nivelles, und die heilige Begga oder Peggy, die Ansegisel heiratete. Aus ihrer Verbindung ging Pippin II., der Mittlere, der Vater Karl Martells, hervor. Das Geschlecht Karls des Großen konnte also auch auf heilige Ahnen zurückblicken. Die zweite Gemahlin Karls des Großen war übrigens die heilige Hildegard.

Heiligkeit also sowohl väterlicher- wie auch mütterlicherseits, da Ansegisel, der Vater Pippins II., selbst Sohn eines Heiligen und zwar des heiligen Arnulf war. Dieser war Ratgeber König Dagoberts und wurde, nachdem seine Frau in ein Trierer Kloster eingetreten war, Bischof von Metz. Seinen Lebensabend verbrachte er im Kloster Remiremont.

Heiligkeit verleiht Prestige

Aber wie schon gesagt, für die moderne Kritik bleiben diese königlichen Heiligengeschlechter suspekt, der Einfluß unserer heutigen Wahlpropaganda ist zu gegenwärtig, als daß man nicht mißtrauisch werden würde. Wenn wir also von der

Vermutung, daß bestimmte Familien um ihres Ansehens und ihrer königlichen Abstammung[10] willen in den Ruf der Heiligkeit gelangten, ausgehen, kann andererseits aber auch bewiesen werden, daß es zur selben Zeit genauso das umgekehrte Phänomen gab, und sich sehr einfache Familien aufgrund der Heiligkeit mehrerer ihrer Mitglieder großer Wertschätzung erfreuten. So tauchte im 7. Jahrhundert eine Familie auf, die in keiner Weise bekannt war. Es war eine einfache Familie aus einem Dorf des Artois bei Marœul, deren Mitglieder heute noch verehrt und gefeiert werden: so ehrt man zwischen Sambre und Schelde in einem Landstrich, der besonders reich ist an Abteien, die männlichen und weiblichen Heiligen, die sie berühmt gemacht haben und auch aus dieser Familie stammen.

Im 7. Jahrhundert also lebten der heilige Walbert und seine Gemahlin, die heilige Bertilia, derer die Diözese Arras noch immer gedenkt. Sie selbst und die Familie, die sie gegründet haben, wurden zum Gegenstand vieler literarischer Darstellungen, die nicht nur kurz nach ihrem Tod oder in der Karolingerzeit, sondern auch noch in jüngster Vergangenheit verfaßt wurden. Wissenschaftliche Quellensammlungen wie die *Monumenta Germaniae Historica,* die jeder Historiker kennt, oder die *Acta Sanctorum* der Bollandisten, der unangefochtenen Meister der Hagiographie, oder aber Gelehrte wie Pater Podevijn oder Léon Van der Essen haben alle ihren Fall beschrieben.[11]

Walbert und Bertilia hatten zwei Töchter, die heilige Waldetrud und die heilige Adelgunde; sie führten, so heißt es in ihren Viten, obwohl nicht nur formell verheiratet, ein tiefreligiöses Leben, nachdem ein göttlicher Strahl, *radio inflammante divino,* ihre Liebe zu Gott entzündet hatte. Einer der Berichte über sie, der etwas legendenhaft anmutet, besagt, daß Adelgunde einem Fürsten zur Ehe versprochen war und daß sie, da sie Jungfrau bleiben wollte, aus dem Elternhaus floh. Viel wahrscheinlicher jedoch ist, wie in einer anderen, vom berühmten Mabillon entdeckten Vita geschrieben steht, daß Adelgunde ihre Mutter von ihrem Wunsch, sich ganz Gott zu weihen, unterrichtet hatte, und daß durch sie ihre bereits verheiratete Schwester Waldetrud denselben Wunsch hegte. Sie war mit Vincentius Madelgarius verheiratet, der von der Frömmigkeit seiner Gemahlin und seiner Schwägerin so beeindruckt war, daß er und seine Gattin sich einvernehmlich trennten. Waldetrud trat in das Kloster Mons ein und Vincentius in das Kloster Haumont, dessen Abt er einige Zeit später wurde. Adelgunde hingegen blieb bei ihrer Familie. Ihre Schwester, die bereits Ordensfrau war, wollte, wie es in der Vita heißt, Adelgunde »das Gute wiedergeben, das sie von ihr erhalten hatte«. Sie bat daher ihre Mutter, sie zu ihr zu schicken. Bertilia erklärte sich unter der Bedingung, daß es ein kurzer Besuch sein würde, einverstanden. Doch Adelgunde entschloß sich, im Kloster zu bleiben und schrieb ihrer Mutter, die sich sehr darüber freute: *laetatur mater de filia ac filia de matre.* Einige Zeit später, als Bertilia ihren Tod nahen fühlte, rief sie ihre Tochter Adelgunde zu sich und »schenkte ihr für das Kloster Gold und Silber, kostbare Gewänder, ihren Besitz, *villa,* sowie die Leibeigenen und Mägde, die darauf lebten, damit sie alles weiterschenke und stifte auch zum Wohle der Leibeigenen und Mägde, die sich in den verschiedenen Klöstern dem Dienst an Gott verschrieben haben«. Sie zog sich in das Kloster Maubeuge zurück, wo sie am 30. Januar 684 starb. Vorher hatte sie Visionen und Offenbarungen gehabt, die alle festgehalten wurden. In einer davon wurde ihr der Tod des heiligen Bischofs Amandus mitgeteilt, während die Nonnen von Nivelles ihrerseits in ihrer Kirche Saint-Pierre in der Nacht, in der Adelgunde starb, durch wunderbare Zeichen – himmlische Stimmen und strahlendes Licht – von ihrem Ableben erfuhren.

Ihre Schwester indes, die heilige Waldetrud, und Vincentius Madelgarius hatten vier Kinder, die auch Heilige wurden.

Der eine Sohn hieß Landrich und leitete das nur kurze Zeit bestehende Bistum Melsbroeck bei Brüssel. Der zweite, Dentlin, starb in jungen Jahren, wurde aber auch als Einzelperson und Familienmitglied heiliggesprochen. Dann sind da noch die Töchter Aldetrude, die wie ihre Tante Äbtissin von Maubeuge, und schließlich Madelberta, der dieselbe Würde zuteil wurde. Die beiden Schwestern werden bis auf den heutigen Tag in der Diözese Cambrai gefeiert, so wie die heilige Waldetrud in der Stadt Mons. Viel später, im Jahr 1340, als die Pest im Land wütete, trug man ihre Reliquien in einer Prozession durch die Stadt, um von der Seuche befreit zu werden.

Die Gelehrten haben lange darüber debattiert, was an den Biographien heiliger Männer und Frauen, die durch ihre Blutsbande und vielleicht sogar noch mehr durch ihre Gottessehnsucht miteinander verbunden sind, wahr und was falsch ist. Mehrere Biographen haben es sich nämlich, wie es zu jener Zeit üblich war, nicht versagt, den Tatsachen Erfundenes hinzuzufügen. Es bedurfte daher einigen Scharfblicks, um herauszufinden, was nicht angezweifelt werden kann, wie etwa, daß Vincentius Madelgarius sich zunächst nach Haumont zurückzog und dann auf seinem eigenen Grund und Boden die Abtei Soignies gründete, wo sein Sohn Landrich irgendwann Mönch wurde und wohin er später, nachdem er zum Bischof geweiht worden war, zurückkehrte.

Jedenfalls pflegen in dieser Gegend die Abteien Mons, Soignies, Marœul oder Maroilles, Haumont und Maubeuge das Andenken an diese Familie von Heiligen. Sowohl in den Berichten als auch in der bildlichen Darstellung kam so manches folkloristische Element hinzu, das dann die Wissenschaft wieder entfernte, wobei zutage trat, wie sich ihr Leben tatsächlich abspielte. Zwei andere Heilige, die dieser Familie nicht angehörten, standen in enger Beziehung zu ihr, und zwar der heilige Gislenus, der die Abtei Saint-Ghislain gründete, und ein wenig später der heilige Humbert von Maroilles, der die heilige Adelgunde kannte und eines Tages kraft seines Gebets in der Nähe von Maubeuge eine Quelle aus dem Boden sprudeln ließ, damit die Heilige, die zusammen mit ihm reiste, ihren Durst stillen konnte. Einem späteren Biograph zufolge floß diese Quelle noch im 11. Jahrhundert.

Neben dieser Familie, die aus dem Leben so vieler Abteien nicht wegzudenken ist, gab es im 7. Jahrhundert noch eine andere, derer man nach wie vor gedenkt. Es handelt sich um die Familie des Isidor von Sevilla, der eine der bekanntesten Persönlichkeiten des frühen Mittelalters war. Sein Vater Severianus, der in Cartagena ein hohes Amt bekleidet hatte, mußte im Jahr 549 vor den hereinbrechenden Goten flüchten, da diese als Arianer in allen von ihnen eroberten Gebieten die Katholiken, die der Lehre des Konzils von Nikaia anhingen, verfolgten. Severianus fand mit seinen zwei Kindern Leander und Florentina Zuflucht in Sevilla. Zwei weitere Kinder, Fulgentius und Isidor, wurden in Andalusien geboren.

Alle vier Kinder sind im Heiligenkatalog eingeschrieben. Da der Vater und die Mutter kurz nach der Geburt des Jüngsten im Jahre 560 starben, kümmerte sich Leander um dessen Erziehung. Während er Erzbischof von Sevilla wurde, entschied sich Florentina für das Kloster. Fulgentius wurde Bischof von Ecija in Spanien und folgte seinem älteren Bruder als Haupt der Diözese von Sevilla nach. Beide betrieben aktiv die Bekehrung der Arianer, nachdem Hermenegild, durch seine katholische Gemahlin Ingundis, eine Frankenprinzessin, bewogen, konvertiert war. Sein eigener Vater ließ ihn jedoch schließlich wegen seiner Glaubenstreue hinrichten. Aber Hermenegilds Bruder Rekkared, der ihm nachfolgte, nahm ebenfalls den wahren christlichen Glauben an und leitete damit die Konvertierung der Goten ein, die dann beim dritten Konzil von Toledo 589 sozusagen ihre offizielle Bestätigung fand.

Isidor, der erst 636 starb, hat ein umfangreiches Schrifttum hinterlassen, darunter die *Etymologiae*, eine wahre Enzyklopädie, in der die wichtigsten Erkenntnisse der Antike zusammengefaßt wurden und die für Jahrhunderte die Studiengrundlage des Abendlands bildete. Er behandelte darin das, was später *Trivium* (Grammatik, Rhetorik und Dialektik) und *Quadrivium* (Arithmetik, Geometrie, Musik, Astronomie) genannt wurde, und fügte einige Kapitel über Medizin, Jurisprudenz und vor allem über Geschichte hinzu, so daß eine umfassende Chronik des Weltgeschehens entstand. Man könnte dieses Werk als Vorläufer der großen Abrisse bezeichnen, die bekannter sind und noch immer der Hochschulwelt des 13. Jahrhunderts zum Ruhm gereichen. Sevilla wurde zu dieser Zeit ein Mittelpunkt des geistigen und religiösen Lebens. Die *Etymologiae* sind bei weitem nicht das einzige Werk dieses glänzenden Gelehrten. Wir verdanken ihm vielmehr noch viele andere Werke, Kommentare zur Heiligen Schrift, eine recht kuriose Abhandlung über Zahlen, eine andere über die kirchlichen Offizien, die uns Kenntnis gibt über das liturgische Leben und die Kirchenbräuche des 7. Jahrhunderts, sowie zahlreiche Briefe, Regeln für Mönche, einige geschichtliche Werke usw.

Aus dieser Familie ging also eine jener Persönlichkeiten hervor, die ihre Zeit erhellten.

Dasselbe gilt auch für eine andere Familie, die eigentlich als erste hätte genannt werden müssen, wenn wir chronologisch vorgegangen wären. Sie ist übrigens viel bekannter als die zuvor erwähnte: es ist die Familie Basileios' des Großen, eines der Kirchenväter der Ostkirche. Dazu gehen wir bis ins 4. Jahrhundert zurück, dreihundert Jahre vor Isidor, und zwar in das Kappadokien jener Zeit, als Konstantinopel Mittelpunkt des römischen Reiches geworden war und das Erbe des antiken Athen übernommen hatte, wo, jedenfalls zeitweilig, einige Mitglieder dieser erstaunlichen Familie lebten. Unter ihren Abkömmlingen findet man zunächst die heilige Makrina die

Ältere, die einem Basileios das Leben schenkte, auch er der Ältere genannt, um ihn von seinem Sohn zu unterscheiden. Dieser heilige Basileios heiratete die heilige Emmelia, und vier ihrer zehn Kinder wurden Heilige: Gregorios von Nyssa (332–395), Basileios, später der Große genannt (329–379), Makrina die Jüngere, deren Beiname sie von ihrer Großmutter unterscheidet, und schließlich Petros, Bischof von Sebaste in Armenien, der 391 starb. Auch diese war eine außergewöhnliche Familie, sowohl wegen der Heiligkeit ihrer Mitglieder als auch wegen der herausragenden Geistesanlagen zweier der Ihren und des lange währenden Einflusses, den sie auf die Kirche ausübten.

Von der leiblichen zur geistlichen Familie

Trotz der Wirren, die im 5. und 6. Jahrhundert herrschten, entstand in der christlichen Gesellschaft jener Zeit eine neue Art von Familie. Schon zur Zeit der Urkirche nahmen gewisse Gläubige das Evangelium beim Wort und verteilten ihre gesamte Habe, um in absoluter Armut zu leben und sich mit Leib und Seele dem Herrn zu weihen. Dies geschah vor allem im Orient, wo die Menschen, die sich von der Welt abkehren wollten, die Wüste sozusagen in Reichweite hatten. Der erste von vielen war der heilige Antonius, »der Vater der Mönche«. Dieser wundertätige Heilige genoß stets besondere Verehrung, und verschiedene Episoden aus seinem Leben bildeten jahrhundertelang das Motiv für künstlerische und literarische Darstellungen namhafter Meister. Man denke an Breughels ausdrucksstarkes Gemälde *Die Versuchung des heiligen Antonius* und an Flauberts Stück gleichen Titels.

Antonius starb im Jahr 356, mehr als hundert Jahre alt. Er war sozusagen das Bindeglied zwischen der Kirche im Untergrund und der offiziell anerkannten Kirche. Schon 360 wurde eine Beschreibung seines Lebens verfaßt, die mehrfach übersetzt und unzählige Male kopiert, dann in lateinischer Sprache und bald auch in allen anderen Sprachen veröffentlicht wurde. Antonius war ursprünglich ein schlichter ägyptischer Bauer von niederer Geburt, des Lesens und Schreibens unkundig und Sohn christlicher Eltern. Mit achtzehn oder zwanzig Jahren beschloß er, der Empfehlung zu folgen, die an jeden gerichtet war, »der vollkommen sein wollte«. Er lebte zunächst etwa zwanzig Jahre allein in der Nähe seines Geburtsdorfes und suchte Rat bei einem erfahrenen Meister. Danach zog er sich ganz in die Einsamkeit zurück und hauste in einem jener kleinen Forts, die die Römer »entlang der Straßen zwischen Nil und Rotem Meer« errichtet hatten.[12] Schließlich drang er noch tiefer in die Wüste ein. Zweimal jedoch verließ er sie, das erste Mal anläßlich der entsetzlichen Christenverfolgungen unter Diokletian zu Beginn des 4. Jahrhunderts, das zweite Mal, als nach dem Konzil von Nikaia im Jahre 325 die Irrlehre des Areios die Gemüter erregte und die Christenheit in zwei Lager spaltete. Dabei unterstützte er den Standpunkt des Athanasios, seines späteren Biographen.

Im weiteren Verlauf könnte man so etwas wie einen Stammbaum der Klostergründungen zeichnen, der in Ägypten, in der Thebais und im nördlichen Nil-Delta wurzelt. In den mittelalterlichen Handschriften wurde die Weisheit der ägyptischen Mönche festgehalten, die diese in Sinnsprüchen, den *Apophthegmata*, niederlegten, aber auch Legenden wie die Geschichte von der Hetäre Thais, die der heilige Mönch Paphnutios bekehrte, oder die von Maria der Ägypterin. Neben Antonius und Euagrios Pontikos, die so entscheidenden Einfluß auf die Nachwelt hatten, gab es noch den heiligen Pachomios, der die Gläubigen vom Koinobitentum, das heißt vom Gemeinschaftsleben, zu begeistern verstand und neun Männer- und zwei Frauenklöster stiftete. Dazu kommen der heilige Basileios, der Klosterregeln verfaßte, die in der griechischen Kirche größte Bedeutung erlangten, und der heilige Hieronymus, der in Bethlehem das Kloster erbaute, das Paula und nach ihr ihre Tochter Eustochium leiteten. Andere wichtige Gestalten waren Johannes Cassianus, ein rumänischer Priester in Marseille, der dort zwei Klöster gründete, während auf der nahen Insel Lérins der heilige Honoratus um das Jahr 400 ebenfalls ein Kloster errichtete. Aus dieser Zeit stammen auch die Regeln, die der heilige Augustinus für seine Gemeinschaft von Tagaste verfaßte, sowie diejenigen, die er für die Geistlichkeit von Hippo erstellte.

Wir haben gesehen, wie Martin seinerseits in Ligugé, dann in Marmoutier bei Tours die Grundlagen für das monastische Leben schuf, das während der ganzen Feudalzeit in Frankreich eine große Blüte erlebte. Hinzuweisen wäre aber auch noch auf die Stiftungen des Paulinus von Nola in Kampanien und des Victricius von Rouen, die zur selben Zeit erfolgten.

Am Beginn der neuen, richtungweisenden Ära stand jedoch Benedikt von Nursia.

Bezeichnend ist, daß das zweite Kapitel seiner Regeln – im ersten sind nur »die verschiedenen Arten von Mönchen« aufgezählt – vollständig dem Abt gewidmet ist und gleich eingangs daran erinnert, was alles dieses Wort – Abba, Vater – beinhaltet. Den Kernpunkt dieses umfangreichen Abschnitts bildet die mit der Bezeichnung Abt verbundene Bürde, die Pflichten dessen, der dieses Amt übernimmt, denn es ist in keiner Weise die Rede von Rechten, die ausgeübt werden können, sondern allein von Demut, Besonnenheit, auch Barmherzigkeit, derer ein jeder bedarf, der »den Titel Abt erhalten hat«. Der letzte Absatz dieses Kapitels schließlich stellt ihm in Aussicht, daß, wenn er sich aller Tugenden befleißigt, die man von ihm erwartet, »es ihm gelingen wird, sich von seinen Fehlern selbst zu befreien«. Mit anderen Worten, es gibt keine bessere Vorlage einer Ermahnung für jemand, der eine patriarchalische Autorität ausüben soll. Eine andere Lektion in Demut folgt im anschließenden Kapitel, wo angegeben wird, in welchen Fällen er die Klosterbrüder zu Rate ziehen muß. So etwa heißt es, »daß oft der Herr dem Jüngsten offenbart, was am besten zu tun sei«.

Jedenfalls wurde mit dieser ganz neuen Art des Autoritätsverständnisses, mit der Umwandlung der Machtvollkommenheit in leitende Verantwortlichkeit, deren Träger nie vergessen darf, daß er »am Tage des Jüngsten Gerichts vor dem Herrn Rechenschaft ablegen muß über alle diese Seelen«, und der darum »in der ständigen Furcht vor der Prüfung leben muß, derer der Hirte die Schafe unterzieht, die Er ihm anvertraut hat«, wirklich so etwas wie eine Familiengemeinschaft geschaffen. Nach diesem Modell wurden die meisten Klöster der Feudalzeit ausgelegt.

Mit der Familie gemein hatten sie auch die Strukturierung, die durch den Titel Abba, Pater, Abt ausgedrückt wird, die konkrete Lebensweise – vereint in »Brot und Speis« –, vor allem aber, da es sich um Menschen handelte, die ein vornehmlich spirituelles Ziel vor Augen hatten, das Sichzusammenfinden rund um den Altar, der den Tisch symbolisiert. Ein anderes Merkmal des Familienlebens ist, mit Menschen zusammenzuleben, die man sich nicht ausgesucht hat (es heißt ja so treffend, daß man sich zwar seine Freunde aussucht, nicht aber seine Familie) und wohl oder übel täglich ertragen muß. Schließlich hat ja, wie jede Familie, auch das Kloster sein Eigenleben, das bald gedeihlich, bald beschwerlich ist, voller Verdruß und Freude in der gegenseitigen Achtung, dem Hinnehmen einer Unterschiedlichkeit, das zugleich die tägliche Schwierigkeit und die tägliche Bereicherung ausmacht. Als der heilige Benedikt am 21. März 547 starb, hatte er nicht nur das Kloster Monte Cassino gestiftet, wo er wahrscheinlich um das Jahr 540 seine Regeln niederschrieb, sondern auch einen Typus von Existenz begründet, der im ganzen Abendland Verbreitung fand und tausend Jahre lang bis zum Ende des 15. Jahrhunderts einen Teil des kirchlichen Lebens inspirierte: die geistige Familie, die sich den damals so kraftvollen Typus von sozialem Leben – die Familie – zum Vorbild nahm und vom Begriff der leiblichen Familie zu dem der geistigen Familie hinführte.

Von da an waren die Klostergemeinschaften, Mönche und Nonnen, die unter der Leitung des Abts oder der Äbtissin lebten, von einem echten Familiensinn erfüllt. Es gab nicht mehr die Einzelgänger wie jene, die der heilige Pachomios in Oberägypten zusammenfaßte und die zur Erntezeit das Getreide schneiden und einbringen halfen, sondern eine organisch gewachsene Familie, die sich wie eine wirkliche Familie auf dem Boden, von dem sie lebte, zusammengefunden hatte, eine Familie, in der man sich gegenseitig erzog und nicht nur die Erträgnisse nach den Bedürfnissen des einzelnen, sondern auch die Kräfte auf der Suche und in der Ausübung des *opus Dei*, des Dienstes an Gott, des Gebetes, teilte. Die Ähnlichkeit mit der natürlichen Familie war um so vollständiger, je mehr das Kloster Menschen aller Altersstufen umfaßte. Das ist eine gute Lehre für unsere Zeit, wo man unfähig ist, die Menschen anders zu sehen als in Altersklassen unterteilt: die Jungen, die Alten, die Kinder, die Senioren usw. Das schließt die gegenseitige Bereicherung aus, die Menschen unterschiedlicher Reife einander vermitteln sollten, damit jeder entweder von der Erfahrung oder, wie aus den ersten Kapiteln der Regeln des heiligen Benedikt ersichtlich, von der jugendlichen Frische, die neue Lösungen ermöglicht, profitiert, ganz zu schweigen davon, daß das geistige und biologische Alter nicht zwangsläufig dem tatsächlichen Alter entsprechen muß.

In den meisten Fällen wurde dem Kloster eine Schule angeschlossen, da im Abendland das unmittelbarste Bedürfnis jenes nach Bildung in praktischem wie hochgeistigem Wissen war, und die Klosterfamilie beides, das Urbarmachen des Bodens ebenso wie den gregorianischen Choral, bot.

Es waren also innerhalb der Klostermauern oft Kinder

anzutreffen, denen Wissen vermittelt wurde. Zuerst lernten sie Psalmen zu singen, dann sie zu lesen, zu schreiben, sie zu verstehen, die Essenz des Gebets herauszuziehen. Sie waren übrigens nicht allenthalben gern gesehen, da sie für viele dieser Männer, die dem weltlichen Leben entsagt hatten und sich ausschließlich Gott widmen wollten, eine Ablenkung, einen Ruf von draußen darstellten und sei es nur, weil auch diese Kinder ein vitales Bedürfnis hatten zu spielen und weil man daher auch zu der Ansicht neigte, ein Kloster sei kein geeigneter Aufenthaltsort für sie. Der Jansenismus war jedoch noch fern, seine Stunde schlug erst im 17. Jahrhundert, und dank der Mönche änderte sich die Einstellung zum Kind.[13] Die Antike kannte nur ein Wort für Kind, *puer*, das aber auch Sklave bedeutet, während das Kind im Evangelium das Lächeln und die Zuneigung des Herrn auf sich zu ziehen verstand. Auf die strenge Zucht, die in der Antike herrschte, folgten darum Zärtlichkeit und Verständnis. Dieser Wechsel erfolgte freilich nicht übergangslos (es war der heilige Anselm, Erzbischof von Canterbury, der sich für die Kinder einsetzte), aber nach und nach schenkte die Klosterfamilie den Kleinen dieselbe Beachtung wie die Bibel. Übrigens versäumte es Benedikt in den verschiedenen Kapiteln seiner Regeln nie, auf die freundliche Nachsicht beziehungsweise die Zärtlichkeit hinzuweisen, mit der man den Jüngsten begegnen sollte, und daß man in allem auf ihre Bedürfnisse eingehen, für sie, wenn nötig, die Essenszeiten abändern oder sich besonders um sie kümmern müsse, da er davon überzeugt war, daß »jedes Alter und jeder Intelligenzgrad eine eigene Verhaltensweise mit sich bringt«.

Von diesem Familiensinn in den Klöstern zeugen übrigens auch die sogenannten Totenrollen. Beim Ableben eines Abtes oder einer Äbtissin, manchmal übrigens auch beim Tod eines Laien, der zu einer Kirche oder einer Abtei irgendeine Bindung hatte, wurde ein Bote ausgesandt, der die Nachricht vom Hinscheiden dieser Person dem nächsten Kloster überbrachte und bat, für den Verstorbenen zu beten. Überall, wo er Station machte, schrieb die Gemeinschaft einen Vers, ein Gedicht, einen Psalm auf die Mitteilung zum Zeichen ihrer Verbundenheit mit dem Toten und der Anteilnahme an der Trauer des Hauses. Manchmal schrieb man sogar die Verstorbenen des Klosters ein, in dem der Bote abstieg, mit der Bitte, auch für sie zu beten. Da oft das erste Stück Pergament nicht ausreichte, fügte man ein zweites, ein drittes hinzu, so daß oft eine umfangreiche Rolle entstand. Das klassische Beispiel dafür ist nach wie vor die Rolle des seligen Vitalis, Abt von Savigny, der am 6. September 1122 starb. Die Rolle ist 9,5 m lang, 22,5 cm breit und besteht aus fünfzehn einzelnen Pergamentstücken, die einfach aneinandergenäht wurden. Von Savigny aus durchquerte der Bote zuerst die Bretagne, dann die Normandie, wobei er in Caen und Bayeux Station machte. Dort empfahl man den Gebeten aller den Bischof Odo oder Eudes, Bruder Wilhelms des Eroberers, der bekanntlich auf dem berühmten Wandteppich von Bayeux dargestellt ist. Dann begaben sich die Boten nach Lisieux, Rouen, Pontoise und nach Argenteuil. Die Äbtissin des Konvents, in dem sie Aufenthalt nahmen, hieß Héloïse. Man vermutet, daß die sieben lateinischen Distichen, mit denen das Kloster Argenteuil seine Trauer um den Abt von Savigny ausdrückte, von Héloïse selbst stammen, vielleicht sogar eigenhändig von ihr niedergeschrieben wurden. Danach passierten die Boten Saint-Denis, Paris, Reims, Hautvillers, ehe sie nach England übersetzten, wo wir ihnen wieder in Gloucester, Coventry, York usw. begegnen. Für die Gemeinschaft der Heiligen gab es offenbar keine Grenzen.

Dies ist wahrhaftig das bewegendste Zeugnis des Gemeinschaftssinnes der Heiligen: Ausgehend von der kleinen Familie zu Savigny wurden nacheinander die Klöster der großen Benediktinerfamilie vom Tode dessen verständigt, der, wie man der festen Meinung war, in den Himmel aufgenommen wurde. Die Totenrollen sind übrigens die frühesten Nachweise postalischer Verbindungen, gleichzeitig aber auch wertvolle Belege für die Schreib- und auch die Dichtkunst der damaligen Zeit. Der Ehrgeiz fast aller Klöster veranlaßte sie, ihr Bestes zu geben, indem sie sorgfältig die lateinischen Verse in Schönschrift niederschrieben und die Initialen mit jenen phantastischen Ornamenten schmückten, wie sie in der romanischen Periode allenthalben anzutreffen waren.

Natürlich hatte das Familienleben der Klöster auch Auswirkungen auf das Familienleben der Landbevölkerung, der auf diese Weise ein kraftvolles Beispiel für die Notwendigkeit friedlichen Einvernehmens und für die christliche Nächstenliebe gegeben wurde.

Das ist übrigens nicht das einzige Geschenk dieser Mönchsfamilien an die Welt. Pierre Riché hat auf den Brauch des lautlosen Lesens hingewiesen, des »Lesens mit den Augen«, den die Antike nicht kannte, da man immer laut las. Um den meditierenden oder betenden Bruder nicht zu stören, mußte man schweigen, also auch stumm lesen, eine Gewohnheit, die heute allgemein üblich ist. Dazu kam noch, daß – wie bereits an anderer Stelle erwähnt – die Benediktregeln der manuellen Arbeit große Bedeutung zumaßen, was in einer Zeit, da die körperlichen Arbeiten von Sklaven durchgeführt wurden, revolutionär war. Durch die Benediktregeln, die von der gesamten Christenheit akzeptiert wurden, änderte sich diese Einstellung zur Arbeit von Grund auf, und es galt als ehrbar, was bis dahin geächtet war.

Der Vollständigkeit halber und um sich nicht mit einem idealen und idyllischen Bild zu begnügen, sei hinzugefügt, daß die geistliche Familie, ebenso wie die natürliche, ihre schwarzen Schafe, ihre bösen Buben oder schlimmen Mädchen, ihre Auseinandersetzungen und Dispute innerhalb und außerhalb kannte. Kurz, alles, was zu einem intensiven Familienleben gehört; freilich mit dem Rückhalt, in der göttlichen Gnade Zuflucht suchen zu können, um die menschlichen Schwächen zu überwinden, und auch, sprechen wir es ruhig aus, um den gesunden Menschenverstand einzusetzen, was die Benediktregeln im Zweifelsfall immer empfehlen und wie es in einem ausgeglichenen Familienleben üblich ist.

Der heilige Benedikt hatte selbst Gelegenheit, die schrecklichen Disharmonien kennenzulernen, die innerhalb einer Familie auftreten können. Wie schon gesagt, wurde er in Nursia, sehr wahrscheinlich im Jahr 480, geboren. Seine Familie muß so gutsituiert gewesen sein, daß er seine Studien in Rom beenden konnte. Er kehrte der Welt den Rücken und zog sich in die Nähe des verfallenen Nero-Palastes in die Höhle von Subiaco zurück. Dort lebte er mindestens drei Jahre lang, bis die Mönche des nahegelegenen kleinen Klosters Vicovaro ihn aufsuchten und baten, die Leitung ihrer Gemeinschaft zu übernehmen. Aber schon bald waren sie ihres jungen Ratgebers, der ihnen wohl zu viel Selbstlosigkeit und Buße abverlangte, so überdrüssig, daß sie – wenn man Papst Gregor dem Großen, der etwa fünfzig Jahre nach Benedikts Tod dessen Leben beschrieb, glauben darf – nur noch daran dachten, wie sie ihn wieder loswerden könnten. Es kam dann zu dem berühmten Zwischenfall mit dem Becher, der den Gifttrank enthielt: in dem Augenblick, da Benedikt das Kreuzeszeichen über ihm machte, zersprang das Gefäß, als »habe er, statt ein Kreuz zu schlagen, einen Stein darauf geworfen«. Ohne ein Wort zu verlieren, kehrte er nach Subiaco zurück, wo sich nach und nach eine neue Gemeinschaft zusammenfand, die ihrerseits einige andere ins Leben rief. Römische Familien baten die Mönche, ihre Kinder zu erziehen. Zwei der Schüler wuchsen Benedikt ganz besonders ans Herz, nämlich Maurus und Placidus, die später selbst Heilige wurden.

Und wieder wurde die ausgeglichene Ruhe dieser Mönchsgemeinschaft gestört. Florentius, Priester einer nahegelegenen Kirche, verfolgte voller Neid Benedikt und seine Gefährten und unternahm mit einem Laib Brot, der Gift enthielt, einen

Anschlag auf sein Leben. Aber Benedikt, mit den Tieren und der Natur vertraut, gab das Brot einem Raben, der ihm sonst immer sein Essen brachte, mit den Worten: »Wirf es irgendwohin, wo es keiner findet.« Der Rabe nahm das Brot in den Schnabel, blieb drei Tage weg, kehrte dann zurück und blieb wieder bei dem Heiligen. Danach verfiel Florentius auf die Idee, Mädchen kommen zu lassen, die vor den Männern tanzen sollten, damit diese in ihren Zellen keine Ruhe fanden. Da Benedikt merkte, daß er diesen Störversuchen nicht gewachsen war, beschloß er, Subiaco zu verlassen. Triumphierend schaute der Priester Florentius von der Höhe einer Terrasse zu, wie der Heilige den Ort verließ. Im selben Augenblick jedoch stürzte das Bauwerk unter ihm ein. Maurus lief seinem Meister nach, um es ihm zu melden: »Komm zurück! Der Priester, der dich verfolgt hat, ist tot.« – »Bei diesen Worten«, schrieb Gregor, »brach der Diener Gottes Benedikt in bittere Klagen aus, einmal weil sein Feind tot war, zum anderen weil sein Schüler sich über diesen Tod freute.«

Benedikt ließ sich auf einem Hügel zwischen Rom und Neapel nieder, auf dem sich eine kleine befestigte Stadt namens Cassino an der Stelle erhob, wo einst ein Jupitertempel gestanden hatte. Hier schrieb er seine Klosterregeln nieder, und hier starb er etwa zwanzig Jahre später, nachdem er genau nach diesen Regeln gelebt hatte, die zu einem guten Teil das geistliche Leben des Abendlandes beeinflussen sollten.

Aber die Geschichte Benedikts wäre nicht vollständig, wollte man nicht auch noch die seiner Schwester Scholastika erzählen. Auch sie weihte sich Gott. Jedes Jahr einmal besuchte sie ihren Bruder, oder besser gesagt, sie trafen einander in einiger Entfernung des Klosters. Bei einer dieser Begegnungen »richtete Scholastika folgende Bitte an ihn: ›Ich bitte dich, verlaß mich diese Nacht nicht, wir wollen bis zum Morgen ein wenig von den Freuden des himmlischen Lebens sprechen.‹« Benedikt lehnte dies ab, da er die Nacht nicht außerhalb des Klosters verbringen konnte.[14]

An jenem Tag war der Himmel klar und wolkenlos. »Als die heilige Frau vernahm, daß der Bruder ihre Bitte ausschlug«, fährt der Biograph fort, »legte sie die ineinandergeschlungenen Hände auf den Tisch und neigte den Kopf, bis er zwischen den Händen ruhte, dann betete sie zu Gott dem Allmächtigen.« Als sie sich wieder aufrichtete, tobten Blitz und Donner mit solcher Heftigkeit und fiel ein so sintflutartiger Regen, daß weder der ehrwürdige Benedikt noch die Brüder, die ihn begleiteten, den Fuß vor das Haus setzen konnten, wo das Treffen stattgefunden hatte . . . Benedikt sagte verwundert: »Gott der Allmächtige möge dir verzeihen, meine Schwester. Was hast du getan?« Und sie antwortete: »Nun, ich habe dich um etwas gebeten, und du hast mich nicht erhören wollen. Also habe ich zu meinem Herrn gebetet, und er hat mich erhört . . .« – »So kam es«, endet der Bericht, »daß sie die ganze Nacht zusammen wachten und sich durch fromme Gespräche über das geistliche Leben gegenseitig erquickten.«

Das Kloster Monte Cassino wurde im Jahr 577 nicht zum letzten Mal zerstört, auch in unserer Zeit tobten dort die erbittertsten Kämpfe des Italien-Feldzugs. Was jedoch nicht zerstört werden konnte, waren die Regeln, die der heilige Benedikt hinterlassen hat und durch die sich von Generation zu Generation die geistlichen Familien vermehrt haben. Ein Jahrtausend lang waren sie das Referenzwerk, die unerschöpfliche Quelle, auf die zurückgriff, wer sich über das monastische Leben informieren und es wieder aufleben lassen wollte. Ähnlich wie die natürliche Familie hatte auch die geistige ihre »Höhen und Tiefen«, bald war sie voller Kraft, bald geschwächt. Da sie noch gefährdeter war, mußte sie eine Festigung, ein Aufblühen fürchten, da diese eine Schwächung des Geistes, durch den allein sie tatsächlich lebte, nach sich ziehen könnten. Ihre Strukturen neigten unablässig dazu, sich zu verhärten, zu erstarren. Kein Wunder, daß die Geschichte der geistlichen Familien während des Mittelalters die Geschichte einer Folge von Reformen ist.

Wir haben gehört, wie viele irische Klöster die Regeln des heiligen Benedikt übernahmen. Sie setzten sich also in Europa mit der Verbreitung des Christentums im 6. und 7. Jahrhundert durch. Später, nach den schrecklichen Zerstörungen durch die Normannen im Norden und die Sarazenen im Süden, gab es kaum ein Kloster, das nicht einen Teil seiner Gebäude wieder aufbauen mußte. Hand in Hand mit der materiellen Zerstörung gingen mehr als nur einmal auch das vollständige Verschwinden oder zumindest eine ernste Schwächung der monastischen Familien.

Benedikt von Aniane hat auf Wunsch Karls des Großen und seines Sohns, Ludwigs des Frommen, Reformen eingeleitet, die im wesentlichen darin bestanden, überall, wo noch eine Abtei vorhanden war, die Regeln des heiligen Benedikt wieder einzuführen. Er selbst hatte bei Marseille an der Küste eine erste Abtei eingerichtet, die über einige Tochterklöster verfügte. Aber die beiden Kaiser hatten eine sonderbare Art, das Mönchstum wiedererstehen zu lassen, da gleichzeitig nämlich zahlreiche Beschlagnahmungen von Klöstern erfolgten, was der Wiederbelebung der Abteien nicht gerade förderlich war. Man könnte in diesen Maßnahmen sogar die Vorläufer der verschiedenen »Säkularisationen« sehen, die in späteren Perioden die »Erträge« der Kirche an die Herrscher fallen ließen. Die zweihundert Jahre, die auf den Tod Benedikt von Anianes im Jahre 821 folgten, waren durch ein Einbrechen der weltlichen Macht in die Abteien und in einzelne Kirchenbelange gekennzeichnet. Die Einflußnahme dehnte sich auf die gesamte Kirchenhierarchie aus, da sich bald auch der Papst den Kaisern auf Gedeih und Verderb ausgeliefert sah und von ihnen ernannt wurde. Genauso war auch der einfache Priester nicht mehr als ein vom Gutsherrn seines Ortes abhängiger Vikar.

Die zwei Geschwüre der Kirche, die Simonie, das heißt die Käuflichkeit von Kirchenämtern, und die zunehmende Zuchtlosigkeit – Priesterehe und Schlendrian in den Abteien –, machten das 10. Jahrhundert in erster Linie zu einem »Eisernen Zeitalter«.

Die Feudalzeit

Zu der Zeit, als das Papsttum seinen Niedergang erlebte, wuchs fast unbemerkt eine neue geistige Familie heran, die in der Geschichte der Christenheit eine überragende Stellung einnehmen sollte. Um das Jahr 910 stiftete Herzog Wilhelm von Aquitanien einem Abt namens Berno den alten Gutshof Cluny in der Nähe der burgundischen Stadt Mâcon für ein neues Benediktinerkloster. In einer Charta wurde festgelegt, daß es, im Unterschied zu den anderen Klöstern, direkt dem Papst unterstehen, das heißt, unabhängig von den Grundherren oder den lokalen Bischöfen sein sollte. Das war allerdings, wenn man die Situation des Papsttums zu jener Zeit bedenkt, keine Garantie dafür, daß die Mönche der Abtei fromm und streng nach den Regeln Benedikts leben würden. Es ist ohnehin fast unglaublich, daß zu einer Zeit, da das Papsttum vollständig verfiel und von der berühmten Marozia aus der Familie des Senators Theophylakt, die Rom in ihrer Gewalt hatte, beherrscht wurde, in Cluny der heilige Odo auf dem Abtstuhl saß, der neben Majolus und Odilo der erste der großen Äbte war, die nacheinander die Abtei leiteten. Daß im Kirchenstaat Wirren herrschten, war in der gesamten Christenheit bekannt, man ahnte jedoch nicht, daß in Burgund langsam und ganz im Sinne des heiligen Benedikt eine geistige Familie ohnegleichen im Entstehen begriffen war.

Auch sie hatte mit den Wechselfällen des Lebens zu kämpfen; so wurde Majolus bei einem Sarazenenüberfall als Geisel verschleppt. Die Sarazenen, die sich zu dieser Zeit in der Provence festgesetzt hatten, unternahmen von ihrem Schlupfwinkel La Garde-Freinet aus immer wieder Plünderungszüge in die Umgebung und verwüsteten das Land. Doch diese Geiselnahme hatte die Befreiung der Provence im Jahre 972 zur Folge, da Wilhelm von Aquitanien und sein Bruder Roubaud, gemeinsam mit dem Marquis von Turin, Harduin, zu den Waffen griffen, um den Abt von Cluny den Plünderern, die ein hohes Lösegeld gefordert hatten, zu entreißen. Dies leitete für das Land, dessen Abteien – allen voran die berühmte Abtei Saint-Victor in Marseille – zerstört worden waren, eine neue Blüte ein.

Die Amtszeit der Äbte Odo und Majolus währte fast das ganze 10. Jahrhundert, da der letztgenannte 994 starb. Mit seinem Nachfolger Odilo (994–1049) wurden die Bewohner der Abtei zu einer Familie.

Cluny besaß übrigens noch ein weiteres Privileg. Es durfte sich andere Klöster unterstellen, das heißt, es konnte ein Kongregationssystem schaffen, in dem andere Klöster die cluniazensische Reform übernahmen und sich damit als ein Tochterkloster von Cluny betrachteten. Auf diese Weise gab es bald ganze Ketten von Mutter- und Tochterabteien, und der Abt von Cluny verbrachte seine Zeit damit, die Zentren innerhalb der cluniazensischen Familie zu besuchen. Unter Odilos Nachfolger Hugo I. von Cluny (1049–1109) umfaßte der Orden tausendzweihundert Häuser, in der ursprünglichen Abtei Cluny in Burgund lebten mindestens siebenhundert Mönche. Die Abtei wurde vollständig wieder aufgebaut und besaß die größte Kirche der Christenheit – größer noch als der Petersdom in Rom –, in der die Gottesdienste mit aller Pracht gefeiert wurden. Auch eine Vielzahl anderer Meisterwerke, angefangen von den Handschriften aus dem *scriptorium* bis zu den liturgischen Gefäßen aus der Goldschmiedewerkstatt, entstanden in Cluny. Zur Zeit der höchsten Blüte von Cluny jedoch mußte Robert von Molesme feststellen, daß die Regeln des heiligen Benedikt zum Teil in Vergessenheit geraten waren – vor allem, was Benedikt über die manuelle Arbeit gesagt hatte –, und daß der Prunk die Schönheit der Liturgie zu ersticken drohte. Deshalb versuchte er 1098 eine erste Klostergründung in Cîteaux bei Dijon. Die Anfänge waren so mühselig, daß Robert seine erste Stiftung aufgeben mußte. Dem Abt Stephan Harding, der ihm nachfolgte, gelang es nicht, die erhoffte Anzahl an Adepten zu interessieren, und die Gemeinschaft schien nicht stark genug, um zu überleben. Doch durch Bernhard von Clairvaux und seiner Gefährten Ankunft im Jahr 1112 änderte sich die Lage schlagartig. Nacheinander wuchsen La Ferté, Pontigny, Morimond und vor allem Clairvaux, das von Bernhard im Jahre 1115 gegründet wurde, aus dem Boden. Bei Stephan Hardings Tod im Jahr 1134 zählte man achtzig Zisterzienserklöster und beim Tod Bernhards im Jahre 1153 bereits fünfhundertdreißig.

Diese neue monastische Familie brachte unter anderem wieder die manuelle Arbeit zu Ehren und erwies sich in technischen Dingen als überaus erfindungsreich. Die Klosterbrüder entwickelten nicht nur neue landwirtschaftliche Methoden, sondern fast schon industriell zu nennende Techniken, die jedes Kloster zu einer wahren »Fabrik« machten, mit intensiver Nutzung der Mühlen nicht nur um Mehl zu mahlen, sondern auch um Schmiedehämmer in Bewegung zu setzen oder um auf mechanische Weise Energie zu gewinnen, die zum Beispiel für das Zerreiben der Gerbrinde oder das Tuchwalken notwendig war.[15] Erstaunlicherweise finden wir die früheste Erwähnung einer Wassermühle im Zusammenhang mit dem heiligen Ursus in Loche, der als erster eine Mühle errichtet haben soll. Genauso waren es die Zisterzienser, die als erste die Produktion eines Klosters so systematisch organisierten, wie es sehr viel später die Manufakturen taten.

Andererseits verbreitete sich mit der Zisterzienserfamilie auch die Einrichtung der Konversenbrüder, die weder Mönche noch Geistliche waren, nicht die Priesterwürde anstrebten und auch nicht versuchten, sich zum Chorsänger ausbilden zu lassen, sondern die in der Sphäre des Klosters lebten, dort ihre geistige Nahrung fanden, verköstigt wurden und jene Arbeiten verrichteten, zu denen sie eben befähigt waren. Die Zisterzienser schufen übrigens eine neuartige Verwaltung: Ein Kontrolleur und der Abt der Mutterabtei überzeugten sich regelmäßig von den Zuständen in den Tochterklöstern, während in ebenfalls regelmäßigen Abständen die Mönche aller Abteien Vertreter zu einem Generalkapitel entsandten, das die nötigen Entscheidungen traf, entweder um die gemeldeten Mißstände abzustellen oder um andere Belange zu regeln. 1215 schrieb das Laterankonzil allen Orden die Einrichtung eines Generalkapitels vor.

Anfang des 13. Jahrhunderts tauchte eine neue Gattung geistiger Familien mit oft unerwarteten Verzweigungen auf.

Es war der Vater, *Abba*, auf den die Benediktregeln den Akzent legten. Aber es kam auch eine Zeit, im 13. Jahrhundert, da man vor allem von Brüdern sprach. Mit einem heiligen Franziskus, einem heiligen Dominikus nahm die geistige Familie das Wesen einer monastischen Familie an, in der man zusammentrat, um die administrative oder die Disziplinargewalt eher aufgrund einer allgemeinen Wahl als der natürlichen Hierarchie zu delegieren. Jeder der versammelten Brüder übte seine eigene Tätigkeit, die man als autonom bezeichnen könnte, aus, es sei denn, es handelte sich in erster Linie um ein Mönchsleben, das von den drei Gelübden – Gehorsam, Keuschheit und Armut – gekennzeichnet war und in dem der Dienst am Herrn den Hauptinhalt bildete. Aber die Organisation wurde flexibel gehandhabt, vor allem erfolgte sie außerhalb des Klosters, in dem die Brüder lebten, da ja alle das Evangelium verkünden sollten. Vor allem die Dominikaner waren gehalten, zugleich ihr Wissen zu vertiefen und die Lehre zu verbreiten. Was die Minoritenbrüder betraf, so war das hehre Beispiel des Franz von Assisi, sein vollständiger Verzicht auf alle irdischen Güter, einerseits Ermunterung zur Heiligkeit, andererseits verwirrte es alle jene, die eine straffere Organisation, eine stärkere Leitung suchten. Jedenfalls waren die neuen Typen geistiger Familien sehr charakteristisch für eine Zeit, in der das städtische Leben an Bedeutung gewann. Franziskaner und Dominikaner zogen von einem Markt und Dorf zum anderen, wobei die letzteren gern in die Universitätsstädte gingen, wie Paris, Oxford oder Bologna. Sie waren ständig in Bewegung, auf Reisen, im Gegensatz zu den Benediktinern, von denen man Beständigkeit forderte, aber auch sie mußten sich dem Rhythmus der Jahreszeiten beugen und der Notwendigkeit, von einem Stück Land, einem Gutsbesitz zu leben.

Der Familiencharakter war bei Franziskanern und Dominikanern zwar nicht so deutlich ausgeprägt, aber sie erlebten außerhalb der Klostermauern eine überraschende Vermehrung, da sich um diese beiden Bettelorden sogenannte »Dritte Orden« bildeten, das heißt Vereinigungen von Laien, die sich ihnen spirituell anschlossen. Die Bezeichnung Dritter Orden erfolgte, da als »Zweite Orden« die der Frauen bezeichnet wurden. So etwa gab es die Klarissinnen oder Armen Frauen, ein vom heiligen Franziskus gegründeter Orden, oder die Dominikanerschwestern, die sogar noch vor dem Orden der Predigerbrüder auf Initiative des heiligen Dominikus entstanden. Die Dritten Orden waren also dem Hauptorden unterstellte Laiengruppen, bestehend aus verheirateten Männern und Frauen, die hier ihre spirituelle Nahrung fanden und Gelegenheit hatten, tätige Nächstenliebe zu üben.

Mit der Schaffung der Dritten Orden erfolgte die vollständige Verschmelzung zwischen leiblicher und geistiger Familie. Sie durchdrangen einander und versuchten nach Kräften, sich gegenseitig zu stärken.

Dazu sei noch bemerkt, daß sich alle Varianten und Eigentümlichkeiten des Familienlebens auch in der Heiligkeit wiederfanden: die Vater- beziehungsweise Mutterfunktion, die im Leben der Abteien einen so wesentlichen Aspekt darstellte, das »brüderliche Leben«, das heißt das Leben der Brüder und Schwestern Seite an Seite, obwohl sie ganz verschiedenen Tätigkeiten nachgingen – und schließlich und vor allem die Befruchtung, die Erweckung neuer Seelen durch Spiritualität und inbrünstigen Glauben, die Erweckung junger Triebe, die aus ein und demselben Stamm sprossen wie die Schößlinge des Ölbaums, mit denen der Psalmist die glückliche Familie verglich.

V. Mystisches Leben und »Mittlerer Weg«

Es gibt sehr viele bedeutende Heilige, deren Leben zu erzählen den Rahmen des vorliegenden Werkes sprengen würde. Erfreulicherweise kann aber der Leser auf eine Vielzahl von Arbeiten zurückgreifen, die ihre Viten wiedergeben.

Sie betreffen Ordensgründer und große Reformer, die in den Jahrhunderten des Mittelalters das Leben der Kirche kennzeichneten. Es hieße, ihnen nicht gerecht zu werden, wenn man Bernhard von Clairvaux, Franz von Assisi, die heilige Klara, den heiligen Dominikus, Norbert von Xanten, Gründer der Prämonstratenser, Stephan von Thiers, Gründer der Grammontenser, oder gar den heiligen Bruno, der die Gemeinschaft der Kartäuser ins Leben rief, in wenigen Zeilen oder auch auf einigen Seiten abhandelte. Wenn wir dem Wirken Martins, Patricks und Kolumbans so viel Raum gewidmet haben, dann darum, weil sie Pioniere waren und weil die Wege, die sie aufzeigten, in der Folge viele andere bewogen, es ihnen gleichzutun. Was wir über den heiligen Benedikt gesagt haben, wird vielleicht niemanden befriedigen, denn sein Einfluß, der anläßlich der Säkularfeier seines Geburtstages im Jahr 1980 ins rechte Licht gesetzt wurde, war nicht nur im Mittelalter tiefgreifend, sondern ist es bis in unsere Zeit hinein geblieben.

Die Auswahl, die unter so vielen herausragenden Gestalten zu treffen war, konnte auf alle Fälle nur eine willkürliche sein. Wir wollen vor allem jene heiligen Frauen und Männer vorstellen, deren Leben etwas über ihre Zeit aussagt, uns die Grundzüge einer Gesellschaft enthüllt und innerhalb dieser Gesellschaft das Tun und die Reaktion der Kirche als Gemeinschaft der Getauften, die den Keim des Evangeliums verwahrt und die über die Strukturen verfügt, um diesen Keim Früchte tragen zu lassen.

Hildegard von Bingen

Ein Bild von ihr, so unvollständig es auch sein mag, kann nicht entworfen werden, ohne zumindest mit einigen Worten auf die innerste und verborgenste Seite jeder Heiligkeit, also das mystische Leben bevorrechteter Menschen und ihre Vereinigung mit Gott, einzugehen. Letztere läßt, sozusagen wie durch den Spalt eines Vorhanges blitzend, den Widerschein der Verklärung Christi erkennen. Diesen Eindruck jedenfalls vermitteln bestimmte Abschnitte aus den Visionen der Hildegard von Bingen, für die man sich dank der Übersetzung ihres letzten Werkes *Buch der göttlichen Werke*[1] ins Französische in jüngster Zeit auch in Frankreich zu interessieren begann, zählt sie doch zu den großen Äbtissinnen der Feudalzeit, mit denen man sich noch intensiver als bisher beschäftigen sollte. Viele von ihnen waren aufgrund der riesigen Ländereien, die sie verwalteten, von großer historischer Bedeutung, wie etwa die Äbtissinnen von Las Huelgas in Spanien oder die der bedeutenden deutschen Abteien Gandersheim, Quedlinburg und vieler anderer mehr. Auf Hildegard einzugehen, ist nicht nur wegen ihres – übrigens vielseitigen – Wirkens unumgänglich, sondern auch wegen ihrer Gedankenwelt und ihrer Offenbarungen, die zu einigen der merkwürdigsten und großartigsten Miniaturmalereien eines an solchen Kleinoden nicht gerade armen Jahrhunderts angeregt haben.

Bei Hildegard handelte es sich nicht mehr um eine Königin, Prinzessin oder Lehensherrin, die auf ihre irdischen Güter verzichtete, um sich dem Klosterleben zu weihen, sondern vielmehr um eine einfache kleine Nonne, eine Ordensfrau »wie die anderen auch«, die – als zehntes Kind – einer Familie niederen Adels entstammte und in dem von irischen Mönchen gegründeten Kloster Disibodenberg, in dem sie erzogen wurde, blieb. Hildegard schrieb übrigens später über das Leben des heiligen Disibod und sein Doppelkloster, das sie 1150 verließ, um bei Bingen auf dem Rupertsberg eine Frauengemeinschaft zu gründen. Ihr ganzes Leben verbrachte sie am Rhein, und nichts an ihr hätte die Aufmerksamkeit auf sich gelenkt, wäre da nicht ihr besonderes Wesen gewesen: »Eine große Persönlichkeit, ein großes Werk in einem großen Jahrhundert«[2] schrieb Bernard Garceix. Die 1098 Geborene – die ersten Kreuzritter waren zwei Jahre zuvor zur Befreiung Jerusalems, das sie ein Jahr später einnahmen, aufgebrochen – starb am 17. September 1179. Ihr Leben umfaßte also den größten Teil des Jahrhunderts, das man eines Tages wohl als eines der fruchtbarsten unserer europäischen Geschichte wird anerkennen müssen.

Hildegards gesamtes Werk und seine außerordentliche Wirkung beruhen auf ihrem kontemplativen Leben. Dieses Leben war mit Sicherheit entscheidend von der Bibel, von der sie wie alle ihre Zeitgenossen und besonders diejenigen, die in den Klöstern lebten, erfüllt war, geprägt. Man hat sich wohl manchmal ein falsches Bild von ihr gemacht, da sie sich selbst als unwissend bezeichnete. Dabei war ihr jedoch jene geistige Kultur eigen, die in allen Nonnenklöstern im verborgenen blühte, da sie nicht nur religiöse Zentren, sondern auch Brennpunkte des kulturellen Lebens waren. Aber Hildegards Werk ging in Gehalt und Bedeutung über die selbst in Klöstern üblichen Kenntnisse weit hinaus, und die kraftvoll-poetische Sprache, derer sie sich bediente, verlieh diesem Werk einen unverwechselbaren Ton. Hildegard erklärte, daß ihr alles aus übernatürlichen Visionen zukam, die sie seit ihrer frühen Kindheit hatte. Doch erst 1141, im Alter von dreiundvierzig Jahren, begann sie, diese Visionen in mehreren Werken aufzuzeichnen. Das erste waren die *Scivias* (Erkenne die Wege des Herrn), das letzte, begonnen 1163, *Das Buch der göttlichen Werke*. Die wichtigste Handschrift, in der uns dieses kostbare Erbe überliefert wurde, war das wertvollste Stück der Bibliothek von Wiesbaden. Sie verschwand zwar 1945 in den Wirren des Zweiten Weltkrieges[3], doch wird eine hervorragende Kopie ihrer fünfunddreißig Miniaturen im Kloster Eibingen aufbewahrt. Desgleichen ist auch das *Buch der göttlichen Werke* in drei Handschriften erhalten, von denen sich eine in Gent, die zweite in Troyes und die dritte – reich illustriert – in der Bibliothek von Lucca befindet.[4]

Die Visionen Hildegards – und auch das ist typisch für ihre Zeit – waren sehr bildhaft und farbig formuliert. Um eine Vorstellung von diesem Werk zu geben, sei der Anfang einer ihrer Visionen aus den *Scivias* zitiert: »Ich, ein Mensch, der ich nicht glühe nach Art der starken Löwen, noch auch durch ihren Unterricht belehrt wurde, sondern in der Zartheit der gebrechlichen Rippe verblieb, *sah*, durchweht von geheimnisvollem Hauch, ein helleuchtendes Feuer, ein Feuer, das unbegreiflich, unauslöschlich, ganz lebendig, ganz Leben war. Dieses Feuer trug in sich eine Flamme von eherner Farbe, die mit sanftem Wehen glühend brannte. ... Jetzt blitzte die Flamme auf, wurde weißglühend, und siehe, da enstand plötzlich eine dunkle Luftkugel von gewaltiger Größe. Auf sie zuckte die Flamme mehrmals hin, und jedesmal sprühte ein Funke hervor. Dadurch wurde die Kugel zur Vollendung geführt. Himmel und Erde leuchteten in voller Gestaltung auf. Nun streckte sich die Flamme, die inmitten des Feuers glühend brannte, nach einem kleinen Klumpen lehmiger Erde aus, der auf dem Grunde der Luftkugel lag. Sie erwärmte ihn, und er wurde zu Fleisch und Blut; sie hauchte ihn an, und er richtete sich auf als ein lebendiger Mensch. Nachdem dieses geschehen, reichte das leuchtende Feuer durch die Flamme, die mit sanftem Wehen glühend (in ihm) brannte, dem Menschen eine blendendweiße Blüte, die an der Flamme haftete wie der Tau am Grashalm hängt. Der Mensch nahm ihren Duft mit der Nase wahr. Aber er kostete sie nicht mit seinem Munde und berührte sie nicht mit seinen Händen. Er wandte sich von ihr ab und stürzte in undurchdringliche Finsternis, aus der er sich nicht erheben konnte. ... Doch nun gingen in der Dunkelheit drei große Sterne in gemeinsamem Glanze auf. ... Aber auch auf der Erde erschien ein Licht und erglühte wie das Morgenrot. In dieses ergoß sich auf wundersame Weise die Flamme, doch ohne sich von dem obengenannten leuchtenden Feuer zu trennen. ... Darauf sah ich, wie aus dem Glanze des Morgenrotes ein Lichtmensch hervorging, der sein Licht gegen die obenerwähnte Finsternis ergoß, aber von ihr zurückgestoßen wurde. Blutrot und dann erbleichend führte er darauf einen so mächtigen Schlag gegen die Finsternis, daß der andere Mensch, der (ohnmächtig) in ihr darniederlag, davon emporgezogen, aufrecht und mit Licht umkleidet, aus der Finsternis hervorging. ... Und aus dem lebenden Feuer erscholl eine Stimme, die zu mir sprach: Gebrechliche Erde, als Weib unerfahren in jeglicher Lehrweisheit fleischlicher Wissenschaft. Du verstehst nicht, Schriften zu lesen wie gelehrte Männer. Du bist einzig berührt von meinem Lichte, das dein Innerstes durchglüht wie eine brennende Sonne. Rufe und künde und schreibe diese meine Geheimnisse, die du siehst und hörst in geheimnisvoller Schau«.[5]

In diesem Text ist ohne Mühe eine Evokation der Schöpfungs- und Heilsgeschichte zu erkennen. So ist das ganze Werk Hildegards eine Art poetische Kosmologie, ein kosmischer Roman, in dem die Geschichte des Menschen dargelegt wird, an den sich jene innere Kraft wendet, die aus ihr zu ihm spricht: »Ziehe aus den alten Wandel der Ungerechtigkeit, und lege an die neue Gnade der Heiligkeit, denn der Eingang zu deinem Erbe ist dir erschlossen.«[6] Der Text enthält eine Vielzahl von Bildern, wie das eines riesigen runden Turms: »Darauf sah ich einen großen, runden Turm. Er bestand aus einem einzigen weißen Stein. Oben hatte er drei Fenster. Aus ihnen blitzte ein Glanz, so hell, daß in seinem lichten Widerschein sogar das sich wie zu einem Kegel emporwölbende Dach des Turmes klarer hervortrat. Herrliche Smaragde schmückten die Fenster ringsum.«[7] oder: »Danach sah ich ein überhelles Licht und darin eine saphirblaue Menschengestalt, die durch und durch im sanften Rot funkelnder Lohe brannte. Licht und Lohe durchfluteten einander gänzlich. Und (beide), das helle Licht und die funkelnde Lohe, durchfluteten ganz die Menschengestalt, (alle drei) als eine einzige Lichtfülle wesend in *einer* Kraft und Macht«, eine Dreifaltigkeitsvision von besonderer Eindringlichkeit.[8]

Diese aufeinanderfolgenden und sich entwickelnden Visionen sind vermutlich am vollständigsten und fesselndsten im *Buch der göttlichen Werke* zusammengefaßt. Sie bringen eine erstaunlich moderne Vorstellung zum Ausdruck, und zwar die einer Welt, deren Schöpfung ständig weitergeht und die durchdrungen ist von »kosmischen Kräften als Widerschein der göttlichen Geheimnisse, unerschöpflicher Wunder«. Der Mensch erscheint darin wie ein Mikrokosmos, in dem sich die Rhythmen der Zeit ebenso wiederholen wie die Phänomene des Raumes, als das Geschöpf einer mächtigen Wesenheit wie die Schöpfung selbst, deren gesamte Geschichte die Geschichte ihrer Beziehungen zu ihrem Schöpfer ist. Es ist ein Werk mit konkreten Aussagen und mit Visionen von seltener Präzision. Folgender Auszug mag einen Eindruck davon geben:

»Und so geschah es: Im sechsten Jahr, nachdem die eine wahre Schau des nie erlöschenden Lichtes mir, einem zuhöchst unwissenden Menschen, wunderbare und wahrhaftige Schauungen, die Unterschiedlichkeit der verschlungenen menschlichen Verhaltensweisen betreffend, dargeboten hatte, eine Arbeitslast von fünf Jahren, da wurde dies zum ersten Jahr, zum Anbruch der hier vorliegenden Schauungen. Also, als ich in meinem fünfundsechzigsten Lebensjahr stand, schaute ich eine Vision von solch hoher Geheimnis- und Machtfülle, daß ich in meinem ganzen Sein erbebte und daher, infolge der Gebrechlichkeit meines Körpers, krank zu werden begann. Diese Vision nun, endlich nach siebenjährigem Schreiben, konnte ich sie mit Mühe zum Abschluß bringen. Demnach im elfhundertdreiundsechzigsten Jahr der Fleischwerdung des Herrn, als die Bedrückung des apostolischen Stuhles noch nicht behoben war, unter dem römischen Kaiser Friedrich, geschah der Anruf vom Himmel her an mich.«[9]

Das war, kurz skizziert, das Leben Hildegards. Obwohl von schwacher, kränkelnder Konstitution, erreichte sie ein Alter von etwas mehr als achtzig Jahren. Sie nahm alles, was rund um sie und in der damals bekannten Welt vorging, genau wahr – denn sie war keineswegs nur immer in ihre Visionen »versunken«. Sie hörte nicht auf festzuhalten und aufzuzeichnen, was der Himmel ihr diktierte, unterstützt von ihrem getreuen Sekretär, dem Mönch Volmar, und, gegen Ende ihrer Tage, von einer jungen Nonne namens Richardis. In diesem letzten Lebensabschnitt arbeitete sie übrigens besonders intensiv, da sie durch ihre Heiligkeit und ihre Offenbarungen allenthalben bekannt geworden war. Sie stand mit den angesehensten Persönlichkeiten ihrer Zeit in Verbindung, wie Bernhard von Clairvaux, der auf einem Konzil öffentlich erklärte, daß man »ein so helles Licht nicht zum Schweigen verurteilen« dürfe, und den Päpsten Eugen III., Anastasius IV. (den sie mit den Worten: »O Mann, das Auge deiner Erkenntnis wird schwach, warum beseitigst du nicht die Wurzeln des Übels!« recht unverblümt tadelte) und Hadrian IV., dann mit dem englischen König Heinrich II. und vor allem mit den Kaisern, die damals gegen das Papsttum kämpften, wie Konrad III., und Friedrich Barbarossa. Man sah sie, »eine einmalige Erscheinung in der Geschichte des Abendlandes«, sogar in verschiedenen deutschen Städten – Köln, Trier, Metz, Würzburg, Bamberg – predigen und diese Predigten mehrfach wiederholen und das, darauf sei ausdrücklich hingewiesen, nicht in den Klöstern, sondern vor »der Geistlichkeit und dem Volk«.

Zu den Predigten und Schriften, die ihre Offenbarungen enthalten, wäre noch das musikalische Werk hinzuzufügen, das heute besser bekannt und sogar teilweise veröffentlicht ist.[10] Denn die Dichterin und Prophetin Hildegard bediente sich, um ihren Gedanken Ausdruck zu verleihen, auch der Reichhaltigkeit des liturgischen Gesangs, dem sie große Bedeutung beimaß: »Diejenigen, die in den Kirchen den gewohnten Gesang zu Gottes Ehre zum Verstummen bringen, verdienen es nicht, im Himmel den wunderbaren Chor der Engel zu vernehmen, die den Herrn preisen!«

Sie stand in Briefwechsel mit Elisabeth von Schönau im Bistum Trier, einer anderen Heiligen und Mystikerin, die sie führte und gleichzeitig förderte. Das macht ausreichend deutlich, welchen Rang sie in der großen geistigen und theologischen Strömung und in dem so sehr dem Mystischen zugewandten Leben des 12. Jahrhunderts einnahm.

In Frankreich war es das Jahrhundert der Schule des heiligen Victor, eines Hugo, eines Richard, eines Adam – alle auch heute noch kaum bekannt trotz der oft sehr beachtlichen Arbeiten, die ihnen gewidmet wurden, Zeugen der Heiligkeit einer Epoche, die in ihrer Gedankenwelt ebenso zum Ausdruck kam wie in der Literatur, den Künsten oder der Architektur.

Wir wollen jetzt ins nächste Jahrhundert, in ein ganz

anderes Milieu mit anderem Lebensstil überwechseln und uns mit einer weiteren Heiligen beschäftigen, die sich auf ähnliche Weise mit Gott vereint fühlte. Auch sie erlebte Ekstasen, die aber nichts gemein hatten mit den lichten Visionen der deutschen Nonne, was erkennen läßt, wie unendlich verschieden die Heiligen in den einzelnen Epochen und Gegenden waren.

Im vorliegenden Fall begeben wir uns in die Gegend der Provence, genauer gesagt in die Stadt Marseille, wo man mit einer solchen Gestalt niemals rechnen würde.

Der »Mittlere Weg«

Wenn es ein Frauenantlitz gibt, das die Geschichte der Kirche im 13. Jahrhundert und auch noch später zu erleuchten vermag, dann ist es gewiß das der heiligen Douceline.

Sie wurde 1214 im provenzalischen Digne geboren, im Geburtsjahr Ludwigs des Heiligen, das die Historiker vor allem als das Jahr des Sieges von Bouvines (Sieg des französischen Königs Philipp II. August über die Engländer, Flandrer und den deutschen Kaiser Otto IV., Anm. d. Ü.) festgehalten haben. Ihr Vater, Berengar von Digne, und ihre Mutter, Huguette von Barjols, gehörten dem gehobenen Mittelstand ihrer Städte an. »Sie lebten gerecht und redlich gemäß ihrem Stand, hielten die Gebote Gottes in Ehren, nahmen sich voller Mitleid und Erbarmen der Armen an, pflegten in ihrem Haus Kranke und Leidende und gaben ihnen freizügig und mit großer Anteilnahme von ihrer Habe, indem sie für fromme Werke aufwendeten, was Gott ihnen schenkte.« So heißt es im *Leben der heiligen Douceline*, das kurz nach ihrem Tod im Jahr 1297 in provenzalischer Sprache[11] geschrieben wurde.

Man kann sich das Leben dieser sicher vermögenden Kaufmannsfamilie gut vorstellen, die aus Gottesfürchtigkeit stets zu teilen bereit war, obwohl sie der sogenannten Händlerbourgeoisie angehörte, die damals, im 13. Jahrhundert, durchaus wohlhabend war. Vergessen wir nicht, daß noch im 15. Jahrhundert die italienischen Kaufleute mit ihrem unübertroffenen Geschäftssinn in ihren Ausgabenbüchern an erster Stelle den Posten *Messer Dio* eintrugen, was bedeutet, daß dieser Teil ihres Budgets für Almosen bestimmt war. Machte ein Kaufmann Bankrott, so wurde zuerst der für Almosen vorgesehene Betrag abgezogen, da er tatsächlich als Schuld gegenüber den Armen galt.

Die Familie hatte drei Kinder, Douceline und noch zwei Söhne, von denen einer später heiratete und Vater zweier Töchter wurde. Der andere, Hugo, meist Hugo von Barjols genannt, wurde Franziskaner und kam eines Tages ebenfalls zu Ruhm. Joinville erzählt in seinen Erinnerungen, wie beeindruckt König Ludwig der Heilige und er selbst von einer Predigt des Hugo von Barjols gewesen waren, und daß der König beharrlich versuchte, ihn an den Hof mitzunehmen, was der Franziskaner mit den Worten: »Ein Mönch gehört in sein Kloster, so wie ein Fisch ins Wasser«, rundweg ablehnte. Er galt als ein heiliger Mann, obwohl er sehr wahrscheinlich den irrigen Anschauungen und der verworrenen Lehre des Joachim von Floris anhing. Sein Leben als Ordensmann war jedoch untadelig und sein Einfluß auf seine Schwester Douceline ganz und gar positiv.

Diese führte mit ihren Eltern zunächst in Digne und danach in Barjols ein gottesfürchtiges Leben. Als ihre Mutter starb, nahm sie gegenüber den Armen und Notleidenden deren Stelle ein und verbrachte ihre Nächte im Gebet. Nachdem sie auch ihren Vater verloren hatte, führte sie ein noch strengeres Leben in Buße und Gebet als zuvor. Während ihr Bruder Hugo in Paris weilte, hielt sie sich vorübergehend bei den Klarissinnen in Genua auf und kehrte dann nach Barjols zurück. Eines Tages begegnete sie nach einem Besuch im

Hospital zwei schwarzgekleideten Damen, deren Gesichter von weißen Schleiern verhüllt waren. Auf ihre Frage sagten sie zu ihr, sie gehörten dem Orden an, der Gott gefalle, und fügten hinzu: »Nimm diesen Schleier und folge uns!« Dann verschwanden sie. Da wußte die Heilige durch göttliche Eingebung – so steht es in dem nach ihrem Tod verfaßten *Leben* – welchen Weg einzuschlagen sie ihr befahlen. Als ihr Bruder Hugo zurückkehrte, erzählte Douceline ihm von ihrer Vision, und dem Franziskaner wurde klar, daß sie das Leben führen sollte, auf das die beiden Frauen angespielt hatten: nicht das einer Klosterfrau, sondern ein weltliches, aber im schwarzen Gewand einer Büßerin, mit weißem Schleier. Sie nahm also, wie es in dem auf provenzalisch geschriebenen *Leben* heißt, einen besonderen *estamen*, eine Sonderstellung ein, nicht Nonne, sondern Begine, wie sie übrigens ein wenig später in Hyères bezeichnet wurde. Bei einer Predigt ihres Bruders weihte sie ihre Jungfräulichkeit dem Herrn. Zahlreich waren die von Hugo von Barjols bewirkten Bekehrungen, und zahlreich unter den Bekehrten waren auch die Frauen und jungen Mädchen, die nach dem Vorbild Doucelines beschlossen, ein Gott geweihtes, aber weltliches Leben zu führen, also den Weg »der Buße und Rechtschaffenheit« einzuschlagen. Einhundertdreißig von ihnen gelobten, unberührt zu bleiben, achtzig legten das Keuschheitsgelübde ab. Douceline fügte für sich noch das Armutsgelübde hinzu, während Bruder Hugo ihre Gefährtinnen in keiner Weise dazu drängte, ebenfalls dieses Gelübde abzulegen. Er empfahl ihnen eine »mittlere Armut«, das zu behalten, was sie zum Leben benötigten, und Almosen zu spenden.

Eines Tages hatte Douceline eine Vision, sie sah einen »puy«, eine runde Hügelkuppe, mit einem eingezäunten Liliengarten. Die Leute, die in der Nähe wohnten, kamen dorthin, um am Zaun zu beten, aber nur Douceline durfte in den Garten eintreten und bei der darin thronenden Gottesmutter weilen. In der Tat scharten sich viele Frauen um Douceline, der Ekstasen, Visionen und mystische Zustände zuteil wurden, die von den Frauen, die zugegen waren, überwacht und danach bestätigt wurden. Zahlreiche Beginen lebten in Roubaud bei Marseille, andere später auch in Hyères. Aber, wie Douceline selbst schrieb, »besitzen alle anderen heiligen Orden das Band einer Regel, die Beginen jedoch verbindet nur die Nächstenliebe«. Ihr ganzer Lebensinhalt waren Buße, Gebet und wohltätige Werke, ohne bestimmte Regeln: »Sie lebten in großer gegenseitiger Nächstenliebe, und alle liebten einander allein in Gott; sie ehrten und erfüllten die heiligen Gebote, übten alle guten Werke der Gottesfurcht und Nächstenliebe und verwendeten so ihre Zeit zum besten.« Da es Douceline nicht genügte, als Büßerin zu leben, wählte sie unter den Beginen von Roubaud eine Priorin, der sie Gehorsam gelobte. Immer häufiger fiel sie in Ekstase, und diejenigen, die mit ihr lebten, mußten über sie wachen und sich ihrer annehmen.

Als Douceline von 1250 bis 1257 in Marseille lebte, machte die Stadt eine bewegte Zeit durch, denn sie hatte versucht, sich von der Oberhoheit Karls von Anjou zu befreien. Nach einigen Unruhen, die das Leben für die Beginen wie für die übrige Bevölkerung schwierig gestalteten, starb Hugo von der Provence. Da die Beginen von Roubaud Gefahr liefen, sich zu zerstreuen, wandte Douceline sich an Bruder Joscelin, den Vorsteher des Klosters der Minderen Brüder in Marseille[12]. Er übernahm ihr gegenüber die Nachfolge Hugos und schützte die Beginen. Dann schaltete sich Johannes Buralli von Parma ein, der Generalminister der Minderen Brüder, und kam persönlich nach Marseille, um sich von der Berufung der Asketin zu überzeugen, segnete sie und bestätigte sie in der Stellung, dem *estamen*, die sie gewählt hatte.

Nachdem sich Marseille um 1255 Karl von Anjou unterworfen hatte, herrschten wieder Ruhe und Ordnung. Karls

Gemahlin, die Gräfin Beatrice von der Provence, war gerade guter Hoffnung, aber eine schwierige Schwangerschaft ließ sie für die Niederkunft das Schlimmste befürchten. Dreimal träumte sie von einer wie eine Begine gekleideten Frau, die sie, begleitet von zwei anderen, besuchte, überaus gütig mit ihr redete und ihr versprach, daß sie selbst und das Kind, das sie unter ihrem Herzen trug, der Gefahr entgehen würden. Auf der Gräfin inständige Bitten hin ließ Karl von Anjou in seinen Provinzen nach derjenigen suchen, die diese Frau sein könnte.

Da hörte er von Douceline und den Beginen von Roubaud, »und als er erfuhr«, so steht es im *Leben* der Douceline geschrieben, »daß sie die Schwester des Mönchs Hugo von Digne war, und er von ihren Tugenden und ihrer Demut vernahm, erfaßte ihn große Ehrfurcht vor ihr, und er sandte jemanden aus, sie zu holen. Sofort erkannte die Gräfin in ihr jene Frau wieder, die sie im Traum gesehen hatte, und war voller Zuversicht, daß sie dank ihrer Gebete alles gefahrlos überstehen würde, und ließ sie nicht mehr gehen.«

Der Traum, den sie gehabt hatte, erfüllte sich tatsächlich, und »nachdem die Heilige mit größter Inbrunst zu beten begonnen hatte, brachte die Gräfin durch die Gnade Gottes eine Tochter zur Welt. Der Graf und die Gräfin wollten, daß Douceline die Patin sei, ließen das Kind taufen und machten sie, da sie sie hochachteten, zu ihrer Gevatterin. Die Mutter zweifelte nicht daran, daß, wie in ihrem Traum prophezeit, durch Douceline Gott sie vor dem Tode bewahrt hatte; der Graf glaubte es ebenfalls und sein ganzer Hof auch, und«, fügt das *Leben* hinzu, »ihr zuliebe erwies der Graf jedem Orden der Minderen Brüder sein Wohlwollen«, nachdem er bis dahin einen handfesten Groll gegen sie gehegt hatte. »Und so geschah es«, schließt das *Leben*, »daß dieser große Zorn des Grafen, den weder Macht noch Weisheit der Menschen zu besänftigen vermochte hatte, durch die Einfalt der demütigen Douceline besänftigt wurde.«

Wie lebten nun die Beginen in dem Haus in Roubaud oder da, wo sie weiterhin wohnen blieben? Douceline lehrte sie zu beten und die Leidensgeschichte Christi zu beweinen. »Alle Christen«, sagte sie, »sind gehalten, zumindest einmal am Tag der Leiden des Herrn zu gedenken; niemals dürfen wir seine Wohltaten vergessen, sondern müssen stets den Tod Jesu Christi in unserem Herzen tragen, weshalb wir wie Witwen unser Haupt bedecken.« Ihr Dasein war bestimmt von guten Werken, Gottesfurcht und tätiger Nächstenliebe, aber wir wissen nichts Näheres darüber. Douceline legte vor allem Wert auf Demut. Als eine Begine zu ihr sagte: »Alle Welt verachtet uns, und die Menschen schätzen unseren Stand sehr gering«, antwortete sie: »Ich betrachte es als Ehre und Ruhm, als Freude und Krönung, daß die Welt uns gering achtet und die Menschen auf uns herabsehen.«

Sie widmete sich der Krankenpflege, und in den Häusern an der Straße, wo die Beginen wohnten, wurden die Armen, die dort anklopften, aufgenommen und beherbergt.

Eines Tages begegnete Douceline, von der Kirche kommend, einem Armen, der große Schmerzen litt, da sein Körper mit Wunden bedeckt war. Sie säuberte die Verletzungen, wusch die Wunden und brachte ihn drei Tage lang in einem Nachbarhaus unter, wo er auch verköstigt wurde. Doch am dritten Tag war der Arme verschwunden. Am Kopfende seiner Lagerstatt vor dem Fenster stand alles völlig unverdorben, was man ihm an Essen gebracht hatte. Trotz intensiver Suche blieb der Kranke jedoch unauffindbar, und die Beginen sagten aus, daß in der letzten Nacht über dem Garten, auf den sein Fenster ging, ein helles Licht gelegen habe. »Der ganze Garten schien zu brennen, so als habe man viele Strohfackeln entzündet«, heißt es im *Leben*.

Douceline übte nicht nur Barmherzigkeit, sondern betete auch sehr viel, und ihre Gefährtinnen sahen sie fast täglich in Verzückung geraten, »denn obwohl sie eine einfache Frau ohne Bildung war, erhob unser Herr sie in die erhabenen Höhen der Versenkung in sein Wort und seine Werke«. Mehrere Zeugen, so weiß das *Leben* zu berichten, unter ihnen hohe Herren wie der adelige Grundherr des Schlosses Cuges oder Karl von Anjou höchstpersönlich, bestätigten, sie in Ekstase gesehen zu haben, über dem Boden in der Luft schwebend, so daß man ihr die Fußsohlen küssen konnte. »Wenn sie aus einem solchen Zustand der hochgradigen Verzückung wieder zu sich kam, war sie schwach, gut zu allen, überzeugte sich pflichtbewußt vom Zustand des Klosters, erkundigte sich, ob alles in Ordnung sei, unterrichtete sich sogar über die geringsten Dinge, als ob ihr nicht soeben die wunderbarsten Gnaden unseres Herrn zuteil geworden wären«, berichtete Fra Salimbene, ein berühmter Zeuge und Verfasser einer sehr bekannten Chronik.

»Gott schenkte ihr die besondere Gnade der Verzückung, wie es die Minderen Brüder mehrere Male in ihrer Kirche gesehen haben. Stützte ihr jemand den Arm? Von früh bis spät hielt sie ihn erhoben und ging ganz in Gott auf.« Einmal betrat sie am Tag vor Himmelfahrt nach einer langen Verzükkung das Dormitorium und durchmaß es von einem Ende zum anderen, singend, »als schreite sie in einer Prozession«. Die anderen Beginen, die sie vernahmen, glaubten die himmlischen Chöre zu hören.

Die heilige Douceline war stark vom Einfluß der Franziskaner geprägt. Sie sagte, sie habe das Gewand Unserer Lieben Frau angelegt, so wie der heilige Franziskus das Gewand des Herrn getragen habe, »denn die Heilige Jungfrau«, fuhr sie fort, »war die erste Begine«. Wie der heilige Franziskus sprach sie von der heiligen Armut und schenkte ihre besondere Aufmerksamkeit der Weihnachtskrippe, die in der Provence bald allenthalben verehrt wurde und sich nach wie vor großer Beliebtheit erfreut. Noch heute gibt es die auf die Fertigung der kleinen Krippenfiguren spezialisierten Handwerker, und in Marseille wird alljährlich eine eigene Messe, die Krippenfigurenmesse, abgehalten, damit Gemeinden und Familien ihre Krippen mit weiteren Figürchen, dem Müller und der Bäckerin, der Fischfrau und dem Holzfäller, ausstatten können.

Das mystische Leben der Douceline war jedoch nicht nur goldene Legende und eine Folge spektakulärer Visionen: Eines Tages erblickte sie beim Altarsakrament Christus, »sie sah ihn bis zu den Hüften unbekleidet, die Arme vor der Brust gekreuzt, den Blick voller Güte, aber sein Fleisch war bleich und ganz mit Wunden bedeckt, die Hände und eine Seite waren durchbohrt; von heftigstem Schmerz erfaßt, sagte sie zu ihm: ›Wie kommt es, Herr, daß Ihr so ausseht?‹ Und Er antwortete ihr traurig: ›Es sind jene, die ich liebe und die ich so sehr geliebt habe, meine eigenen Freunde, die mich in dieser Weise zugerichtet haben.‹«

Die heilige Douceline starb am Abend des 1. September 1274, an einem Mittwoch um die Stunde der Komplet. Seit Mariä Himmelfahrt, dem 15. August, hatte sie eine Ekstase nach der anderen erlebt, nach acht Tagen bekam sie Fieber und fühlte sich immer schlechter. Die anderen Beginen versammelten sich um sie und beteten für ihre Genesung, und auch die Franziskanermönche umstanden ihr Lager. Als sie merkten, daß keine Hoffnung mehr bestand, sagten sie zu ihr: »Dame Douceline, wem hinterlaßt Ihr Eure Kinder?« Sie antwortete: »Dem Herrn und unserem Orden.« Da fragten sie sie weiter: »Aber wessen Obhut vertraut Ihr sie an?« Darauf antwortete sie: »Unserem Herrn und dem heiligen Franziskus.« Dann sagten sie zu ihr: »Mutter, wer soll Euren Platz einnehmen?« Sie antwortete: »Der Heilige Geist wird dafür sorgen . . .« Am siebten Tag ihrer Krankheit ging ihre Seele in den Frieden Gottes ein, und sie beschloß ihr Leben in einer Ekstase, die drei Tage und drei Nächte dauerte. Viele Menschen kamen, um sie zu sehen. Von überallher strömten sie herbei, wollten eine Reliquie der heiligen Douceline haben, und in einer Art allgemeiner Verzückung wurde das Leichenbegängnis zelebriert. Bischof Josselin von Orange hielt die Trauerrede, und ihr Grab, an dem sich Wunder ereigneten, wurde sehr bald zu einem Pilgerziel. 1275 und 1278 wurden Doucelines Leichnam und auch der ihres Bruders Hugo übertragen. Dabei führte man die sterblichen Reste der beiden sogar in einer Prozession rund um die Mauern von Marseille. »Alles Volk von Marseille war zugegen, die Reichen ebenso wie die Armen, und man eilte mit so großem Vertrauen zu den heiligen Leichnamen, daß die Menge des Volkes den Festzug daran hinderte, in die Kirche einzutreten . . . Eine sehr feierliche Messe wurde zelebriert . . . in der neuen Kirche der Franziskanermönche, wo . . . sie noch heute ruhen.« Und der Verfasser des *Lebens* der Douceline schloß mit den Worten: »Freut euch, ihr Kinder von Roubaud, Hyères und Marseille, daß eine so ehrwürdige Mutter eure Stifterin gewesen ist und daß sie dem Herrn in der vollkommensten Heiligkeit gedient hat.«

Das Leben der Beginen

Doucelines Heiligkeit zeigte sich nicht nur in ihrem mystischen Leben, sondern auch in ihren außergewöhnlichen Begabungen. Sie war jedoch keine Nonne im strengen Sinn, hatte keine öffentlichen Gelübde abgelegt und lebte nicht abgeschieden von der Welt. Sie trug ein schlichtes, wahrscheinlich schwarzes Gewand, dazu einen weißen Schleier. Auch wenn viele andere Frauen und junge Mädchen, aus dem Wunsch heraus, ein kontemplatives Leben zu führen, ohne der Welt ganz zu entsagen, sich um sie scharten und in Roubaud nicht weit von ihrem Haus entfernt wohnten, war das Gemeinschaftsleben doch recht locker. Mit den Begriffen Begine und

Beginengemeinde verbinden sich für uns die großen Beginengemeinschaften in Belgien und den Niederlanden, in Brügge, Gent, Amsterdam, mit ihren kleinen Häusern in großen stillen Parks, deren Atmosphäre an die Stimmung auf den Gemälden der flämischen Meister erinnert. Wir stellen uns einen Alltag erfüllt von Gebeten und in Einklang mit dem Herrn vor.

In Wirklichkeit aber unterschieden sich die Beginen sehr stark voneinander, und ihre Lebensweisen differierten ganz erheblich. Jacques von Vitry, ein namhafter Dominikaner und späterer Bischof von Saint-Jean-d'Acre (Akko), hat viel von ihnen gesprochen. Zu seinen Lebzeiten, an der Wende des 12. zum 13. Jahrhundert, waren sie in der Tat im Abendland sehr zahlreich. Er bezeichnete sie als heilige Frauen, die keine Nonnen im Sinne des kanonischen Rechts waren und entweder in Beginengemeinschaften oder ganz für sich alleine lebten. Viele blieben in ihrer Familie, manche verdienten sich ihren Lebensunterhalt mit Hausarbeiten, verdingten sich als Dienstboten oder arbeiteten in Hospitälern. So erwähnt der *Ménagier de Paris* zum Beispiel häufig eine Begine namens Agnes, die wir heute als Haushaltshilfe bezeichnen würden. Der Rahmen für das gottesfürchtige Leben der Beginen war nicht das Kloster, sondern die Pfarrgemeinde, in der sie sich, wie alle guten Christen jener Zeit, betätigten, freilich mit besonderem Eifer, denn privatim hatten sie ein Gelübde abgelegt, mit dem sie sich dem Herrn weihten und das sich übrigens meist auf das Keuschheitsgelübde beschränkte. Es waren, sagte Jacques von Vitry, Beginen *singulariter in seculo manentes.* Einige jedoch schlossen sich zusammen und bildeten Kongregationen: *congregationes beguinarum disciplinatarum.* Die Beginen, die ein gottesfürchtiges und der Hilfe am Nächsten geweihtes Leben führten, nahmen an einem gemeinschaftlichen Leben teil oder arbeiteten ganz allein. Charakteristisch für sie war jedenfalls das Fehlen einer festen Ordensregel.[13]

Ihre »Satzung« war die uneingeschränkte Spontaneität in

ihrer Antwort auf die Liebe des Herrn. Einige von ihnen leisteten, wie Douceline, das Armutsgelübde, aber nicht alle, obwohl die meisten ein bescheidenes Leben in Demut nach den christlichen Geboten wählten. Diejenigen, die Vermögenswerte besaßen, verwalteten sie oder stellten sie den Einrichtungen zur Verfügung, die sie zum Wohl der Kranken, Gebrechlichen und Notleidenden betrieben. Sie legten auch kein Gehorsamkeitsgelübde ab, obwohl, wie wir gesehen haben, Douceline beschlossen hatte, einer Priorin der Kongregation, die die rund um sie versammelten Beginen bildeten, Gehorsam zu leisten.

Die Beginen des Nordens sind heute bekannter als die des Südens, obgleich es auch außerhalb der Provence, in Katalonien, Sizilien und Kalabrien Beginen gab. Einige erlangten große Berühmtheit und haben, beispielsweise in Belgien, die Anzahl der durch ihren heiligmäßigen Lebenswandel angespornten Frauen in ihrem Umkreis vervielfacht.

Eine von ihnen war Marie von Oignies, eine verheiratete Frau, geboren zu Nivelles im Jahr 1176. Sie war, berichtet der Verfasser ihres *Lebens*, so fromm, »daß viele Menschen kamen, sie zu sehen, weil sie sie so sehr verehrten«. Wohl um diesen vielen Menschen zu entgehen, bat sie ihren Ehemann um Erlaubnis, sich von ihm zu trennen, damit sie beide, jeder für sich, das kontemplative und apostolische Leben führen könnten, nach dem sie sich sehnten. Sie zog in eine nahe Einsiedelei, nach Saint-Nicolas-d'Oignies, wo drei Brüder, Gilles, Jean und Robert de Walcourt, alle drei Geistliche, und ein anderer Bruder, Hugo, ein bekannter Goldschmied, lebten. Das bescheidene Priorat, das sie 1198 gegründet hatten und in dem sie gemeinsam nach den Regeln des heiligen Augustinus lebten, nahm Marie als Magd auf. Sie arbeitete sowohl im Priorat als auch im Aussätzigenheim von Willambroux, wo sie schon seit vielen Jahren tätig gewesen war. Hier lernte Jacques von Vitry sie kennen und wurde – bis dahin war er ein lauer Geistlicher gewesen – ein leidenschaftlicher Dominikaner und überzeugter Priester. Er ging zum Studium nach Paris, wo er 1210 die Weihen empfing, und zelebrierte bei seiner Rückkehr in Gegenwart der Marie von Oignies, als deren »Werkzeug« er sich bezeichnete, seine erste Messe. Von den Beginen stark beeinflußt, verdankte er, wie er sagte, Luitgard von Aywières, einer anderen Frau mit mystischen Gaben, die Befreiung »von einer allzu menschlichen Liebe« zu einem seiner weiblichen Beichtkinder. Er wurde ein berühmter Dominikaner, und als er, für das Bistum Saint-Jean-d'Acre bestellt, sich ins Heilige Land einschiffte, nahm er einige Reliquien der Marie von Oignies, die inzwischen gestorben war, ihm jedoch noch manchmal erschien, mit sich. In der Kirche von Oignies, die er einst geweiht hatte, wollte er nach seinem Tod, der ihn am 30. April 1240 ereilte, beigesetzt werden.

Jacques von Vitry ist ein schönes Beispiel dafür, welchen Einfluß in religiösen Dingen eine Frau auf einen Mann ausüben kann. Daß es gerade eine Begine war, durch deren Ausstrahlung ein Priester seine Berufung entdeckte, ist typisch für die Zeit, in der die beiden lebten. Es war die Zeit der höfischen Liebe, in der viele Frauen großen Einfluß hatten, eine Tatsache, die vor allem von jenen nicht beachtet wird, die dazu neigen, die Bedeutung der Frau im Leben der Kirche herunterzuspielen.

Er war übrigens nicht der einzige, der von der Ausstrahlung der Marie von Oignies geprägt wurde, auch mehrere andere Geistliche und Priester bestätigten, daß sie sich durch sie in ihrem Glauben bestärkt fühlten: Jean von Nivelles, Jean von Lierre, ein anderer Geistlicher namens Lambert, ein Priester aus Nivelles namens Guerric, der Einsiedler Wilhelm, der später das Zisterzienserkloster L'Olive gründete, Johannes von Dinan und viele andere. Dazu kamen die Laien wie Iwan von Rèves, den sie zu einer Sinnesänderung bewog, oder

Philipp von Montmirail, der in der Folge nicht weniger als acht Zisterzienserklöster gründete. Der Dominikaner Thomas von Cantimpré erklärte, daß es zu seiner Zeit ungefähr zweitausend Beginen in Nivelles gab, wo sogar ein eigenes Hospital für bedürftige und kranke Beginen entstand. In Namur zählte man im 16. Jahrhundert fünf Beginengemeinschaften, von denen die älteste 1235 gegründet worden war. Manche wollten die große Anzahl von Beginen mit den vielen »überzähligen« Frauen erklären, die keine Männer fanden und sich deshalb in dieses weltliche Ordensleben flüchteten. Aber das konnte beispielsweise bei Ida von Nivelles, die mit neun Jahren, als ihre Eltern sie verheiraten wollten, von zu Hause durchbrannte und sich einer Gruppe frommer Frauen anschloß, wohl kaum der Fall gewesen sein. Mit sechzehn Jahren trat sie dem Orden der Zisterzienserinnen bei.

Man könnte noch viele andere nennen, die großen Einfluß auch auf religiöse Orden wie die Zisterzienser oder die Dominikaner ausübten. Zu ihnen gehört Christina von Stommeln, die als Begine in der Nähe von Köln lebte (1242–1312) und auf Petrus von Dacien, einen Dominikaner, entscheidenden Einfluß hatte. Er begegnete ihr am 21. Dezember 1262 und war zwanzig Jahre lang, bis zu seinem Tod, von diesem Zusammentreffen tief beeindruckt. Petrus von Dacien wurde Prior von Västerås und Wisby in Schweden und nahm auf Christinas Bitte hin ihren Lieblingsbruder, einen gewissen Sigwin, der sich als Dominikaner dann Gerhard nannte, in seine Gemeinschaft auf. Zu jener Zeit gab es einerseits sehr viele Beginen in Schweden und andererseits zahlreiche schwedische Studenten an der Kölner Universität, wo Christina, der viele mystische Visionen zuteil wurden, mit Sicherheit von nachhaltigem Einfluß war.

Der französische König Ludwig der Heilige war den sogenannten Gottestöchtern, die vor allem in Rouen, Orléans, Beauvais und natürlich in Paris lebten und sich von ihrer

Hände Arbeit ernährten oder als Wollkämmerinnen verdingten, so wohlgesonnen, daß er ihrer in seinem Testament gedachte und ihnen ein Legat von hundertzwanzig Livres aussetzte. Auch Johanna, Gräfin von Flandern, und ihre Schwester Margarete zeigten sich gegenüber den Beginen, die oft, wie in Antwerpen oder Brüssel, Schulen leiteten, großzügig. In manchen Industriestädten Belgiens hingegen hatten die Beginen Schwierigkeiten, einen Beruf auszuüben; so war ihnen zum Beispiel aufgrund der Berufsbestimmungen, vor allem in Diest, die Weberei verboten. Von mehreren Beginen ist bekannt, daß sie hochgebildet waren: So etwa war Sybille von Gages aus Aywières eine bekannte Latinistin und hat Christina von Stommeln den Psalter, das heißt hundertfünfzig Psalmen, in sieben Wochen auswendig gelernt. Ida von Leeuw dichtete in flämischer Sprache und schrieb fromme Werke, andere waren Kopistinnen und beherrschten oder erlernten die Buchmalerei, wie beispielsweise im Katharinenkloster zu Colmar. Und denken wir an die beiden berühmten Frauen des Klosters Helfta, an Gertrud die Große und die Begine Mechtild von Magdeburg, die das erste geistliche Werk in deutscher Sprache, *Das fließende Licht der Gottheit*, verfaßte.

Eine Begine jedoch beeinflußte die Kirche so stark und nachhaltig, daß sie besondere Erwähnung verdient. Es handelt sich um die heilige Juliana von Lüttich, Chorfrau in Kornelienberg.

Sie wurde 1193 in Rétinnes, einem Vorort von Lüttich, geboren und nahm bereits im Jahr 1207, also mit vierzehn Jahren, im Kloster ihres Geburtsortes den Schleier. Juliana wurde Schülerin einer Nonne namens Sapientia, die sie Latein und Literatur lehrte, und hatte ab ihrem sechzehnten Lebensjahr mystische Visionen. Durch das Zusammenleben mit den Beginen von Lüttich, die sich ganz der Feier der Eucharistie widmeten, und auch dank des Vorbilds der Marie von Oignies wurde bei ihr diese Neigung noch verstärkt. Bekanntlich kam es im Mittelalter zu einer starken Hinwendung zur Feier der Eucharistie, die vor allem in der ersten Hälfte des 13. Jahrhunderts ihren Höhepunkt erreichte. Als sie ihren Schwestern helfen wollte, sich zu erneuern und in noch intensiverer Ehrfurcht vor Gott zu leben, brachte sie bald das Kloster gegen sich auf und wurde, nachdem sie bereits 1222 zur Priorin ernannt worden war, ausgestoßen. Von den Chorfrauen des Klosters Kornelienberg vertrieben, fand Juliana Aufnahme bei den Beginen in Namur, wo ihr Einfluß Entscheidendes bewirkte. Aufgrund ihrer Visionen suchte sie Robert, den Bischof von Lüttich, auf und redete ihm zu, in seiner Diözese das Fronleichnamsfest einzuführen. Das war im Jahre 1246. Sechs Jahre später gab auch der Ordensgeneral der Dominikaner, Hugo von St-Cher, seine Billigung.

Man weiß, welchen Widerhall das *Festum corporis* in der ganzen Christenheit fand, und das durch die Jahrhunderte. Der heilige Thomas von Aquin verwendete einen Teil seiner Zeit für die Komposition des sogenannten Fronleichnamsoffiziums, dem er auf Julianas Rat das bereits existierende Offizium des Augustiners Johannes von Kornelienberg zugrunde legte. In der Zwischenzeit hatte sich auch Papst Urban IV. wegen des Offiziums für dieses von einer einfachen Begine vorgeschlagenen Festes an Thomas von Aquin gewandt. Anfang des 14. Jahrhunderts wurde das Fest in der Diözese Köln eingeführt, ebenso die Fronleichnamsprozession, in deren Gefolge eine Vielzahl von berufsständisch orientierten Bruderschaften entstand. Tatsächlich wurden viele dieser Bruderschaften bei der »Kerze« gegründet, die man auf dieser Prozession trägt. Da jedes Gewerbe seine Kerze haben wollte, hatte dies die Bildung der verschiedenen Verbände zur Folge, die dann in späterer Folge ihren Mitgliedern im Krankheitsfall auch Hilfe leisteten. Wurde ein Mitglied alt oder gebrechlich, griff die Bruderschaft ein, so wie sie sich auch um die Witwen und Waisen von Angehörigen der Vereinigung kümmerte. Die Tätigkeit der Innungen geht also auf die eucharistische Bewegung zurück.

Julianas Initiative fügte sich in eine geistige Strömung ein und beeinflußte die Liturgie. Damals kam der Ritus des Emporhebens der Hostie auf, der zuerst von den Zisterziensern, noch vor 1210, geübt wurde. Die früheste bekannte Erwähnung dieser Geste geht auf das Episkopat des Bischofs von Paris, Eudes von Sully (1196–1208), zurück. Das Emporheben des Kelchs wurde ein wenig später, Ende des 13. Jahrhunderts, eingeführt. In der Folge wurde die gesamte eucharistische Bewegung durch Werke wie *Gesandter der göttlichen Liebe* von Gertrud der Großen verstärkt und unterstützt. Später, im 15. Jahrhundert, wurde sie von Coletta von Corbie weiter übermittelt, und auch ein gewisser Johannes Gerson trat als ihr Verfechter auf. Im 13. Jahrhundert wurde der inbrünstige Glaube an die Eucharistie, den göttlichen Leib und das Blut des Herrn, von dem berühmten Wunder von Bolsena, das sich im Jahr 1263 ereignete, gestützt: nachdem bei einer Messe die Hostie gebrochen worden war, floß Blut heraus. Als würdigen Schrein für die Tücher, mit denen das wunderbare Blut aufgefangen worden war, baute man die Kathedrale von Orvieto. Thomas von Aquin und Bonaventura reisten herbei, um das Wunder zu bestätigen, das dazu beitrug, daß Papst Urban IV. das Fronleichnamsfest auf die gesamte Christenheit ausdehnte. Allein die Bedeutung, die dem Fronleichnamsfest im liturgischen Jahr zukommt, würde ausreichen, das Wirken Julianas für die Kirche im 12. und 13. Jahrhundert zu unterstreichen, vor allem wenn man bedenkt, daß sie nur eine einfache Begine war, die mit ihrem Kloster gebrochen hatte.

Im Laufe des 13. Jahrhunderts jedoch änderte sich die Einstellung zu den Beginen, und Argwohn begann sich zu regen. Wir wollen die Gelegenheit wahrnehmen und ein wenig auf das ungute Verhältnis zwischen Kirche und Frau eingehen, das so oft angeprangert wird.

Dies ergibt sich besonders dann, wenn man, häufig auch ohne sich dessen bewußt zu sein, die Kirche auf das amtliche Priestertum und die geistliche Hierarchie reduziert. Dabei ist die Kirche jedoch die Gemeinschaft aller Getauften und das Priestertum nur ein heiliges Amt innerhalb der Kirche. Dieses Amt war aber auch früher schon manchmal mit Schwierigkeiten verbunden gewesen, und Prälaten wie Mönche hegten größte Bedenken gegen die wachsende Anzahl von Frauenklöstern. In seinen Untersuchungen über die Beginen unterstreicht Mac Donnell, welche Furcht in Gegenden herrschte, wo es besonders viele von ihnen gab. Die Äbte von Villers zum Beispiel waren hin- und hergerissen zwischen dem Wunsch, eigene Klöster für die Beginen zu gründen, und der Angst vor den größeren Belastungen, die Nonnen, Klosterfrauen oder einfach nur weibliche Beichtkinder für Mönche und Geistliche darstellen würden. Darüber hinaus war man auch wegen der zunehmenden Zahl der Doppelklöster in Sorge, da man es für unpassend hielt, daß an den Umzügen der Mönche auch Frauen teilnahmen. Es fällt wohl nicht schwer, sich vorzustellen, daß diese Ängste bisweilen sehr vehement geäußert wurden, war man doch der festen Überzeugung, eine Frau sei für einen Mann, der das Keuschheitsgelübde geleistet hat, gefährlich. Beim zweiten Laterankonzil im Jahre 1139 wandte man sich in einem Dekret gegen die »verderbliche und abscheuliche Sitte« mancher Frauen, auch »ohne nach den Regeln der Heiligen Benedikt, Basileios oder Augustinus zu leben, als Nonnen gelten zu wollen«.

Das Dekret legte erneut fest, daß Nonnen verpflichtet seien, nach Ordensregeln und in einer Gemeinschaft zu leben; das nächste Dekret untersagte den Nonnen sogar, mit Mönchen in Berührung zu kommen und mit ihnen einen Kirchenchor zu bilden.

Verordnungen dieser Art sind durchaus verständlich und verraten eine gesunde Vorsicht gegenüber den Schwächen der menschlichen Natur. Das Kapitel von Cîteaux übernahm es im Jahr 1218 schließlich, die klösterliche Abgeschiedenheit präziser zu definieren und die Bewegungsfreiheit der Nonnen außerhalb der Klöster einzuschränken. Zehn Jahre später erneuerte man diese Verfügungen, was beweist, daß eine strenge Klausur nicht ohne weiteres in die Praxis umzusetzen war. Es wurde ausdrücklich festgelegt, daß alle dem Zisterzienserorden angegliederten Nonnen von nun an in Klausur bleiben müßten und daß diejenigen, die dieser Forderung innerhalb von drei Jahren nicht nachkämen, nicht mehr vom Abt besucht werden dürften. Im 13. Jahrhundert verstärkte sich diese restriktive Tendenz noch, die in Wirklichkeit Ausdruck einer Zerrissenheit war, die in der Kirche immer existiert hat und mit Sicherheit fortbestehen wird, solange es die Kirche gibt. Dabei handelt es sich um den Widerspruch zwischen der Notwendigkeit, den Frauenklöstern insbesondere durch das Priesteramt, das seit dem Abendmahl Christi stets Männern vorbehalten ist, zu dienen und dem Wunsch nach einer Vermehrung der Nonnenklöster und der Zahl der Nonnen eines jeden Ordens. Für die Zisterzienser, deren Klausur streng ist und die vor allem der Kontemplation leben, ist diese Schwierigkeit natürlich deutlich spürbar. Dazu kommt, daß Frauengemeinschaften für bestimmte Arbeiten auf Männer nicht verzichten konnten. Diese mußten zum Beispiel die schweren Ernte- und Feldarbeiten vor allem in jener Zeit übernehmen, da der Reichtum – oder besser gesagt das tägliche Leben – unmittelbar von den Erträgnissen des

Bodens, der bestellt wurde, abhing. Es gibt also einen ganzen Komplex geistlicher und materieller Dienste, die die Mönche den Nonnen zu erweisen haben und die geeignet sind, sowohl deren kontemplativem Leben wie ihren klösterlichen Arbeiten zu schaden. Das war und ist eine dem kirchlichen Leben inhärente Spannung, die vor allem in jenen Zeiten, in denen sich besonders viele Frauen und Männer zu einem Leben für Gott berufen fühlten, stark empfunden wurde.

Doch es gab noch etwas Tieferes und Virulenteres, das viele Gemüter erregte. So warf ein gewisser Wilhelm von St-Amour den Beginen das Fehlen einer ordensmäßigen Struktur vor. Da der Kampf, den dieser Theologe und die weltlichen Herren der Universität von Paris gegen die Bettelorden führten, zur Genüge bekannt ist, wundert sich wohl niemand über den Groll, den er gegen jene Frauen hegte, die sich als Nonnen betrachteten und zunächst nach keiner bestimmten Ordensregel lebten. Für ihn wie auch für die Gelehrten der Universität, die nun das römische Recht und die Schriften des Aristoteles zu studieren begannen, war alles, was keine festen Strukturen aufweisen konnte, abwegig und darum verdammenswert.

Damit trat erstmals eine Einstellung zutage, die sich, gestützt von dem immer offenkundiger werdenden Einfluß der Pariser Universität, immer weiter verstärkte und ausbreitete. Im Laufe des 13. Jahrhunderts wuchs das Mißtrauen besonders gegenüber den Beginen und ihren männlichen Pendants, den Begarden.

Auf dem Konzil von Mainz im Jahr 1233 klagte der von Gregor IX. eingesetzte Inquisitor Konrad von Marburg die Beginen an, und ein wenig später begann man sie daran zu hindern, sich vor ihrem vierzigsten Lebensjahr durch ein Gelübde Gott zu weihen. Ihre Lage wurde noch prekärer, als einige Beginen wie Marguerite Porrette der Ketzerei verfielen. Die Porrette legte in ihrem Werk *Der Spiegel der schlichten Seelen* ketzerische Gedanken nieder, die sie in einer Weise formulierte, daß die Schrift auf Geheiß des Bischofs in Valenciennes verbrannt wurde.

Die Bestrafung der Marguerite Porrette hatte sogar Auswirkungen auf das Konzil von Vienne, das 1311 die Beginen in Bausch und Bogen verurteilte und ihnen vorwarf, durch falsche Frömmigkeit Illusionen zu wecken, die kleinen Leute zu täuschen und sie notfalls durch ketzerische Lehren irrezuführen. Die Anklage erstreckte sich auch auf die Begarden und alle anderen »regellosen« Vereinigungen wie die Brüder und Schwestern des freien Geistes, die Fratizellen und verschiedene andere Vaganten, die man beschuldigte, Verwirrung unter den Gläubigen zu stiften, und denen man feste Regeln aufzwingen wollte. Es wurde jedoch ausdrücklich festgehalten, daß die Mitglieder der Dritten Orden der Franziskaner und der Dominikaner dieser Bestimmung nicht unterlägen. Übrigens widerrief Papst Johannes XXII., vor allem in bezug auf die Beginen von Brabant, diese harten Maßnahmen mehr oder weniger, indem er sie unter seinen persönlichen Schutz stellte. Obwohl weniger zahlreich, bestanden die Beginen weiter bis ins 15. Jahrhundert. Die Folgen der Bewegung, die darauf abzielte, daß nur Frauen und Mädchen adeliger Herkunft als Beginen leben durften, beziehungsweise in Beginenhöfe aufgenommen wurden, begannen sich, genauso wie die Tatsache, daß man immer mehr Wert darauf legte, daß Frauen, die religiöse Gelübde ablegten, von der Außenwelt abgeschnitten waren, verstärkt spürbar zu machen. So weitete das *Dekretale Periculoso* von Bonifaz VIII. im Jahr 1298 die Verpflichtung zu strenger Klausur auch auf die Kartäuserinnen und Zisterzienserinnen aus. Die noch vorhandenen Beginen, vor allem die von Hennegau-Brabant, lebten von nun an in Beginengemeinschaften. Die neuen Orden, die im 16. und 17. Jahrhundert entstanden, schrieben für Frauen ein Leben in strenger Abgeschiedenheit vor. Während zu den nicht reformierten Orden de facto nur die Töchter des Adels und des Großbürgertums Zugang hatten, sank das Bildungsniveau der Frauen um so stärker, je mehr die den Männern vorbehaltenen Universitäten an Boden gewannen.

Alles in allem folgte man, was die Beginen anging, der Entwicklung, die für das Mittelalter charakteristisch und in der Folgezeit die Regel war: Alles, was nicht einer strengen, anerkannten, zwingenden Ordnung unterlag und vor allem jene Frauen betraf, die nicht hinter Klostermauern lebten, wurde nur mit Mißtrauen betrachtet.

Es steht außer Zweifel, daß dieser die Beginen charakterisierende »Mittlere Weg«, der Wunsch, dem Ruf des Evangeliums ganz spontan nachzukommen und trotzdem im »Weltleben« zu bleiben, einen schwierigen Weg zur Heiligkeit darstellte:

Alles ist Glaube
Was ihr Leben birgt:
Ihr Wort ist Prophezeiung
Sie lacht, ist gesellig;
Sie weint: ist voller Hingabe;
Sie schläft: sie ist entrückt;
Sie denkt: es ist Vision . . .
Wenn die Begine sich bindet,
Ist es leeres Gerede;
Ihre Gelübde, ihr Profeß
Sie sind nicht fürs Leben;
Dies Jahr wird geweint und jenes gebetet;
Und das nächste geheiratet;
Ob nun Martha oder Marie,
Man bewahrt sich, man heiratet . . .

Mit diesen Worten charakterisierte der französische Dichter Rutebeuf die Beginen. Er glaubte nicht daran, daß ein Gott geweihtes Leben, das nicht von Gehorsam und genau festgelegten Strukturen bestimmt war, möglich sei. Aber gerade Douceline, die zur selben Zeit wie Rutebeuf lebte, war mit ihrem heiligmäßigen Lebenswandel für viele andere beispielgebend. Die Spannungen wuchsen, und zahlreiche, sogenannte »regellose« Gemeinschaften sahen sich mit einer wachsenden juristischen Engherzigkeit konfrontiert, die alles zu reglementieren suchte, sogar die Heiligkeit selbst. Die ersten Opfer waren die Beginen, unter denen es natürlich auch solche gab, die sich falsche Hoffnungen machten, ja sogar Irrtümern unterlagen. Aber einer Marguerite Porrette standen viele Doucelines gegenüber, deren demütiges Leben im Verborgenen logischerweise ebensowenig erfaßbar war wie das Maß ihrer Heiligkeit.

Man kann diese Kapitel über die Beginen nicht abschließen, ohne auf jene beiden Frauen hinzuweisen, die diesen »Mittleren Weg« veranschaulichen, obwohl, auf sie angewandt, der Begriff »Mittlerer Weg« unsinnig erscheint. Wir meinen Katharina von Siena und die Jungfrau von Orléans.

Beide gehörten zu jenen Frauen, die, ohne sich von der Welt abzuwenden oder in ein Kloster zurückzuziehen, ein tief empfundenes kontemplatives und mystisches Leben führten und sich dabei intensiv auf Gebieten und mit Hilfe von Mitteln betätigten, die mit einem starken Innenleben oder dem, was man oft unter Heiligkeit versteht, in keinem Zusammenhang zu stehen scheinen.

Wir gehen auf diese beiden Frauen, über die es eine überreichliche Literatur gibt, an anderer Stelle ein. Man weiß, worin ihr Tun bestand: Katharina schloß sich, ohne ihre Familie zu verlassen, einem Dritten Orden der Dominikaner an und war eine *Mantellata*, wie man jene Mädchen, die ein

Gott geweihtes weltliches Leben führten, nannte. Sie griff in die endlosen Streitigkeiten ein, die damals zwischen den italienischen Städten, insbesondere zwischen Siena und Florenz, im Gange waren. Ihr größtes Verdienst jedoch war ihre erfolgreiche Intervention beim Papst in Avignon, der sich auf ihr Drängen endlich dazu entschloß, seinen Sitz wieder nach Rom zu verlegen, um der Bevormundung durch den König von Frankreich und die Universität von Paris zu entgehen und in seiner Person und Funktion wieder das Oberhaupt der gesamten Kirche Christi zu werden.

Die Jungfrau von Orléans war bekanntlich – für eine Heilige außergewöhnlich – politisch und militärisch tätig. Das hatte zur Folge, daß die Herrschaft der englischen Krone in Frankreich sehr schnell endete. Diese Herrschaft war durch das Haus Lancaster, das selbst durch Usurpation an die Macht gekommen war, mit Methoden ausgeübt worden, die bereits diejenigen der Kolonialkriege vorwegnahmen. Johanna stellte also eine der Wirklichkeit und der Identität der beiden Völker entsprechende Ordnung wieder her. Heute sehen wir in ihr vor allem das Symbol für jenes tiefe Unrecht der europäischen Mächte des 16. bis 18. Jahrhunderts, die sich jene Völker untertan machten, die sie als »minderwertig« betrachteten und sie unter den wohltönendsten Vorwänden systematisch ausbeuteten. Die Tragödie dessen, was wir heute als Nord-Süd-Konflikt bezeichnen, hat ihre Wurzeln im wesentlichen in dieser kolonialistischen Bewegung, im Bestreben Europas, über seine Grenzen hinauszuwachsen, was an sich durchaus positiv hätte enden können, aber von Anfang an falsch gelaufen ist.

Im Fall Katharinas und vielleicht noch augenfälliger bei der Jungfrau von Orléans war die Heiligkeit gewissermaßen inhärent. Sie äußerte sich noch deutlicher, da es sich um Mädchen aus einfachen Verhältnissen handelte: Katharina stammte aus einer Färberfamilie, Johanna aus einer Bauernfamilie, und beide waren des Lesens und Schreibens unkundig. Katharina lernte dann als Erwachsene schreiben und lesen, Johanna vielleicht lesen und mit ihrem Namen zu unterschreiben. Letztere hatte ja nur jenes kurze Jahr, in dem sie an die Öffentlichkeit trat und die politische Ordnung des Abendlandes ins Wanken brachte, dazu Zeit. Während Katharina mit ihrem großartigen *Dialog,* wie dies vor ihr nur Hildegard getan hat, die Offenbarungen aufzeichnete, die ihr zuteil geworden waren, kennen wir von Johanna nur die Antworten aus ihrem Prozeß im Jahre 1431. Dennoch reichen sie aus um aufzuzeigen, wie sehr alles, was dieses fromme Mädchen tat, auf einem unbedingten Gehorsam, oder sagen wir lieber auf einem unschuldigen Glauben an ihre göttliche Sendung fußte. Es fiel ihr daher auch nicht schwer zu beteuern, sie habe nichts getan, nichts gewollt, nichts beschlossen, alles sei ihr von den »Stimmen« eingegeben worden, die sie gehört hatte, und die sie auch noch im Kerker bis zu ihrer Hinrichtung vernahm, und selbst die Antworten in ihrem Prozeß seien ihr sozusagen in den Mund gelegt worden. »Ich sage nichts zu Euch, das ich aus meinem Kopf nehme«, erklärte sie ihren verdutzten Richtern.

Letztlich sind es vor allem solche Persönlichkeiten, an Hand derer man den Begriff der Heiligkeit am besten definieren kann, weil diese Heiligkeit durch sie nicht definiert, sondern gelebt wird.

VI. Die Heiligen und die Macht

Mord in der Kathedrale

Nur wenige Begebenheiten haben die Geschichte so geprägt wie der Tod Thomas Beckets am Abend des 29. Dezember 1170. Auf Veranlassung des englischen Königs Heinrich II. wurde er in der Kathedrale von Canterbury ermordet. Schon kurz nach dem Verbrechen entstanden zahlreiche Viten des »Märtyrers Thomas«. Da ist zunächst die des Mönchs Edward Grim, der Zeuge der Untat und selbst Opfer geworden war, da ihm, als er den Erzbischof verteidigen wollte, die Mörder einen Arm abgeschlagen hatten. In England erschienen zahlreiche Biographien, verfaßt von Wilhelm von Canterbury, Bernhard von Peterborough, Wilhelm Fitz-Stephen, Johann von Salisbury, Roger von Pontigny, Alanus von Tewkesbury und vom Unbekannten von Lambeth. Bis zum Beginn des 14. Jahrhunderts erschienen ein Dutzend weiterer Viten in lateinischer und französischer Sprache, und der Mord wurde zu einem literarischen Thema bis in unsere Zeit hinein. Aber er diente nicht nur als literarische Vorlage: Ab dem 12. Jahrhundert hielten auch Miniaturen und Goldschmiedearbeiten – unter anderem der schöne Zellenschmelzschrein, der noch heute in der Schatzkammer von Sens aufbewahrt wird – für spätere Jahrhunderte fest, wie Thomas von den vier Vertrauten des Königs erstochen wurde.

Das Ereignis fand wohl deshalb so großen Widerhall, weil

es als Ausdruck eines »Ur-Konflikts« gesehen wurde. Unabhängig von Personen und Umständen war es eine Frage des Gewissens, sich zwischen zwei Autoritäten zu entscheiden. Es ist dasselbe Problem, das in der Antike die Figur der Antigone vorwegnahm, das aber für das christliche Gewissen mit vielfachen Verwicklungen und Ambiguitäten belastet erscheint.

Die Geschichte von Thomas Becket ist so bekannt, daß wir sie hier nicht in allen Einzelheiten schildern müssen, aber es ist verlockend, zumindest einige Passagen aus dem Gedicht zu zitieren, das »der hervorragende Reporter« (der Ausdruck stammt vom Canterbury-Forscher William Urry) Garnier oder Guernes von Pont-Sainte-Maxence in den Jahren 1173 und 1174 schrieb. Er trug sein Werk persönlich den Pilgern vor, die nach Canterbury zum Grab des Märtyrers strömten.

Thomas wurde in London als Sohn des normannischen Ehepaars Mahaut und Gilbert Becket geboren und gehörte nach seiner Priesterweihe dem Klerus Theobalds, des Erzbischofs von Canterbury, an. Als er die Gunst Heinrichs II. Plantagenet gewann, wurde er bald darauf zu seinem Kanzler ernannt:

Der Kanzler, dessen Dienst dem König war so recht,
der wußte, was in dem, den er beriet, war echt:
Kein Mensch besaß je einen liebevoll'ren Knecht.

Dieser König, der 1154 unter schwierigen Umständen in Westminster gekrönt worden war, lernte sehr rasch Thomas' hohe Intelligenz, sein Geschick in politischen Dingen und auch sein Wissen über das Land, in dem er geboren war, zu schätzen. Immer wieder hatte er Gelegenheit, sich von seiner Ergebenheit, besonders bei seinen Auseinandersetzungen mit König Ludwig VII. von Frankreich, zu überzeugen. Er legte auch die Erziehung seines Sohnes Heinrich, des »jungen Königs«, in die Hände Thomas Beckets.

Das Vertrauen und die Freundschaft, die er ihm entgegenbrachte, waren so groß, daß beim Tod Erzbischof Theobalds eine Idee im Kopf des Königs zu keimen begann. Heinrich II. hatte sich wegen einiger freier Ländereien, deren Erträge gewohnheitsmäßig ihm zuflossen, noch mehr jedoch wegen der kirchlichen Gerichte, denen er bestimmte Rechtsfälle entziehen wollte, um sich selbst ihrer anzunehmen, mit dem englischen Klerus angelegt. Doch noch immer war es üblich, einen Beschuldigten als erstes zu fragen: »Welchem Recht unterliegst du?« Man konnte der kirchlichen Gerichtsbarkeit, der des Königs oder der eines bestimmten Grundherrn unterliegen. Da auf diese Weise dasselbe Vergehen sehr unterschiedlich bestraft werden konnte, war es verständlich, daß ein auf seine Autorität bedachter König darin etwas Anormales sah. Heinrich II. gedachte daher, diesem Zustand ein Ende zu setzen.

Eines Tages, im Jahr 1162, berief er seinen Kanzler Thomas Becket nach Falaise, wo er sich gerade aufhielt, da er diesen hochbegabten, loyalen Mann zum Erzbischof von Canterbury, dem Sitz des Primas von England, machen wollte, um, davon war er überzeugt, seinen Schwierigkeiten mit dem Klerus ein Ende zu bereiten. Einen Monat später wurde Thomas zum Erzbischof geweiht.

Zu diesem Zeitpunkt trat eine »Wende« im Leben Beckets ein: Zu seiner größten Betroffenheit stellte Heinrich II. fest, daß sein ehemaliger Kanzler – er hatte gegen den Wunsch des Königs sein weltliches Amt niedergelegt – sich als Kirchenmann genauso eifrig für seine Aufgaben einsetzte, wie er es als Staatsmann getan hatte:

Sobald als er zu dieser Ehre war geweiht,
das Gotteswort allein er predigt weit und breit
und nur dem mächtigen Gott sein Ohr er leiht.

Thomas hatte nicht nur seinen aufwendigen Lebensstil abgelegt, einen großen Teil seines Besitzes unter die Armen verteilt und eine Mönchskutte angezogen, unter der er ein Büßergewand trug, sondern führte, kaum daß ein halbes Jahr vergangen war, mit den Gerichten des Königs einen Prozeß wegen eines Chorherrn, den diese abzuurteilen verlangten, den aber der Erzbischof unbedingt vor ein kirchliches Gericht stellen wollte. Der Streit weitete sich aus und verschärfte sich so sehr, daß Thomas, der merkte, daß Heinrich II. ihn haßte wie einen feindlichen Bruder, um sein Leben fürchtete, heimlich nach Frankreich floh und König Ludwig VII. um Asyl bat:

Ein Schiff bestieg Sankt Thomas eines Tages dann,
von Sandwich stach in See sogleich der heil'ge Mann,
die Küste Flanderns abends spät er so gewann.

Thomas erreichte Soissons und suchte mit Hilfe des Königs von Frankreich Zuflucht in Sens, dann in Pontigny. Er lebte dort sechs Jahre, in deren Verlauf mehrere hohe Persönlichkeiten eine Versöhnung zwischen dem König von England und seinem Ex-Kanzler herbeizuführen versuchten. Unter ihnen waren Ludwig VII. und Papst Alexander III., der ebenfalls ein Verbannter war und aus Rom hatte flüchten müssen, um wie Thomas Becket Asyl in Frankreich zu finden.

Gleich nach der Flucht des Erzbischofs hatte Heinrich dessen gesamten Besitz in England beschlagnahmen lassen und alle seine Verwandten des Landes verwiesen, insgesamt etwa hundert Personen, die den Kanal überqueren mußten und in Frankreich Zuflucht suchten:

Des heil'gen Thomas Leuten Kampf er sagte an,
ließ jagen aus dem Lande sie, das hat er getan . . .
legt' seine Hand auf alles, Haus und Mosterei'n,
Besitz, der lebt, der tot, auf Pfründen, die nicht sein.

Heinrich versuchte also alles, um auf Thomas Becket Druck auszuüben, und verlangte von ihm, allen Verfügungen, die er getroffen hatte, zuzustimmen. Thomas leistete zwar den gewünschten Eid, setzte aber wie schon so oft hinzu: »Ausgenommen die Ehre Gottes.«

Nach einem Treffen in Fréteval sah es so aus, als habe der König dem Erzbischof verziehen, doch weigerte er sich unter verschiedenen Ausflüchten, ihm den Friedenskuß zu geben.

Als Thomas im November 1170 beschloß, nach England zurückzukehren, wußte er, daß er nicht mehr lange zu leben hatte. Bei einer letzten Zusammenkunft mit seinem König in Chaumont-sur-Loire hatte Becket, nachdem er ihn verlassen hatte, das untrügliche Gefühl, ihn nicht wiederzusehen. Daß der König ihm den Friedenskuß vorenthalten hatte, lag wohl an seiner Weigerung, die Versöhnung zu besiegeln.

Thomas Becket landete in Sandwich, demselben Hafen, von dem aus er sechs Jahre zuvor in See gestochen war:

Ihn zu begrüßen kam das Volk in großer Zahl.

Aber es handelte sich nur um niederes Volk, Barone und Bischöfe fürchteten den Zorn des Königs. Nur einfache Leute waren da, ihren Erzbischof zu empfangen. Am Weihnachtstag wählte er dann als Thema für seine Predigt: »Ich bin zu euch gekommen, den Tod zu erleiden.« Und am selben Tag sprach der König in Bures in der Normandie den unbedachten Wunsch aus: »Gibt es denn keinen an meinem Hof, der mich von diesem unverschämten Menschen befreit?« Sogleich fuhren vier seiner Günstlinge über das Meer und erschienen am

29. Dezember in Canterbury. Der »Bote Satans«, wie Garnier von Pont-Sainte-Maxence schreibt, streckte Thomas in seiner eigenen Kathedrale nieder:

> Zum Kirchenschiff im Norden dann der Ritter schritt;
> an einem Pfeiler, dran er lehnt' sich, hielt sein Schritt . . .
> Sankt Thomas sieht gekommen jetzt die Marter sein;
> die Hände vorm Gesicht, so geht zum Herrn er ein.

Ein ganzes Jahr lang blieb die Kathedrale von Canterbury unbenutzt:

> Und Mette nicht noch Vesper noch die Mess' man sang,
> kein Gottesdienst fand statt noch einer Kerz' Geprang.

Doch schon am Tag nach seinem Tod eilte das Volk herbei, und an seinem Grab geschahen zahlreiche Wunder. Canterbury wurde zu einem Pilgerziel, und eines Tages sah man, diesmal wirklich ausgesöhnt, die Könige von Frankreich und England, Ludwig und Heinrich, an der Grabstätte des Märtyrers knien, der drei Jahre nach seinem Tod kanonisiert worden war. In einer der Viten des heiligen Thomas, und zwar in der des Unbekannten von Lambeth, findet man erstmals im Zusammenhang mit der Heiligenverehrung die Formulierung *vox populi, vox Dei*. Noch im 12. Jahrhundert wurde jemand vor allem dann zum Heiligen, wenn das Volk es wollte, und das blieb auch weiterhin so, selbst wenn die kirchlichen Autoritäten nach einer eingehenden Untersuchung einen Menschen zum Heiligen ernannt hatten.

Auch bei Thomas Becket hatte die Stimme des Volkes gesprochen, und der Zustrom der Pilger zu seiner Grabstätte war so groß, daß die *pilgrim's roads*, noch heute in der Topographie Londons sichtbare Wege, entstanden. Man drängte zu seinem Grab, wo sich fast sofort Wunder ereigneten. Garnier von Pont-Sainte-Maxence ließ diese Wunder unerwähnt und ging in erster Linie auf das Leben und die Verdienste des Heiligen ein. Es gibt jedoch zahlreiche Biographien, die sie ausführlich behandelten und dadurch den Pilgerstrom zum Grab von Canterbury noch verstärkten.

Thomas' starkes Gefühl der inneren Verpflichtung – als Kanzler gegenüber dem König und als Erzbischof gegenüber der Kirche – war ein für seine Zeit typischer Zug; ohne Einschränkung, ohne Vorbehalt widmete er sich seinem jeweiligen Amt.

Die Ehre des Königs, die Ehre Gottes waren für ihn wichtiger und dringlicher als seine eigene Person. Sein ganzes Leben war geprägt von diesem Über-sich-selbst-Hinauswachsen, das ihn zur großen Persönlichkeit machte. Garnier von Pont-Sainte-Maxence berichtete zwar nicht von den Wundern am Grab des Heiligen, dafür aber um so mehr von seiner Haltung, bevor er in der kirchlichen Hierarchie zu höchsten Würden aufstieg, und wies darauf hin, daß schon damals seine Nächstenliebe groß war:

Die Waisen und die Armen waren teuer ihm,

und vor allem, daß er im Dienste des Königs größte Eilfertigkeit an den Tag legte, auch wenn es ihm schwerfiel:

Im Dienst des Königs wurd' ihm Kummer oft zuteil.

Er zeigte auch auf, wie er als Erzbischof von seinem früheren Leben Abstand nahm und sogar unter seinem Kleid, also heimlich, ein Büßergewand trug:

Das Büßerhemd am Leib zur Qual des eignen Fleischs.

Einen solchen radikalen Sinneswandel findet man bei mehreren Zeitgenossen, die wie er nach einem Ereignis, das sie als Wink Gottes betrachteten, ihr Leben von Grund auf änderten: Man denke an Pierre Abélard, der bei seiner Verstümmelung nicht nur Schmerz, Demütigung und Betroffenheit empfand, sondern darin einerseits eine gerechte Strafe und andererseits den Ruf sah, »der wahre Philosoph Gottes« zu werden. In Saint-Denis wollte er nichts anderes mehr sein als nur noch Mönch und wunderte sich bald über die vielen Verstöße anderer gegen die Ordensregeln. Auch Thomas Becket verteidigte die angestammten Rechte der Kirche mit größerem Eifer als seine Amtsbrüder. Sein Verhältnis zum Episkopat Englands nahm bereits das eines anderen Thomas vorweg, nämlich Thomas Morus', der sich ebenfalls als Kanzler der königlichen Autorität widersetzte und lieber starb als gegen »die Ehre Gottes« zu verstoßen. Unter den Bischöfen des 16. Jahrhunderts fand sich nur John Fisher, der dieselbe Wahl traf.

Die meisten Kleriker um Thomas Becket wagten es nicht, Stellung zu beziehen, und rieten dem Erzbischof von Canterbury, dem König hinsichtlich dieser kirchlichen Freiheiten entgegenzukommen, ein Problem, das im Lauf der Zeit immer wieder diskutiert wurde und das nicht immer in der Weise gelöst werden konnte, wie Thomas es sich vorgestellt hatte. Der direkte Anlaß des Konflikts spielte dabei übrigens eine untergeordnete Rolle, da die gesamte Christenheit merkte, daß der Streit auf eine der großen Fragen hinauslief, die sich im Leben des Christen stellen, nämlich die der Autorität. Wer besitzt sie? In welchem Auftrag? Nach welchen Wertungen?

Während des ganzen Mittelalters wurde die Frage der geistlichen und der weltlichen Mächte diskutiert. Das Evangelium ist in diesem Punkt klar und unmißverständlich: »Gebt dem Kaiser, was des Kaisers ist, und Gott, was Gottes ist.« Doch in der Praxis erweist sich die Anwendung dieses eindeutigen Gebotes als sehr schwierig: je klarer das Gebot des

Evangeliums, desto schwieriger seine richtige Anwendung im praktischen Leben. Obwohl die kirchliche Macht den Beistand des Heiligen Geistes für sich hat, mußte sie sich immer wieder Mühe geben herauszufinden, wie groß der Teil ist, der gerechterweise dem Kaiser zusteht, während die Heiligen, die nach dem Willen des Heiligen Geistes handeln, oft sogar um den Preis ihres Lebens die Lösung eines Problems angeboten haben, das offenbar nie zu lösen sein wird.

In der Feudalzeit gab es für das problematische Verhältnis zwischen geistlicher und weltlicher Macht viele Bilder: eines sind die zwei Schwerter, die die Apostel bei der Gefangennahme Christi auf dem Ölberg besaßen. Diese zwei Schwerter symbolisieren die zwei Mächte, die weltliche und die geistliche, denen die Völker unterliegen. Der Kommentatoren, die darin den Papst und den Kaiser sahen, die diese Mächte verkörpern, ist Legion, und mehr als einem erschien ein vereinigtes Reich erstrebenswert. Dies traf zum Beispiel auf Kaiser Konstantin zu, der das Christentum zur Staatsreligion erhob und damit gewissermaßen beide Schwerter handhabte. Die Verschiedenheit der beiden Mächte wurde also ganz deutlich wahrgenommen, was jedoch nicht heißt, daß ihre wechselseitigen Beziehungen immer friedlich gewesen sind.

Das konnten sie schon deshalb nicht sein, weil in der Feudalzeit mehr als in jeder anderen Epoche die Existenz des einzelnen vom Boden abhing, der ihn ernährte, und darum selbst dem geringsten Geistlichen Anrecht auf ein Stück Land, ein *beneficium*, gewährt wurde. Zu seiner geistlichen Macht kam also noch die weltliche, die er über die mit dem *beneficium* verbundenen Güter und die Menschen, die sie bearbeiteten, ausübte. Und diese konnte im Fall eines Abtes oder eines Bischofs ziemlich groß sein. Dem Papst zum Beispiel wurden unter den Karolingern riesige Gebiete übertragen, Pfründe, die man dadurch legitimierte, daß man sie als ein Dankgeschenk Kaiser Konstantins ausgab. Diese Konstantinische

Schenkung, die dazu bestimmt war, der Kirche Roms den Lebensunterhalt zu sichern, entwickelte sich im Lauf der Zeit und besonders im 13. Jahrhundert immer mehr zu einem richtigen Staat. Papst Bonifaz VIII. fügte auf seiner Tiara den zwei Kronen, Sinnbildern seiner doppelten Macht, nämlich der seines kirchlichen Ranges und seiner eigenen Gerichtsbarkeit, eine dritte Krone hinzu, die seine weltliche Macht symbolisierte. Diese Verknüpfung, die vom 16. bis zum 18. Jahrhundert der Kirche das Leben schwermachte, endete erst in unserer Zeit, als im Jahre 1870 dem Papst die Besitzrechte an seinen sämtlichen Gebieten entzogen wurden, beziehungsweise in unserem Jahrhundert, als diese Rechte neu geregelt wurden. Der Papst nennt nun wieder nur ein winziges Territorium sein eigen, denn selbst eine Macht, die sich als rein geistliche sieht und die versucht, sich gegen weltliche Herrschaftsansprüche zu sichern, kann auf etwas Landbesitz nicht verzichten.

Der Kernpunkt des Streits

In unserer Zeit hat sich der Streit etwas verlagert und findet heute bekanntlich zwischen Politik und Religion statt. Es ist ein Streit, für den wohl ebenfalls nie eine Lösung gefunden werden wird, weil, die Geschichte zeigt es ganz deutlich, die physischen Lebensbedingungen des Menschen nicht von seiner geistigen Tätigkeit, wie immer sie auch geartet sein mag, zu trennen sind. Rein schematisch könnte man die Frage in zwei Abschnitten behandeln: einerseits die widerrechtlichen Eingriffe der geistlichen und der weltlichen Macht in die Kompetenzen der jeweils anderen, vor allem in Zeiten großer Unruhen, in denen die Heiligen fast unvermeidlich zu Märtyrern wie Thomas Becket wurden, und andererseits die neuartige Lösung für diesen grundlegenden Dualismus, bewirkt durch zahlreiche Heilige der Feudalzeit, mit deren Hilfe sich eine optimale Synthese aus der einen und der anderen Macht ergab.

Bei der Beantwortung der Frage, wie es zur Bildung von kaiserlicher und göttlicher Macht kam, ist man versucht, auf die Urkirche, die »Zeit der Katakomben«, zurückzugreifen. Aber eigentlich ist der Ursprung weit früher zu suchen, da der Ausgangskonflikt durch Leben und Tod Christi selbst offenbart wurde. Der Aufruf »Gebt dem Kaiser, was des Kaisers ist, und Gott, was Gottes ist«, wurde mit einer anderen Aufforderung beantwortet, die während der Passion Christi erhoben wurde: »Wir haben keinen König als den Kaiser.« In der Tat wurde zu Lebzeiten Christi die weltliche, also die römische Macht, obwohl sich das gesamte jüdische Volk gegen sie auflehnte, von den Juden bemüht, um den seltsamen Propheten, der Gott lästerte, indem er sich als dessen Sohn ausgab, loszuwerden. Das war sogar der entscheidende Grund für die Verurteilung Christi, denn die Juden riefen Pilatus zu: »Wenn du ihn freiläßt, bist du kein Freund des Kaisers; jeder der sich als König ausgibt, lehnt sich gegen den Kaiser auf.«[1]

Mag der Konflikt in diesem Augenblick auch die Gestalt eines unsühnbaren Kampfes angenommen haben, so war doch die eigentliche Grundlage jeglicher Macht in den christlichen Kulturen schon früher geschaffen worden, nämlich in dem Gespräch zwischen Christus und Pilatus, als dieser fragte: »Weißt du nicht, daß ich Macht habe, dich freizulassen, und Macht, dich zu kreuzigen?«; worauf Jesus antwortete: »Du hättest keine Macht über mich, wenn es dir nicht von oben gegeben wäre.«[2]

Hier liegen Kernpunkt und Ursache für den Streit, der jahrhundertelang fortdauerte, sich ausweitete und differenzierte, je nachdem, welche Formen der Macht die verschiedenen menschlichen Gesellschaften für sich wählten. Die Konfliktsituation war fast immer offensichtlich und prägte jedenfalls die Frühzeit der Kirche. Diese Prägung wurde noch dadurch verstärkt, daß die römischen Kaiser als Antwort auf eine dem Menschen angeborene Frage entschieden hatten, sich als Götter verehren zu lassen. Und es war im allgemeinen die Weigerung, sie als solche anzuerkennen, die in den ersten drei Jahrhunderten die Christen dem Martyrium aussetzte. Dadurch unterschied sich von Anfang an die Lage der Christen von der der Anhänger aller anderen Religionen, von denen es im augustäischen Rom sehr viele gab. Zunächst mag es schwer zu verstehen sein, daß, wie bereits gesagt, die Adepten Mithras' nicht mit derselben Härte verfolgt wurden wie die Adepten Christi, aber für die Christen war es unmöglich, dem Augustus das Attribut *divus*, göttlich, zuzugestehen. Das allein machte die Christen jedoch bereits vogelfrei. Im übrigen beinhalteten die christlichen Riten nichts, was die weltliche Autorität hätte beunruhigen können. Der Brief, den Plinius nach einer sorgfältig geführten Erhebung verfaßte, zeigt sehr gut, daß die bizarren Gepflogenheiten dieser Leute, die sich vor Sonnenaufgang versammelten und gemeinsam harmlose Gebete sprachen, dazu Brot brachen und Wein tranken, keine Gefahr für den Staat darstellten; hingegen steht in den meisten Leidensgeschichten der Märtyrer, daß diese sterben mußten, weil sie es ablehnten, dem Gott-Kaiser zu huldigen.

Doch es kam der Tag, an dem der Kirche gestattet wurde, aus dem Halbdunkel, in dem sie bisher gelebt hatte, ans Tageslicht zu treten. Durch das Edikt von Mailand im Jahr 313 wurde das Christentum als Religion offiziell anerkannt, und man könnte verleitet sein zu meinen, daß es damit selbst die »Macht« besaß. Verfolgt man jedoch die geschichtlichen Entwicklungen Schritt für Schritt, erweist sich dies rasch als grundlegender Irrtum.

Mit dem Edikt hörten die Christenverfolgungen auf, aber der Konflikt blieb bestehen, ja er spitzte sich durch Einflußkämpfe rund um denjenigen, der die geistliche und weltliche Macht ausübte, sogar noch zu. Durch das Edikt verschwand vorübergehend auch der totalitäre Geist, aufgrund dessen sich der Kaiser als Gott sah, kehrte aber in verschiedener Gestalt, und dann wieder mit Märtyrern im Gefolge, zurück.

Priscillian: kaiserliche Macht und Häresie

Um aufzuzeigen, welchen Einfluß die Verknüpfung der beiden Mächte in einem ständig schwelenden Konflikt haben kann, sei auf einen immer wieder zitierten und häufig falsch verstandenen Fall hingewiesen: die Tragödie des Priscillian.

Sie ereignete sich im 4. Jahrhundert, in einer Zeit, da die Kirche an inneren Zwistigkeiten zugrunde zu gehen drohte. Denn ihre früheste Geschichte, die in bezug auf Einigkeit und gegenseitige Hilfe manchmal zu stark idealisiert wurde, war in Wirklichkeit eine Zeit der Zwiste, der Siege jenes »Antichrist«, vor dem bereits der Apostel Johannes in seinem letzten apostolischen Schreiben warnte, und der Irrlehren. Verglichen mit dieser Periode muten die Folgezeiten wie ein »Meer der Ruhe« an. Im 4. Jahrhundert hörten zwar die eigentlichen Verfolgungen durch die weltliche Macht auf, aber deren Eindringen in den geistlichen Bereich zog – wie im Fall des Athanasios, Bischof von Alexandria und Vater der Orthodoxie, der den größten Teil seines Lebens in der Verbannung verbrachte – eine Reihe von Komplikationen nach sich, deren verhängnisvollste zweifellos durch die Bischöfe, also die Vertreter der geistlichen Macht, verursacht wurden.

Priscillian, Bischof von Ávila, war einer jener Häretiker, die in der Frühzeit des Christentums durch ihre Irrtümer die Christen zum Nachdenken anregten und zur Ausformung der Lehre beitrugen. Seine Lehre war stark durchdrungen von gnostischen Theorien und dem Manichäismus verwandt: nur die Seele sei das Werk Gottes, alles was Körper und Materie sei, stamme von den Mächten des Bösen; die Seele selbst sei einer Art astrologischem Determinismus unterworfen, wobei die Tierkreiszeichen einen zwangsläufigen Einfluß auf sie ausübten; außerdem seien die drei Personen der Trinität drei Namen für ein und dasselbe göttliche Wesen. Mit diesen Irrmeinungen verband sich ein seltsamer Mystizismus, der die Priscillianisten bewog, sonntags zu fasten, nicht in die Kirche zu gehen und statt dessen an Exerzitien teilzunehmen, über die alle möglichen Gerüchte in Umlauf waren, usw.

Der Glaube Priscillians und seiner Anhänger wurde auf dem Konzil von Saragossa, das am 4. Oktober 380 stattfand und zwölf Bischöfe Spaniens und Aquitaniens vereinte, zum Gegenstand mehrerer Kanones. Zwei der Bischöfe, Ithatius von Ossonuba und Hydatius von Emerita oder Merida, gaben sich mit dem Verdammungsurteil noch nicht zufrieden. Priscillian und seine Schüler und Sympathisanten wurden aufgrund eines Dekrets Kaiser Gratians, den Ithatius und Hydatius hinzugezogen hatten, verbannt. Die Ausgeschlossenen reisten daraufhin nach Rom, um ihre Sache dem Papst vorzutragen, wurden abgewiesen, erhielten aber von einem Hofbeamten ein neues Reskript, das sie wieder in ihre Kirche eingliederte. Triumphierend kehrten sie Ende 382 nach Spanien zurück. Bald darauf brach eine jener Militärrevolten aus, die in dem immer brüchiger werdenden Römischen Reich häufig auftraten: Ein spanischer Soldat namens Maximus, früherer Kriegsgenosse Kaiser Theodosius', wurde von seinen Truppen zum Kaiser ausgerufen. In Trier, das Hauptstadt des Römischen Reichs geworden war, bereitete er Bischof Hydatius, der bei Priscillians Rückkehr aus dem Land geflohen war, einen freundlichen Empfang. Priscillian und alle jene, die er für seine Sache gewonnen hatte, wurden nach Bordeaux beordert, um dort von einem neuen Konzil verurteilt zu werden. Priscillian hielt es für geschickter, sich direkt an den

Kaiser zu wenden und erschien in Trier vor einem weltlichen Gericht. Dieses überführte ihn der Hexerei sowie eines liederlichen Lebenswandels und verurteilte ihn zum Tode. Das gleiche Urteil erging für zwei Geistliche aus seiner Umgebung sowie für zwei Laien, darunter die berühmte Euchretia, die Priscillian in ihrem Landhaus in Aquitanien begeistert aufgenommen und deren Tochter angeblich mit ihm eine sündhafte Beziehung unterhalten hatte. Insgesamt wurden sieben Todesurteile ausgesprochen, daneben Verbannungen und Konfiskationen der Güter.

Die Entrüstung über den Prozeß war im ganzen Römischen Reich enorm, und die Haltung aller jener, die später heiliggesprochen wurden, ist sehr bezeichnend. Im Jahr 386, in dem das Urteil vollstreckt wurde, waren mehrere von ihnen mittelbar oder unmittelbar in die Wirren verwickelt, die durch diese Irrlehre und ihr Ende entfacht worden waren. Der heilige Augustinus erfuhr erst später von ihr, als er nach 395 von Orosius zu Rate gezogen wurde. In seinen letzten Lebensjahren hatte er dann Gelegenheit, auf die Angelegenheit zurückzukommen, und prangerte mit Nachdruck die eigentliche Ketzerei an, nämlich die Neigung der Sekte zum Lügen und ihre bekannte Maxime: »Schwöre, breche den Schwur; bewahre um jeden Preis dein Geheimnis.«[3]

Auch der heilige Hieronymus verurteilte die Irrlehre Priscillians. Er weilte gerade in Rom, als das Oberhaupt der Sekte 382 dort eintraf, doch da er 385 nach Bethlehem aufbrach, erfuhr er erst später von den Ereignissen. Um 415 hatte er Gelegenheit, die Lehre zu kritisieren, die er ebenso verurteilte wie den Manichäismus.

Der heilige Ambrosius von Mailand und der heilige Martin von Tours waren viel unmittelbarer in den Fall Priscillians verwickelt, der mit seinen Gefährten auf seiner Reise nach Rom versuchte, Ambrosius für seine Sache zu gewinnen, aber abgewiesen wurde. Der heilige Martin hielt sich zu dem

Zeitpunkt, da die beiden Bischöfe Hydatius und Ithatius den neuen Kaiser Maximus belagerten, in Trier auf. Auch er machte den Bischöfen Vorwürfe und bestürmte den Kaiser, bis dieser ihm schließlich versprach, keine Todesurteile mehr auszusprechen. Beide – denn auch Ambrosius kam nach Trier, und zwar als Beauftragter des jungen Kaisers Valentinian II. – verließen erst die Stadt, als sie diese Zusicherung bekommen hatten. Im Gegensatz zu Ambrosius, der abreisen mußte, weil man drohte, ihn zu töten, fand Martin mehr Gehör, und erst nach seinem Aufbruch und entgegen dem ihm gegebenen Versprechen, wurde das Verfahren gegen Priscillian wieder aufgenommen und die Strafe verkündet. Martin kehrte zurück und brachte sofort Unruhe in das Lager der Bischöfe, mit denen sich zu verständigen er ablehnte. Nach mehreren Unterredungen mit Kaiser Maximus erreichte er schließlich, daß die Häscher, die der Kaiser nach Spanien entsenden wollte, um die Ketzer zu verfolgen, die sich von Priscillian hatten überzeugen lassen, zurückgehalten wurden. Martin verzichtete für den Rest seines Lebens darauf, noch einmal auf Bischofsversammlungen zu erscheinen, und auf einigen dieser Versammlungen ging man sogar so weit, ihn wegen seiner Haltung und seiner verzweifelten Bemühungen, den Tod der Ketzer zu verhindern, selbst des Priscillianismus zu verdächtigen. Währenddessen legte in Rom Papst Siricius energisch Einspruch gegen die Prozesse des Maximus ein.

Später erklärten Dekrete Kaiser Theodosius' die Urteile Maximus' für ungültig. Bischof Ithatius wurde abgesetzt, Hydatius legte freiwillig sein Amt nieder, und in Spanien erhob man die toten Ketzer zu Märtyrern. Auf dem Konzil von Toledo im Jahr 400 unterwarfen sich zwar die in den Häresieskandal verwickelten Bischöfe, aber erst auf dem Konzil von Braga 563 wurde die Irrlehre Priscillians ausdrücklich und entschieden verurteilt.

Die Geschichte Priscillians ist also das Beispiel einer Ketzerlehre, die sich zwei Jahrhunderte und noch länger behaupten konnte und deren grausame Unterdrückung durch die weltliche Macht von der geistlichen Macht einstimmig verurteilt wurde.

In der Folge kam es immer wieder zu Einmischungen der einen Macht in die Belange der anderen. Man könnte von einer imperialistischen Auffassung der weltlichen Macht sprechen, als diese die geistliche Macht zu vereinnahmen suchte – eine Auffassung, die sich übrigens regelmäßig im Orient, wo die byzantinischen Kaiser eine Sonderstellung innerhalb der Kirche einnahmen, und gelegentlich auch im Abendland, wo die Restauration des Römischen Reichs durch Karl den Großen zu einem Wirrwarr führte, wiederholt manifestierte. Diese Orientierungslosigkeit wurde erst mit Papst Gregor VII. und dem Konkordat von Worms im Jahr 1122 beseitigt, als die Autonomie der geistlichen Macht anerkannt und freie Bischofswahlen – die berühmte Einsetzung mit den Symbolen des Stabs und des Rings – eingeführt wurden. In Frankreich wurden die freien Wahlen zwar de jure anerkannt, aber de facto nicht immer verwirklicht, die geistliche Autorität des Bischofs gegenüber der weltlichen Macht war jedoch garantiert. So hielt man es bis 1516, als das französische Konkordat von Bologna zwischen König Franz I. und Papst Leo X. erneut die Ernennung von Bischöfen und Priestern in die Hände der weltlichen Macht, also des Königs, legte, womit die Funktion des Domkapitels, das den Bischof wählte, endete. Damit ging auch eine Bevormundung der Kirche Frankreichs einher, die nur noch die Weihe eines neuen Bischofs oder Abtes vornehmen durfte, wodurch sie letztlich zu einem Hilfsorgan des Staates degradiert wurde.

Inzwischen hatten unbedachterweise die kirchlichen Mächte die weltliche Macht um ein Eingreifen ersucht.

Obwohl man zwischen dem Fall Priscillians und der Inquisition keinen ursächlichen Zusammenhang herstellen, geschweige denn, wie einige es getan haben, in dem Ketzerprozeß eine Ankündigung der Inquisition des 13. Jahrhunderts sehen kann (das kam nur daher, weil Priscillian vor einem Konzil erschien, und es sein eigenes Hilfeersuchen an den Kaiser war, das zu seiner Verurteilung geführt hatte), war es doch der Versuch, die weltliche Macht in Anspruch zu nehmen, der 1231 zur Entstehung der Inquisitionsgerichte führte. Die Einzelheiten sind bekannt.

Die päpstliche Inquisition, die öffentlich zu mißbilligen und als Fehler einzugestehen dem Zweiten Vatikanischen Konzil in unserem Jahrhundert vorbehalten war, war – wie man weiß – ein kirchliches Gericht, das Ketzer verurteilte. Wurden diese für schuldig befunden, hatte dieses Gericht das Recht, die Verurteilten dem »weltlichen Arm« zu überantworten – ein diskreter Ausdruck dafür, daß sie der Tod erwartete. Gemäß den kaiserlichen Anordnungen Friedrichs II. verurteilte dann ein weltlicher Richter die Ketzer zum Tod auf dem Scheiterhaufen. Damit wurde die kaiserliche Rechtsprechung auf die kanonische übertragen – was an sich besorgniserregend war.[4]

Daß die weltliche Macht eingeschaltet wurde – eine Verfügung Gregors IX. –, geschah nicht zum erstenmal in diesem 13. Jahrhundert, in dem unter dem Einfluß des römischen Rechts die kanonischen Gesetze sehr streng geworden waren. Damit glaubte man, die Ketzerei wirksam bekämpfen zu können, ohne der biblischen Empfehlung »Laßt das Unkraut wachsen« Rechnung zu tragen. Papst Innozenz III. hatte zuvor die Christen zum Kreuzzug gegen die »katharischen« und »lombardischen« Ketzer vor allem in Frankreichs Süden und in Norditalien aufgerufen und damit nach der Ermordung seines Legaten Petrus von Castelnau im Jahr 1208 den sogenannten Albigenserkrieg ausgelöst.

Die Geschichtsbücher stellen Innozenz III. und Gregor IX. gern als die »großen Päpste des Mittelalters« hin: Innozenz III. hat die Heiligkeit Franz von Assisis und Dominikus', aus dem vornehmen spanischen Geschlecht der Guzmáns, wahrgenommen, obwohl es zu jener Zeit von kleinen halbketzerischen Gemeinschaften nur so wimmelte, und Gregor IX. sah sich bei den Eingriffen der königlichen Macht vor, von der Universität von Paris unabhängig zu bleiben. Beide haben sich zwar in vieler Hinsicht verdient gemacht, aber weder der eine noch der andere wurde heiliggesprochen.

Hingegen haben schon im 13. Jahrhundert die Päpste selbst die Heiligkeit zweier königlicher Vettern erkannt, die in enger Beziehung zur Inquisition standen: Ludwig der Heilige von Frankreich ließ in seinem Reich die Inquisitionsgerichte gewähren, und Ferdinand von Kastilien lehnte es ab, sie in Spanien zuzulassen, wo die albigensische Irrlehre nicht Fuß gefaßt hatte.

Wir haben nicht die Absicht, hier die Geschichte der Inquisition[5] nachzuzeichnen, die – zumindest im 13. Jahrhundert – zur Geschichte der Heiligkeit in einer sehr problematischen Beziehung stand. Man kann die Inquisition freilich nicht ganz mit Stillschweigen übergehen, weil man damals glaubte, mit ihr eine einfache Lösung für das Verhältnis zwischen weltlicher und geistlicher Macht gefunden zu haben, indem man vorgab, die erstere in den Dienst der zweiten zu stellen. Doch schon sehr bald kehrte sich die Lage um, und Philipp der Schöne zum Beispiel machte die Inquisition zu einem Instrument seiner allgemeinen Herrschaftspolitik. Diese Entwicklung wurde besonders im Falle der Templer deutlich, wo der »weltliche Arm« den Kampf gegen die Ketzerei, indem man ihm unbedachterweise die schreckliche Rolle des Henkers zuschob, zu seiner Sache machte und alle jene beseitigte, die seine eigene Macht einschränkten.

Vor allem im 15. und 16. Jahrhundert entwickelte sich die Inquisition in Spanien und in Frankreich zu einer hochwirksamen Waffe der weltlichen Macht, die sich damit die geistliche Macht untertan machte – die zwei Schwerter befanden sich damit in den Händen ein und desselben Herrschers. Nach dem Motto *cuius regio, eius religio,* wer das Land beherrscht, bestimmt die Religion, entstand überall in Europa eine »Staatsreligion«, was zur Folge hatte, daß alle jene, die in religiösen Dingen nicht die Auffassungen des Herrschers teilten, verfolgt wurden. Über die Verfolgungen bedarf es wohl keiner weiteren Erläuterungen, da die Auswirkungen dieser Einheit zwischen Gott und Kaiser durch die Greuel der Inquisition in Spanien, die Bartholomäusnacht in Frankreich oder die dreihundertsiebzehn Märtyrer in England, die wegen ihrer Weigerung, den König als Oberhaupt der Kirche anzuerkennen, auf grauenhafte Weise zu Tode kamen, hinlänglich bekannt sind.

Die andere Lösung

Je mehr das Christentum an Boden gewann, um so eher fanden sich unerwartete Lösungen für die mit der Machtausübung in Zusammenhang stehenden Probleme, so daß die Ambiguitäten zwischen weltlicher und geistlicher Autorität immer mehr verschwanden. Dabei handelte es sich nicht um abstrakte Lösungen, sondern um praktische Antworten, die vor allem von jenen Heiligen gegeben wurden, die Macht innehatten und folglich in ihrer Person unvereinbare Elemente in Einklang brachten, und die man auch noch im 20. Jahrhundert als Heilige anerkennt.

Nicht weniger bemerkenswert ist die Tatsache, daß der erste Name, auf den wir in dieser Reihe außergewöhnlicher Heiliger, die die weltliche Macht innehatten, stoßen, der Name einer Frau ist. Dies ist bezeichnend sowohl für die Entwicklung der Macht selbst als auch für die Entwicklung der Stellung der Frau, die um so stärker wurde, je mehr es zu einer Verinnerlichung kam.

Diese bedeutende Frau ist die fränkische Königin Chlothilde, Gemahlin König Chlodwigs. In einem früheren Werk, *La femme au temps des cathédrales*[6] (Die Frau zur Zeit der Kathedralen), hatte ich Gelegenheit, von dieser Frau zu sprechen, deren Wirken nicht nur für die Geschichte Frankreichs, sondern ganz Europas entscheidend war. Auf ihr Betreiben empfing am Weihnachtstag, wahrscheinlich des Jahres 498, ihr Gemahl Chlodwig in Reims aus den Händen des heiligen Bischofs Remigius die Taufe. Mit ihm, so berichtet Gregor von Tours, sollen dreitausend fränkische Krieger getauft worden sein. In diese letzten Jahre des 5. Jahrhunderts fallen auch die Auseinandersetzungen im Gefolge des Konzils von Nikaia (325), bei denen es um den Irrglauben des Areios ging. Wenn wir uns in jene Zeit zurückversetzen, sehen wir, daß damals fast ganz Europa irgendwelchen Ketzerlehren anhing, und erfassen, wie man die »Macht« zu verstehen hat, über die die römische Kirche seit dem Edikt von Mailand angeblich verfügte . . . Die berühmte »konstantinische Periode«, in der die Kirche nach eigenem Ermessen geherrscht haben soll, ist in den Bereich der Legende zu verweisen, selbst in geistlicher Hinsicht wurde die römisch-katholische Kirche durch die ketzerischen Kirchen überrundet. Es war also eine Frau, Chlothilde, durch deren Initiative die Kirche das Frankenreich gewann, nachdem die junge Königin ihren Gemahl überredet hatte, den katholischen Glauben anzunehmen und sich taufen zu lassen. Auf diese Weise wurde Frankreich in einer Zeit, da vernünftigen Schätzungen zufolge das katholische Christentum kurz vor dem Verschwinden stand, »der Kirche älteste Tochter«. Selbst Chlothildes Onkel Godegisel, der das junge Mädchen erzogen hatte, war Arianer.

Man kann heute kaum ermessen, welche immense Belastung mehr als zwei Jahrhunderte[7] hindurch der Arianismus für das Christentum bedeutete, das in den meisten Regionen ebenso jung war wie der Arianismus selbst. Im großen und ganzen waren es alle germanischen Völker, die sogenannten »Barbaren«, die das Evangelium zuerst in der ketzerischen Deutung des Presbyters Areios kennengelernt haben. Da es sich um sehr viele Völker handelte, war es wohl bis zur Reformation der gewaltigste Lehrstreit in der christlichen Kirche. Wie die meisten anderen Irrlehren leugnete auch der Arianismus die Menschwerdung Christi. Was ihn aber charakterisierte ist, daß er bis weit nach dem zweiten Konzil von Konstantinopel (381), das die meisten Bischöfe zur orthodoxen Lehre zurückführte, lebendig blieb. Einer der Hauptgründe hierfür liegt in der Person Wulfilas, eines Christen aus Kappadokien, dessen Familie über die Donau in Gefangenschaft geführt worden war und der die Goten zum Christentum bekehrte. Er übersetzte die Bibel in die gotische Sprache und verwendete für die Niederschrift ein eigenes, für diesen Zweck umgeformtes Alphabet. Vandalen, Burgunden, Ost- und Westgoten, kurz alle »Barbaren« mit Ausnahme der Franken und eines Teiles der Langobarden, die Heiden blieben, wurden Arianer, während die keltischen Völker, die sie später eroberten, im wesentlichen katholisch waren und ihre Bischöfe mit dem Bischof von Rom übereinstimmten.

Im Namen ihres Glaubens unternahmen die »Barbaren« unter den von ihnen unterworfenen Völkern viele Verfolgungen. Chlothildes Bedeutung läßt sich schon alleine daran ermessen, daß es ihr gelang, ihre unmittelbare Umgebung tiefgreifend zu beeinflussen, obwohl ihre eigene Familie gespalten war. In Afrika wurden die Christen ganz offen von den Vandalen verfolgt, so daß der Bischofsstuhl von Karthago vierundzwanzig Jahre lang vakant blieb. Im Jahre 445 nahm darüber hinaus der Vandalenkönig Geiserich Rom ein und ließ es plündern. Die Westgoten in Aquitanien zeigten sich kaum toleranter, und Bischof Faustus von Reji wurde nach der Eroberung der Provence (477) sofort verbannt. Dank Chlothilde herrschte jedoch in Gallien, dem Reich der Franken, allgemeiner Frieden. Die etwa ein Jahrhundert zuvor vom heiligen Martin bekehrten ländlichen Gegenden schlossen sich freiwillig an, nachdem die Bischöfe mit großer Freude die Nachricht von der Bekehrung Chlodwigs vernommen hatten. Der Einfluß Chlothildes im ganzen Land war unbestreitbar, da sie Frieden brachte und aktiv zur Verbreitung von Kultur und Zivilisation beitrug, indem sie viele neue Klöster auf französischem Boden, unter anderem das Kloster Chelles, dessen Kirche dem heiligen Georg geweiht wurde, gründete. Diese *villa* von Chelles entwickelte sich – wie bereits ausgeführt – zu einem bedeutenden religiösen und intellektuellen Zentrum. Dem heiligen Georg weihte sie auch das Kloster Baralle bei Cambrai, das vielleicht ihre erste Gründung war.

Zahlreich sind auch die Gründungen Chlothildes, die nach den heiligen Aposteln oder dem heiligen Petrus benannt wurden. An erster Stelle ist die Kirche des *mons Lutetia* zu erwähnen, die im Laufe der Jahrhunderte in Sainte-Geneviève-Kirche umbenannt wurde und auf dem Hügel nahe der Cité von Paris am linken Seine-Ufer lag. Chlodwig und Chlothilde wünschten hier zur letzten Ruhe gebettet zu werden. In diesem Gotteshaus ließ Chlothilde die Reliquien der Heiligen von Paris verwahren, nach der die Kirche benannt wurde. Einige Überreste dieser Kirche sind bis heute im Gebäudekomplex des Gymnasiums Henri IV. in der Nähe des Pantheon erhalten geblieben. Es gab auch ein dem heiligen Petrus geweihtes Kloster oder eine ihm geweihte Kirche in Reims, eine andere in Rouen, eine Kollegiatskirche in Laon und vor allem eine Kirche in Tours, Saint-Pierre le Puellier, wo sich ein Frauenkloster befand, in dem Chlothilde nach den Morden am fränkischen Hof und nach Chlodwigs Tod wahrscheinlich Zuflucht fand und ihre letzten Lebensjahre verbrachte. Als eine ihrer Gründungen gilt auch die erste Saint-Germain-Kirche von Auxerre an der Stelle des Saint-Maurice-Oratoriums, wo jener Bischof beigesetzt worden war, der die göttliche Sendung der heiligen Genovefa erkannt hatte.

Besondere Aufmerksamkeit widmet die Hagiographie der Gründung von Notre-Dame des Andelys an der Seine nicht weit von Rouen, weil hier Chlothilde ein Wunder vollbracht haben soll: Da die Männer, die an dem Bauwerk arbeiteten, nach Wein verlangten, aber man in der ganzen Gegend keinen auftreiben konnte und in der Nähe der Baustelle eine Quelle aus dem Boden sprudelte, sandte Chlothilde eine ihrer Mägde aus, um dort Wasser zu schöpfen. Als diese dann das Wasser den Arbeitern anbieten wollte, hatte es sich in Wein verwandelt. Dieses an die Hochzeit von Kana erinnernde Wunder hielt während der gesamten Bauzeit der Kirche an, doch nach Fertigstellung des Gotteshauses floß nur noch Wasser aus der Quelle. Vielleicht ist diese Geschichte nur ein poetisches Bild für den persönlichen Einsatz Chlothildes im Zusammenhang mit dieser Gründung, doch wie dem auch sei, sie schildert das Wirken einer Frau und Königin, auf die viele Kirchen- und Klostergründungen, also Ausgangspunkte des kulturellen Lebens, zurückgehen. Stätten, wo gesungen und gebetet wird, wo die Eucharistie ein Band zwischen den Menschen schafft, wo darum der Glaube so stark ist, daß sich Wasser in Wein verwandelt.

Den Beweis dafür, daß sich Kultur und Zivilisation nur außerordentlich langsam ausbreiteten, finden wir in Chlothildes eigenen Abkömmlingen, da sich ihre drei Söhne Chlodomer, Childebert und Chlothar untereinander im wahrsten Sinne des Wortes zerfleischten. Gregor, Bischof von Tours, schilderte höchst anschaulich die Massaker, mit denen die Fehden zwischen den Söhnen Chlodwigs und Chlothildes endeten, so der Mord an den zwei Söhnen des zuerst verstorbenen Chlodomer.[8] Die beiden zehn und sieben Jahre alten Kinder ereilte dasselbe Schicksal wie sehr viel später die Söhne des englischen Königs Eduard, die ebenfalls von ihrem Onkel ermordet wurden. Im jüngsten von Chlodomers Söhnen, Chlodoald, setzte sich die Heiligkeit Chlothildes fort, da er nach dem Gemetzel, aus dem er wie durch ein Wunder unverletzt hervorgegangen war, in die Abtei zu Nogent bei Paris, die dann nach ihm Saint-Cloud benannt wurde, eintrat. Nach diesem Blutbad, das sich in Childeberts Palast abspielte, verließ Chlothilde Paris und ließ sich in Tours nieder.

Derselbe Chlothar I., den Gregor als den Hauptverantwortlichen für den Tod der beiden Knaben bezeichnete, heiratete einige Zeit später die thüringische Prinzessin Radegundis, die er 531, also noch zu Chlothildes Lebzeiten, als Geisel nach Frankreich gebracht hatte und die nach Aussage aller Zeitgenossen eine Frau von außergewöhnlicher Schönheit war. Als sie jedoch bald danach Chlothars Grausamkeit nicht mehr ertragen konnte (er hatte auch ihren Bruder ermorden lassen), flüchtete sie zu Medardus, dem Bischof von Soissons, und dann in ein von ihr gegründetes Kloster in Poitiers.

In diesem bewegten 6. Jahrhundert gab es also unter den Frankenherrschern Heilige ebenso wie extrem grausame Charaktere – nicht nur Männer, sondern auch Frauen, wie das Beispiel Fredegund und Brunhilde zeigt. Man hat ausgerechnet, daß vierzehn fränkische Könige oder Prinzen eines gewaltsamen Todes starben, womit diese Epoche sehr nahe an das 16. Jahrhundert herankommt, in dem in Frankreich *alle* Prinzen und führenden Staatsmänner ermordet wurden.

Charakteristischer für das 6. Jahrhundert ist jedoch das Konzil von Orléans im Jahr 511, dem Chlodwig noch kurz vor seinem Tode beiwohnte. Der erste Kanon dieses Konzils beschäftigte sich mit dem Asylrecht und gestand jedem Flüchtigen, ob Mörder, Ehebrecher oder Dieb, der in einer Kirche oder deren *atrium* (gemeint sind vor allem die dazugehörigen Gebäude) Schutz suchte, Asyl zu. Das heißt, man durfte ihn nicht gewaltsam herausholen, er konnte von diesem Ort aus unbehindert Verhandlungen führen, um diejenigen, denen er Schaden zugefügt hatte, zu entschädigen, und seine Verfolger mußten beim Evangelium schwören, keine Rache an ihm zu üben. Dasselbe galt bei Entführungen von Frauen oder Männern, auch wenn sie – oder er – einverstanden gewesen waren. Andererseits konnte ein Sklave, der sich in eine Kirche geflüchtet hatte, nur dann seinem Herrn zurückgegeben werden, wenn dieser beim Evangelium schwor, ihn nicht zu mißhandeln. Andere Bestimmungen betrafen jene Sklaven, die ohne Wissen ihrer Herren zu Diakonen oder Priestern geweiht wurden: zwar mußte der Bischof dem Herrn Schadenersatz leisten, aber der Sklave erlangte seine Freiheit.

Dieses Kapitel der Kirchengeschichte ist also eng verknüpft mit der Kultur- und Sittengeschichte. Gleichzeitig sei bemerkt, daß ein Jahrtausend später unter dem Druck der bürgerlichen Gerichte das kirchliche Asylrecht aufgehoben wurde, während die Sklaverei in den amerikanischen Kolonien wieder auflebte.

Dieses Asylrecht, das ein Meisterwerk der Rechtsprechung darstellte, die über sich selbst hinauswuchs, um, wie es im Psalm heißt, »Erbarmen zu üben« und die Konflikte auf friedlichem Weg zu lösen, entstand in Frankreich aufgrund der Bemühungen der Bischöfe schon zu Beginn der fränkischen Periode. Zu behaupten, daß man sich immer daran hielt, hieße natürlich die Veranlagung des Menschen zur Gewalttätigkeit zu verkennen; aber das auf dem Konzil von Orléans festgelegte und von den nachfolgenden Konzilen bestätigte Asylrecht prägte die soziale Ordnung für etwa tausend Jahre, da es durch seine Anwendung für jeden Menschen, selbst für den niedersten Verbrecher, stets einen Ort der Zuflucht gab, an dem er wieder Hoffnung schöpfen konnte. In einen Ort des Asyls einzudringen, erregte allgemeines Mißfallen, und tat man es doch, dann sicher nie mit gutem Gewissen. In der Folgezeit wurde das Asylrecht immer mehr erweitert, die meisten Kreuze an Wegen und Wegkreuzungen, Passionsdarstellungen an Stadteingängen usw. wurden zum Schutz der Flüchtigen errichtet. Klöster, Kirchen, Kalvarienkreuze bildeten Zufluchtstätten für jene, denen die Sünden vergeben worden waren und denen zumindest Gelegenheit gegeben werden mußte, ihren Fall vorzutragen, darüber zu diskutieren, einen Schiedsspruch herbeizuführen, um auf friedlichem Wege zu entscheiden, was sonst üblicherweise nur durch Gewalttätigkeiten, Vergeltungsmaßnahmen und Racheakte gelöst wurde. Das führte aber auch dazu, daß sich im Umkreis der Heiligtümer stets große Scharen von Menschen aufhielten, die wir heute als unerwünschte Personen bezeichnen würden.

In dem weiter oben zitierten *Leben des heiligen Gibrian* wird berichtet, daß im Jahre 1145 im Kloster Saint-Remi zu Reims[9] ein gewisser Hubert lebte, der dort Asyl gesucht hatte und von Beruf Goldschmied war. Für die Übertragung der Reliquien des Heiligen ließ der Bischof einen neuen Schrein anfertigen, der in der Kirche Saint-Remi bis zur Revolution überstand. Dieses aus dem Leben gegriffene Beispiel zeigt deutlich, wie selbstverständlich das Asylrecht damals war.

Man kann die Geschichte der heiligen Chlothilde nicht beschließen, ohne zumindest die Königinnen ihrer Zeit zu erwähnen, die wie sie an der Christianisierung ihrer Völker aktiv mitwirkten und nach ihrem Tod als Heilige verehrt wurden. Chlothildes Glaubenseifer kehrte wieder in ihrer Urenkelin Prinzessin Bertha, die König Ethelbert von Kent heiratete. Nachdem er die Taufe empfangen hatte, nahm das königliche Paar die Missionare, die Papst Gregor der Große nach England entsandt hatte, wohlwollend auf. Der Anblick englischer Sklaven hatte den großen Papst nicht nur zu seiner berühmten Äußerung *non Angli, sed angeli,* sondern auch zur Entsendung von Missionaren veranlaßt. Ethelberts Bekehrung durch seine Gemahlin ebnete diesen Missionaren die Wege, und einer von ihnen, der heilige Augustinus von Canterbury, gründete die Bistümer von London und Rochester.

In Spanien verschwand die arianische Irrlehre kurz nach der Bekehrung Hermenegilds, des ältesten Sohns des Westgotenkönigs Leovigild (567–586), unter dem Einfluß von dessen Gemahlin, der katholischen Prinzessin Theodosia. Hermenegild wurde jedoch auf Befehl seines Vaters hingerichtet, und der Arianismus flammte wieder auf. Auch sein Bruder Rekkared wurde kurz nach seiner Ernennung zum König von Toledo im Jahr 587 getauft. In einem anderen Teil des Westgotenreichs wandte sich aufgrund der Missionstätigkeit des heiligen Martin von Braga die Bevölkerung vom Arianismus ab und nahm zwischen 570 und 579 den katholischen Glauben an. In Italien schließlich war es die Bayerin Theodolinde, der es nach ihrer Vermählung mit dem Langobardenkönig Agilulf gelang, ihren Sohn Adaloald zur Taufe zu bewegen.

Erst gegen Ende des 6. Jahrhunderts ließ der Streit, der die Christenheit in zwei Lager gespalten hatte, allmählich nach, und die Völker einigten sich auf einen gemeinsamen Glauben. Dabei spielten jene heiligen Frauen, die sich entweder durch Geburt oder Heirat an der Macht befanden, keine geringe Rolle.

Die Arbeit des Schweizer Romanisten Reto Bezzola, Professor an der Universität Zürich, zeigt den Einfluß dieser Königinnen der Frankenzeit, die zu den ersten weiblichen Heiligen Frankreichs gehören, auf Literatur und Sitten. So etwa weist er auf die Bedeutung von Chlothildes Schwiegertochter Radegundis hin, die Venantius Fortunatus, den dichtenden Bischof von Poitiers, zu den ersten Ansätzen dessen inspirierte, was sich später zur höfischen Literatur[10] entwickelte. Radegundis beeinflußte also die Literatur in ähnlicher Weise wie Chlothilde die Politik. Man kann bereits in diesem 6. Jahrhundert die Wurzeln jenes höfischen Ideals erkennen, das zunächst in lateinischer Sprache, dann in der *Langue d'oc*, dem Okzitanischen, und in der *Langue d'oïl*, der alten nordfranzösischen Sprache, schwärmerisch verherrlicht wurde und auf dem das Spannungsverhältnis zwischen Liebe und Achtung vor der Frau fußte, das im 12. und 13. Jahrhundert seinen Höhepunkt erreichte. Wie Bezzola schreibt, ist die Frau nicht mehr »Gegenstand des sinnlichen Begehrens«, aber auch nicht irgendein kaltes und ehrfurchtgebietendes Idol, sondern ein Wesen, dem »sich der Poet mit gewissermaßen zärtlichen Gefühlen nähert und das er dennoch nicht zu begehren wagt, denn Verlangen würde das der Liebe Würdigste zerstören: ihre unantastbare Reinheit.«[11] Der heiligen Radegundis, der Fortunatus begegnete, als sie bereits um die Fünfzig war, und ihrer geistigen Tochter Agnes, der Äbtissin des von Radegundis in Poitiers gegründeten Heiligkreuzklosters, widmete Fortunatus seine Gedichte. Es war eine mystische Minnelyrik von einer Feinfühligkeit, die man zu jener Zeit kaum zu finden erwartet.

Wir wollen hier nicht anhand literarischer Beispiele die Entwicklung und das Heranwachsen dieses neuen Gefühls zeigen, das sich dann später in der Feudalzeit voll entfaltete, da der Leser hierfür auf das umfassende und hervorragend dokumentierte Werk Reto Bezzolas zurückgreifen kann. Aber wir können die Herausbildung jenes Idealtypus erkennen, den überraschenderweise eine Kultur hervorgebracht hat, in der es immer wieder zu Zusammenstößen von Völkern verschiedener Rassen und Religionen gekommen ist: den gebildeten, ritterlichen, vom höfischen Geist beseelten Edelmann.

Zuerst waren es Frauengestalten, die diesen Idealtypus verkörperten, da in der neuen Auffassung von der Macht die weiblichen Heiligen den männlichen vorausgingen. Auf Chlothilde, die das Christentum einführte, und Radegundis, der wir die ersten höfischen Dichtungen verdanken, folgten eine Reihe heiliger Königinnen, die durch ihr Beispiel und ihre persönlichen Entscheidungen zunächst in Frankreich und dann im ganzen Abendland die Sitten und Gebräuche veränderten, wodurch eine neue Lebensart und neue Beziehungen zwischen den Menschen entstanden. Hierin kam der heiligen Bathildis besondere Bedeutung zu.

Bathildis war die beherrschende Frauenfigur des 7. Jahrhunderts. Sie war angeblich eine angelsächsische Fürstentochter, die allerdings als Sklavin nach Frankreich kam. Die Legende berichtet, daß sie von Berberpiraten geraubt worden sein soll, was nichts Außergewöhnliches wäre, denn zweihundert Jahre vorher war auch der heilige Patrick entführt und fern seiner Heimat als Sklave verkauft worden. Die junge Sklavin Bathildis wurde vom Hausmeier Neustriens, Erchinoald, erworben. Als dieser Witwer wurde, wollte er sie zu seiner Frau machen, aber Bathildis flüchtete, versteckte sich und zeigte sich erst wieder, als sie hörte, daß Erchinoald sich wieder verheiratet hatte. Doch da war es der König selbst, der siebzehnjährige Chlodwig II., der sie zu heiraten begehrte. Im *Leben* der Bathildis, die später in Frankreich die heilige Beaudour genannt wurde, heißt es, daß sie erst einwilligte, als sie ihre Freiheit wiedererlangt und ihr Vater, der König von

England, sein Einverständnis für die Heirat gegeben hatte. Am Hof des Königs von Neustrien lebte zu dieser Zeit ein berühmter Mann, der Goldschmied Eligius, der spätere Bischof von Noyon und Pate von Bathildis' erstem Sohn Chlotar. Bathildis schenkte noch zwei weiteren Söhnen, Childerich und Theuderich, das Leben. Da Chlodwig im Jahre 656 in geistiger Umnachtung starb, nahm Bathildis die Angelegenheiten des Reichs in die Hand und regierte für ihren ältesten Sohn, der erst fünf Jahre alt war. Der Überlieferung nach soll sie das für die Geschichte der Menschlichkeit eminent wichtige Verbot der Sklavenmärkte, was der Abschaffung der Sklaverei in ihrem Herrschaftsgebiet gleichkam, ausgesprochen haben.

Die Geschichtswissenschaftler haben sich am Verschwinden der Sklaverei nur wenig interessiert gezeigt. Natürlich ist es heute ganz unmöglich festzustellen, zu welchem Zeitpunkt oder in welcher Epoche die Sklavenverkäufe aufgehört haben. Es scheint aber, daß in Frankreich diese radikale Wende im Lauf des 7. Jahrhunderts stattfand. Daß der persönliche Einsatz Königin Bathildis' dabei entscheidend war – auch die Freilassung Tausender von Sklaven in ihren Ländereien durch Melania die Jüngere im 4. Jahrhundert spielte eine wichtige Rolle –, erstaunt nicht sonderlich. Sie soll auch die Kopfsteuer, die noch aus der Zeit der römischen Eroberung stammte, abgeschafft und die in dieser Zeit tatsächlich vorhandenen Freiheitsbewegungen gefördert haben. Die Sklaverei lebte allerdings in jenen Ländern, die dem muselmanischen Einfluß unterlagen, wie Spanien und die anderen Mittelmeerländer, wieder auf. Gelegentlich gab es Sklavenverkäufe sogar noch im 13. Jahrhundert, wie zum Beispiel jene, die von Notaren aus Marseille verzeichnet wurden. Aber dies waren nur Einzelfälle, wie der Handel von Negersklaven in Marseille und in den benachbarten Häfen zu Anfang unseres Jahrhunderts. Tatsächlich verschwand die Sklaverei im Lauf des 7. Jahrhunderts, und die Überlieferung verbindet dieses Verschwinden mit dem Andenken an Königin Bathildis, was aufgrund der Quellen, die sie betreffen, nur bestätigt werden kann.

Noch stärker verknüpft ist ihr Name jedoch mit dem Kloster Chelles, von dessen Bedeutung bereits die Rede war. Man schreibt Königin Bathildis zahlreiche Schenkungen an Kirchen und Klöster – Corbie, Jumièges, Luxeuil – und auch an die Abteien Jouarre und Faremoutiers zu. Aber Chelles an der Marne gehört mit zur eigentlichen Geschichte der Königin, da sie die kleine Stiftung der heiligen Chlothilde in eine königliche Abtei, deren Weihe in das Jahr 662 datiert wird, umwandelte. Die Kirche soll mit drei Altären, einem Heiligkreuzaltar in der Mitte und einem St.-Georgs- und einem St.-Stephans-Altar an den Seiten, ausgestattet gewesen sein. Bis zur Französischen Revolution verwahrte die Abtei jenen wunderbaren Kelch, dessen Fertigung man dem Goldschmied und Bischof Eligius zuschreibt. Die noch erhaltenen Zeichnungen und Beschreibungen des mit einem Zellenschmelzdekor versehenen goldenen Kleinods vermitteln ein gutes Bild von diesem sehr zeittypischen Kunstgegenstand, der 1792 eingeschmolzen wurde.

Schachbrettmuster, Fischgrätenornamente und mit Perlen und Cloisonné-Email geschmückte Rosetten zeugen vom Überleben dieser keltischen Schmuckmotive, die damals häufig verwendet wurden und die man auch auf romanischen Kapitellen wiederfinden kann.

Mit Königin Bathildis sind noch zwei weitere Persönlichkeiten in Verbindung zu bringen, die in ihrem Leben eine wichtige Rolle gespielt haben, nämlich der heilige Leodegar, Bischof von Autun, und der heilige Genesius, Bischof von Lyon, die ihr sowohl in weltlichen Dingen – bei der Verwaltung ihrer Besitztümer – wie auch in geistlichen zur Seite standen. Bathildis hinterließ im Kloster Chelles die Erinnerung an eine Königin, die nicht an ihrem Rang festhielt, sondern wie die heilige Radegundis die niedersten Dienste verrichtete, und unter anderem die Kranken versorgte. Sie starb wahrscheinlich im Jahr 680. Ihr Fest wird noch heute am 30. Januar gefeiert, obwohl es bei der Kalenderreform auf dem Zweiten Vatikanischen Konzil nicht berücksichtigt wurde.

Im darauffolgenden Jahrhundert setzte sich die Reihe der Heiligen am französischen Hof mit Gisela, der Schwester Karls des Großen, fort. Die 757 geborene Adelige weihte sich im Kloster Chelles dem Herrn, wurde dort Äbtissin und starb einige Jahre vor ihrem kaiserlichen Bruder. Wichtiger noch war Hildegard (757–783), die Karl der Große, nachdem er seine beiden ersten Ehefrauen verstoßen hatte, heiratete. Der Historiker und Dichter Paulus Diaconus, der zu den engsten Vertrauten des Königspaares gehörte, bezeichnete sie als »Mutter der Könige«. In der Tat schenkte sie ihrem Gemahl vier Söhne und fünf Töchter, obwohl sie bereits mit sechsundzwanzig Jahren starb . . .

Im Umkreis Karls des Großen fand sich jedoch nicht jene schwärmerische Verehrung der Frau wie in der Merowingerzeit. Der weibliche Einfluß ließ nach, und sogar der Kaiser gab sich selbstherrlich, da er wohl keine seiner fünf Ehefrauen auch nur im geringsten an der Macht teilhaben ließ. Seine Töchter behielt er in seiner Nähe als Zierde des Hofes und gestattete ihnen nicht, zu heiraten.

Selbst die Marienverehrung scheint in dieser Zeit nachgelassen zu haben, und die Homilien, die beispielsweise Paulus Diaconus für die Marienfeste zusammenstellte, waren alle von älteren Verfassern wie dem heiligen Ambrosius, dem heiligen Augustinus oder dem heiligen Beda übernommen: Das Gefühl, das man besang, war die Freundschaft zwischen Männern, zwischen Kriegern, nicht die Liebe und schon gar nicht die Minne, die erst an den Fürstenhöfen wieder auflebte.

Das größte Anliegen des Kaisers war die Wiederbelebung der antiken Kultur. Überflüssig darauf hinzuweisen, daß es sich hierbei um eine männliche Kultur handelte, in der die Frau keinen Platz hatte. Es war vor allem nicht jener Platz, den sie in der Dichtung Fortunatus' einnahm, wo man ihr Bewunderung und durch Hochachtung gezügelte Liebe entgegenbrachte.

Das Erscheinungsbild des heiligen Königs

Erstaunlicherweise begegnen wir den ersten heiligen Königen in England. Sie lösten das Dilemma zwischen Gott und Kaiser, indem sie für die anderen und für sich selbst nur die Macht des Herrn anerkannten, das heißt vor allen Dingen eine Macht, die mit der zweiten Seligpreisung, »Selig, die keine Gewalt anwenden, denn sie werden das Land erben«, die auf Barmherzigkeit und Milde fußt, übereinstimmte.

Mag auch Machtausübung mit Gewaltlosigkeit unvereinbar erscheinen, so war es doch gerade dieser Punkt, den die heiligen Könige in die Tat umsetzten. Sie machten sich die Äußerung Christi gegenüber Pilatus zu eigen und wandten sie entsprechend an, da ihnen bewußt war, daß sie keinerlei Macht besäßen, hätte Gott sie ihnen nicht gegeben. Sie gingen mit ihr um wie mit einem Geschenk, und sie war ihnen ein Auftrag, für den sie gegenüber Jenem, der sie ihnen in die Hände gelegt hatte, Rechenschaft ablegen mußten.

Den ersten heiligen Königen begegnen wir in den kleinen sächsischen Königreichen Englands. In diesem Zusammenhang sei daran erinnert, daß die Sachsen genauso wie die Franken Eindringlinge waren. In das von Kelten bevölkerte Großbritannien waren Mitte des 5. Jahrhunderts, also zu der Zeit, als der heilige Patrick seinen Missionsauftrag in Irland beendete, die aus dem Norden, wahrscheinlich aus Dänemark kommenden gefürchteten Angeln, Jüten, Pikten und Sachsen eingefallen. Plündernd und mordend zogen sie durch das Land, drängten die überlebende keltische Bevölkerung nach Cornwall zurück und ließen sich in Wales und auf dem Festland in der Bretagne nieder. Diese Eroberer waren Heiden, und erst mehr als ein Jahrhundert später nahm einer von ihnen, Ethelbert, König von Kent, unter dem Einfluß seiner Gemahlin Bertha den christlichen Glauben an. Sie spielte in den angelsächsischen Ländern etwa die gleiche Rolle wie Chlothilde bei den Franken. Nach Ethelbert ließ sich auch sein Schwiegersohn Edwin taufen, als nächster sein Bruder und Nachfolger Sigebert, König von Ostanglien, und danach sein Neffe Oswald, der Mönche aus Iona (Hy) ansiedelte, die ihm die christliche Lehre vermittelt und ihn getauft hatten. Immer wieder kam es zu erbitterten Kämpfen zwischen diesen christlichen Königen und den heidnischen Herrschern, wie dem schrecklichen Penda, König von Mercia, der die anderen Königreiche der Insel vereinnahmen wollte. Trotz dieser kriegerischen Auseinandersetzungen (Penda starb erst 655 im Alter von achtzig Jahren, sein eigener Sohn war zu diesem Zeitpunkt bereits Christ) erlebten die Klöster eine Blütezeit. Wearmouth und Jarrow waren Schauplätze der unermüdlichen Tätigkeit des heiligen Mönchs und gelehrten Theologen Beda, der im Jahre 735 starb und dem wir die Kenntnis jener großartigen Persönlichkeiten verdanken, die im 7. Jahrhundert in diesem Teil Europas Herausragendes leisteten.

Im heiligen Edmund begegnen wir zum erstenmal einem König, der bewußt unter dem Vorzeichen der Heiligkeit regierte. Während seine Vorgänger uns nur durch die Jahreszahlen ihrer Taufe und ihres Martyriums bekannt sind, besitzen wir über den heiligen Edmund Chroniken, Gedichte und einige wertvolle Überlieferungen, die ihn uns »lebendig« machen, wie sein jüngster Historiker, Edmond Bordier[12], es ausdrückte. Er ist übrigens auf einem vorzüglichen Gemälde, das allerdings keinen Porträtwert besitzt, abgebildet. Es handelt sich um das wunderbare Diptychon von Wilton House, das heute in der National Gallery in London hängt, auf dem er als Beschützer des kleinen Königs Richard II. zusammen mit Eduard dem Bekenner und Johannes dem Täufer dargestellt ist. Edmund hat blondes Haar, trägt eine Krone und ein goldbesticktes blaues Gewand unter einem weiten, hermelingefütterten grünen Mantel und in der Hand hält er den Pfeil, durch den er starb. Zu den Werken, die sein Leben schildern, gehört ein anglo-normannisches Gedicht, *Das Leben St. Edmunds des Königs*, das um 1180 von einem gewissen Denys Piramus verfaßt und ein Jahrhundert später von dem Historiker und Dichter Matthew Paris wieder aufgegriffen wurde. Vor ihnen war das Leben Edmunds wiederholt in lateinischer Sprache aufgezeichnet worden, unter anderem von dem Mönch Abbo aus Fleury-sur-Loire (Saint-Benoît-sur-Loire), der im 10. Jahrhundert, ungefähr hundert Jahre nach Edmunds Tod, lebte.

Edmund wird uns als Sohn eines Sachsenkönigs vorgestellt, der eines Tages den nach Jerusalem pilgernden König Offa von Ostanglien empfing. Das Kind fiel dem König auf, er fand es schön, mutig und von vornehmer Wesensart. Da er selbst keinen Sohn hatte, der seine Nachfolge hätte antreten können, schlug er Edmund vor, sein Sohn zu werden und nach seiner Rückkehr mit ihm nach Ostanglien zu ziehen. Er zeigte ihm auch einen goldenen Ring, der Edmund eines Tages als Zeichen dafür dienen sollte, daß die ihn überbringenden Boten in Offas Auftrag handelten und er ihnen folgen sollte. Der Knabe willigte ein, und der anglische König setzte beglückt seine Pilgerfahrt fort. Nach einigen Monaten befiel den König jedoch eine tödliche Krankheit, und er benannte seinen Reisegefährten den von ihm erwählten Nachfolger. Nachdem Edmund den Ring erhalten hatte, folgte er denen, die ihn holen gekommen waren, und landete mit ihnen an der

Küste von Norfolk. Er warf sich am Strand nieder und verharrte lange im Gebet. Als er sich erhob, sprudelten zwölf Quellen aus dem Boden hervor. Danach begab er sich in die königliche Residenz Attlebourgh und bereitete sich ein Jahr lang auf sein Herrscheramt vor.

Bischof Humbert, der König Offas Ratgeber gewesen war, salbte ihn (wahrscheinlich) am Weihnachtstag 855 in Burum in Suffolk zum König. Abbo legte dar, »wie gut er gegenüber seinen Untertanen und wie streng er gegenüber den Bösewichten war . . . Wenn er in einer Angelegenheit nicht gut Bescheid wußte, bemühte er sich, Genaueres über sie zu erfahren. Auf dem königlichen Weg, auf dem er einherschritt, blickte er weder nach rechts, um seine Verdienste herauszukehren, noch nach links, sich in die Mängel der menschlichen Schwäche ergebend.« Eine hervorstechende Eigenschaft, die wir übrigens in den *Lehren* des heiligen Königs Ludwig IX. von Frankreich wiederfinden. Und Abbo fuhr fort: »Bei Notleidenden war er von bewundernswerter Freigebigkeit, den Witwen und Waisen ein milder Vater.«

So etwa hat man sich einen heiligen König vorzustellen.

Edmund herrschte zehn Jahre lang über Ostanglien, wo er den Frieden aufrechterhielt und Gerechtigkeit walten ließ.

Doch von neuem erschienen am Horizont drohend die Schiffe der Nordmänner, der Normannen, die später, 885/86, unter der Führung Siegfrieds Paris belagerten. Entlang der Flüsse und in den ländlichen Gegenden verbreiteten sie Schrecken und Angst und verwüsteten alles. Etwa zwanzig Jahre vorher war England das Ziel ihrer Angriffe gewesen, denn 867 wurde die Stadt York durch sie zerstört.

Zwei dänische Anführer, Inguar und Ubbo, drangen in Ostanglien ein. Zuerst versuchte Edmund, mit den Barbaren zu verhandeln, aber sie griffen erneut an. Eine angelsächsische Chronik verzeichnete im Jahr 870: »In diesem Jahr zog das dänische Heer durch Mercia, um in Ostanglien einzufallen; sie errichteten ihr Winterlager in Thetford; in diesem Winter schlug König Edmund eine Schlacht gegen sie; die Dänen waren siegreich, sie töteten den König und machten sich das ganze Land untertan.«

Das sind in wenigen Worten die historischen Fakten; Abbo von Fleury verdanken wir jedoch Einzelheiten, die er, nach seinen eigenen Angaben, von Erzbischof Dunstan erfahren hat, der seinerseits den Bericht von einem ehemaligen Knappen des Königs vernommen hatte. Dies verleiht dem Ganzen einige Wahrscheinlichkeit und rechtfertigt die Tatsache, daß der heilige Edmund als Märtyrer angesehen wird. Von dem Dänenanführer Inguar gefangengenommen, »wirft der heilige König Edmund in seinem Palast als guter Christ seine Waffen fort und läßt sich ergreifen . . . Er weiß, daß er vor einen gottlosen Anführer gestellt werden wird wie einst Christus vor den Statthalter Pilatus, so sehr wünscht er es Demjenigen gleichzutun, der für uns den Opfertod gestorben ist. Der Gefesselte muß allen möglichen Spott über sich ergehen lassen und wird schließlich geschlagen, dann führt man ihn zu einem nahen Baum, bindet ihn daran fest und peitscht ihn lange aus, aber er erträgt es klaglos . . .« Danach wurde er wieder an einen Baum gebunden, von Pfeilen durchbohrt wie der heilige Sebastian, und zum Schluß schnitt ihm der Henker die Kehle durch. »So begab es sich, daß am 20. November Edmund, der König, als sehr gottgefälliges Opfer schwer geprüft durch das Feuer des Leidens, die Siegespalme und die Krone der Gerechtigkeit tragend, als Märtyrer in das Reich der Seligen einging.«[13]

Der Leichnam des Königs und sein Haupt wurden in einen Wald geworfen, wo man sie, aus Furcht vor den Dänen, die nun die Herren des Landes waren, lange Zeit liegen ließ. Zur Zeit Abbos ruhten Körper und Haupt aber bereits in einem Mausoleum, über dem man eine Basilika errichtet hatte. Die Leichenteile sollen auf wundersame Weise aufgefunden worden sein. Als man den Wald auf der Suche nach ihnen durchstreifte, rief eine Stimme aus einem Dorngestrüpp: *Here, here, here* (hier, hier, hier), und man fand Haupt und Leib unverwest vor. Später, vermutlich in den ersten Jahren des 10. Jahrhunderts, wurde ein Blinder wieder sehend, nachdem er in der Kapelle genächtigt hatte, wo der Leichnam des königlichen Märtyrers ruhte. Es ereigneten sich zahlreiche weitere Wunder, so daß neben der Lebensbeschreibung im ersten Viertel des 12. Jahrhunderts eine Schrift über *Die Wunder des heiligen Edmund* entstand. Der Verfasser war Abt Samson von der Abtei Saint Edmund's Bury, wohin man die sterblichen Reste des Märtyrers übertragen hatte.

Von der Zurschaustellung des unversehrten Leichnams berichtete im Jahr 1198 Jocelin de Brakelong, der ein Jahr vor dem Tod Richard Löwenherz' Augenzeuge des feierlichen Akts gewesen war. Eigenartigerweise soll sich nach einer Überlieferung, die einige Kontroversen hervorgerufen hat, aber als ziemlich gesichert gilt, der Leichnam des heiligen Edmund – oder zumindest seine Gebeine – heute in der Basilika Saint-Sernin zu Toulouse befinden, wohin König Ludwig VIII. ihn angeblich schaffen ließ, als er 1216 kurz davor stand, sich Englands zu bemächtigen.

In der Zwischenzeit nahmen zwei weitere Heilige Englands Thron ein: im 10. Jahrhundert Eduard der Märtyrer, der auf Veranlassung seiner Stiefmutter 978 ermordet wurde, und im folgenden Jahrhundert Eduard der Bekenner (1004–1066), der 1042 König wurde. Dieser Eduard war es, der den Normannenherzog Wilhelm den Eroberer und nicht seinen Neffen Harald zu seinem Nachfolger bestimmte. Um seine Person rankt sich eine hübsche Legende, die im folgenden Jahrhundert Aelred von Rievaulx aufgezeichnet hat: Eines Tages bat ein Armer Eduard um ein Almosen. Der König zückte seine Börse, aber sie war leer. Da zog er seinen goldenen Ring vom Finger und schenkte ihn dem Bettler. Sieben Jahre später erschien einem englischen Pilger in Palästina der heilige Apostel Johannes, gab ihm einen goldenen Ring und trug ihm auf, ihn seinem König zurückzubringen, und Eduard erkannte ihn als seinen Ring. Die Mönche der Abtei Westminster, wo er bestattet wurde und die eine der bedeutendsten Abteien Englands wurde, zeigten später »den Ring, der sich sieben Jahre im Paradies befand«.

Eduard der Bekenner beschloß die Reihe der heiligen Könige auf Englands Thron. Zur selben Zeit, an der Wende vom 10. zum 11. Jahrhundert, waren allenthalben in Europa heilige Herrscher anzutreffen, selbst im fernen Rußland, wo Wladimir der Große (956–1015) regierte, der sich ebenfalls den Beinamen der Heilige erwarb. Obwohl er nicht zu jenen gehörte, die man heute ohne weiteres kanonisieren würde (er ließ seinem Volk die Wahl zwischen dem Tod oder der Taufe im Dnjepr, aber schließlich waren die Methoden Karls des Großen, der übrigens nur aufgrund einiger Verfechter der Reichsidee kanonisiert wurde, in Sachsen nicht viel besser), errichtete Wladimir in Kiew 987 die erste Kirche Rußlands. Im Glauben voran ging ihm seine Großmutter Olga, die 969 starb, nachdem die von ihr initiierten Christianisierungsversuche durch deutsche Missionare gescheitert waren, da ihr Volk sie alle bis auf den heiligen Adalbert von Magdeburg ermordet hatte.

Zur selben Zeit nahm Olav II. Haraldsson, König von Norwegen (um 995–1031), den christlichen Glauben an. Zunächst gefürchteter Freibeuter und gewissenloser Räuber, ließ er sich mit achtzehn Jahren in Rouen taufen und starb mit fünfunddreißig, von seinem Volk hochverehrt.

Aber Macht und Heiligkeit in einer Person vereint fand sich zu jener Zeit vor allem in deutschen Landen in den Kaisern und auch in den Kaiserinnen, die an der Seite ihrer Ehegatten eine wichtige Stellung einnahmen.

Friedliche Koexistenz

Es gibt ein historisches Ereignis, das die friedliche Koexistenz trefflich illustriert: die Begegnung zwischen Kaiser Heinrich II. und dem französischen König Robert II., dem Frommen, Sohn Hugo Capets, an den Ufern der Maas im Jahre 1023. Zwei Heere lagerten einander gegenüber: das der Deutschen in Ivois am rechten Ufer, das der Franzosen in Mouzon am linken Ufer.

Die beiden Heere waren am 6. August eingetroffen und beobachteten einander vier Tage lang, da Großes auf dem Spiel stand. Als Heinrichs Großonkel Otto I., der Große, im Jahr 962 von Papst Johannes XII. zum römischen Kaiser gekrönt worden war, konnte er davon ausgehen, daß das Königreich Frankreich seiner Autorität unterliege. Die Unabhängigkeit der von Hugo Capet 987 begründeten jungen Dynastie war also in keiner Weise verbrieft. Würde der Kaiser aufgrund der kaiserlichen Macht Karls des Großen die Vasallenschaft Frankreichs fordern und würde sich Robert II. verpflichtet fühlen, dem Kaiser die Lehenshuldigung darzubringen?

Am 10. August setzte Kaiser Heinrich II. schließlich, nur von wenigen Mitgliedern seines Hofstaates begleitet, zu einem Höflichkeitsbesuch bei demjenigen über den Fluß, von dem er nicht verlangen würde, sein Vasall zu werden. Inzwischen, so weiß die Geschichtsschreibung zu berichten, hatte er über den Grundsatz Salomons des Weisen nachgedacht: »Je mehr du erhöht wirst, desto mehr sollst du dich in allen Dingen bescheiden.« Tags darauf erwiderte Robert den Besuch, und die Männer trennten sich, jeder mit seinem Heer, dem eine Kraftprobe erspart geblieben war.

Aus dem Treffen in Mouzon resultierte eine mehrere Jahrhunderte andauernde gute Nachbarschaft zwischen Frankreich und dem Deutschen Reich, ganz im Gegensatz zu den Beziehungen im ausgehenden Mittelalter und der Neuzeit. Durch sein maßvolles Verhalten bewirkte Heinrich II. als erster Herrscher der Geschichte eine friedliche Koexistenz, und es ist schwierig, ein treffenderes Beispiel für das zu finden, was außenpolitisch möglich ist, wenn die Macht in den Händen eines Heiligen liegt.

Aber um dies recht zu verstehen, muß man mehr von der Heiligkeit Kaiser Heinrichs II. und seiner Gemahlin Kunigunde wissen. Es müssen hier beide in die Betrachtungen mit einbezogen werden, da die zeitgenössischen Chroniken ausdrücklich Kunigunde als »Mitregentin« erwähnen. Das veranlaßt uns, kurz auf die zahlreichen Kaiserinnen und Äbtissinnen einzugehen, die in der Frühzeit des Deutschen Reiches großen Einfluß ausübten. Mehrere von ihnen sind Heilige, angefangen bei Mathilde, der Urgroßmutter Heinrichs II. und Verwandten von Gisela, der Tochter Karls des Großen, die den heiligen Eberhard, Markgraf von Friaul (gestorben 867), geheiratet hatte. Gisela und Eberhard, deren Besitzungen in Norditalien eine für die Sicherheit des Kaiserreichs wichtige »Mark« darstellten, waren ein mustergültiges Ehepaar, das seine acht Kinder gottesfürchtig erzog. Diesen vier Töchtern und vier Söhnen vermachte Eberhard kurz vor seinem Tode seine umfangreiche Bibliothek bestehend aus liturgischen Werken und Bibeln, Heiligenviten, Büchern über Geschichte, Medizin, Landwirtschaft, Recht und Kriegskunst, die eine Menge über die intellektuelle Neugier dieses heiligen und frommen Lehnsmanns aussagten, der mit berühmten Gelehrten wie Loup de Ferrières und Hrabanus Maurus befreundet war.

Nach ihnen trat in fast jeder Generation eine kraftvolle Persönlichkeit, die Heiligkeit erlangte, in Erscheinung. So etwa Liudolf und Oda von Sachsen, Gründer der berühmten Abtei von Gandersheim, die im darauffolgenden Jahrhundert zu einem der bedeutendsten literarischen Mittelpunkte des

Deutschen Reiches wurde. Nach ihnen ist Mathilde, die Gemahlin Kaiser Heinrichs I., zu nennen. Sie stiftete die bekannte Abtei zu Quedlinburg, in der sie 968 dreiundneunzigjährig starb. Ihr war es gelungen, ihre beiden Söhne, Heinrich, Herzog von Bayern, und Otto den Großen, die einander erbittert bekämpft hatten, auszusöhnen. Reto Bezzola unterstreicht »den starken Einfluß des weiblichen Elements auf die herrschende Schicht Deutschlands im 10. und zu Beginn des 11. Jahrhunderts«. Eines der besten Beispiele dafür ist Mathilde. Während ihr einerseits Prunk und aufwendige Kleidung als ihrer Kaiserwürde gemäß erschienen und sie sich mit Musikern und Dichtern umgab, machte sie andererseits die Abtei Quedlinburg zu einer bedeutenden Erziehungsstätte für junge Mädchen. Nach dem Tod ihres Gemahls übernahm sie dessen Aufgaben, »wobei sie sich« – wie es ein Zeitgenosse formulierte – »unablässig Gott darbietet wie eine lebende Hostie«.

Ihre Schwiegertochter Adelheid von Burgund, durch die Heirat mit Otto I. im Jahr 951 Kaiserin geworden, nahm ebenfalls sehr rege an den Staatsgeschäften teil. Ein in seiner Schlichtheit typisches Zeugnis hierfür ist der sogenannte Otto-Adelheid-Pfennig, der vor allem in Magdeburg und Halle, dann in Köln und Goslar geprägt wurde, und auf dessen Rückseite der Name der Kaiserin steht, während die Vorderseite ein Tatzenkreuz zeigt. Diese Münze, auf der der Name der Kaiserin den des Kaisers überstrahlt, wurde wiederholt nachgeahmt und war in weiten Gebieten im Umlauf.[14]

Ottos erste Gemahlin Edith, Tochter Eduards I. von England, hatte das Benediktinerkloster Magdeburg gegründet. Seine zweite Gemahlin Adelheid war ebenfalls eine fromme Herrscherin, deren Biographie der heilige Odilo, Abt von Cluny, schrieb. Die berühmte Abtei Peterlingen in der Schweiz wurde von ihr gegründet. Sie liebte Pilgerfahrten und förderte die cluniazensische Reform in den kaiserlichen

Klöstern. Ihren Zeitgenossen war sie als *regina litteratissima*, als »hochgebildete Königin«, bekannt, und die Schenkungen, die sie großen Pilgerstätten wie Saint-Maurice-en-Valais und Saint-Martin-de-Tours machte, waren ohne Zahl. Bemerkenswert ist auch, daß während ihrer Regierungszeit ihr Schwager Bruno 953 zum Erzbischof von Köln ernannt wurde. Vor demselben Hintergrund erscheint danach das heilige Paar Heinrich II. und Kunigunde, die »miteinander regierten«. Die Geschichtswissenschaftler bescheinigen Heinrich die für einen Herrscher erforderliche Tatkraft, politisches Geschick und Kampfesmut. Mag auch sein Eingreifen in den angrenzenden Ländern, in Italien und vor allem in Polen, anfechtbar gewesen sein, so hat er doch auf anderen Gebieten Herausragendes geleistet. Unter anderem schloß Heinrich im Jahr 1006 den letzten Sklavenmarkt des Reichs in Mecklenburg am Rand der slawischen Länder. Heinrich und Kunigunde gründeten 1007 das Bistum Bamberg. Sieben Jahre später, 1014, empfingen beide die Kaiserkrone.

Einer der jüngeren französischen Historiker, die sich mit dem deutschen Kaiserreich befaßten, resümierte diese Herrschaft, indem er sagte, daß sie »ohne Widrigkeiten verlief, denn sie stand unter dem Zeichen einer persönlichen Frömmigkeit«.[15] Aber vielleicht war es nicht immer einfach, »ohne Widrigkeiten« zu regieren. Hätte der Kaiser in Mouzon nicht freiwillig nachgegeben, wäre es wahrscheinlich in den Ardennen und am Rhein zu Schwierigkeiten gekommen. Die sehr gebildete Kaiserin – die Chroniken erwähnen von ihr eigenhändig geschriebene Briefe – gründete das Kloster Kaufungen, dessen erste Äbtissin ihre Nichte Uta war und das sich, wie in jener Zeit alle Abteien dieser Gegend, zu einem bedeutenden und kulturellen Mittelpunkt entwickelte.

Heinrich und Kunigunde wurden im 12. Jahrhundert im Bamberger Dom heiliggesprochen. Zur selben Zeit entstand die von einigen Hagiographen als zutreffend anerkannte

Fabel, daß das Paar in einer Josephsehe lebte. Wir haben uns an anderer Stelle mit der ehelichen Enthaltsamkeit, einer sehr seltenen Form der Heiligkeit, beschäftigt (siehe den Abschnitt über Elzear und Delphina). Die tiefe Frömmigkeit des Kaisers und seine Bemühungen um eine Reform der Klöster und des Klerus wären aber für sich genommen jedenfalls schon ausreichende Gründe für eine Heiligsprechung gewesen.

Heinrich II. war, abgesehen von Karl dem Großen, der einzige Kaiser, den die Kirche auf die Altäre erhob. Die »Kanonisation« Karls des Großen im Jahr 1165 war jedoch von Friedrich Barbarossa vor allem mit dem Ziel, Aachen eine ähnliche Bedeutung wie Saint-Denis in Frankreich zu verleihen, erzwungen worden, da Friedrich damit sein eigenes Ansehen erhöhen wollte. Die Betreiber dieser »Kanonisation« schreckten nicht einmal davor zurück, falsche Privilegien Karls des Großen zu vergeben, durch die Aachen eine Vorrangstellung einnahm, damit der erste Kaiser mehr als Deutscher denn als Franke erscheine.

Mit Heinrich und Kunigunde war so etwas wie ein Höhepunkt in der Konzeption der mit weltlicher Macht gepaarten Heiligkeit erreicht worden. Jahrhundertelang legte der Dom von Bamberg mit seiner herrlichen Sammlung in Gold und Elfenbein gebundener illuminierter Handschriften wie dem berühmten Uta-Kodex der Äbtissin Uta von Niedermünster, der in München aufbewahrt wird, schönstes Zeugnis davon ab. Durch ihre Frömmigkeit wurden weltweit bekannte und bewunderte Kunstwerke geschaffen, wie der Tragealtar Heinrichs II. mit seinen herrlichen Reliefszenen, angefangen von Abraham und Isaak bis zum Osterlamm, dem eucharistischen Opfer; oder das Kreuz, bestehend aus einer getriebenen und gravierten Goldplatte, das Königin Gisela von Ungarn dem Paar schenkte; die edelsteingeschmückte und mit Filigran eingefaßte Krone Kunigundes; oder der berühmte Altarvorsatz aus getriebenem Gold aus dem Münster von Basel, der sich heute im Cluny-Museum in Paris befindet. Alle diese Meisterwerke der Goldschmiedekunst sind ein typisches Zeugnis für das Heiligkeitsverständnis dieser Epoche.

Diesem einen kanonisierten Kaiser stehen zahlreiche heilige Könige gegenüber, die einen eigenen Regierungsstil entwickelten, der einer Machtkonzeption entsprach, von der man später deutlich abrückte. Es wurde errechnet, daß zwischen dem 10. und dem 14. Jahrhundert etwa dreißig Könige und Königinnen von der Kirche als heilig anerkannt wurden, danach erfolgten keine Heilig- bzw. Seligsprechungen mehr, ausgenommen für Ferdinand den Standhaften von Portugal, Kasimir von Polen und, er sei der Vollständigkeit halber erwähnt, Amadeus IX. von Savoyen.

König Ludwig der Heilige von Frankreich

Es gibt viel zu sagen über diesen König von Frankreich, der bereits zu seinen Lebzeiten vom Volk als Heiliger verehrt wurde. Bis zu Beginn des 20. Jahrhunderts herrschte absolute Einstimmigkeit über seinen heiligmäßigen Lebenswandel. Selbst Voltaire, von dem man weiß, daß er weder Königen noch Heiligen freundlich gesinnt war, bekundete seine Hochachtung: »Es gibt keinen Menschen, der tugendhafter war.« In jüngster Zeit jedoch versuchten vor allem Journalisten – nicht jedoch Historiker –, seine Heiligkeit in Frage zu stellen. Studiert man seine Biographie, fällt sofort eine Parallele zu Heinrich II. auf: Ludwig der Heilige gab mit dem Frieden von Paris dem englischen König Heinrich III. im Jahr 1259 jene Gebiete zurück, die er ihm in ehrlichem Kampf abgenommen hatte, und tat damit, genau wie Heinrich II., den ersten Schritt zur Versöhnung, weil er der Mächtigere war. Ein König war besiegt worden, und in solchen Fällen hatte allein der Sieger die Möglichkeit, den ersten Schritt zu tun und sich großzügig zu zeigen. Diese Art, internationale Beziehungen herzustellen, muß wohl eher befremdlich gewirkt haben, kann aber, wenn man genauer darüber nachdenkt, fast verglichen werden mit einer Maßnahme des 20. Jahrhunderts, als die Vereinigten Staaten mit dem Marshall-Plan dem Feind von gestern Hilfe brachten. War das nicht ein wichtiger Schritt weg vom Machiavellismus?

Die Historiker des 16. bis 18. Jahrhunderts hatten diesen Vertrag noch mit einem Schulterzucken kommentiert, die Pariser Feiern zur siebenhundertsten Wiederkehr im Jahre 1959 erweckten demgegenüber den Eindruck, als entspringe dieser Akt nicht allein einem echten Wunsch nach Frieden, sondern auch menschlicher Weisheit. Der Marshall-Plan war wirtschaftlichen Notwendigkeiten entsprungen, der Frieden von Paris jedoch subtileren und unbestreitbar edleren Motiven. Man schloß ihn, so des Königs Worte, »um Liebe zwischen unseren Kindern und den seinen zu wecken, die ja Vettern sind«. Liebe wecken da, wo sonst der Haß fortgelebt hätte, ist menschliche Weisheit gepaart mit Christlichkeit. Das Ergebnis war ein halbes Jahrhundert Frieden, der dann allerdings von Philipp dem Schönen, dessen hochfliegende, unrealistische Pläne zum Hundertjährigen Krieg führten, gebrochen wurde.

Das Bild, das wir uns von Ludwig dem Heiligen bewahrt haben, zeigt einen König, der darauf bedacht war, jedem Gerechtigkeit widerfahren zu lassen. Symbol hierfür war jene Eiche von Vincennes, unter der er sich persönlich die Beschwerden seiner Untertanen anhörte und versuchte, die Gegner miteinander auszusöhnen. Nach seinem Tod ging durch das ganze Land die Klage:

> An wen wenden sich fortan die Armen,
> Nun da tot ist der gute König, der liebt' sie so sehr.

Sein Sinn für Gerechtigkeit und sein beharrliches Ringen um sie haben die Herrschaft und die Bemühungen Ludwigs des Heiligen geprägt, der überzeugt war, daß Gerechtigkeit nur üben kann, wer seinen Nächsten liebt. In seiner Person gingen, wie aus dem obenzitierten Psalm hervorgeht, »Gerechtigkeit und Wahrheit eine enge Verbindung ein«.

Ludwig wurde am 25. April 1214, dem Jahr der Schlacht von Bouvines, und fünf Jahre nach Beginn des Albigenser-Dramas geboren. Der Friede, der 1219 im zerrissenen Süden eintrat, war allerdings das Werk seiner Mutter, der Königin Blanca. Jedenfalls waren die Umstände, den Frieden herzustellen und zu sichern, für Ludwig den Heiligen nicht günstiger als für viele andere Herrscher. Unterbrochen wurde diese Zeit des Friedens nur kurz zwischen 1242 und 1244 durch einige wenige Aufstände im Süden, die vor allem mit heimlichen Bestrebungen des Königs von England zu tun hatten. Dieser provozierte die einzige echte bewaffnete Auseinandersetzung, die mit Ludwigs Sieg bei Taillebourg und Saintes im Juli 1242 endete.

Man könnte lange vor dem Antlitz dieses Königs träumen, der auf vielen Kirchenfenstern als Heiliger abgebildet ist, wenn man an die Beschreibungen seiner Zeitgenossen denkt: »Er hat ein Engelsgesicht . . . Augen wie eine Taube . . . blondes, stets sehr schön gekämmtes Haar . . . niemals habe ich einen so schönen Ritter gesehen, denn er war in den Schultern breiter als jeder andere . . .«

Ludwig und seine Schwester Elisabeth, die das Klarissinnenkloster von Longchamp gründete und dort ihre Tage beschloß, hatten die Herzensgüte und den zarten Liebreiz ihrer Großmutter Elisabeth von Hennegau geerbt. Die Frömmigkeit der beiden Geschwister erregte die Bewunderung ihrer Zeitgenossen. Ludwig stand nachts auf so oft er konnte, um mit seinen Kaplänen Frühmetten abzuhalten, und betete nach der täglichen Messe so lange, bis seine Gefährten ungeduldig wurden. Von heftiger, fast gewalttätiger Wesensart, lernte er nach und nach, sein angeborenes Ungestüm zu bezähmen (in seinen Adern floß ja kastilisches Blut!) und sich zu einer Milde zu zwingen, die der Achtung vor dem Nächsten entsprang: »Er redete jeden im Plural an«, schrieb Wilhelm von Saint-Pathus, Beichtvater der Königin Margarete und einer jener Biographen Ludwigs, die den König gut kannten. Da es in jener Zeit üblich war, alle Welt zu duzen, war es von großer Bedeutung, wenn ein König jeden mit »Ihr« ansprach. Als einmal ein ungeschickter Diener auf Ludwigs geschwollenes, schmerzendes Bein einen Tropfen heißen Kerzenwachses fallen ließ, enthielt sich der König jeder Zurechtweisung. Ein andermal hörte er sich am Tor des Königspalastes geduldig die Beschimpfungen an, die eine alte Frau in ihrer Wut über ihren verlorenen Prozeß an ihn richtete, und verbot den Umstehenden, sie zum Schweigen zu bringen. Diese Milde und äußerste Aufmerksamkeit, die er seinen Nächsten im Alltag widmete, hinderten ihn aber nicht daran, mit Entschiedenheit das Recht des Königs auszuüben, und sei es gegenüber seinem eigenen Bruder Karl von Anjou, dessen Urteil gegen einen Ritter er nach sorgfältiger Untersuchung ohne Rücksicht auf den Rang seines Bruders aufhob.

Genau diese Auffassung über die Art und Weise der Machtausübung interessiert uns hier besonders.

Eigentlich sollte das Beispiel Ludwigs des Heiligen es ermöglichen, die Frage, wie man als König und Machtausübender zum Heiligen wird, zu beantworten. Bis vor kurzem haben sich die Historiker mit Ludwig dem Heiligen wenig beschäftigt. Den Aufzeichnungen seines Gefährten und Chronisten Joinville konnten wir die wichtigsten Ereignisse seines Lebens, auch aus dem persönlichen Bereich, entnehmen. Über seine Regierung und die Ausübung seiner Herrschaft stand uns jedoch nur eine einzige Arbeit, nämlich die von Le Nain de Tillemont aus dem 18. Jahrhundert, die im 19. Jahrhundert veröffentlicht wurde, zur Verfügung. Heute geben die zwei Werke der bekannten Historiker Jean Richard und Gérard Sivery[16] einen guten Überblick über das Leben Ludwigs des Heiligen, aber das Wesentliche, der vollständige Katalog seiner Schriftstücke, das heißt aller schriftlichen Dokumente von seiner Hand, steht noch aus.

Aus den erwähnten Fakten können wir ohne Mühe herauslesen, daß der König all das besaß, was die Grundlage jeder Heiligkeit ist: Glaube, Hoffnung und Liebe zu Christus. Diese Eigenschaften fanden bereits in seiner Jugend ihren Ausdruck in seiner Liebe zum einfachen Volk. Er stand im Morgengrauen auf und verteilte als Diener verkleidet Almosen an die Armen, die sich vor dem Königspalast eingefunden hatten, da er sein ganzes Leben lang eine Vorliebe für die Allerelendsten hatte. Für die Blinden gründete er das Hospital der Quinze-Vingts und vor den Aussätzigen kniete er in Saint-Lazare nieder und bat sie vor seinem Aufbruch ins Heilige Land, für ihn zu beten. Aber man kann noch weiter gehen und in den Entscheidungen, die er als König traf, den Widerschein und so etwas wie das Ergebnis einer Heiligkeit ausmachen, die sich ständig ausweitete.

Das Beispiel jener königlichen Untersuchungen, die eine gänzliche Neuerung seiner Regierung darstellten, erscheint uns besonders interessant. Im Januar 1247 beschloß er – wohl im Zuge der Vorbereitungen seiner Reise ins Heilige Land – mittels eines königlichen Schreibens, jeweils zwei Untersuchungsbeamte in alle Teile seines Reichs zu entsenden, um alle Beschwerden, die der kleine Mann über die Vögte und Seneschalle des Königs vorzubringen hatte, aufzunehmen. Damit sorgte er für eine kritische Überprüfung der königlichen Verwaltung durch das Volk. Der Historiker Petit-Dutaillis wies darauf hin, daß von allen Verfügungen Ludwigs des Heiligen diese es war, die, nicht ohne Grund, am meisten zu seiner Beliebtheit beigetragen hat. Unter seiner Herrschaft wurde die Verwaltung in der Tat immer mehr ausgebaut, da sich, bedingt durch die Ausweitung seiner persönlichen Besitzungen, der zu erfassende Raum ständig vergrößerte. Als Folge der nur allzu bekannten Albigenserkriege waren mehrere Regionen, wie die Sénéchaussée Carcassonne, die er bis dahin Adeligen als Lehen gegeben hatte, und die damit zwar Teil des Reichs, aber nicht unmittelbar seiner Macht unterstellt waren, unter die direkte Verwaltung des Königs gefallen. Gleichzeitig wurde die Verwaltung des Königs aufgrund der Sachzwänge auch für das gemeine Volk spürbar, da insbesondere während der Kriege im Süden des Landes von der Bevölkerung Steuern erhoben und Pferde, Futter usw. requiriert wurden. Jedenfalls wurden, außer in den Gegenden, die unter dem Kriegsgeschehen litten, jene Vögte und Seneschalle entfernt, die sich oft als kleine Lokaldespoten gerierten, weil sie mit allen Machtbefugnissen, das heißt Polizeigewalt, Gerichtsbarkeit usw., ausgestattet waren. Ludwig entsandte also jeweils zwei Bettelmönche, die das Vertrauen des niederen Volkes besaßen und sich nicht von den königlichen Beamten einschüchtern ließen. Diese Untersuchungsbeamten hielten alle Beschwerden der Untertanen auf Pergamenten, die wir noch so gut wie vollständig besitzen, fest und brachten diese in den Königspalast. Manchmal wurden schwere Verfehlungen angezeigt, aufgrund derer einem Lehnsherrn in seinem Gebiet die Gerichtsbarkeit entzogen wurde. Manchmal waren es nur unbedeutende, wie der Diebstahl einer Decke durch einen königlichen Soldaten oder die Weigerung, einem Bauern für seine zwei Kühe ein entsprechendes Entgelt zu geben.

Dies stellte eine bedeutungsvolle Maßnahme dar, an der man auch später hätte festhalten sollen, als die Kluft zwischen Herrscher und Volk immer größer wurde. Das gilt für das 17. ebenso wie für unser Jahrhundert. Die Kluft des 17. Jahrhunderts vertiefte sich sogar noch mehr, als es durch die Französische Revolution zu einer Machtkonzentration kam, die das Ancien Régime in keiner Weise gekannt hatte. Genaugenommen erfolgte in Frankreich die Zentralisierung der Macht in zwei Schritten, der erste Anfang des 16. Jahrhunderts, als der Herrscher alle Gewalten in sich vereinigte, aber noch nicht die Gewalt über das Privatrecht besaß, und der zweite, als die Republik nach der Französischen Revolution auch dieses für sich in Anspruch nahm. Angesichts dieser Konzentration der Gewalten in allen Teilen Frankreichs, die alle völlig gleichen, unnuancierten Gesetzen unterliegen, die in keiner Weise regionalen Bedürfnissen Rechnung tragen und langsam aber sicher die Möglichkeiten lokalen und persönlichen Handelns einschränken, angesichts dieses Eindringens der zentralen Verwaltung in die Intimsphäre des einzelnen, fängt man an zu spüren, wie unerträglich, negativ und repressiv diese zentralen Gesetze sind, und wie sie überdies immer weniger anwendbar werden. Die Folge sind immer mehr Betrügereien, die ständig neue Kontrollen nach sich ziehen, die die zentrale Macht aber wieder begünstigen. Gerechterweise sei jedoch vermerkt, daß 1974 die Einsetzung von Ombudsmännern erfolgte, die ein erstes Korrektiv für die totalitäre und darum zwangsläufig reaktionäre Macht der Verwaltung darstellen: Wir zögern nicht, dieser Maßnahme den gleichen Stellenwert beizumessen wie der Einsetzung der königlichen Untersuchungsbeamten im Jahr 1247. Aber wie lange werden die Franzosen noch darauf warten müssen, bis der einzige Ombudsmann, den man zudem noch an seinem Verwaltungssitz erreichen muß, wieder wie seine Vorläufer für die kleinen Leute ansprechbar wird, ihnen nahe ist und nur ein Ziel, die Verteidigung der Rechte jedes Bürgers gegenüber der Staatsgewalt, kennt.

Zum ersten Mal wurde Ludwig im Heiligen Land als Heiliger bezeichnet, als armenische Händler in seinem Lager auftauchten und baten, den »heiligen König« sehen zu dürfen. Der Ruf seiner Frömmigkeit, sein Gerechtigkeits- und Wahrheitssinn (»um nichts auf der Welt hätte er lügen mögen«, schrieb Wilhelm von Saint-Pathus) hatten ihm schon vorher die einstimmige Verehrung des Volkes eingetragen. »Selbst die Sarazenen hielten ihn für sehr heilig, sehr redlich und sehr weise«, beteuerte sein Beichtvater, der Dominikaner Gottfried von Beaulieu. Noch wußte man nichts von den Fasttagen, die der König einhielt, noch von seinen Bußübungen, über die er mit keinem sprach. Er schnitt das Innere seiner Schuhsohlen aus, um barfuß zu laufen, ohne daß jemand etwas merkte! Er wollte also nicht in dem Wohlgefühl schwelgen, das ihm seine Königswürde verschaffte, sondern es insgeheim opfern. Sein Ruhm breitete sich immer weiter aus, er wurde zum Schiedsrichter zwischen Papst und Kaiser, zwischen dem König von England und seinen eigenen Baronen bestellt. Der gestrenge englische Chronist Matthew Paris nannte ihn »den König der irdischen Könige«, aber noch begeisterter sprach die *vox populi*, die Stimme seines Volkes, von ihm, für dessen Freiheit und Auskommen er stets gesorgt hatte und das durch ihn in Frieden und Wohlstand lebte. Dabei vernachlässigte er aber trotzdem die wichtige königliche Aufgabe, das Reich mit herrlichen Bauwerken zu »schmükken« in keiner Weise. Er schuf mit der Sainte-Chapelle und ihrer königlichen Bibliothek (inzwischen Nationalbibliothek) eines der schönsten Kleinode und förderte nicht nur damit das, was wir heute kulturelles Leben nennen. Die Umfragen, die zwölf Jahre nach dem Tod des Königs in Saint-Denis durchgeführt wurden, ergaben, daß jeder in dieser kleinen Gemeinde ihn bereits »den heiligen König« nannte, während die offizielle Heiligsprechung erst 1297 erfolgte.

In seinen Erinnerungen an Ludwig den Heiligen wies Joinville nachdrücklich auf den Verfall der Macht unter Philipp dem Schönen hin. Er wagte sogar, den jungen König zu belehren: »Möge er sich hüten, der König, der nun regiert, und seine Missetaten unterlassen, auf daß Gott nicht ihn und seine Güter grausam verderbe . . .« Joinville, der zehn Jahre nach Ludwig IX., mit dem ihn eine enge Freundschaft verband, geboren worden war, starb erst 1317 im Alter von fast hundert Jahren, ein halbes Jahrhundert nach Ludwigs Tod. Im historischen Rückblick gesehen, war, wie einer meiner Kollegen von der École nationale des chartes und hervorragender Kenner jener Epoche bemerkte, Ludwig IX. ein heiliger Herrscher von solchem Format, daß seine Nachfolger beim besten Willen einem Vergleich mit ihm nicht hätten standhalten können. Jedenfalls war das ausklingende 13. Jahrhundert eine von Kriegen, Amtsmißbrauch und unziemlichen Bestrebungen der Staatsgewalt geprägte Periode.

Ludwig dem Heiligen lag übrigens weniger daran, die Strukturen zu verändern, als die Sitten zu verbessern und die Anwendung strenger Gesetze zu erleichtern. Er erließ keine Gesetze, was er mit den beschränkten Befugnissen eines Feudalkönigs auch gar nicht gekonnt hätte, er baute auch nicht die bestehenden Institutionen aus, sondern wollte nur ihr ordnungsgemäßes Funktionieren überwachen. Es war dieser Wunsch nach Verbesserung der Lebensbedingungen eines jeden innerhalb seiner Welt, der ihn zu zahlreichen Neuerungen bewog. Hier seien nur die drei wesentlichsten erwähnt, für die anderen konsultiere man die jüngst erschienenen Werke über Ludwig den Heiligen. Da war zunächst die Abschaffung des gerichtlichen Zweikampfs, durch den der Besiegte für schuldig erklärt wurde und der wohl eine etwas summarische Art und Weise, Meinungsverschiedenheiten auszutragen, darstellte. Damit kam zwar der gerichtliche Zweikampf unter Ludwig dem Heiligen außer Gebrauch, doch beim Adel lebte er fort wie eine Tradition oder ein Privileg. Mit der Abschaffung des Zweikampfes machte sich der König unter den mächtigsten seiner Vasallen einige Feinde, festigte dafür aber seine Position als Gegner reaktionärer Neigungen.

Die zweite große Neuerung war die bereits erwähnte Verwaltungskontrolle, die einen Machtmißbrauch verhindern sollte. Schließlich führte Ludwig der Heilige – auch dies eine Neuerung – wieder Goldmünzen ein; seit Ende des 7. Jahrhunderts waren in Europa keine mehr geprägt worden. Im 13. Jahrhundert hatten nur Friedrich II. und die Stadt Florenz eine Goldwährung geschaffen. Ludwig der Heilige ließ in Frankreich erstmals 1266 eine Feingoldmünze, den Taler, schlagen, die Zeugnis davon ablegt, wie tatkräftig sich dieser fromme König um die wirtschaftlichen Belange seines Reiches kümmerte.

Dieses 13. Jahrhundert brachte aber auch in anderen Teilen Europas Herrscher hervor, die staatsmännische Tugenden und Heiligkeit auf großartige Weise in sich vereinten. Zu der Zeit, als Ludwig der Heilige in Frankreich regierte, herrschte in Spanien Ferdinand III., der Heilige, König von León und Kastilien (1198–1252). Unter ihm wurden Kastilien und León zu einem unteilbaren Königreich zusammengeschlossen. Auch in der *Reconquista*, der Befreiung der seit dem 8. Jahrhundert von den Arabern beherrschten Teile Spaniens, wurden entscheidende Erfolge erzielt. 1233 machte er sich an die Rückeroberung Andalusiens. Dem Touristen, der heute diese Region bereist, fällt auf, daß alle Kirchen aus der islamischen Zeit verschwunden sind, sprechender Beweis für eine 400 Jahre und noch länger währende Herrschaft, die in erster Linie vom Glauben bestimmt war. Ferdinand III. erlebte bei der schrittweisen Wiedereinnahme kleiner Städte wie Úbeda, Jaén, Martos keine einzige Niederlage. 1236 stürmte er Córdoba, danach unterwarf er das Königreich Murcia, und am 22. Dezember 1248 zog er in Sevilla ein. In der Hand der Araber blieb nur noch das Königreich Granada. Ferdinand, der nicht nur auf Eroberung, sondern auch auf Aussöhnung bedacht war, schloß mit den Arabern einen Waffenstillstand, der in Spanien den Frieden herstellte. Als Ferdinand am 30. Mai 1252 starb, erhielt er den von ihm so erstrebten Ehrentitel »König der drei Religionen«, der christlichen, der jüdischen und der mohammedanischen. Er war, obwohl er alles aufbot, um sein Volk von der Fremdherrschaft zu befreien, auch seinen Feinden gegenüber stets liberal geblieben und hinderte seine moslemischen Untertanen nie an der Ausübung ihres Glaubens. Die in hebräischer, arabischer, lateinischer und kastilischer Sprache abgefaßte Inschrift auf seinem Grabmal in Sevilla symbolisiert seinen Wunsch, allen König zu sein, ohne Unterschied der Volkszugehörigkeit und Religion. Dieser Wunsch ging Hand in Hand mit seinem nicht minder gerechtfertigten Befreiungsanliegen.

Bei der *Reconquista* ließ er, was die Ressourcen seiner Untertanen betraf, größte Rücksicht walten. Als man ihm einmal riet, für die geplanten Kriege neue Steuern zu erheben, gab er die berühmte Antwort: »Gott, für den allein ich kämpfe, fehlt es nicht an Mitteln, mir den Sieg zu schenken, wenn Er das so will. Darum werde ich keinen Gebrauch von dem machen, was mir vorgeschlagen wird: Mehr als alle Heere der Mauren fürchte ich den Fluch einer zahnlosen Greisin.«

Der heilige Ferdinand brachte zwar keine Gesetzbücher heraus, ließ jedoch das Gewohnheitsrecht Kastiliens und Leóns schriftlich festlegen und machte es damit zur Grundlage der Rechtsordnung. Auch sein Vetter Ludwig der Heilige ließ die Usancen der Pariser Kaufleute schriftlich niederlegen, so daß künftig niemand mehr unbehelligt gegen sie verstoßen konnte. Das war der Zeitgeist. Ungefähr zur selben Zeit erstellte auch ein gewisser Philippe de Beaumanoir eine Sammlung der im Beauvaisis gebräuchlichen Rechtsnormen.

In allen drei beispielhaften Fällen wurden also keine neuen Gesetze, die den Menschen durch den Staat aufgezwungen worden wären, erlassen, sondern vom Volk anerkannte, bereits existierende Rechtsnormen erfaßt, um Übertretungen zu verhindern. Dies ist der grundlegende Unterschied zu den Juristen Philipps des Schönen und später denen Napoleons, die eine die Bedürfnisse der herrschenden Macht legalisierende und die Untertanen in gewisser Weise darin gefangensetzende Gesetzessammlung schufen. Und das ist übrigens auch der wesentliche Unterschied zwischen dem in einer bestimmten Region entstandenen Gewohnheitsrecht und den von Theoretikern und etablierten Juristen geschaffenen Gesetzen, die dann allen Staatsbürgern aufgezwungen werden.

Man kann diese Ausführungen über heilige Herrscher nicht abschließen, ohne zumindest mit einigen Worten jene zu erwähnen, die im 15. Jahrhundert in Europa regierten – übrigens die letzten heiligen Könige der Geschichte.

Da ist zunächst Ferdinand von Portugal (1402–1443), Sohn König Johanns I., der ein Märtyrer des Kreuzfahrertums war, da er nach einer Kindheit, in der er größte Frömmigkeit bewies, als junger Mann einen Kreuzzug nach Afrika unternahm, von dem ihm jedoch Papst Eugen IV. abgeraten hatte.

Als Ferdinand bei seinem Feldzug gegen die nordafrikanischen Mauren eine Niederlage erlitt, wurde er zusammen mit zwölf Gefährten – einer von ihnen war sein getreuer Freund Alvarez, der später seine Biographie schrieb – von den Siegern als Geisel festgehalten. Da das erwartete Lösegeld nicht eintraf, wurde er von den Mauren wie ein Sklave behandelt. Tagsüber mußte er in Ketten als Stallknecht arbeiten, nachts wurde er in ein dunkles, übelriechendes Verlies gesperrt, so daß er noch in der Gefangenschaft starb. Alvarez, der acht Jahre nach dem Tod Ferdinands die Freiheit wiedererlangte, brachte das Herz des jungen Prinzen nach Portugal, wo es in der Liebfrauenkirche von Batalha seine letzte Ruhestätte fand.

Auch der heilige Kasimir von Polen (1458–1484) führte

neben seinem Vater und seinem ältesten Bruder ein von Gebeten erfülltes, gottesfürchtiges Leben. Als er dreizehn Jahre alt war, schickten ungarische Magnaten, die mit ihrem König Matthias Corvinus unzufrieden waren, eine Gesandtschaft nach Polen, die ihm die Krone Ungarns anbot. An der Grenze angelangt, erfuhr Kasimir jedoch, daß der König die Maßnahmen, die seine Untertanen verärgert hatten, abgeändert hatte und von ihnen wieder akzeptiert wurde. Er freute sich darüber und kehrte in die Heimat zurück. Um keusch zu leben, blieb Kasimir unverheiratet. Nach Litauen entsandt, starb er, dreiundzwanzig Jahre alt, in Grodno, wahrscheinlich an Schwindsucht. Er wurde Schutzpatron Polens und Litauens. Als man am 16. August 1604 sein Grab öffnete, war sein Leichnam unverwest.

Amadeus IX. von Savoyen, 1435 in Thonon-les-Bains geboren, hinterließ in seinem Herzogtum ein dauerhaftes Andenken, da unter seiner Regierung Savoyen »das Paradies der Armen« genannt wurde. Nachdem er eines Tages auf der Straße gehört hatte, wie sich ein kleiner Handwerker über die Steuern beklagte, bat er seine Minister, die Abgaben zu verringern. Als diese verschiedene Einwände vorbrachten, nahm er die goldene Kette, die er um den Hals trug, ab und befahl, sie in Münzen umzuwandeln. Er war mit Jolante von Frankreich, der Tochter Karls VII., verheiratet, der er die Staatsführung überließ. Er baute Klöster und Hospitäler, unternahm zahlreiche Pilgerfahrten, insbesondere zum Heiligen Schweißtuch, und starb 1472 in Vercelli, wo er auch beigesetzt wurde.

»Alles beginnt als Mystik und endet als Politik«, stellte Péguy fest. Im Falle der heiligen Könige und Königinnen kann man jedoch genau das Gegenteil, eine feste, durch nichts zu erschütternde Verbindung zwischen Mystik und Politik beobachten, was allerdings einer besonderen Heiligkeit bedurfte. Ein sehr typisches Beispiel hierfür ist Ludwig der Heilige. Er war einerseits ein ausgezeichneter Administrator, dem stets das Wohl der kleinen Leute mehr am Herzen lag als die Erfordernisse seiner Verwaltung, und der es verstand, mit erstaunlicher Kühnheit diplomatische Beziehungen mit den gefürchteten Mongolen herzustellen, und führte andererseits ein intensives mystisches Leben. Sein außerordentlicher Erfolg gründete gewiß auf dieser tiefen Einheit zwischen seinem Glauben und seinem Amt. Er war so sehr König, daß er dadurch zum Heiligen wurde. Indem er seine eigenen Regungen unterdrückte und über sich selbst hinauswuchs, brachte er seinem Volk Frieden und Wohlstand und stellte aufgrund einer stets positiven Antwort auf den Ruf Gottes die Verbindung zwischen Mystik und Politik her.

Die Beziehung zwischen Mystik und Politik, die sich in der Spannung zwischen Rechten und Pflichten jedes Staatsmannes ungeachtet der Staatsform widerspiegelt, ist immer wieder von großem Interesse und regt zum Nachdenken an. Schon in der Antike beschäftigten sich nicht nur Platon und Aristoteles, sondern auch Plutarch, Cicero und Seneca ausführlich mit diesem Fragenkreis. In allen Überlegungen bildete der durch das Evangelium hervorgerufene Wunsch nach Vollkommenheit einen wichtigen Faktor. Dieser Wunsch, die Erfordernisse der Regierung und das Glück des Volkes in Einklang zu bringen und seine faktische Umsetzung wurden zum Thema zahlreicher Werke. Es ist überflüssig, an dieser Stelle all die großen Denker aufzuzählen, die sich mit diesem

Problem auseinandergesetzt haben, da man ihre Namen in den ausgezeichneten Werken, die jüngst zu diesem Gegenstand erschienen sind, findet.[17] Wir möchten nur auf die in lateinischer oder französischer Sprache abgefaßten *Fürstenspiegel* verweisen, in denen das Musterbild eines französischen Staatsmannes gezeichnet und die Eigenschaften genannt wurden, die ein die Macht Ausübender besitzen mußte. Diese waren stets vor dem Hintergrund des Evangeliums zu sehen, was bedeutet, daß der Betreffende vor allen Dingen auf das Wohl des Volkes bedacht sein mußte.

In diesem Konzert der Autoren nahm übrigens eine Frau einen wichtigen Platz ein. Christine de Pisan begnügte sich nicht wie viele ihrer Zeitgenossen damit, die Theorie vom »göttlichen Recht« zu vertreten, die an der Wende des 14. zum 15. Jahrhundert die Königswürde als Prädestination ansah. Sie gab vielmehr der Formel »König von Gottes Gnaden«, die entstanden war aus dem Wunsch nach Demut – der König anerkennt, daß ihm sein Amt durch die Gnade Gottes zuteil wurde, dem er Rechenschaft schuldet –, ihren ursprünglichen Sinn zurück. Diese ethischen Grundlagen der Feudalzeit wurden freilich von Philipp dem Schönen mit Füßen getreten, da er die Mystik in den Dienst seiner Politik stellte. So nannte er sich »Vorkämpfer des Glaubens«, um sich die Inquisitionsgerichtsbarkeit zu unterstellen und sie zu seinem gehorsamen Werkzeug zu machen, insbesondere, wie wir gesehen haben, beim Prozeß gegen die Templer. Von diesem Zeitpunkt an diente die Inquisition, bedingt durch das unüberlegte und unverantwortliche Hilfeersuchen der geistlichen an die weltliche Macht, nicht mehr ihrem ursprünglichen Zweck, sondern wurde zu einem Werkzeug der weltlichen Macht, die im Kampf gegen die Häresie für sich die ausschließliche Zuständigkeit beanspruchte.

In diesem Zusammenhang sei nochmals auf das Konkordat von Bologna hingewiesen, aufgrund dessen 1516 in Frankreich eine Staatskirche entstand.

Durch dieses zwischen Papst Leo X. und Franz I. geschlossene Konkordat fiel die Auswahl der kirchlichen Würdenträger nunmehr dem König zu, der damit zum echten Monarchen und Alleinherrscher über Frankreich wurde. Bis zum Ende des Ancien Régime und auch noch später, genauer gesagt vierhundert Jahre lang, war damit die Kirche Frankreichs eine Kirche mit Beamten, die vom Staat ernannt und bezahlt wurden. Die Trennung von Kirche und Staat wurde erst 1904 vollzogen. Seither haben beide das Positive dieser Trennung festgestellt, obwohl es noch nicht möglich war, eine gerechte Regelung zwischen den ihrem Wesen nach verschiedenen, aber in der Praxis in der Gesellschaft untrennbar miteinander verquickten Mächten zu erreichen.

Nach dem Mittelalter, vor allem im 17. Jahrhundert, mußte die Kirche mit ansehen, wie hinter ihrem prächtigen, Sicherheit ausstrahlenden Äußeren die meisten großen Mönchsorden aufgrund eines inneren Kräfteverfalls degenerierten. Die Frömmigkeit nahm eine individuelle Form an oder konzentrierte sich auf die reformierten Klöster, wie die der Karmeliten und Karmelitinnen oder aber, unter dem Einfluß des Abts de Rancé, auf die der Trappisten. Die Orden, die in jener Zeit entstanden und sich, wie der Jesuitenorden, eine weltliche Unabhängigkeit bewahren wollten, wurden Ende des 18. Jahrhunderts aufgehoben und lebten, unter schwierigen Umständen, erst wieder nach der Französischen Revolution auf. Die Jahrhunderte nach dem Mittelalter waren in Wirklichkeit eine Periode, in der die Politik die Mystik beherrschte. Um die herrschende Ethik kurz zu umreißen, genügt es, zwei Textpassagen, die eine von Christine de Pisan, die andere von Niccolò Machiavelli, einander gegenüberzustellen.

»Der gute Fürst, der Gott liebt«, schrieb Christine de Pisan, »fürchtet stets, gegen sein Gebot zu verstoßen, und wird sich darum bemühen, alles herauszufinden, was er tun soll und was nicht; dadurch wird er sich seiner Unzulänglichkeit bewußt werden und daß er ein sterblicher, schwacher Mensch ist wie jeder andere auch, ohne Unterschied, abgesehen von den Glücksgütern . . . und wenn er diese nicht gut verwendet, ist er verloren.«

Was Machiavelli, der ein Jahrhundert später lebte (1496–1527), betrifft, genügt ebenfalls ein Zitat, um seine Philosophie zu definieren: »Wer es besser verstanden hat, den Fuchs zu spielen, dessen Geschäfte gehen besser, aber es gilt, diese Natur zu verbergen und zu bemänteln, zu verheimlichen und zu tarnen . . . Es ist also nicht vonnöten, daß der Fürst die obengenannten Eigenschaften besitzt (Mitleid, Treue, Anstand, Glaube, Menschlichkeit, Anm. der Autorin), aber es muß so scheinen, als ob er sie besäße; und ich wage sogar zu sagen, daß wenn er sie besitzt und stets nach ihnen handelt, sie ihm zum Schaden gereichen, aber wenn er sie zu besitzen vorgibt, sie ihm von Nutzen sind.« Ein orthodoxer Pragmatismus, der bewußt in den Dienst des Kaisers stellt, was Gottes ist.

Interessanter für uns ist an dieser Stelle jedoch ein Heiliger, durch den der Komplex Heiligkeit und Macht eine unerwartete und, sagen wir es ruhig, eine unserer Zeit viel gemäßere Antwort erfuhr, da dieser in einer echten Demokratie außerhalb jedes göttlichen Rechts lebte. Verstanden wurde er freilich erst in der Gegenwart. Die Heiligsprechung erfolgte nach dem Zweiten Weltkrieg, und seine Berühmtheit wuchs noch, als Arthur Honegger ihm ein Oratorium widmete, so wie er auch der Jungfrau von Orléans eines gewidmet hatte.

Nikolaus von Flüe war in der Tat ein ganz besonderer Heiliger, der sich um das Zustandekommen des zu seiner Zeit modernsten Staatswesens verdient machte. Die Schweiz war und ist ein Staat, in dem die demokratischen Institutionen, ungeachtet der Wechselfälle der Geschichte, auf eine Weise funktionieren, die man heute im ausgehenden 20. Jahrhundert als beispielhaft bezeichnen kann. Die Schweiz war damit in Europa für lange Zeit der Hort des Friedens und ist es bis in unsere Zeit geblieben.

»Bruder Klaus«, wie er in seiner Heimat genannt wird, war einer jener Heiligen[18], die, ähnlich wie Johanna von Orléans, einer eigenen Spezies Mensch anzugehören scheinen, obwohl sie mit beiden Beinen im Leben stehen, aus ganz einfachen Verhältnissen stammen und erdverbundene Bauernkinder sind – wodurch sie uns unvermittelt daran erinnern, daß die Erde ja eine Schöpfung Gottes ist. Ein einfacher Mann also, geboren 1417 auf dem Flüeli bei Sachseln (Obwalden) im Herzen der Schweiz, als Sohn eines wohlhabenden Bauern. Sein Geburtshaus, aus festgefügten Balken auf einem Sockel aus Stein, steht heute noch. Man kann es über drei verschiedene Straßen erreichen, je nachdem, ob man von den Dörfern Sarnen, Kern oder Sachseln kommt. Nikolaus führte das gleiche Leben wie alle Landleute seiner Heimat, schlicht und erfüllt von Gottesfurcht. Er heiratete ein junges Bauernmädchen, Dorothea Wyss, das von der anderen Seite des Sarnen-Sees stammte, und bezog mit ihr ein Haus, nicht weit von dem seiner Eltern. Das Paar hatte zehn Kinder – fünf Mädchen und fünf Knaben. Nikolaus arbeitete fleißig und brachte es zu Wohlstand. Obwohl er Analphabet war, wählten ihn seine Landsleute wegen seiner Klugheit zum Gemeinderichter und -rat, da sich der kleine Ort, wie viele andere damals auch, selbst verwaltete. Man trug ihm sogar den Posten des Amt- oder Landamannes an, doch er lehnte ab, da er sich weder seiner würdig fühlte, noch sich dafür für geeignet hielt. Hingegen ist es wahrscheinlich, daß er, wie die anderen Bauern des Ortes, an der Verteidigung seines Dorfs gegen einen Einfall anderer Eidgenossen im Jahr 1460 teilgenommen hat.

Nikolaus' ganzes Leben zeugte von einer tiefen Frömmigkeit, die aus der Urquelle des Glaubens, der Kontemplation des dreifaltigen Lebens, stammte und von der heiligen Eucharistie genährt wurde. Er, seine Ehefrau und seine Kinder lebten »wie die anderen«. Doch eines Tages, am 16. Oktober 1467, verließ Nikolaus Hof und Familie. Er war fünfzig Jahre alt. Nichts Außergewöhnliches war geschehen, nur daß er sich dazu berufen fühlte, in der Fremde die Einsamkeit zu suchen und ganz im Gebet zu leben. Zuerst wollte er ins Elsaß ziehen, doch verschiedene Umstände, eine innere Unsicherheit, die Begegnung mit einem Freund, hielten ihn davon ab und ließen ihn kehrtmachen. Er wanderte in sein Dorf zurück und ließ sich im Ranft nieder, einer einsamen Schlucht im Melchtal, kaum mehr als hundert Meter von seinem Haus entfernt. Dort baute er sich eine kleine Hütte und bald errichteten ihm seine Landsleute eine Kapelle und eine Einsiedelei. Nikolaus verbrachte den Rest seiner Tage in Gebet und Einsamkeit, ohne zu essen und zu trinken, mit der Eucharistie als einziger Nahrung. Ein Priester kam, um ihm in der Kapelle im Ranft die Messe zu lesen, und überall sprach man von seinem wunderbaren Fasten. Einen Monat lang ließ ihn die Gemeindeverwaltung Tag und Nacht bewachen, um zu sehen, ob ihm nicht doch einer seiner Angehörigen heimlich etwas zu essen brachte. Nach einem Monat wurde diese Überwachung eingestellt, da kein Betrug im Spiel war. Danach kamen die Vertreter der Kirche, insbesondere Bischof Hermann von Konstanz, um sich mit eigenen Augen von dieser Askese zu überzeugen. Als der Prälat die Kapelle für Bruder Nikolaus weihte, befahl er diesem, ein Stück Brot zu essen und einen Schluck Wein zu trinken. Der Einsiedler geriet darüber so in Verlegenheit, daß der Kirchenmann nicht weiter insistierte. Auf die neugierige Frage, ob es stimme, daß er seit Jahren weder esse noch trinke, antwortete er nur: »Gott weiß es.«

Ein Gebet des Nikolaus von Flüe hat sich erhalten und ist in einer Handschrift des ausgehenden 15. Jahrhunderts nachzulesen. Es faßt in seiner Schlichtheit alles zusammen, was die Heiligkeit dieses Mannes ausmacht:

Mein Herr und mein Gott,
Nimm mich so wie ich bin
Und gib mir Dich ganz und gar.
Mein Herr und mein Gott,
Nimm alles von mir,
Was mich von Dir trennt.
Mein Herr und mein Gott,
Gib mir alles,
Was mich zu Dir zieht.

Mit der Zeit wurde die Einsiedelei am Grund des Melchtals zum Pilgerziel. Man kam, um den Mann zu sehen, der hier lebte, der aber alles tat, um sich von den neugierigen Fragestellern fernzuhalten, sich jedoch nicht jenen Besuchern entzog, die ihn um Hilfe, Rat und Seelenbeistand baten. Mehrere von ihnen hinterließen historisch wertvolle Zeugnisse, wie der bekannte Schriftsteller Johannes von Waldheim oder der Humanist Albrecht von Bonstetten, Dechant von Einsiedeln. Auf diese Weise wurde Nikolaus von Flüe – ebenso wie die Jungfrau von Orléans, obwohl unter ganz anderen Umständen – durch alle möglichen übereinstimmenden Zeugenaussagen bekannt.

Um diese Zeit hatte die Schweizer Eidgenossenschaft mit schweren Problemen zu kämpfen. Das bereits bestehende Bündnis zwischen den verschiedenen Kantonen konnte angesichts der fast traditionellen Feindseligkeit zwischen den ländlichen und städtischen Kantonen nur unter größten Schwierigkeiten aufrechterhalten werden. Die Landkantone wehrten sich gegen den Beitritt der Städte Freiburg und Solothurn, weil sie sich bereits vor der Macht der Städte Zürich, Bern und Luzern fürchteten. Diese inneren Unstimmigkeiten wurden noch beträchtlich verschärft, als die Kriege gegen Burgund und Mailand den Schweizern unverhofften Reichtum bescherten, was allerdings auch neuen Zündstoff lieferte. Von der Aufteilung der Beute, die man Karl dem Kühnen abgenommen hatte, bis zu den angestrebten Bündnissen mit Italien, dem Deutschen Reich oder Burgund war alles Anlaß für Streitigkeiten, die in Genf im Jahr 1477 in eine bewaffnete Auseinandersetzung ausarteten.

Vor diesem Hintergrund traten im November 1481 die Abgeordneten der Schweizer Städte und Gaue in Stans zusammen, um die verschiedenen Gründe der Unstimmigkeiten auszuräumen und ein neues Statut für die Eidgenossenschaft zu erarbeiten. Zu den wichtigsten Punkten gehörte die Aufnahme Freiburgs und Solothurns, die von den versammelten Abgeordneten mehrere Tage lang beraten wurde. Danach kehrten sie in ihre Kantone zurück, um neue Weisungen entgegenzunehmen. Mitte Dezember kamen sie wieder in Stans zusammen. Da jedoch kein Lösungsvorschlag annehmbar erschien und die verschiedenen Lager sich feindlicher denn je gegenüberstanden, erwog man, den Streit mit Waffen auszutragen. Am 21. Dezember verließen alle Abgeordneten die Versammlung, zogen sich in ihre Unterkünfte zurück und bereiteten sich auf die Abreise am nächsten Tag vor.

An der Versammlung nahm unter anderem auch der Pfarrer von Stans teil. Ohne ein Wort zu verlieren, machte er sich an diesem 21. Dezember auf den Weg in den Ranft. Er hieß Haimo am Grund, und nach seiner Auffassung gab es nur einen Menschen, den Einsiedler vom Ranft, der imstande wäre, die Eintracht wiederherzustellen. Am Morgen des 22. Dezember, als die meisten Abgeordneten im Sattel saßen, um davonzureiten, tauchte schweißüberströmt der Pfarrer Haimo am Grund auf, der die ganze Nacht durchgeritten war. Er lief zu den Aufbrechenden hin, flehte alle Abgeordneten »tränenden Auges an, im Namen Gottes und des Bruders Nikolaus wieder zusammenzutreten und dessen Meinung und Rat zu hören«. Lange Zeit glaubte man, daß Nikolaus von Flüe an diesem Tag selbst vor der Versammlung auftrat. Doch gemäß der Chronik des Augenzeugen Diebold Schilling scheint Nikolaus dem Pfarrer von Stans lediglich eine Nachricht mitgegeben zu haben. Diese Nachricht ist erhalten geblieben, und das Protokoll der Versammlung von Stans hat sie in folgendem Wortlaut festgehalten: »Verzichtet auf gesonderte Bündnisse, sie führen nur zu Unstimmigkeiten; gedenkt vielmehr der Dienste, die Freiburg und Solothurn euch erwiesen haben; nehmt sie in die helvetische Eidgenossenschaft auf. Eines Tages werdet ihr euch beglückwünschen, daß ihr meinem Rat gefolgt seid . . . Ihr streitet euch untereinander um die Beute; teure Freunde, teilt das eroberte Land nach der Anzahl der Kantone und den Rest der Beute nach der Anzahl der Menschen. Knüpft ein gemeinsames Band der Liebe, der Treue und des Friedens zwischen euch.«

Ein Chronist schrieb: »Vormittags war es schlecht um die Angelegenheit bestellt, doch dank der Botschaft ging es später besser, und binnen einer Stunde war alles restlos geregelt und erledigt.« An jenem 22. Dezember um fünf Uhr nachmittags war der Frieden geschlossen, das neue Statut der Eidgenossenschaft der zehn Kantone festgelegt und das Bündnis zwischen ihnen gewährleistet. An diesem Tag kurz vor Weihnachten läuteten im ganzen Land die Glocken, um die gute Nachricht zu verkünden. »Bruder Nikolaus hat die Dinge zum besten gerichtet . . .« hieß es im Volk, und der Stadtschreiber von Solothurn, Johann von Stall, berichtete darüber: »Ihr habt den Frieden, die Ruhe und die Einigkeit innerhalb der gesamten Eidgenossenschaft wiederhergestellt.«

Bald wußte man zu würdigen, wie gut der Rat gewesen war, den Bruder Nikolaus, der Einsiedler aus dem Ranft, gegeben hatte. Indem er grundsätzlich Bündnisse mit Fremden ablehnte, begründete er die immerwährende Neutralität der Schweiz. Dies hatte zur Folge, daß es während der schrecklichsten Kriege der Geschichte, denen unseres 20. Jahrhunderts, im Herzen Europas ein Land gab, in dem

Frieden herrschte. Es war das einzige, dem es möglich war, 1918 und 1919 die Abgeordneten aller Staaten, deren Bevölkerungen so grausam dezimiert worden waren, zu empfangen. Darum konnte auch der Völkerbund, die erste internationale Organisation zur Sicherung des Weltfriedens, nirgendwo anders als in Genf und unter dem Schutz der Schweiz gegründet werden. Nikolaus von Flüe war der Stifter eines dauerhaften Friedens und darüber hinaus noch viel mehr: Er gilt heute sowohl in der protestantischen wie in der katholischen Schweiz als Landesvater. Übrigens wurde er erst sehr spät, am 15. Mai 1947, dem Himmelfahrtstag, heiliggesprochen.

Über die Schweiz zu lästern ist gang und gäbe. Aber geschieht dies letztlich nicht, weil ihr jeder Frieden und Wohlstand neidet, zwei Dinge, die entgegen dem äußeren Schein nicht so einfach zu bewerkstelligen waren und sind, denn es bedurfte vieler Kämpfe, großer Geduld und gegenseitigen Verständnisses, um alle demokratischen Institutionen der Schweiz zu errichten, die besser funktionieren als überall anderswo, die das Recht der Minderheiten respektieren und den Staatsbürgern die Möglichkeit des Volksbegehrens einräumen. Und dann das Sprachenproblem, das in allen anderen Ländern großen Zwiespalt verursacht! In der Schweiz hingegen gibt es ganz einfach vier Landessprachen. Und die natürliche Gestalt des Landes ist nicht gerade dazu angetan, die Verständigung zu erleichtern!

Am Beginn dieser vielen Siege über ständig vorhandene Schwierigkeiten stand die Botschaft des Nikolaus von Flüe, jenes Mannes, der einstimmig als Vater der Eidgenossenschaft, als Landesvater verehrt wird.

VII. Reliquien, Wunder und Legenden

Wir standen vor einem mit gerundeten Eisenbändern beschlagenen und einer groben Schnur umwickelten Holzkästchen, in dem sich etwas bewegte, sobald man daran rüttelte. Mit einem vielsagenden Lächeln erklärte uns der Küster, daß der Schlüssel verlorengegangen sei und das Kästchen menschliche Knochen enthalte, die man einige Meter von der Kirche entfernt gefunden hätte. Sie waren offenbar dorthin geworfen worden, weil man sich ihrer entledigen wollte.

»Die einen möchten sie analysieren lassen, die anderen lehnen das ab und behaupten sicherheitshalber, daß man das Kästchen nicht öffnen könne.«

»Und warum?«

»Weil man glaubt, daß diese Gebeine identisch sind mit denen aus dem Grab der heiligen Audrey, die auf Befehl König Heinrichs VIII. bei der Reformierung aus der Kirche entfernt wurden.«

»Es wäre doch sehr interessant, sich Gewißheit zu verschaffen, sie also analysieren zu lassen.«

»Ja, aber das ist gefährlich: da es sehr wahrscheinlich die Gebeine der heiligen Audrey sind, würden sie Reliquien werden.«

»Und?«

»Es gibt eine Menge Kirchenleute, die meinen, daß dann wieder Pilger kämen, nachdem es vier Jahrhunderte gebraucht hat, den Leuten die Pilgerfahrt und die Reliquie auszureden; es würde also alles wieder von vorn anfangen ...«

Vierhundert Jahre und *alles* würde wieder von vorn anfangen . . .

Das *alles*, von dem wir bedroht waren?

Wir waren eine kleine Gruppe, fünf oder sechs Personen, und verkörperten sämtliche Stufen des Glaubens bis hin zum Atheismus. Als wir den freundlichen jungen Küster mit dem roten Bart verließen, der uns so sachkundig durch die großartige Kathedrale von Ely geführt hatte, ging uns das Gespräch vor dem Kästchen, das vielleicht (man wird es nie erfahren) die Überreste der heiligen Audrey enthält, nicht aus dem Kopf.

Es gibt also einen Aberglauben. Aus Angst, eine als obskurantistisch angesehene Verehrung zu bestärken oder von neuem auszulösen, weigerte man sich, sich einer wissenschaftlichen Untersuchung, der heute gebräuchlichen Knochenanalyse, zu bedienen. Deshalb verschanzte man sich hinter dem lächerlichen Vorwand, der Schlüssel sei verlorengegangen.

Es sah fast so aus, als seien sich die Rationalisten, die sich gegen eine Untersuchung sperrten, ihrer Sache nicht sehr sicher gewesen: »Leute mit wenig Glauben . . .«

Reliquien und Reliquiare

Viele Gläubige des 20. Jahrhunderts empfinden jedoch eine gewisse Dankbarkeit gegenüber dem Rationalismus, der im 18. Jahrhundert von den Philosophen und im 19. Jahrhundert von den Wissenschaftlern verkörpert wurde, ganz zu schweigen von Monsieur Homais, dem Apotheker (antiklerikal eingestellter Dorfapotheker mit wissenschaftlichen Ambitionen aus Flauberts *Madame Bovary*, Anm.d.Ü.).

Sie veranlaßten uns nämlich zu einer Art Großreinemachen, zu einer neuen Überprüfung der verschiedenen Wege der Heiligkeit, die ein wenig wie die Gänge jener seit ewigen Zeiten von denselben alten Leuten bewohnten Häuser geworden waren, wo sich unbemerkt Berge von Pappkartons und alter Kram türmen, den wegzuwerfen man sich nicht entschließen kann, ein Ballast, den man gern los sein möchte, der den Durchgang behindert und einem den Atem nimmt. Die Bindung an das, was man immer gesehen, immer gemacht hat, ist in der Tat so stark, daß es dieses Schocks bedurfte, um eine ganze Reihe von Praktiken auszuräumen, die Verblendung, Unwissenheit und Aberglaube zur Folge hatten, kurz Opium für das Volk gewesen sind.

Das beginnt bei den Reliquien, die wir buchstäblich nicht mehr ertragen können, und reicht bis zu den Wundern, einem Wort, das wir nicht einmal mehr in den Mund zu nehmen wagen, aus Angst, von den Verstandesmenschen um uns, aber auch vom Rationalisten in uns, scheel angesehen zu werden.

Dabei haben sie's in sich, die Reliquien!

Wenn wir in dem löblichen Bestreben nach Reinheit auf die Urkirche blicken – was sehen wir da? Schon im 2. Jahrhundert waren die Leichname der Märtyrer, jener Menschen, die ihren Glauben um den Preis ihres Lebens unter Beweis stellten, Gegenstand besonderer Verehrung, und die offiziellen Stellen waren sich dessen immerhin so bewußt, daß sie im Jahr 155 den Christen von Smyrna den Leichnam des heiligen Polykarpos verweigerten. Seit diesem Jahr wird die Himmelsgeburt des heiligen Bischofs, der bekanntlich Jünger des heiligen Johannes war, das heißt sein Tod, gefeiert. Nicht daß man, wie ein gewisser Autor schrieb, von da an Polykarpos als eine Art »niedrige Gottheit« oder seinen Leichnam als einen »kostbaren Talisman«[1] angesehen hätte, aber er und seinesgleichen setzten das Wort des Evangeliums: »Es gibt keine größere Liebe, als sein Leben für jene hinzugeben, die man liebt«, voll und ganz in die Tat um, so daß ihr Martyrium jeden von ihnen für alle Zeiten zu einem anderen Christus machte. Daher empfiehlt der heilige Cyprian dem Klerus und den Gläubigen, sich das Todesdatum der Märtyrer einzuprägen. Das heißt, daß der Reliquienkult seit jeher eng mit dem Leben der Kirche, ihrer Entwicklung und der Verbreitung des Evangeliums zusammenhing. Das galt bis zu jenen uns zeitlich am nächsten stehenden Märtyrern, die zwischen 1885 und 1887 in Uganda den Tod fanden. Und so wie man früher auf den Gräbern der Märtyrer in den Katakomben die Messe zelebrierte, sind in unserem 20. Jahrhundert in jedem Altar, an dem heute die Messe gelesen wird, Reliquien eingelassen.

Nicht zu leugnen ist freilich, daß in der Zwischenzeit eine übermäßige Zunahme von Reliquien stattfand. Alles, was einem lieb und teuer war, was als irgendwie wertvoll galt, und sei es nur in rein geistiger Hinsicht, wurde gehandelt, überboten und in Massen auf den Markt geworfen.

Man denke nur an die zahllosen Haare Christi, die Zähne Johannes des Täufers und die Milchtropfen der Muttergottes, mit denen ein schwunghafter Handel getrieben wurde und mit denen sich auch noch in jüngerer Zeit eine umfangreiche Literatur beschäftigte. Diese Literatur war für die »Mediävisten« des 19. Jahrhunderts eine einfache und reiche Quelle des Spottes, die es ihnen erlaubte, die »Naivität« jener Periode und die Nebel der Unwissenheit, die über ihr lagen, zu brandmarken. Weniger bekannt, weil nur selten zitiert, ist jedoch, daß die Beispiele des nicht zwangsläufig naiven, aber stets gewinnbringenden Reliquienhandels zu einem großen Teil einem Werk von Guibert von Nogent entnommen wurden, der 1124 starb. Dieses Werk trägt den Titel *Pignora Sanctorum* (Die Reliquien der Heiligen). Sein Verfasser tadelt darin die Besessenheit, Reliquien zu erwerben oder zu veräußern, und zeigt anhand besonders lächerlicher Fälle die Torheit eines solchen Handels und vor allem den Fehler, eine verehrungswürdige Heiligenreliquie einem beliebigen Talisman gleichzusetzen, dem man magische Heilkräfte zuschreibt. Der Mensch scheint von Natur aus zu einer solchen Verirrung des religiösen Gefühls zu neigen, von der man nicht zu sagen wagt, daß sie heute verschwunden ist, was jedoch glücklicherweise nicht heißt, daß Gebet und Verehrung der Reliquien ebenfalls verschwunden sind.

Guibert von Nogent war übrigens nicht der einzige, der im Namen der Vernunft, des gesunden Menschenverstandes und vor allem des Glaubensverständnisses Selbstkritik übte. Gerade der Glaube fordert dazu auf, stets über das mit den Sinnen Wahrnehmbare hinauszugehen, und lehnt in keinem Fall ab, bei den Heiligen Zuflucht zu suchen, die ihrerseits über das Wahrnehmbare hinauszugehen wußten, selbst wenn sie die Fürsprache anderer Heiliger erbaten.

Ebenfalls im 12. Jahrhundert, sogar noch vor Guibert von Nogent, verfaßte ein humorvoller Geistlicher aus Toledo namens García um das Jahr 1100 *Die spaßige und spöttisch umgeformte Geschichte der Heiligen Albinus und Rufinus*, in der er über ihre Reliquien und deren wunderbare Fähigkeit, alle Türen zu öffnen, berichtete. Albinus ist das Silber (*albus*, weiß), Rufinus, der Rote, das Gold. »Oh, wie kostbar sind die Märtyrer Rufinus und Albinus! Oh, wieviel Beifall, oh wieviel Lob muß denen zuteil werden, die, für alle Zeiten von ihren Sünden reingewaschen, ihre Reliquien besitzen: so irdisch sie auch sein mögen, durch sie sind sie bereit für den Himmel; so gottlos sie auch bleiben, durch sie werden sie in den Zustand der Unschuld versetzt . . . !« Die Heiligen Albinus und Rufinus, ihr Martyrium und ihre Reliquien überzeugen uns ausreichend davon, daß es an Selbstkritik nie mangelte und dabei ein scharfer Ton angeschlagen wurde, um diejenigen zu einer gerechteren Sicht der Dinge zu bewegen, die ihre Leidenschaft für Reliquien in die Irre führte oder die durch ihren Handel vom rechten Weg abkamen. Fast zweihundert Jahre später kam der leidenschaftliche Rutebeuf darauf zurück und bewies damit, daß auch während der Feudalzeit diese parodistische Ader stets existierte, wodurch Auswüchse verurteilt und ein gesundes Gegengewicht gebildet wurden.

Von »Naivität« kann auch nicht mehr die Rede sein, wenn man sich die herrlichen Reliquiare ansieht, die im Zuge dieser Reliquienverehrung entstanden. Es genügt, von diesen, meist mit Grubenschmelz auf vergoldetem Kupfer geschmückten Schreinen jenen zu nennen, der im Kirchenschatz von Saint-Sernin zu Toulouse verwahrt ist und mit seiner Hausform, dem vierflächigen Dach und dem großartigen Blau, Grün, Weiß und Rot des Emails einem übrigens recht verbreiteten Typus angehört. An den Wänden und auf den Dachflächen ist die Geschichte von der Auffindung des wahren Kreuzes künstlerisch vollendet dargestellt: die heilige Helena, die Mutter Konstantins, die nach Jerusalem gekommen ist, bittet einen Bewohner der Stadt namens Judas, an jener Stelle den Boden aufzugraben, wo nach einer alten Überlieferung das Kreuz von Golgatha verborgen worden war, und man entdeckt tatsächlich den sogenannten heiligen Balken. Eine andere Szene zeigt einen Pilger aus Toulouse, der weiter nicht bekannt ist, aber in der Inschrift des Schreins als Raymond Botardel bezeichnet wird und aus den Händen des Abtes Johann von Josaphat ein Kreuzpartikel empfängt, das er über das Meer mitnimmt, um es Pons de Montpezat, dem Abt von Saint-Sernin, der von 1175 bis 1198 diesem Kloster vorstand, zu schenken. Die Szene auf dem Schrein ist also genau datiert. Auch die Reliquie ist sowohl für den Geschichtswissenschaftler als auch für den Kunstliebhaber zufriedenstellend identifiziert.

Es wären noch sehr viele Reliquienschreine dieser Art zu nennen, auf die sich die Stadt Limoges spezialisiert hatte, und die historisch oft ohne weiteres datierbare Reliquien enthielten: So etwa gibt es nicht weniger als fünfundvierzig Schreine gleichen Typs für die Reliquien Thomas Beckets. Sie sind in mehreren Kirchen Englands, aber auch in Utrecht, Paderborn,

S. Giovanni in Laterano zu Rom und sogar in Kastilien und Schweden zu finden. Der Kirchenschatz von Sens besitzt noch heute ein sehr schönes Exemplar.

Einige Jahre später vervielfachte sich durch die Plünderung von Konstantinopel im Jahr 1204 die Anzahl der prunkvollen Schreine und Reliquiare in den christlichen Ländern. Die Eroberung war alles andere als ein Ruhmesblatt in der Geschichte der Kreuzzüge. Über den Ablauf wurde oft berichtet, zunächst von zwei Personen, die selbst daran teilgenommen hatten, nämlich von Gottfried von Villehardouin, einem der Anführer, und von Robert von Clary, einem kleinen Baron aus dem Fußvolk. Beide beschrieben die Begeisterung der Kreuzfahrer beim Anblick dieser märchenhaften Stadt, von der es hieß, sie berge zwei Drittel der Reichtümer dieser Erde. Einer dieser Reichtümer war die Fülle der erlesenen Reliquiare mit Reliquien der heiligen Stätten, denen Konstantinopel so nahe war und über denen es seit alters her wachte. »Die Beute war so groß, daß niemand sagen könnte, wieviel es war: Gold und Silber, Geschirr und Edelsteine, Atlas und Seidengewänder, Mäntel aus Hermelin und zahlreiche andere Kostbarkeiten, wie man ihresgleichen nirgendwo auf Erden findet . . .« Zitate dieser Art liest man heutzutage nicht ohne einige Beschämung, obwohl selbst diejenigen, die sich über die Plünderung Konstantinopels durch die Kreuzfahrer erregen, nicht immer genau über die Zwischenfälle bei der zweiten Belagerung, die zu dieser Plünderung führte, informiert sind. Die erste Belagerung war auf Ersuchen des von einem Usurpator abgesetzten und geblendeten Ex-Kaisers Isaak Angelos, oder vielmehr seines Sohnes, des jungen Alexios, unternommen worden. Seinetwegen wurde am 17. Juli 1203 die Stadt am Bosporus zum erstenmal gestürmt. Erst im darauffolgenden Jahr erfolgte die zweite Belagerung, nachdem die Kreuzfahrer vergeblich darauf gewartet hatten, daß Alexios und sein Vater ihre Versprechen einlösen würden. Da das

Heer fast ein Jahr in den Vororten Galatas gelegen und auf das Wohlwollen des byzantinischen Kaisers gewartet hatte, beschlossen die Kreuzfahrer Alexios' Platz einzunehmen und überwanden ein zweites Mal die Mauern der Stadt. Natürlich wurden sie, als der Gewaltstreich bekannt wurde, vom Papst sofort exkommuniziert, aber inzwischen waren die Paläste und Kirchen ihrer Schätze beraubt worden. Man fand sie später wieder, vor allem im Markus-Dom zu Venedig, aber auch in so manchen Heiligtümern der Champagne, Belgiens und der Pikardie. So etwa stammt das heute in der St.-Georgs-Kirche von Limburg a. d. Lahn befindliche wunderbare Tafelreliquiar des 10. Jahrhunderts aus Konstantinopel. Es ist eine Art Sammelreliquiar, das unter anderem einen Span des Kreuzes Christi enthält: Die auf einen Holzkern aufgebrachten, kunstvoll gearbeiteten Goldplatten, in die Edelsteine und Zellenschmelzzierat eingelassen sind, zeigen in der Mitte den thronenden Christus im Kreis der Apostel und jener Heiligen, deren Reliquien enthalten sind. Perl- und Emailverzierungen, eingefaßt von Grubenschmelzringen, fein ziseliertes Bandwerk und erhabene Inschriften umgeben und umrahmen den Kunstgegenstand, den Ritter Heinrich von Ullmen aus Konstantinopel mitbrachte und dem Augustinerinnenkloster in Stuben an der Maas, dem seine Schwester als Äbtissin vorstand, schenkte. Einige besonders kostbare Kreuzesreliquien, die zum größten Teil im Besitz der Kaiser von Konstantinopel waren, wurden neu gefaßt und in neuen Reliquiaren präsentiert. Erwähnenswert ist jenes Reliquiar, das Heinrich I., Herrscher des Lateinischen Kaiserreiches, 1206 von einem Goldschmied namens Gerhard anfertigen ließ und das sich noch immer im Domschatz von San Marco befindet. Es ist eine Art Ostensorium aus Glasplättchen, die in feines Blattwerk aus vergoldeter Bronze gefaßt sind, dazwischen ruht in einer Fassung aus massivem Gold der heilige Splitter. Der Gegenstand ist geschmückt mit einem Christus am Kreuz, der Taube des Heiligen Geistes und den beiden Assistenzfiguren der Kreuzigung, Maria und Johannes. Das Reliquiar wird von einem mit Greifen- und Löwenfüßen versehenen Dreifuß getragen.

Da die Reliquiare, die zum wertvollsten Erbe Europas und des Nahen Ostens gehören[2], in prachtvollen, von Fachleuten verfaßten Werken aufgeführt werden, erübrigt sich hier eine Beschreibung, aber man sollte doch noch einen Augenblick bei jenen Reliquienbehältern verweilen, die entsprechend den Gebeinen, die sie enthalten, figürlich geformt sind: das Kopfreliquiar des heiligen Martin von Soudeilles, das des heiligen Calminius oder das Armreliquiar für den heiligen Pantaleon, ebenfalls im Domschatz von San Marco. Manchmal handelt es sich aber auch ganz einfach um sehr edle »Schaugefäße«, wie etwa jenes für die zwei Partikel der Heiligen Dornenkrone: die eine machte Ludwig der Heilige der Abtei St. Moritz im Wallis zum Geschenk, die andere dem Schatz der Franziskus-Basilika zu Assisi. Diese Reliquiare bestehen aus einem eingekerbten Stück Bergkristall, der für den im Innern eingeschlossenen Dornensplitter eine Art Lupe bildet. Der Kristall ruht auf eleganten Füßen aus vergoldetem Silber, in der Mitte befindet sich die klassische Schlinge, an der der Gegenstand hängt, die aber nicht nur eine funktionelle Aufgabe hat, sondern ein zusätzliches Schmuckelement darstellt.

Man kann das Kapitel über Reliquien und Reliquiare nicht beschließen, ohne den wunderschönen Reliquienschrein der Sainte-Chapelle zu erwähnen. Wir besitzen noch die Urkunde, durch die der lateinische Kaiser von Konstantinopel Balduin II. am 4. September 1238 die von Jerusalem nach Konstantinopel übertragene Reliquie der Dornenkrone gegen jene Geldsummen verpfändete, die der venezianische Kaufmann Nicolo Quirino vorzulegen versprach. Als Ludwig der Heilige von diesem befremdlichen Geschäft erfuhr, beschloß er, Quirino den Betrag zurückzuzahlen, womit er gleichzeitig in den Besitz der heiligen Reliquie gelangte. Er sandte zwei Dominikaner, Jakob und Andreas von Longjumeau, nach Konstantinopel und Venedig, um die Reliquie begleiten zu lassen, und reiste ihr entgegen, als er hörte, daß die Mönche, die über Norditalien und Deutschland zurückgekehrt waren, Troyes erreicht hatten. In Villeneuve-l'Archevêque stieg er vom Pferd und geleitete sie zusammen mit seinem Bruder Robert von Artois barfuß bis Sens. Dort trugen beide die Reliquie in die Kathedrale, wo die Menge sie verehren konnte. Danach fuhr der König mit dem Schiff die Yonne und die Seine hinab bis nach Paris und trug sie, auch diesmal barfuß, von der Abtei Saint-Antoine zum Königspalast. Sofort begann man mit dem Bau des mit überhohen Fenstern versehenen Schreins, der die Reliquie aufnehmen sollte. Das Bauwerk wurde am 26. April 1248 eingeweiht, gleichzeitig erfolgte die Gründung eines Kollegs von Kaplänen und Geistlichen, die seit Januar 1246 dort eingesetzt waren. In diesem Zusammenhang ist nicht uninteressant festzustellen, daß sich Ludwig der Heilige 1247 von Balduin II. eine Urkunde ausstellen ließ, mit der dieser die Echtheit der Reliquie der Heiligen Dornenkrone sowie einer Reihe anderer Reliquien, die er dem König von Frankreich anläßlich eines Besuches in Saint-Germain-en-Laye als Geschenk überbracht hatte, bestätigte.

Man war also einerseits bemüht, Herkunft und Authentizität der erworbenen Reliquien genau festzustellen und sie andererseits in einem aufwendigen Rahmen zur Schau zu stellen. Die Sainte-Chapelle faßt sozusagen alle architektonischen Möglichkeiten ihrer Zeit zusammen, ist ein Gehäuse aus Licht, dessen gläserne Wände durch ein auf ein Minimum reduziertes Bogenwerk gestützt werden, und auch ein Zeugnis des persönlichen Geschmacks des Königs. Der amerikanische Kunsthistoriker Robert Branner sprach von einem für den König typischen »höfischen Stil«, wobei er das zugleich kraftvolle und filigrane Bogenwerk der Sainte-Chapelle mit den herrlichen Seiten des Psalters Ludwigs des Heiligen verglich, die ebenso nach dem Grundsatz der Doppelarkade illuminiert sind.

Hinzuzufügen ist noch die wahrhaft fürstliche Großzügigkeit, die gleichfalls ein charakteristischer Wesenszug des heiligen Königs war und die Fertigung wunderbarer Kunstwerke ermöglichte: die Monstranzen von Agaune und Assisi wurden bereits erwähnt, dazu kommt noch der heute in der Kirche Notre-Dame zu Saint-Etienne aufbewahrte Splitter der Heiligen Dornenkrone, ein Geschenk Ludwigs an den Bischof von Le Puy, Bernhard von Montaigu, oder jener Splitter, den die Kathedrale von Sens erhielt und der sich in der Schatzkammer dieser Stadt befindet. Ebenfalls zu nennen wären jene anderen Reliquiare aus dieser Zeit, die oft die Form einer Krone haben, wie das Reliquiar, das Ludwig der Heilige den Dominikanern von Lüttich schenkte, oder die traditionelle Form einer Kirche wie der berühmte Saint-Taurin-Schrein von Évreux. Angesichts solcher Meisterstücke – von der Goldschmiede- und Emailkunst bis hin zur Architektur – ist es wohl ganz und gar fehl am Platze, hier von Aberglauben zu sprechen.

Unsere Zeitgenossen assoziieren mit dem Namen Beaubourg das Centre Pompidou in Paris und somit auch die heutigen künstlerischen Aktivitäten sowie die jungen Menschen seiner Umgebung mit ihren mehr oder weniger geglückten Versuchen auf dem Gebiet des Theaters, der Pantomime oder der Straßenkonzerte – alles, was geeignet ist, Publikum anzulokken, vor allem jenes, das dem kulturellen Leben gegenüber aufgeschlossen ist.

In den sechziger Jahren und auch noch lange danach war die rue Beaubourg nicht mehr als eine beliebige Straße mit eher heruntergekommenen Häusern, wo ich täglich den Autobus bestieg, um vom Nationalarchiv nach Hause zu fahren. Die Haltestelle befand sich vor dem Schaufenster einer Lebensmittelgroßhandlung, das ich in Ermangelung anderer Ablenkung zerstreut betrachtete, wenn der Autobus auf sich warten ließ. Einmal entdeckte ich darin in einer Ecke einen ganzen Packen kleiner weißer Beutelchen, jedes mit einer Art schwarzem Fleck, der meine Neugier weckte. Eines Tages gelang es mir, das Etikett zu lesen: »Garantiert echter Stoff von Johnny Hallidays Jacke.« Dies stand in großem Gegensatz zu einem Buch, das ich kurz davor gelesen hatte, in dem sehr geringschätzig über die Reliquienverehrung gesprochen und diese als Ausdruck von Unbildung und Naivität der Menschen im »Mittelalter« bezeichnet wurde.

Ebensogut könnte man – aber das wäre bösartig – Vergleiche ziehen zwischen den Reliquien und den in den Museen angehäuften Überresten aus der Jung- oder Altsteinzeit. Davor sollten wir uns allerdings hüten, da jedes Stück einen wichtigen Schritt in der Entwicklung der wissenschaftlichen Erkenntnisse des Menschen darstellt. Aber summa summarum ist der Grund, warum man etwas, das von einem verehrten heiligen Menschen stammt, aufbewahrt, ein ähnliches Gefühl, wenn auch auf anderer Ebene. Immerhin haben uns diese Persönlichkeiten, die durch ihren Gerechtigkeitssinn, ihre Güte, ihr Streben nach dem Unendlichen, die Menschheit ehrten, geholfen, uns als Menschen besser zu begreifen.

Die Wunder

Wunder sind für die Intellektuellen noch ärgerlicher als Reliquien, da sie einen Angriff auf die Rationalität, auf das Wissen um nachvollziehbare Mechanismen darstellen. Man muß in diesem Zusammenhang nicht an den Fortschritt erinnern, der auf diesem Gebiet gemacht wurde, wie Nieren- und

Herzverpflanzungen bis hin zum Annähen eines abgetrennten Arms, der dann auch wieder voll funktionsfähig ist.

Nachdem im vorigen Jahrhundert die Wissenschaftler Wunder und deren Existenz strikt von sich gewiesen haben, sind in den letzten Jahren aufgrund der jüngsten Entwicklungen der Wissenschaften viele vorsichtiger geworden, vor allem weil sie gemerkt haben, daß der Mensch nicht ausschließlich mit dem Verstand erklärt werden kann. Zu diesem Bewußtseinswandel hat zum Beispiel die Psychoanalyse einen wichtigen Beitrag geleistet. Und erschien nicht auch die Relativitätstheorie anfangs verstandesmäßig nicht faßbar? Es sind wohl vielmehr gewisse Behauptungen Descartes' oder Diderots *Essay über die Malerei,* die heute Wissenschaftler oder Maler unangenehm berühren oder ihnen mißfallen. Die Gewißheiten früherer Jahrhunderte gleichen ein wenig jenen berühmten »Naturgesetzen«, mit denen man den gesamten Kosmos zu erklären vorgab, die aber immer differenzierter und komplizierter wurden, genauso wie die Gesetze des Bürgerlichen Gesetzbuches.

»In der Stadt Bourne lebte ein Knabe namens Wilhelm; während er im Dienste eines Mannes aus Torneia stand, verdorrten ihm beide Beine, die Knöchel und die Füße zogen sich zusammen, und auch sein Hals war so geschwächt, daß er den Kopf nicht mehr aufrechthalten konnte, ohne ihn mit der Hand zu stützen. Alle seine Kräfte schwanden, das Haupt sank auf Schultern und Brust, und er konnte es nicht mehr ohne fremde Hilfe heben, noch mit seinen Füßen gehen. Zweieinhalb Jahre lag er mit diesem Gebrechen darnieder und konnte seine Lagerstatt nur verlassen, wenn man ihn heraushob. Der Mann, in dessen Diensten er stand, ließ ihn zu seinem Vater zurückschaffen. Als dieser nach einem Jahr starb, pflegte ihn seine Mutter weiter.

Um diese Zeit fand die Übertragung des seligen Gilbert statt; die Mutter, die nach Lincoln gehen wollte, um zu beten, nahm ihn mit nach Sempringham und blieb dort mit ihm. In der Nacht der Übertragung habe ich selbst, der ich dieses geschrieben habe, diesen Knaben mit eigener Hand berührt, ich sah, daß seine Glieder hart waren wie Baumäste, und da er mich dauerte, rückte ich ihn in der Basilika von dem Platz, wo er sich befand, ein wenig zur Seite, damit er nicht von der Menge niedergetreten werde. Aber sein Zustand besserte sich in keiner Weise, und die Mutter nahm ihn bei ihrer Rückkehr von dem Ort, an den sie sich begeben hatte, wieder mit. Ihr Ehemann jedoch, der Stiefvater des Kindes, warf ihr vor, viel Geld für sein Hin- und Zurückbringen ausgegeben zu haben, und hieß sie, ihn der Obhut einer Person zu überlassen, die ihn versorgen könne, seine Mutter ließ ihn also zurück und brachte ihn für die Nacht in einem alten Haus unter ... Doch wiewohl Vater und Mutter ihn im Stich gelassen hatten, nahm der Herr sich seiner an, denn in dieser Nacht glaubte er, als er schlief, er sei im Turm von S. in dem Haus, wo man die Ziegel bereitete, und dieses Haus beginne zu brennen; alles flüchtete und ließ ihn unbeweglich zurück; da erschien ihm ein alter Mann, der zu ihm sagte, er solle schnell aufstehen und zur Basilika laufen; auf sein Geheiß hin schien es ihm, als erhebe er sich und liefe mit aufrechtem Hals, den Kopf zum Himmel gewandt, zur Kirche und werfe sich vor dem Grabmal des Heiligen zu Boden. Das erzählte er am Morgen seiner Mutter, und die flehte mit Tränen in den Augen den Stiefvater an, den Knaben auf einem Karren nach S. bringen zu lassen, mit dem Versprechen, ihn danach nie wieder zu sich zu nehmen. Am dritten Tag, als sie ankamen, wurde gerade am Altar des heiligen Gilbert die Messe zelebriert; da begann sich das Kind besser zu fühlen, die Füße und Beine zu strecken, mit seinen Füßen zu gehen und die Stufen emporzusteigen, und alle sahen es und lobten den Herrn.

Die Domherren aber wollten nicht, daß wegen dieser Heilung so rasch das *Te Deum laudamus* gesungen werde oder man das Wunder bejuble, ehe nicht untersucht worden sei, wie es sich in Wahrheit damit verhielt, wie es bei allen, die geheilt worden waren, üblich war. Die Eltern und Nachbarn wurden also herbeigerufen, damit sie alles erzählten und als wahr bezeugten. Der Knabe aber wurde von Tag zu Tag gesünder, konnte Hals und Kopf bewegen und wieder seine Füße und Beine gebrauchen wie vordem.«

Raymonde Foreville, die dieses *Buch der Wunder des Gilbert von Sempringham* veröffentlicht hat[3], wies darauf hin, wie wichtig solche Berichte von Wundern für den Historiker seien, vor allem für jenen, der sich mit dem Alltagsleben beschäftigt, da sie eine Fülle selbsterlebter Einzelheiten enthalten, die Tag für Tag registriert wurden und nur zufällig Erwähnung finden, da solche Berichte in keiner Weise beschreiben, sondern einfach das Wunder festhalten sollen. Die Erwähnung der Domherren in dem zitierten Text und ihre Ratlosigkeit angesichts der Heilung des Kindes zeigen, daß man darauf hielt, zu überprüfen, was das Volk erzählte. Damals gab es noch kein Büro für medizinische Befunde wie heute in Lourdes. Beides entspringt aber derselben Absicht, nämlich festzustellen, ob es sich um eine vorübergehende Besserung oder um eine echte Heilung handelt, und ob die Person, deren Heilung festgestellt wird, überhaupt erkrankt war. Letzteres war auch der Grund, Familie und Nachbarn herbeizurufen und zu befragen.

Gilbert von Sempringham, um den es hier geht, lebte im 12. Jahrhundert und erreichte das außergewöhnlich hohe Alter von 106 Jahren (1083-1189). Er war der Sohn eines normannischen Ritters in Lincolnshire, studierte in Paris, wurde zum Priester geweiht und betreute die Gemeinden Sempringham und West-Torrington, wobei er sich besonders um die Erziehung und die schulische Ausbildung der Kinder kümmerte. Als nach einigen Jahren mehrere seiner weiblichen Beichtkinder ihr Leben Gott widmen wollten, brachte er sie in der St.-Andreas-Kirche von Sempringham unter und empfahl ihnen die Ordensregeln des heiligen Benedikt. Nachdem er sich vergeblich bemüht hatte, die kleine Klostergemeinschaft dem Orden von Cîteaux anzugliedern, machte er sie im Jahre 1131 zu einer eigenständigen Klostergemeinschaft, stellte den Nonnen für die religiösen Feiern einige Geistliche zur Seite, denen er die Ordensregeln der Chorherren gab. Es war also eine Doppelgründung mit einer gemeinsamen Kirche, aber zwei durch Mauerbögen getrennten Wohngebäuden für Nonnen und Mönche. Es blieb nicht nur bei dieser einen Klostereinrichtung; als Gilbert starb, umfaßte der Orden neun Klöster mit insgesamt siebenhundert Mönchen und eintausendfünfhundert Nonnen. Seine Gründung erinnert an Fontevrault, aber bei Gilbert waren es die Ordensherren, die die Amtsgewalt innehatten, und nicht die Äbtissinnen.

Er wurde in Sempringham zwischen den zwei Altären – der eine ist der Heiligen Jungfrau, der andere dem heiligen Andreas geweiht – beigesetzt und am 30. Januar 1202 von Papst Innozenz III. heiliggesprochen. Sein Kanonisationsprozeß war einer der frühesten der Geschichte. Die zitierte Textstelle aus dem *Buch der Wunder* erzählt von einer der Heilungen an seinem Grabmal. Es wurde eine Reihe von Kindern geheilt, darunter ein kleiner blinder Junge, Sohn einer armen Witwe, die mit Betteln ihr Leben fristete: Als die beiden eines Tages auf den Stufen vor dem Grabmal saßen, fiel einem Laienbruder auf, daß das Kind oft den Blick zu der brennenden Lampe hob, und er sagte zu der Frau, daß ihr Kind sehe. Und als man dann dem Jungen verschiedene Gegenstände zeigte, stellte man fest, daß er von seiner Blindheit geheilt war. Überglücklich kehrte die Mutter mit ihrem Sohn in das kleine Dorf, wo sie wohnte, zurück und »zeigte allen, daß er sehe, er, den sie vorher als Blinden gekannt hatten«.

Einige dieser Mirakelbücher haben neben der eben genannten Bedeutung für Historiker auch noch das große Verdienst, uns ganz genau über die verschiedenen Entwicklungen der Legenden zu informieren. Ich habe an anderer Stelle davon berichtet, wie erstaunt ich war, als man mich 1972 bat, *Das Buch der Wunder Unserer lieben Frau von Roc-Amadour* im Text des ältesten Manuskripts, das in der französischen Nationalbibliothek verwahrt wird, zu studieren. Der Anlaß war ein Kolloquium zum achthundertsten Jahrestag der Beurkundung der Pilgerfahrt von Roc-Amadour aus dem Jahr 1172. Im Zusammenhang mit der Wallfahrt von Roc-Amadour wird stets auch der heilige Amadour genannt, ein heiliger Einsiedler, der mit jenem im Evangelium genannten Zachäus identisch sein soll, der auf einen Maulbeerfeigenbaum gestiegen war, um Jesus vorübergehen zu sehen und dem dieser zurief: »Zachäus, komm schnell herunter! Denn ich muß heute in deinem Haus zu Gast sein.« Bei der Lektüre stellte ich ebenso wie Edmond Albe, als er dieses *Buch der Wunder* veröffentlichte, fest, daß darin nirgends von einem heiligen Amadour berichtet wird. Die Vorgeschichte ist folgende: 1166 hatte man den Leichnam eines angeblich heiligen Einsiedlers in Val d'Alzo gefunden und ihm kurzerhand den Namen Amadour gegeben, um den Namen des Ortes Roc-Amadour (Felsen des Amadour) zu erklären. Der Abt von Mont-Saint-Michel, Robert von Thorigny, sprach von dieser Auffindung als von einem Gerücht und setzte den Eremiten auch nicht dem Zachäus gleich.

Artikuliert wurde diese Gleichsetzung – allerdings auch nur als Anspielung – erst 1427 in einer päpstlichen Bulle, die Martin V. aus Anlaß des »Grand Pardon«, einer besonders feierlichen Wallfahrt nach Roc-Amadour, erließ. Als historische Tatsache wurde die Geschichte erst im 17. Jahrhundert in einem Werk des Bertrand de la Tour, Geschichtsschreiber der Diözese Tulle, erzählt, das den Titel *Institutio Tutellensis*

Ecclesiae trägt und 1633, im Jahr des Prozesses gegen Galilei, erschien. Und erst Mitte des 19. Jahrhunderts, genau im Jahr 1850, wurde die Legende von der Kirche offiziell anerkannt und beglaubigt, als der Bischof von Cahors, Msgr. Bardoux, sie in das Proprium seiner Diözese aufnahm.

Von da bis zu dem Schluß, daß man aufgrund der mittelalterlichen Mirakelbücher gewisse Legenden unberücksichtigt lassen kann, ist es nur ein Schritt, den zu tun wir uns aber hüten werden. Wer weiß denn schon, in welchem Maß die Freude am Wunderbaren das Geschichtsbewußtsein der Verfasser der Mirakelbücher überlagert hat? Deshalb sollten wir bei der Beurteilung der »Naivität« unserer Vorfahren vorsichtig sein.

Mit anderen Worten, es steht fest, daß in dem Jahrtausend, das man als Mittelalter bezeichnet, zu allen Zeiten das Wunder eine anerkannte Tatsache war. Es sei noch hinzugefügt, daß diese Anerkennung niemals lähmend wirkte oder der Sache geschadet zu haben scheint. Für den heutigen Mediävisten stellen die technischen Erfindungen und selbst die Freude an technischen Spielereien, die insbesondere die Feudalzeit charakterisierten, keine Überraschung mehr dar. Diese »technische Denkweise«, wie die amerikanischen Geschichtswissenschaftler sie genannt haben, koexistierte ohne weiteres mit der Konstatierung der Wunder. Joinville staunte über den navigatorischen Fortschritt und das verbesserte Steuer, mit dessen Hilfe man nun ein schweres Schiff ebenso mühelos wenden konnte wie ein Pferd mit den Sporen. Mit der gleichen Selbstverständlichkeit berichtete er aber auch vom Wunder jenes Seemannes, der von einem Mast ins Meer gestürzt war und den man aus dem Wasser fischen konnte, indem man ihm ein Tau zuwarf. Auf seine Frage, warum er nicht versucht habe, sich schwimmend an der Oberfläche zu halten, antwortete ihm dieser seelenruhig, daß ihm im Augenblick des Falles Unsere Liebe Frau erschienen sei und ihn gehalten habe. »Und sie hielt ihn an den Schultern, nachdem er herabgestürzt war, so lange bis die Galeere des Königs ihn aufnahm. Zu Ehren dieses Wunders«, fügte Joinville hinzu, »habe ich es auf Joinville in meiner Kapelle und auf den Kirchenfenstern von Blécourt malen lassen.« Es kam zu keinerlei Vermischung von dem, was zum Bereich der Technik, der Erfindung gehört, und den Dingen des Glaubens, der Logik des Unsichtbaren.

Es ist auch nicht Aufgabe des Historikers, genau auseinanderzuhalten, was in das Gebiet der Medizin und was in das Gebiet des Glaubens fällt. Das Studium der Heiligenviten gibt allerdings öfter Anlaß, sich über gewisse naive Vorstellungen unserer Zeitgenossen zu wundern: So rühmte sich mir gegenüber eine Nonne, den Kindern das Evangelium zu erzählen, ohne auch nur ein einziges Wunder zu erwähnen ... Vermutlich waren es die Wunder, die sie bewogen, dieses revolutionäre Werk kräftig zu zensieren, beginnend wohl bei der Unterschlagung der Hochzeit von Kana bis zur Ausmerzung der Auferstehung! Und dies in einer Zeit, in der ihre jungen Zuhörer E. T. und Superman zu Welterfolgen verhalfen! Es wäre zweifellos sinnvoller gewesen, den Kindern beim Lesen der wunderbaren Begebenheiten in der Heiligen Schrift den Unterschied zwischen dem zu erklären, was einfach der menschlichen Lust am Märchenhaften und dem, was dem lebendigen Glauben, der das Nicht-Wahrnehmbare erfaßt, entspringt. So hätte sie ihnen zum Beispiel erklären sollen, daß sich Wunder nicht nur durch die Heilung von körperlichen Leiden manifestieren. Vor allem hätte sie etwa am Beispiel der Heilung des von Geburt an Blinden und Lahmen den Unterschied zwischen Krankheit und Sünde herausheben können, denn die Versuchung, in heidnische Vorstellungen zurückzufallen und ein körperliches Leiden als Fluch zu betrachten, ist stets präsent, auch in jenen Gesellschaftsschichten, die wir als »aufgeklärt« bezeichnen. Eine der

Lehren, die man im allgemeinen gern aus den Wundern der Heiligen im Mittelalter zieht, ist ja die, daß Krankheit nicht Strafe für Sünde ist, sondern das Abbild des alleinigen wahren Leidens, der Sünde nämlich, die die Verbindung Gottes zum Menschen zerreißt und in diesem Sein Bild trübt, dessen Widerschein besonders auf die Heiligen gefallen war. Der heutige medizinische Fortschritt, die Tatsache also, daß jeder körperlich gesunden kann, erlaubt es, die Ebene, auf der die Wunderheilungen angesiedelt sind, besser zu verstehen.

Und die Legenden

Zuletzt wollen wir noch auf die Heiligenlegenden zu sprechen kommen. Nur wenige Biographen gingen so vor, wie es ein moderner Historiker tun würde. Eine derartige Ausnahme bildete Guernes von Pont-Sainte-Maxence, der sich, ehe er an die Niederschrift der Vita Thomas Beckets ging, in England eingehend informierte und diesem nahestehende Personen befragte:

Von Privaten erfuhr er die Wahrheit über den heiligen Thomas.

Doch Guernes bildete eine Ausnahme. Typisch war vielmehr ein Jacobus von Voragine mit seiner berühmten *Legenda aurea*[4], einem sehr guten Beispiel für die im Mittelalter überall wuchernden und eine Literaturgattung bildenden Legenden. Die Humanisten des 16. Jahrhunderts hatten ihnen gegenüber eine nüchterne Einstellung, die Enzyklopädisten bespöttelten und die Rationalisten des 19. Jahrhunderts mißbilligten sie. Es berührt einen übrigens sehr, wenn man in der Sowjetunion ein Museum besucht, in dem die schönsten Ikonen, auf denen die Heiligenlegenden im einzelnen dargestellt sind, hängen, und sich dann daneben das unvermeidliche kleine antiklerikale Museum befindet, das meist sehr häßlich und manchmal von überraschender Gewöhnlichkeit ist. Die Lehren, die man daraus ziehen soll, werden übrigens von den offiziellen Führern nicht sehr überzeugend vertreten.

Um die Heiligenlegenden richtig zu verstehen, müßte man sie heute natürlich nochmals lesen, wobei man freilich bestimmte Dinge nicht wörtlich nehmen darf. Unsere Vorfahren, die mit dem Vokabular vertraut waren, taten dies auch nicht. Wenn also zum Beispiel davon die Rede ist, daß Haupt oder Leib eines Heiligen an einem bestimmten Ort ruhen – die heilige Magdalena gleichzeitig in Sainte-Baume und in Vézelay –, bedeutet dies, daß bei der Wortwahl ein Teilbegriff anstelle des Gesamtbegriffs steht – von den Grammatikern seit der Renaissance Synekdoche genannt –, ein Stilmittel, das schon lange vor der Renaissance von den Verfassern der Legenden mit großer Freizügigkeit verwendet wurde. Ein Stück Schädelknochen steht für den ganzen Schädel, ein Schienbein für den Körper usw. Viele Schriftsteller, vor allem die des 19. Jahrhunderts, entrüsteten sich über diese Bestattungen und nannten sie einen Schwindel; doch sie hätten besser daran getan, sich über die Mentalität der Zeit genauer zu informieren. Man war damals sehr wohl auf Genauigkeit bedacht, wie das kleine Pergament beweist, in dem die Reliquien Ludwigs des Heiligen aufgeführt sind, die nach seiner Kanonisation an verschiedene Heiligtümer verteilt wurden. Es stammt aus dem Jahr 1308 und befindet sich im Nationalarchiv[5] zu Paris:

La Chapelle-le-Roi zu Paris, das Haupt (Schädelknochen)
Die Kaiserin erhält ein Gelenk (Knöchel) eines Fingers des heiligen Ludwig
Der Graf von Saint-Pol, ebenfalls das Gelenk eines Fingers

Die Dominikaner zu Paris, einen Handknochen
Die Brüder von Val des Ecoliers lez-Compiègne, ein Gelenk
Die Äbtissin von Pontoise, eine Rippe
Notre-Dame zu Paris, eine Rippe
Der Abt von Royaumont, ein Stück der Schulter
Die Äbtissin von Le Lys, einen Handknochen.

Wie aus dieser makabren Aufzählung, die bewußt die Grenzen zwischen gutem und schlechtem Geschmack nicht beachtet, hervorgeht, wurden sehr viele Knochenfragmente verteilt, so daß jeder einzelne Empfänger sagen konnte, er besitze den »Leib« Ludwigs des Heiligen. Bloß eine Frage des Vokabulars!

Bei der Aufteilung eines heiligen Leichnams wurde also jedes Knochenfragment sorgfältig registriert. Interessant ist übrigens, daß die archäologischen Grabungen unserer Tage in fast allen Fällen die lokalen Überlieferungen im einzelnen bestätigten. Ein schönes Beispiel hierfür sind die Grabungen, die unter dem Petersdom in Rom vorgenommen wurden. Aufgrund der Schlußfolgerungen, die Archäologen zu Recht daraus ableiten konnten, ist es durchaus wahrscheinlich, daß die auf Geheiß Konstantins errichtete erste Basilika über dem Grab mit den sterblichen Überresten des heiligen Petrus erbaut worden war. Ein analoges Ergebnis erbrachten die Grabungen amerikanischer Archäologen für Saint-Denis bei Paris.

In diesem Zusammenhang wären auch die ausführlichen Berichte der umfangreichen Grabungen zu nennen, die unter der Basilika der Heiligen Felix und Fortunatus in Vicenza in Italien vorgenommen wurden.[6] Sie interessieren uns deshalb besonders, weil sie die Richtigkeit des Textes des bereits obenerwähnten Venantius Fortunatus bestätigt haben. Knapp vor dem Jahre 566 berichtete er vom Martyrium der beiden

Brüder, die bei den Verfolgungen unter Kaiser Diokletian im Jahr 303 oder 304 den Martertod erlitten hatten. Die Überreste des einen waren in seine Heimatstadt überführt, die des anderen an der Richtstätte beerdigt worden. Tatsächlich fand man unter dem Altar der Basilika von Vicenza ein Skelett mit einem durchtrennten Halswirbel – sicheres Indiz für eine Enthauptung. So wurden das Gedicht des Venantius Fortunatus und die gesamte mittelalterliche Überlieferung nach ihm durch die Archäologie des 20. Jahrhunderts bestätigt.

Bei der Beurteilung von Legenden ist es absolut unerläßlich, sich in die allgemeine Mentalität der Zeit, in der sie entstanden, erweitert und ausgeschmückt wurden, zurückzuversetzen. Das Wort Legende kommt ja vom lateinischen Wort *legenda* – das zu Lesende. Damit wurden ursprünglich bestimmte Lesestücke bezeichnet, die man beispielsweise am Tag eines Heiligen während des Offiziums vorlas. Der Bedeutungswandel impliziert, daß man es bei ähnlichen Texten mit dem historischen Wahrheitsgehalt nicht so genau nahm. Das rührte daher, daß man im Mittelalter sehr viel empfänglicher für die moralische Wahrheit, für den *Sinngehalt* der Geschichte war als für ihre wörtliche Übereinstimmung mit der echten Begebenheit. In jedem Text unterscheidet man drei Ebenen von Kommentaren: *littera, sensus, sententia;* den Buchstaben, das heißt den wahren Bericht; den Sinn, das heißt die für das gute Verständnis nötigen Erklärungen; und schließlich den Inhalt, das heißt die daraus zu ziehende Lehre. Und es ist diese Lehre, die vor allem wichtig zu sein scheint. Darum hat man auch mit größter Unbefangenheit die *sententia* auf Kosten der *littera,* des Buchstabens also, übertrieben entwickelt.

Eine Stelle aus dem *Leben des heiligen Benedikt,* verfaßt von Gregor dem Großen[7], liefert uns sozusagen den Schlüssel für diese Denkweise: Der heilige Gregor erzählt seinem Schüler Peter einige Wunder, die der heilige Benedikt vollbracht hatte; wie er eines Tages hoch oben auf einem Berg eine Quelle fand, wie er aus einem See ein Sensenblatt barg, das einem Mönch – einem Goten mit einfachem Gemüt – bei der Arbeit entglitten war, und wie er ein anderes Mal, als er in seiner Zelle betete, seinen Schüler Maurus aussandte, das Kind Placidus, das in denselben See gefallen war, herauszuholen, usw. Darauf rief Peter aus: »Was du da sagst, ist wunderbar und versetzt einen in Erstaunen. Denn in dem Wasser, das aus dem Fels geschlagen wird, sehe ich Moses; in dem Eisen, das aus dem tiefen Wasser zurückgeholt wird, Elisa; in dem Gang über das Wasser Petrus; im Gehorsam des Raben Elias; in der Trauer um einen toten Feind David. Genau genommen war dieser Mann erfüllt vom Geist aller Gerechten . . .«

Und eben das ist ausschlaggebend: daß ein heiliger Benedikt in einem Erdenleben die Tugend im eigentlichen Sinn, die Tugend aller Gerechten der Bibel, die uns als Vorbild dienen soll, in sich vereint. Was also spielt es da für eine Rolle, ob das Wunder historisch gesehen wahr ist oder nicht – selbst wenn ein solches Phänomen in Wirklichkeit möglich oder zumindest wahrscheinlich wäre. Zum Beispiel wissen die Geologen heute, daß es auch in der Nähe eines Berggipfels durchaus Wasserreserven geben kann; dieses mittelalterliche Wunder jedenfalls kann heute dank der Wissenschaft als Tatsache gelten.

Man scheute auch nicht davor zurück, bestimmte Wunder mehreren Heiligen zuzuschreiben. Das klassische Beispiel ist der heilige Dionysius, der nach seiner Enthauptung seinen Kopf unter den Arm nahm und damit ein paar Schritte ging, ein eindeutiges Symbol für das Weiterleben des Menschen nach dem Tod. Dasselbe erzählte man vom heiligen Alban von Verulam bei London, außerdem, aufgrund der Namensgleichheit, vom heiligen Alban von Mainz und vom heiligen Gaudentius in der Comminges.

Gleiches gilt für die bezaubernde Geschichte von der heiligen Elisabeth von Thüringen, die, als sie aufgefordert wurde, die Schürze zu öffnen, in der sie den Armen Essen zu bringen pflegte, darin nur Rosen vorweisen konnte. Diese Rosen finden wir auch in der Schürze der heiligen Rosalia von Palermo – der Name legt dies nahe –, der heiligen Kasilda von Burgos, einer konvertierten Sarazenin usw. Das störte unsere Vorfahren in keiner Weise, da es ihnen zweifellos mehr darum ging, Rosen erblühen zu sehen als sie zum Gegenstand wissenschaftlicher Untersuchungen zu machen. Vielleicht liegt darin einer der wesentlichen Unterschiede zwischen dem Mittelalter und der Gegenwart. Für mich als Historikerin stellen jedenfalls die heutigen Bemühungen um Geschichtskritik einen gewaltigen Fortschritt im Verhältnis zur mittelalterlichen Einstellung dar. Freilich darf man trotz aller Fortschrittlichkeit nicht in den Fehler verfallen, die Legenden »auf der ersten Ebene« zu interpretieren.

Wer käme heutzutage je auf den Gedanken, die Abenteuer Arsène Lupins oder Sherlock Holmes' für bare Münze zu nehmen? Und kann man unseren Ahnen verargen, daß sie ihren Hang zum Wunderbaren in Geschichten eingebracht haben, die einem Heiligen oder einer Heiligen zugeschrieben wurden, statt in eine Geschichte über einen Detektiv oder einen Taschendieb?

Dieser Sinn für das Wunderbare ging Hand in Hand mit dem Sinn für die Natur, auf die sich die hagiographischen Legenden immer wieder bezogen und der aus demselben Geist stammte. Ohne jede Scheu stellte man Wahrhaftigkeit und Wahrheit nebeneinander, da diese ja die moralische Aufgabe hatten, Inbrunst zu nähren, und außerdem einfach erzieherisch wirken sollten. Das gilt für die Bienen, die sich auf den Lippen des heiligen Ambrosius, des späteren Bischofs von Mailand, niederließen, als er noch ein Kleinkind war. Dasselbe erzählte man übrigens schon in der Antike im Zusammenhang mit Platon und Pindar. Bei Ambrosius leitet sich diese Legende vielleicht von seinem Namen ab, der an den köstlichen, die Bienen anlockenden Honigtrank Ambrosia erinnert – wahrscheinlicher jedoch ist, daß sie auf sein Klanggefühl zurückgeht, da er einer der Begründer des liturgischen Gesangs war. Auch Vögel spielen in zahlreichen Legenden eine große Rolle. Da ist der Rabe, der dem heiligen Antonius Nahrung brachte und dem man in der schönen Legende, die sich um den heiligen Eremiten Meinrad rankt, der in Einsiedeln bis auf den heutigen Tag verehrt wird, wiederbegegnet. Hier sind es zwei Raben, die in der Legende des Heiligen eine wichtige Rolle spielen: Der nicht weit von der später berühmt gewordenen Abtei lebende Eremit nahm eines Abends zwei Räuber, Richard und Peter, in seiner Klause auf. Nachdem er ihnen zu essen gegeben und Obdach gewährt hatte, fielen sie heimtückisch über ihn her und töteten ihn, um ihm seinen Kelch zu rauben. Der heilige Meinrad aber hatte zwei Raben als Gefährten gehabt, die ihn überallhin begleiteten. Sie wurden Zeugen des Verbrechens, verfolgten die beiden Räuber, umkreisten sie unablässig und griffen sie mit Schnabelhieben an, bis die Männer dank der Hartnäckigkeit der beiden Vögel gefaßt, verurteilt und gehenkt wurden. Diese Legende war die Grundlage für einen der ältesten Holzschnitte, ein ganzer Zyklus, der in dieser Technik hergestellt wurde und der als Vorläufer der Buchdruckerkunst[8] anzusehen ist. In der Bibliothek von Einsiedeln werden die kostbaren Druckstöcke – Lettern und bildliche Darstellungen –, die uns die Geschichte des heiligen Meinrad und seiner zwei Raben erzählen, aufbewahrt. Man könnte noch viele Geschichten zitieren, in denen Tiere eine wichtige Rolle spielten, bis zu dem Zeitpunkt, da der heilige Franz von Assisi sie sozusagen konsekrierte, indem er den Vögeln predigte und den Wolf von Gubbio, nachdem er ihn gezähmt hatte, in seine Dienste nahm. Deshalb muß man, wenn die Engel einen Heiligen oder eine Heilige in die Wüste versetzen oder, wie Maria Magdalena, jeden Tag auf die Höhen des sogenannten Saint-Pilon tragen, dies als reines sprachliches Stilmittel verstehen. Dies bedeutet, daß sie sich manchmal bis zur Ekstase in das Gebet vertieften.

Eine durch Form, aber auch Inhalt bekanntgewordene Sammlung poetischer Erzählungen sind die *Wunder Unserer Lieben Frau* des Gautier von Coincy.[9] Bei diesem Gautier handelte es sich um einen Benediktiner von Saint-Médard in Soissons, der eine Zeitlang Prior von Vic-sur-Aisne war, dann als Prior nach Saint-Médard zurückkehrte, wo er 1236 starb. Wir verdanken ihm eine ganze Reihe höchst anmutig erzählter Wunder, die zugleich poetische Erklärungen über den Sinn des Gebets und der Liturgie sind. So etwa die ungewöhnliche Geschichte von Unserer Lieben Frau, die »die Glocken einer Frauenabtei läutete für die Klosterfrau Beatrice, die mit einem Manne davongelaufen war«. Die sündige Nonne, der es oblag, die Glocken zu läuten und die bei ihren Verirrungen stets zur Heiligen Jungfrau gebetet hatte, entdeckte zu ihrer Verblüffung, daß während ihrer Abwesenheit Unsere Liebe Frau an ihrer Statt die Glocken geläutet hatte. Wie könnte man besser ausdrücken, daß das vertrauensvolle Gebet die Vielzahl der Sünden bemäntelt? Da ist auch »die Nonne, der Unsere Liebe Frau die Aves verkürzte«, eine Ordensschwester, die sich vorgenommen hatte, täglich so viele Ave Marias zu beten, daß sie es unmöglich schaffen konnte, und der die Jungfrau erschien: »Was nützt ein voller Mund dem, der ihn nicht kaut?«, womit sie ihr ganz konkret bedeutete, daß die Art und Weise, wie man betet, wichtiger ist als die Wortfülle. Man könnte alles von Gautier von Coincy zitieren, der kleine Lieder aufschrieb und sogar soweit ging, die fromme »Braut Gottes« sagen zu lassen:

Das Brünnlein sprudelt helle (die Quelle des Gebetes)
Groß Glück mein' Mutter hat,
Die mich so gut hat verheirat'!

Die Wundererzählungen gingen später in jene Beispielsammlungen ein, mit denen die Kanzelredner ihre Ansprachen schmückten: eine pädagogische Methode, die eine Beweisführung in drei Punkten wohl wert ist! Man muß sie nur verstehen.

Man kann dieses Kapitel über die Legenden nicht abschließen, ohne daran zu erinnern, daß wir sie außer in den Texten auch in der Buchmalerei, auf Gemälden und in Skulpturen wiederfinden, da sie ein unerschöpflicher Vorrat an »Geschichten« für die verschiedensten Ausdrucksmöglichkeiten waren. Ein gutes Beispiel dafür ist das in Bildern erzählte berühmte »Theophilswunder« am Portal des nördlichen Querschiffs der Kathedrale von Paris, von dem Gustave Cohen für seine Studenten so großartigen Nutzen zu ziehen wußte. Dieses Wunder inspirierte aber auch Rutebeuf zu der bekannten Geschichte des Geistlichen Theophil, der sich an den Teufel wendet, weil er sein Amt wiederhaben möchte, von dem ihn ein ungerechter Bischof im Zorn enthoben hatte. Nachdem er sieben Jahre in Sünde gelebt hatte, wurde er plötzlich von Reue erfaßt und wendet sich an Unsere Liebe Frau:

Blüte der Heckenrose und Lilie und Rose . . .

Zunächst weigert sie sich: Theophil hat schwer gefehlt, als er seine Seele dem Teufel verschrieb und mit seinem Blut einen Pakt unterzeichnete, in dem er ihm seine Seele vermachte. Auf sein flehentliches Bitten hin erklärt sie sich bereit, ihn seiner Verpflichtung zu entbinden:

Wisse fürwahr
Dein Pakt bringt dir wieder
Was du verpfändet, weil du's nicht besser verstundst.

Wobei sie dem Teufel droht:

Und treten werd' ich dir in den Wanst!

Der Vertrag wird rückgängig gemacht, und der arme Pfarrer ist frei. Ergebnis jedes inständigen Gebetes, das es wert ist, weitererzählt zu werden, und das man in Laon, Chartres, Beauvais, Le Mans, Souillac abgebildet findet, vergleichbar einer Litanei, die im ganzen Land gebetet wird.

VIII. Wie sie als Heilige anerkannt werden

Beschäftigt man sich mit den Heiligen, wird, selbst wenn man sich auf das Mittelalter und auf unsere Lande beschränkt, recht bald deutlich, daß sie so verschieden waren wie die Menschen selbst, daß sie aus allen gesellschaftlichen Schichten stammten und so unterschiedlich lebten, wie man sich nur vorstellen kann. Es erweist sich auch, daß es dermaßen viele und unterschiedliche Heilige gab, daß es unmöglich ist, ein einheitliches Phantombild von ihnen zu zeichnen. Trotzdem haben dies vor allem im letzten Jahrhundert einige Leute versucht. Damals galt die Heiligenverehrung als »ein Relikt des Heidentums«, diktiert vom »Aberglauben« und von einer »unwissenden Menge« gefordert, der man ja irgendwelche Zugeständnisse machen mußte. Ein paar Kritiker versuchten daraufhin, die Heiligenleben zu schematisieren, was natürlich nicht ohne weiteres möglich war. Dazu kamen widersprüchliche Behauptungen, wie etwa die, daß »die merowingischen Heiligen fast alle dem Adel angehören«, wobei derselbe Autor einige Seiten weiter von »ihrer Herkunft aus den unteren Schichten« sprach. Ihre Geburt, so schrieb er, »wird oft durch ein Wunder angekündigt«, was zwar bei der Legende des heiligen Ambrosius, aber in keiner Weise bei einem Augustinus oder einem Hieronymus zutrifft. »Seine Eltern«, fuhr er fort, »erkennen seine Heiligkeit bereits, wenn er noch in der Wiege liegt . . . Er teilt sein Essen mit den Armen . . . verbringt seine Jugend mit Fasten und Beten . . .«[1] – was weder für Venantius Fortunatus gilt noch für die Mehrzahl der Heiligen der Merowingerzeit, über deren Kindheit wir im allgemeinen kaum etwas wissen. Die Autoren des vorigen Jahrhunderts, die gegenüber der Hagiographie freilich meist negativ eingestellt waren, verwechselten Geschichte und Literatur miteinander und begnügten sich mit dem überkommenen Schema, das wir in vielen jener *Vitae* oder *Passiones* finden, die sich mehr an einer bestimmten literarischen Form orientieren als am historischen Wahrheitsgehalt.

Die Geschichte lehrt uns etwas ganz anderes über Ursprung und Entwicklung der christlichen Heiligkeit und über die Verehrung, die ihr seit den Anfängen der Kirche zuteil wird.[2] Die Wörter Heiliger, Heilige, Heiligkeit nahmen im Laufe der Zeit eine besondere Bedeutung an, die sich von ihrer früheren wesentlich unterscheidet. Pater Festugière hat untersucht, wie sich der Begriff »heilig« im Laufe des Altertums sowohl bei den Heiden wie bei den Juden wandelte. Bei den Griechen bedeutete »heilig« in erster Linie nicht zum profanen Leben gehörig. Dies bedingte auch das Grauen, das von einem heiligen Ort ausging, an dem der Mensch in Berührung mit einer überirdischen Welt kam, die oft vermengt wurde mit furchterregenden Naturerscheinungen. Mit dem Begriff Heiligkeit assoziierte man Reinheit, Makellosigkeit, Unantastbarkeit. Das Wort *hagios* bezeichnete bei den Griechen übrigens nie einen lebenden Menschen und wurde selten gebraucht, man verwendete es nur in bezug auf Götter. In der antiken Welt wurde der Heros, der Weise verehrt. Er stand in hohem Ansehen und war den Menschen ein Ideal von gut und schön. Der griechische Begriff blieb in seiner Auffassung weit entfernt von der christlichen Heiligkeit, die in der biblischen Heiligkeit wurzelt und von jenen verkörpert wird, die das Volk Israel geführt oder eben geheiligt haben wie Moses, Josue, Samuel oder die Propheten. Aber stets ist es Gott, der durch sie spricht: »Seid heilig, wie auch ich heilig bin.«

Die Christen sehen sich als Erben dieser Heiligkeit, die sich durch Christus auf ein ganzes Volk ausdehnte. Sie sind Erben und erwählte Kinder Gottes, der allein heilig ist. Der früher an eine Gemeinschaft, ein bestimmtes Volk gebundene Begriff gilt nun für alle jene Menschen, die den von Christus hergestellten Neuen Bund anerkennen. Er bedeutet die Teilnahme an einem mystischen Leben, das die innere Umkehr bewirkt, die eine Verwandlung des gesamten Menschen, also auch seines Verhaltens, der Sitten, der Hingabe an Gott und damit an den von Gott geliebten Nächsten, zur Folge hat. Es ist eine uneingeschränkte Heiligung, die durch Christus von Gott kommt und durch den Heiligen Geist auf die Kirche übertragen wird, das heißt auf die Gemeinschaft der Getauften. Der Ausdruck Heiligkeit erlebte also durch die Christen einen ähnlichen Bedeutungswandel wie *eros*, die Liebe, die ersetzt wird durch *agape*, die übersetzt ebenfalls Liebe bedeutet, aber eine tätige, selbstlose Liebe, die den anderen nicht besitzen will, sondern ihn achtet. Die Biographie eines Heiligen wird zur »Geschichte der Zusammenarbeit Gottes und des Menschen im Lauf seines Menschenlebens«. Das erklärt auch die vielen Arten von Heiligkeit, denn auch für sie gilt, was die moderne Biologie nachgewiesen hat, daß nämlich jedes Wesen einmalig ist und unwiederholbar in seiner Identität, und daß darum seine Zusammenarbeit mit Gott ebenfalls eine einmalige und nicht wiederholbare »Färbung« hat.

Andererseits veränderte sich für den Geschichtswissenschaftler diese »Färbung« im Lauf der Jahrhunderte, so wie sich auch die Gesellschaft selbst veränderte. Die Heiligkeit kam den Bedürfnissen ihrer Zeit nach, während die extreme Vielfalt der Heiligen aus früheren Zeiten zu einer Art Gemeingut für die Gläubigen wurde. Die Heiligen wurden zu Freunden, an denen man gewisse Ähnlichkeiten mit sich selbst feststellen und durch die man innere Kraft schöpfen konnte, die nicht nur das Geheimnis einer Treue war, sondern ein Grund, unter vielen anderen Gaben auch sich selbst darzubringen.

Auf diese Weise wurde der Heiligenkatalog im Laufe der Zeiten immer umfangreicher.

Bleibt noch, das »Wie« der Erhöhung der Heiligen zu erläutern. Wie kam es, daß bestimmte Menschen als Heilige anerkannt wurden? Welche Phasen haben sie durchlaufen, um dahin zu gelangen?

Bei den Märtyrern ist dies einleuchtend. Ein Mensch, der sich um den Preis seines Lebens zu seinem Glauben bekannt hat, erregt Bewunderung, und das ist zu jeder Zeit so. In den Anfängen des Christentums erschien es freilich ungewöhnlich, daß eine kleine Sklavin wie Blandina, eine der Märtyrerinnen von Lyon im Jahr 177, einen solchen Mut aufgebracht hat. Aber dieses Phänomen wiederholte sich im Lauf der Jahrhunderte. Denken wir an die Märtyrer in Japan zu Beginn des 17. Jahrhunderts, die zwischen 1597 und 1633 in Nagasaki den Tod fanden, zu einer Zeit also, da in England ähnliche Verfolgungen stattfanden, oder an die chinesischen, koreanischen, vietnamesischen Märtyrer des 19. Jahrhunderts oder an die Märtyrer von Uganda. Niemand wird bestreiten, daß ein Glaube wie derjenige, der diese Menschen bewog, sich vollkommen mit dem am Kreuz gestorbenen Christus zu identifizieren, beispielhaft ist.

Doch wie wird man, abgesehen von diesen herausragenden Fällen, als Heiliger anerkannt und verehrt?

An dieser Stelle erscheint es angebracht, auf den erstaunlich demokratischen Charakter der Kirche hinzuweisen. Man kann alle Gattungen und Arten von Heiligen, gleichgültig ob sie im profanen Bereich wirkten, in Klöstern oder in der Wüste lebten, Geistliche oder Laien, Männer oder Frauen waren, durchgehen und wird immer wieder feststellen, daß bei ihrer Verehrung und bei der Anerkennung ihrer Heiligkeit, seit den Anfängen der Kirche bis heute, die sogenannte *vox populi*, die Stimme des Volkes, und die Anerkennung durch die Menge ein wesentliches Element waren. »Man kann sagen, daß in allen Bekundungen von Heiligenverehrung, von denen wir Reste bewahrt haben, sich Elemente, die auf das Volk zurückgehen, und kirchliche Einflüsse aufs engste verknüpft finden. Der jeweilige Anteil schwankt vielleicht je nach Zeit und Gegend . . . aber die lokale Heiligkeit hat noch immer ihr doppeltes Antlitz«, schrieb zu diesem Thema André Vauchez,[3] dessen Arbeiten als Standardwerke gelten und in der Erforschung der Heiligkeit, insbesondere der des Mittelalters, bis dahin unbekannte Wege gewiesen haben.

Es gibt berühmte Beispiele dafür, daß der Massenzulauf zum Grab eines Heiligen wie zwangsläufig zur Anerkennung seiner Heiligkeit führte, wie zum Beispiel nach dem Tod Thomas Beckets im Jahr 1170. Seit den Anfängen des Christentums gibt es zahlreiche Zeugnisse dafür, daß Gefährten und Freunde eines Märtyrers unverzüglich Knochen oder andere sterbliche Überreste an sich nahmen und bestatten ließen, die dann um des Glaubens des betreffenden Märtyrers willen verehrt wurden. Aber es wäre falsch zu glauben, daß solch spontane Verehrung nur in ferner Vergangenheit vorkam. In dem italienischen Städtchen Nettuno, das in den einst ungesunden Pontinischen Sümpfen südlich von Rom liegt, wurde am 5. Juli 1902 die schwerverletzte zwölfjährige Maria Goretti in das Krankenhaus eingeliefert. Sie war von einem vierzehnjährigen Jungen, der sie begehrte und zu vergewaltigen versucht hatte, mit vierzehn Pfriemstichen niedergemacht worden. Mit den Worten »es ist eine Sünde« hatte sich das Mädchen bis zum letzten Atemzug gewehrt. Kurz nach der Einlieferung versammelte sich eine große Menschenmenge rund um das Krankenhaus, in dem Maria am nächsten Tag verschied. Sie stammte aus einer armen Bauernfamilie, deren Vater gestorben war und die von der Mutter mühsam durchgebracht wurde, indem sie sich an den benachbarten

Bauernhöfen verdingte. Ihre fünf jüngeren Kinder überließ sie der Obhut ihrer ältesten Tochter Maria. Die *vox populi* verlangte damals zu Beginn des Jahrhunderts laut danach, und Maria Goretti wurde am 25. Juni 1950 von Papst Pius XII. heiliggesprochen. Damit steht eindeutig fest, daß die Stimme des Volkes ihre Kanonisation bewirkt hat. Diese Geschichte einer Vergewaltigung mit Todesfolge wäre sonst gewiß unbekannt geblieben oder höchstens ein Fall für die Kriminalpolizei geworden. Man hat solche Menschenansammlungen oft der Sehnsucht der Menschen nach Wundern zugeschrieben, aber in diesem Fall war es nicht die Erwartung eines Wunders, die die Menge rund um das Krankenhaus von Nettuno zusammenkommen ließ. Der Grund war vielmehr, daß sie zutiefst erschüttert war über das Verbrechen an diesem Mädchen, das nichts besaß als seinen Körper, dessen Würde es bis zu seinem Tod verteidigte.

Umgekehrt gab es aber auch Heilige, die das Volk nicht als solche betrachtete und die darum nicht als Heilige anerkannt wurden. Ein sehr typisches Beispiel hierfür ist der Dominikanermönch Martin Donadieu, der 1299 in Carcassonne starb. Der Orden, dem er angehörte, hätte ihn, wie es scheint, ohne weiteres heilig erklären lassen, denn es handelte sich um einen Mönch, der in höchstem Maße gottgefällig gelebt hatte. Aber das Volk kannte ihn nicht, weder zu seinen Lebzeiten noch nach seinem Tode, und da das unentbehrliche Element der *vox populi* fehlte, kam es, daß Martin Donadieu, obwohl sein Leben aufgezeichnet worden war und man um seine Verdienste wußte, nie als Heiliger verehrt wurde.

Ein noch frappierender Fall ist der des Petrus von Castelnau, der von Papst Innozenz III. als Legat ins Languedoc gesandt und dort am 16. Februar 1208 von Männern, die der Graf von Toulouse gedungen hatte, ermordet wurde. Der Papst erließ nacheinander drei Bullen, in denen er ihn als Märtyrer bezeichnete, und seine sterblichen Überreste wurden im darauffolgenden Jahr feierlich nach Saint-Gilles übergeführt. Aber die Menge folgte dem Zug nicht, wohl zum Teil, weil die albigensische Irrlehre in der Bevölkerung dieser Gegend tief verwurzelt war. Jedenfalls wurde Petrus von Castelnau nie heiliggesprochen, obwohl man sagen kann, daß er sein Leben im Dienst seiner Predigertätigkeit gelassen hatte. Sein Namensbruder Petrus von Verona wurde ebenfalls in Ausübung seines Predigeramtes ermordet, aber 1253 kanonisiert, zum selben Zeitpunkt wie Stanislaus, der Bischof von Krakau, der 1079 ermordet worden war. Aber dieser war schon vor seiner Kanonisation Gegenstand eines wahren Volkskultes in Polen gewesen, und der Papst bestätigte nur, was die *vox populi* ausgesprochen hatte.

Das Wort Kanonisation, worunter wir die offizielle Anerkennung der Heiligkeit einer Person verstehen, kam erst Mitte des 13. Jahrhunderts auf.[4] Es gab zwar auch schon vorher die Anerkennung der Heiligkeit und auch eine Heiligenverehrung, ja sogar bereits einen offiziellen, das heißt von der Amtskirche gebilligten Heiligenkult, aber diese Anerkennung erfolgte nicht wie in der Neuzeit in einem nach festgelegten Regeln durchgeführten Prozeß, da sich diese erst langsam entwickelten.

Eines der frühesten Beispiele für einen solchen Heiligenkult unmittelbar nach der Katakombenzeit lieferte der heilige Ambrosius, der im Jahr 383 die Leichname der Heiligen Gervasius und Protasius exhumieren und in seine Kathedrale zu Mailand bringen ließ. Solche »Auffindungen« von »heiligen Leichnamen« mehrten sich, so wie sich auch die Kirchen, Diözesen und Pfarreien vervielfachten, und schon kurze Zeit später dankte der heilige Victricius von Rouen dem selben Ambrosius für Reliquien, die er ihm für seine Basilika gesandt hatte. Im 4. Jahrhundert befahl Papst Damasus I., in Rom nach den Gräbern der Märtyrer zu suchen, und ließ auf die Gedenksteine Inschriften einmeißeln, die in wenigen Worten die Leidensgeschichte jedes einzelnen schildern.[5] Für diese Inschriften verwendete man neuartige Buchstaben, die sogenannten Damasianischen Lettern, die der Kalligraph Furius Dionysius Philokalus entworfen hatte. Zur gleichen Zeit oder ein paar Jahre früher, um 370, war der lateinische Messekanon endgültig an die Stelle des griechischen getreten. Das bedeutet, daß sich in diesem Zeitabschnitt die Kirche um Modernisierung bemühte, während sie gleichzeitig versuchte, die verschiedenen Phasen ihrer Geschichte zu kennzeichnen. Das Bestreben, die Überreste derer, die Christus durch ihren Lebenswandel und ihren Tod verherrlicht hatten, mit dem Meßopfer in Verbindung zu bringen, fand also Ausdruck in der Heiligenverehrung, beziehungsweise der Suche nach Reliquien, an denen Italien reicher war als jeder andere Teil des Römischen Reiches. Und fast gleichzeitig trat auch der kritische Sinn zutage, den man jenen, die Reliquien suchten oder verehrten, oft abgesprochen hat. So ging der heilige Martin mit gutem Beispiel voran, indem er bei Tours einen Altar niederreißen ließ, der für einen angeblichen Märtyrer errichtet worden war, da der Mann in Wirklichkeit nur ein Wegelagerer gewesen war. Aber so vorsichtig und so sehr darauf bedacht, die Dinge auf ihren historischen Wahrheitsgehalt zu prüfen, ist man später nicht immer gewesen.

In der Folge machten es sich die Bischöfe zur Gewohnheit, die Überreste derer, die sie für Heilige hielten, unter einem Altar oder in einem besser plazierten, der Verehrung der Gläubigen würdigeren Grabmal beizusetzen – man bezeichnet dies als Erhebung – oder, was noch öfter vorkam, man feierte den Tag, an dem ein »heiliger Leichnam« oder eine bedeutende Reliquie in eine Kirche überführt wurden. Man nennt dies Übertragung oder Translation. In mehreren Fällen wurde diese Zeremonie, die der Verehrung des Heiligen mehr Gewicht verlieh, jedes Jahr abgehalten, manchmal mit noch mehr Feierlichkeiten als der Jahrestag des betreffenden Heiligen – der Tag seines Todes, über den man oft keine näheren Angaben hatte. Darum nehmen die Daten der Übertragung, vor allem seit dem 8. Jahrhundert, einen wichtigen Platz im liturgischen Kalender ein. Die karolingischen Konzile ließen es sich angelegen sein, diese Reliquienüberführungen und damit auch die Heiligenverehrung durch Vorschriften zu regeln, da man aufgrund feindlicher Einfälle die in den Kirchen verehrten Überreste von Heiligen häufig verlegen mußte. So etwa mußten die Mönche von Noirmoutier auf der Flucht vor den Normannen mit dem Leichnam des heiligen Philibert über Land ziehen und konnten ihren Exodus erst nach mehreren Etappen in Tournus beenden. Es ist daher verständlich, daß man unter diesen Umständen bisweilen nicht mehr wußte, was eine echte Reliquie war und was nicht.

Die Kanonisation

Irgendwann mußten also auch die Kanonisationen einer gesetzlichen Regelung unterworfen werden. Dazu gab es einige wichtige Vorstufen, wie zum Beispiel die erste bekannte Kanonisationsbulle, die Papst Johannes XV. erließ, indem er im Jahre 993 die Prälaten Frankreichs und Germaniens über die Heiligkeit des zwanzig Jahre zuvor verstorbenen Bischofs Ulrich von Augsburg in Kenntnis setzte. Es war die erste päpstliche Bulle, die ein Bischof von Rom erließ, gewissermaßen eine offizielle Heiligkeitserklärung. Das Wort »canonizare« ist darin übrigens nicht enthalten. Es kam im 11. Jahrhundert auf und wurde erstmals von Papst Benedikt VIII. im Zusammenhang mit dem heiligen Einsiedler Simeon von Polirone, der 1016 starb, verwendet. Der Ausdruck bürgerte sich erst Mitte des 12. Jahrhunderts ein. So wandte sich Papst Alexander III. 1171 oder 1172 an den König von Schweden und erinnerte ihn daran, daß es nicht gestattet sei, eine

Person öffentlich als Heiligen zu verehren, die die römische Kirche nicht als solchen anerkannt hat. Es war das Schreiben *Aeterna et Incommutabilis*, das als Grundlage der Kanonisationsprozedur gilt. Fünfzig Jahre später, 1234, wurde der berühmte Abschnitt dieses Briefes, der mit *Audivimus* beginnt, in die Dekretalensammlung aufgenommen, was bedeutet, daß er Gesetzeskraft erhielt. Der Papst warnte das schwedische Volk vor der Verehrung Eriks, der im Rausch ermordet worden war und deshalb nicht als Heiliger betrachtet werden durfte.

Alexander III. beschäftigte sich während seines Pontifikats (1159 bis 1181) sehr eingehend mit zwölf Kanonisationsfällen, von denen fünf, darunter der des Thomas Becket, zu einem positiven Ergebnis führten. Immer deutlicher trat zutage, daß es Sache des Papstes wurde, die öffentliche Verehrung eines Heiligen zu autorisieren und zu kontrollieren. André Vauchez zitiert jedoch als »Grenzfall« Island, wo eine Volksversammlung und der dortige Bischof im Jahre 1201 die Heiligenverehrung zweier Bischöfe einführten. In fast allen christlichen Gebieten wurden die Translationen »heiliger Leichname« weiterhin von den Bischöfen vorgenommen, aber es wurde immer evidenter, daß es für den öffentlichen Heiligen- und damit auch den Reliquienkult der päpstlichen Approbation bedurfte. Das Vierte Laterankonzil im Jahr 1215 sorgte mit dem Kanon 2 für eine gesetzliche Regelung, indem es verbot, Reliquien ohne die Erlaubnis des Papstes zu verehren, was auch das Recht mit einschloß, ihren Kult zu billigen, gleichgültig ob es sich um alte oder um neuentdeckte Reliquien handelte. Papst Innozenz IV. (1243–1254) definierte die Kanonisation folgendermaßen: »Kanonisieren heißt ordnungsgemäß und dem Kanon entsprechend zu beschließen, daß ein Heiliger als solcher verehrt werde, das heißt, daß ihm ein feierlicher Kult gewidmet werde wie Heiligen derselben Kategorie; handelt es sich um einen Bekenner, möge man für ihn das Offizium eines Bekenners zelebrieren; handelt es sich um einen Märtyrer, das Offizium der Märtyrer und so fort.«[6] Auf diese Weise trat die päpstliche Kanonisation nach und nach an die Stelle der bischöflichen Approbation, die jedoch bis ins 16. Jahrhundert in der lokalen Heiligenverehrung weiterhin eine wichtige Rolle spielte.

Ehe ein Heiliger vor der Kanonisation öffentlich verehrt wurde, hatte stets der Bischof eine Untersuchung durchgeführt. Diese Untersuchungen gewannen an Bedeutung, und sei es nur aufgrund der Entfernung von Rom, wo im Herzen der Christenheit über die Kanonisation entschieden wird. Mit anderen Worten, Kanonisationen wurden von nun an erst nach einem in aller Form geführten Prozeß beschlossen. Es gibt zahlreiche Beispiele für geforderte und durchgeführte Untersuchungen, zum Beispiel vor der Kanonisation des heiligen Abtes Hugo von Cluny im Jahr 1120. Papst Calixtus II., der um eine solche Überprüfung gebeten worden war, verlangte zuerst, die Leute zu befragen, die ihn gekannt hatten und Zeugen seiner Wunder geworden waren, was auch geschah. Wenn man sich übrigens diese Untersuchungen näher ansieht, stellt man fest, daß sehr kritisch vorgegangen wurde. André Vauchez weist in diesem Zusammenhang auf den frühesten uns bekannten Kanonisationsprozeß hin, der dem Einsiedler Galganus galt und in Montesiepi in der Toskana vom 4. bis 7. August 1185 stattfand, das heißt vier Jahre nach dem Tod des heiligen Mannes. Der päpstliche Abgeordnete – der Kardinalbischof von Santa Sabina, Konrad von Wittelsbach – hörte zwanzig Zeugen, darunter Galganus' Mutter und die Eremiten, die ihn gekannt hatten.

Später arbeitete Papst Innozenz III., der ein großer Kanonist war, dieses Kanonisationsverfahren weiter aus und legte die Regeln fest, nach denen man sich künftig richten sollte, um jemanden für heilig zu erklären. Im übrigen war die Wende vom 12. zum 13. Jahrhundert sehr günstig für eine kritische Prüfung der Gegebenheiten. Es war die Zeit, in der sich eine gewisse Freude an der Begriffsbestimmung bemerkbar machte, ebenso ein Hang zur Kodifikation, die sich nach und nach zum Legalismus entwickelte. Diese Tendenz verstärkte sich noch aufgrund einer Renaissance des römischen Rechts, die vor allem unter dem Einfluß der Universität Bologna erfolgte. Außerdem wurde hier die Bedeutung notarieller Tätigkeit sowie notarieller Urkunden in Italien manifest, und man formulierte genau die Bedingungen, die zur Aufnahme einer Untersuchung und der Führung eines Prozesses berechtigten – ebenso wie damals auch der Wert jener Urkunden klargestellt wurde, die von einer Stadt oder einer als öffentliches Instrument fungierenden juristischen Person ausgefertigt wurden. »Zwei Dinge sind erforderlich, damit jemand für heilig gehalten wird: ein tugendhafter Lebenswandel und echte Zeichen, das heißt fromme Werke im Leben und das Wirken von Wundern nach dem Tode.« Das schrieb der Papst in der Kanonisationsbulle des heiligen Homobonus aus Cremona, die am 12. Januar 1199 erlassen wurde.

Der Glaube und die Werke zu Lebzeiten, die Wunder vor und nach dem Tod wurden also zu Kriterien der Heiligkeit. Um die Frömmigkeit eines Menschen während seines Lebens und seine Wunder nach seinem Tod kritisch zu überprüfen, legte man eine richtige Verfahrensordnung fest, an die man sich, wie wir gesehen haben, auch hielt. Dabei wurde stets der *vox populi* Rechnung getragen, die allein eine Prüfung bewirkte, doch setzte man ihr eine Reihe von Untersuchungen und Gegenuntersuchungen entgegen, um die Beweise gewissermaßen filtern und von denen, die sie lieferten, höchste Präzision verlangen zu können.

Ebenfalls auf Innozenz III. geht zurück, daß diejenigen, die eine Untersuchung für einen Heiligsprechungsprozeß durchführen, zusätzliche Mühen auf sich nehmen müssen. Beim Prozeß des Gilbert von Sempringham war die Untersuchung vom Erzbischof von Canterbury oder besser gesagt von drei Äbten vorgenommen worden, denen er diese Aufgabe übertragen hatte und die sich von drei Prioren unterstützen ließen. Doch Rom lehnte diese Untersuchung ab. Mittels der Bulle *Licet Apostolica Sedes* (1201) ließ der Papst die gesamte Untersuchung wiederaufnehmen und beauftragte damit den Erzbischof von Canterbury, den Bischof von Ely und zwei Äbte. Die Initiative ging also wirklich vom Heiligen Stuhl aus. Außerdem, und das war wichtig für die Zukunft, befahl er, die Zeugenaussagen wortwörtlich festzuhalten und sie unverändert weiterzugeben, während bei der vorangegangenen Untersuchung nur eine kurze Zusammmenfassung vorgelegt worden war. Mit anderen Worten, die Untersuchungskommission in Rom wollte die Zeugenaussagen direkt überprüfen können. Ebenso gab der Papst ausdrücklich an, daß alle Zeugen zulässig seien, sie müßten nur volljährig sein und einen Eid abgelegt haben. Er bestand außerdem darauf, daß sich die Zeugnisse nicht nur auf Wunder beziehen sollten, sondern auch auf den Ruf der Heiligkeit. Aufgrund dieser neuen Bestimmungen erneut überprüft, wurde Gilbert von Sempringham im Januar 1202 für heilig erklärt. Von da an gewann der Kanonisationsprozeß eine feste Form, und die wichtigsten in der Folge überprüften Fälle – der heilige Hugo von Lincoln 1220, der heilige Antonius von Padua 1232, die heilige Elisabeth von Thüringen 1235 – entsprachen den Normen und Kriterien, die zu Beginn des 13. Jahrhunderts niedergelegt worden waren.

Im Lauf der Zeit wurden die Untersuchungen immer zahlreicher. Einer der davon betroffenen Heiligen war der heilige Dominikus, Gründer des Dominikanerordens. Die erste Erhebung wurde in Bologna durchgeführt, wo der Heilige die letzten fünfzehn Jahre seines Lebens verbracht hatte und gestorben war, aber die von Papst Gregor IV. eingesetzten Prüfer besuchten auch die anderen Orte, an denen er gelebt hatte, vor allem Toulouse und das Languedoc. Wegen der Heiligsprechung Birgittas von Schweden im darauffolgenden Jahrhundert begaben sich die Prüfer sogar in ihr fernes Heimatland, reisten aber auch nach Spoleto, Neapel und Rom, wo sie gelebt hatte. Um jedem Verdacht und jeder Möglichkeit lokaler Einflußnahme zuvorzukommen, entstand der Brauch, mit der Untersuchung nicht mehr den örtlichen Bischof zu betrauen. Das heißt, man traf vermehrt Vorsichtsmaßnahmen, um jede Erleichterung auszuschalten und allein bei ausdrücklich anerkannten Fällen von Heiligkeit einen öffentlichen Kult zuzulassen. Die von André Vauchez erstellten Übersichten[7] sind in diesem Punkt sehr überzeugend: vom Ende des 12. Jahrhunderts (1198) bis zum dritten Viertel des 13. Jahrhunderts (1276) ordnete Rom achtundvierzig Untersuchungen an. In achtzehn Fällen führten diese nicht zu der geforderten Heiligsprechung. Selbst Margareta von Ungarn, deren Untersuchung 1272, zwei Jahre nach ihrem Tod, durchgeführt wurde und überzeugend erschien, wurde nicht heiliggesprochen, sondern erst viel später, im Jahre 1943. Auch Hildegard von Bingen, deren Leben 1233 beleuchtet wurde, wurde im Mittelalter nicht kanonisiert, da die Untersuchung als unklar beurteilt wurde.

Diese Vorsichtsmaßnahmen trugen dazu bei, den Gläubigen ebenso wie der Kirche mehr Sicherheit zu geben, aber sie verlängerten auch die Kanonisationsverfahren beträchtlich und machten sie zu einem echten Prozeß mit Richtern und Zeugen. Trotzdem entstanden auch nach der Verfahrensfestlegung in manchen Städten noch Kulte um nicht offiziell kanonisierte Heilige, wie beispielsweise in Siena, wo die Bettelorden sehr mächtig waren. In den Jahren 1328 und 1329 nahm die Obrigkeit der Stadt an den Ehrungen für Ambrosius Sansedoni und den Franziskaner Pietro Pettinaio teil. Ihre Feste wurden in Siena gefeiert, und die Notablen bewilligten einen Zuschuß für die Errichtung ihrer Grabmäler. Dies zeigt, daß der Brauch nur langsam dem Gesetz gewichen ist. Aber der Ablauf der Kanonisation wurde letztlich von echten Gesetzen bestimmt, wobei verschiedene Schritte, die unbedingt eingehalten werden mußten, notwendig waren. 1634 wurden sie von Urban VIII. kodifiziert, als er in der Konstitution *Caelestis Jerusalem* die Bedingungen für die Kanonisation eines Heiligen eindeutig festschrieb. Damit trat die Kirchenautorität den Gläubigen gegenüber in gewisser Weise als Garant auf und »urteilt mittels fürsichtlichen Urteils«, daß eine bestimmte Person in der Freundschaft Gottes gestorben ist. Das bedeutet aber nicht, daß sie damit alle Unternehmungen des Heiligen billigt oder seine frommen Übungen, die von einem persönlichen Charisma eingegeben worden sein können, empfiehlt, sondern sie erklärt, daß der kanonisierte Heilige tatsächlich des Anblicks Gottes teilhaftig geworden ist.[8]

Anhand eines bekannten Prozesses wie dem der heiligen Johanna von Orléans kann man den Ablauf der Kanonisation gemäß dem Kodex des kanonischen Rechts (Kanones 1999–2141) verfolgen. Der Fall ist um so interessanter, als dieser Heiligsprechungsprozeß manchmal zu überraschenden Kommentaren Anlaß gegeben hat. Ein sehr bedeutender Professor des Collège de France schrieb doch tatsächlich vor einigen Jahren (1973), nur um den offiziellen Stellen des Nationalen Blocks in Frankreich zu gefallen, daß dieser Prozeß »rasch und liederlich abgewickelt« wurde. Es erscheint mir daher sinnvoll, auf die einzelnen Phasen des Verfahrens näher einzugehen:

Alles begann am 8. Mai 1869 in Orléans. Der 8. Mai ist, wie man weiß, für die Bürger dieser Stadt ein traditioneller Festtag, der seit 1430 alljährlich gefeiert wird, da in diesem Jahr die Bevölkerung aus eigenem Antrieb zum erstenmal den Zug und die Prozession wiederholte, die Johanna ein Jahr zuvor begleitet hatten, als sie innerhalb weniger Tage die siebenmonatige Belagerung triumphal beendete.

Msgr. Dupanloup, seit zwanzig Jahren Bischof von Orléans, hatte die Bischöfe, durch deren Diözesen Johanna geritten war, zu diesem Fest am 8. Mai 1869 eingeladen. Er hatte ihnen eine Eingabe vorgelegt und sie diese unterzeichnen lassen, in der Papst Pius IX. ersucht wurde, das für die Kanonisation Johannas notwendige Verfahren einzuleiten. Das war der erste offizielle Schritt, aber durch die Ereignisse – das Erste Vatikanische Konzil und den Krieg von 1870 – konnte der Fall nicht abgeschlossen werden. Erst 1874 wurde das Diözesangericht gebildet, das den Auftrag erhielt, bei der römischen Kurie die Voruntersuchung einzureichen. Diese Voruntersuchung wurde zwei Jahre später abgeschlossen und 1876 in Rom vorgelegt. Danach lief das Verfahren nach den Regeln ab, die Papst Benedikt XIV., der ein gelehrter Kanonist war, in seinem Werk *De servorum Dei beatificatione et beatorum canonizatione*, das in sechzehn Quartbänden in Neapel erschienen war, zusammengefaßt und formuliert hatte. Das heißt, die Angelegenheit wurde der Ritenkongregation übergeben. Man bildete ein richtiges Tribunal mit einem Postulator, der den Prozeßantrag stellte, die Dokumente oder die zu hörenden Zeugen bezeichnete, die Punkte festlegte, auf denen beim Verhör der Akzent liegen sollte, usw. Bei diesem neuen Prozeß der Johanna von Orléans war der Postulator ein Sulpizianer namens Captier.

Weitere maßgebliche Persönlichkeiten des Gerichts waren der berichterstattende Kardinal, der unter den Kardinälen der Ritenkongregation ausgewählt wurde und der Glaubensanwalt, der sogenannte *Advocatus diaboli*; seine Aufgabe bestand darin, die Fragen an die Zeugen zu formulieren, darüber zu wachen, daß das Recht gewahrt und der Verfahrensablauf genau eingehalten wurde, auch alle Einwände zu erheben, die er für nötig hielt, damit an dem Fall nichts verdächtig erscheine; schließlich der Notar, der die Urkunden abfaßte. Zweck dieses Prozesses war es, die Schriftstücke dessen oder derer zu suchen, den oder die man auf die Altäre heben wollte. Da Johanna nur einige wenige Briefe hinterlassen hatte, die zudem bereits bekannt und veröffentlicht waren, konnten die entsprechenden Schriftstücke ohne viel Mühe beschafft werden. Andererseits informierte man sich, inwieweit Heiligkeit, Tugenden und Wunder bekannt waren. Schließlich entschieden die Kardinäle der Ritenkongregation, dem Papst das Dekret zur Unterschrift vorzulegen. Das war im Januar 1894. Am 27. desselben Monats unterzeichnete Papst Leo XIII. das Breve.

Zu diesem Zeitpunkt war Msgr. Dupanloup bereits seit sechzehn Jahren tot. Zwei Tage später, am 29. Januar, wurde sein zweiter Nachfolger, Msgr. Touchet, Bischof von Orléans und trieb den Prozeß tatkräftig voran. Schon Anfang 1895 wurde er von Rom angewiesen, einen recht seltsamen Prozeß zu eröffnen, einen sogenannten Prozeß der Nicht-Verehrung. Während die *vox populi* im 19. Jahrhundert ebenso wie zur Zeit des frühen Christentums unentbehrlich war und blieb, um die Heiligkeit eines Menschen anzuerkennen, konnte diesem die Tatsache, daß er vor der endgültigen Entscheidung Gegenstand eines Kultes war, nur schaden. Das war bei Delphina von Sabran, über deren Leben wir bereits berichtet haben, der Fall gewesen, und es ist sehr wahrscheinlich, daß dieser Umstand bis heute ihre Kanonisation verhindert hat. Sollte man, was Johanna von Orléans betrifft, das spontane Volksfest, das die Einwohner von Orléans an jedem 8. Mai feierten, als Kultveranstaltung betrachten? Folgende amüsante Episode macht deutlich, wie pedantisch ein *Advocatus diaboli* in solchen Fragen sein konnte und welcher Art die Ehrungen waren, die man Johanna an ihrem Fest erwies. Damals wurde das Standbild der Jungfrau von Orléans auf der Place du Martroi in Orléans am Abend des Festes (die Feierlichkeiten dauern immer vom 29. April bis zum 8. Mai) mittels einer Aureole aus blauen Gasflammen beleuchtet, da Elektrizität zu jener Zeit bekanntlich noch kaum in Gebrauch war.

Der Glaubensanwalt erfuhr davon und entrüstete sich darüber, da eine Aureole Heiligkeit bedeutete. Aber das Gericht von Orléans teilte ihm mit, daß der Dekorateur, der die Heldin mit blauen Flammen eingerahmt hatte, dasselbe auch bei der Statue der Republik gegenüber dem ehemaligen Lyzeum Pothier getan hatte! Die Republik konnte nicht gut für heilig gehalten werden, und die Gasaureole wurde wieder zu einer ganz gewöhnlichen Gasbeleuchtung.[9] Schließlich waren die Anträge für den Prozeß der Nicht-Verehrung fertiggestellt und wurden 1896 nach Rom gesandt. Anfang 1897 trat der Prozeß in die nächste Phase, das Studium der sogenannten »heroischen Natur der Tugenden« Johannas, ein. Diese Untersuchung wurde von einem Diözesangericht unter dem Vorsitz Msgr. Touchets geführt, der aufgrund der rechtlichen Bestimmungen und vorangehenden Regelungen dazu autorisiert war. Hier stützte sich die eigentliche Hagiographie auf die Geschichte, denn es war eindeutig das von 1841 bis 1849 zusammengestellte Werk Jules Quicherats, eine Zusammenfassung der damals bekannten Dokumentation über Johanna von Orléans, angefangen vom Straf- und Rehabilitationsprozeß, das als Grundlage diente. Das ist einigermaßen paradox, da Jules Quicherat zwar ein hervorragender Gelehrter, zugleich aber auch ein Atheist und überzeugter Antiklerikaler war. Jedenfalls war er es, der Johanna von Orléans das wertvollste Denkmal errichtete. Das Gericht tagte zwischen dem 1. März und dem 22. November 1897 hundertzweiundzwanzigmal, wobei einige Sitzungen bis zu zehn Stunden dauerten. Als Zeugen traten alle Fachleute der Geschichte Johannas auf, von den Orléanern Herluison, Baguenault de Puchesse oder dem Kanoniker Cochard, bis zu landesweit bekannten Historikern wie Henri Wallon oder international bekannten Koryphäen wie Godefroid Kurth. Das Protokoll umfaßte mehr als dreitausend Foliantenseiten, und die vatikanische Druckerei, die das gesamte Untersuchungsmaterial des Kanonisationsprozesses gesammelt hatte, band es zusammen mit diesem zu siebzehn Bänden.

Die Ritenkongregation veranstaltete drei Sitzungen, um die Anträge dieses Gerichts zu überprüfen und notfalls zu modifizieren. Bei der für den 14. Juli 1903 anberaumten dritten sollte Leo XIII. den Vorsitz führen. Doch der lag zu diesem Zeitpunkt im Sterben, und eines seiner letzten Worte, das letzte verständliche jedenfalls, war: »Ich weiß, daß man für uns betet, Johanna, in Orléans und anderswo . . .« Am 6. Januar 1904 schließlich anerkannte der neue Papst Pius X. die heroische Natur der Tugenden Johannas.

Damit blieb nur noch die Überprüfung der Wunder übrig. Es brauchte mindestens zwei ordnungsgemäß untersuchte und anerkannte Wunder, um Johanna seligzusprechen. Man legte drei Wunderheilungen bei Nonnen in den Jahren 1891, 1893 und 1900 vor. In jedem der drei Fälle hatten die Gebete und Novenen an die »verehrungswürdige Johanna von Orléans« eine völlig überraschende und bestätigte Heilung zur Folge gehabt. Diese drei Wunder wurden der Ritenkongregation unterbreitet, von ihr anerkannt und in drei Sitzungen, die drei positive Abstimmungen erbrachten, als echt bestätigt. Am 18. April 1909, dem sogenannten Quasimodogeniti, dem ersten Sonntag nach Ostern, fand schließlich im Petersdom die Zeremonie der Seligsprechung statt, zu der vierzigtausend französische Pilger nach Rom gekommen waren. Dies ist um so bemerkenswerter, als damals in Frankreich als Folge der Trennung von Kirche und Staat und der Aufhebung der religiösen Orden eine stark antiklerikale Stimmung vorherrschte. Kein Wunder also, daß in dieser Periode der Dritten Republik die Regierung über eine solche Feier nicht gerade hocherfreut war! Das von allen nur erdenklichen Paradoxa geprägte Leben Johannas (ein einfaches Bauernmädchen wurde zu einer Kriegerin, die nie jemanden getötet hat und sich dessen auch rühmte usw.) wurde von neuem und auf glänzende Weise offenbar. Nicht bekannt ist im allgemeinen, daß zur selben Zeit in Frankreich, sogar in den offiziellsten Kreisen, eine reine Laienverehrung der Johanna von Orléans aufkam. Bereits 1884 hatte der radikale Abgeordnete Joseph Fabre einen Initiativantrag für ein Gesetz eingebracht, kraft dessen »die französische Republik jährlich das Fest der Johanna von Orléans als patriotisches Fest begehen würde«. Obwohl von zweihundertfünfzig Abgeordneten unterstützt, war seine Vorlage nicht in Betracht gezogen worden. Nachdem Joseph Fabre 1892 Senator geworden war, brachte er diesen Gesetzesentwurf im Senat zur Abstimmung, wo er jedoch nicht durchkam. Im Jahr 1912 äußerte Fabre dann, daß die Franzosen, auch wenn der Entwurf noch nicht angenommen worden war, einen »staatsbürgerlichen Burgfrieden« schließen sollten, um Johanna von Orléans feiern zu können, da sie, wie er sagte, »die französische Unabhängigkeit und Größe« verkörpere.

Aber das hat nichts mit Johannas Kanonisationsprozeß zu tun, um den der unermüdliche Msgr. Touchet Papst Pius X. am 6. Januar 1910 bat. Seiner Bitte wurde stattgegeben und der Prozeß am 23. Februar eröffnet.

Nachdem das Leben der Heiligen für die Seligsprechung bereits zweimal überprüft worden war, ging es nun beim eigentlichen Kanonisationsprozeß vor allem um die Wunder. Mindestens zwei mußten nachgewiesen sein, die in Rom von drei verschiedenen Gerichten in drei Sitzungen erörtert wurden, wobei jedesmal genügend Zeit für eine weitere Untersuchung bleiben mußte. Drei andere Wunder wurden also den Orléaner Theologen unterbreitet, denen man medizinisch gebildete Fachleute zur Seite stellte. Das erste wurde wegen ungenügender Beweise abgelehnt (es handelte sich um eine Person, die beim Brand eines Weilers, dem alle umliegenden Häuser zum Opfer gefallen waren, Johanna von Orléans angerufen hatte und gerettet worden war). Die zwei anderen

– Wunderheilungen, von denen eine 1909 in Lourdes erfolgte, als die Menge die »selige Johanna von Orléans« anrief – wurden bei den Versammlungen der Ritenkongregation, die am 26. Mai 1914 stattfanden, schließlich angenommen. Der Papst, der zunächst die Untersuchung ausgesetzt hatte, ließ die Prüfung vierzehn Tage vor Ausbruch des Ersten Weltkrieges wieder aufnehmen. Er starb jedoch wenige Wochen danach am 20. August, zutiefst bestürzt über diesen Krieg, von dem er sagte, daß er mörderisch sein würde.

Sein Nachfolger Papst Benedikt XV. erkannte am 18. März 1919 die Echtheit der Wunder endgültig an. Und im darauffolgenden Jahr, am 16. Mai 1920, wurde Johanna in Gegenwart von vierzig Kardinälen, dreihundert Bischöfen und einer großen Schar französischer Pilger als heilig anerkannt. Obwohl die diplomatischen Beziehungen zwischen dem Heiligen Stuhl und Frankreich noch nicht wieder aufgenommen worden waren, war Frankreich trotzdem vertreten, und zwar durch das Akademie-Mitglied Gabriel Hanotaux, dessen *Geschichte der Johanna von Orléans* ein Standardwerk war. Für diesen Anlaß war ihm der Titel eines Gesandten verliehen worden. Im übrigen bot die Zeremonie Gelegenheit, die seit 1905 unterbrochenen Beziehungen wieder anzuknüpfen.

So endete der angeblich »rasch und liederlich abgewickelte« Kanonisationsprozeß erst nach 51 Jahren. Die beharrliche Forderung Joseph Fabres, das Fest der Johanna von Orléans zu einem nationalen Fest zu erheben, wurde kurz nach ihrer Heiligsprechung am 24. Juni 1920 Wirklichkeit.

Worum es uns aber hier geht, ist, anhand des Prozesses der Jungfrau von Orléans die verschiedenen Phasen darzulegen, die bei der Prüfung des Lebens eines Heiligen zu seinen Lebzeiten, aber auch nach seinem Tode durchlaufen werden mußten, damit ihm die Ehren eines öffentlichen und offiziellen Kultes zuteil wurden.

Im übrigen wurden diese Phasen vor wenigen Jahren vereinfacht und die im kanonischen Recht 1917 festgelegten Bestimmungen erheblich modifiziert.

Was die Veränderungen angeht, die in jüngerer Zeit stattfanden, sei zusammenfassend gesagt, daß Papst Pius XI. am 6. Februar 1930 innerhalb der Ritenkongregation eine historische Abteilung geschaffen hatte. Sie stellte einen besonderen Fortschritt dar, denn ihre Einrichtung bewies, daß man der Geschichte weit mehr Aufmerksamkeit schenkte als früher, wohl bedingt durch die seit einem Jahrhundert erfolgende beträchtliche Ausweitung der Geschichtswissenschaften. Am 4. Januar 1939 erließ Papst Pius XI. erneut Normen, aufgrund derer der erste Prozeß, der sogenannte apostolische Prozeß entbehrlich und für historische Fälle, die die Kanonisation eines vor langer Zeit verstorbenen Heiligen zum Gegenstand hatten, ein einziger Prozeß maßgeblich wurde.

Eine weitere Vereinfachung erfolgte durch Paul VI., der durch den Brief vom 19. März 1969 *Sanctitas clarior* beschloß, daß selbst bei Fällen jüngeren Datums nur eine einzige Untersuchung vorgenommen werden sollte. Die Zustimmung des Heiligen Stuhles vorausgesetzt, sollte der Bischof die Beweise für die Heiligkeit einer Person zusammentragen. Kurze Zeit später, am 8. Mai 1969, ersetzte Paul VI. die Ritenkongregation durch eine Kongregation für die Liturgie und eine für Selig- und Heiligsprechungen.

Nach dem Vorbild dieser Verfahrensvereinfachung veröffentlichte dann jüngst Johannes Paul II. die Konstitution *Divinus perfectionis magister*, durch die am 25. Januar 1983 eine neue Verordnung in Kraft trat. Von nun an sollte der Diözesanbischof die Ermittlungen über »das Leben, die Tugenden oder das Martyrium, die mutmaßlichen Wunder oder gegebenenfalls das Alter des Kults des Gottesdieners, dessen Kanonisation begehrt wird«, führen. Nach einer gründlichen Untersuchung, die eine Überprüfung der Schriftstücke der Heiligen, gegebenenfalls die Anhörung der Zeugen und die Überprüfung der Wunder beinhaltet, leitet er die Unterlagen an die Kongregation für die Selig- und Heiligsprechung weiter. An deren Spitze steht ein Kardinal, dem ein Sekretär zugeordnet ist, dazu ein Kollegium von Berichterstattern, denen es obliegt, mit Hilfe der entsprechenden Experten die Akten über die Tugenden oder das Martyrium dessen, der Gegenstand des Verfahrens werden soll, zu prüfen. Der Glaubensanwalt ist nicht abgeschafft, er leistet der Kongregation Rechtsbeistand, ohne jedoch direkt mitzureden. Die Kongregation selbst verfügt über Konsultoren und medizinische Berater. Im großen und ganzen mißt das neue Verfahren den Wundern weniger Bedeutung bei (es wird zum Beispiel nicht mehr spezifiziert, daß für eine Seligsprechung mindestens zwei Wunder und für eine Heiligsprechung zwei weitere nötig sind), obgleich diese Wunder sowohl von den konsultierten Theologen wie auch bei der Versammlung der Kardinals- und Bischofskongregation erörtert werden müssen. Die Kardinäle und Bischöfe überreichen ihre Stellungnahme dem Papst, »dem allein das Recht der Entscheidung über den öffentlichen kirchlichen Kult zusteht, der einem Diener Gottes erwiesen werden kann«.

Die ausführliche Untersuchung, mit der der Bischof betraut wird, entspricht ungefähr den früheren Verfahren. Allerdings ist nun die Rechtsprozedur als solche einfacher, und das Augenmerk sowohl des Bischofs wie der Zeugen oder Theologen, die er konsultiert, gilt mehr der Heiligkeit des Lebens oder gegebenenfalls des Martyriums als einer nicht mehr festgelegten Anzahl von Wundern.

Natürlich wirken die Vorsichtsmaßregeln bei der Prüfung der Wunder, die Johanna von Orléans nach ihrem Tod zugeschrieben wurden, fast lächerlich, wenn man an ihr Leben denkt und an die eindeutig echten Dokumente, die wir über sie besitzen. Das Wunder an sich wurde dabei weder überbewertet noch sozusagen bestätigt durch die formelle Art, in der man urteilte, ob die ihr zugeschriebenen Heilungen tatsächlich erfolgten und ob sie wirklich auf Johanna zurückzuführen waren. Dies war eine offensichtliche Diskrepanz zu der Person Johanna, ihren Antworten während des Prozesses, ihrem unerschütterlichen Glauben und ihrer Haltung gegenüber dem Tod bis zu dem Schrei, der am 30. Mai 1431 über den Alten Marktplatz von Rouen gellte: »Jesus!«

Es zeichnet sich also eine beruhigende Entwicklung von Heiligenverehrung und Kanonisation ab.

Einerseits befreite man sich, da unsere Mentalität der des Mittelalters näher ist, vom Legalismus des 16. bis 18. Jahrhunderts, die stark von der Renaissance des römischen Rechts geprägt war. Wir betrachten wieder, um mit Nikolai Berdjajew zu sprechen, die Beziehungen zwischen dem Menschen und Gott nicht »als juristische Beziehungen, sondern als dramatische Beziehungen«.

Der Begriff Wunder erfährt übrigens dadurch eine Ausweitung. Wie das zitierte Beispiel zeigt, geht Johannas Heiligkeit über die zwei in ihrem Kanonisationsprozeß behandelten Heilungen hinaus. Dies tut dem Wunderbaren dieser Heilungen keinen Abbruch, veranlaßt uns aber, den Akzent auf die Person der Johanna selbst zu legen, von der man sehr richtig sagen konnte, daß sie nicht Wunder bewirkt hat, sondern selbst ein Wunder war.

Und wie viele Heilige unserer Zeit sind aufgrund der *vox populi* so volkstümlich geworden, daß man sich fragt, welches Wunder noch geschehen muß, damit sie kanonisiert werden. Gedacht sei an Johannes XXIII. oder an Charles de Foucauld, die, auch ohne daß sie Wunder wirkten, allein durch ihre besondere Ausstrahlung spontan als Heilige empfunden werden.

Endlich wird in den Kanonisationsprozessen die Geschichte, der Augenzeugenbericht, sein Gewicht, seine Qualität stärker berücksichtigt. Man anerkennt also in höherem Maße die Bedeutung der Kirchengeschichte als die eines lebendigen Organismus. Für ihn gilt wie für jedes lebendige Wesen: Man kann ihn nicht kennenlernen, indem man ihn seziert und etikettiert, sondern indem man seine Geschichte studiert. Und diese Geschichte ist nicht nur, wie man bisher geglaubt hat, die Geschichte einer Hierarchie, die Geschichte der Irrlehren und der Konzile – es ist auch die Geschichte der Heiligen. Und wenn Hierarchie und Ämter eingerichtet worden sind – geschah das nicht vor allem, um Heilige zu schaffen?

Nachwort

Ungewöhnliche Menschen, die Heiligen!

Ungewöhnlich in ihrer Zeit, ungewöhnlich auch in der unseren. In mehr als einem Fall fragt man sich nach dem Warum ihrer Popularität.

Wie etwa bei der heiligen Fides von Agen, einem Mädchen, das als Zwölfjährige, wahrscheinlich zur Zeit der Verfolgungen unter Diokletian, wie viele andere auch das Martyrium erlitt. Ihr Fest wird am 6. Oktober gefeiert. Aber wie erklärt sich die weite Verbreitung? Zu Conques im Rouergue wurde ihr eine ganze Abtei geweiht. Und da diese im Zug der Zerstörungen während der Französischen Revolution und der Religionskriege fast völlig in Vergessenheit geriet, hat sie mit einem unvergleichlichen Kleinod, das jüngst durch das Denkmalamt wieder ins rechte Licht gesetzt wurde, die Zeiten einigermaßen unbeschadet überdauert. Die Santiago-Pilger machten dort halt, es gab einen Altar der heiligen Fides in der galicischen Basilika, und es gab eine ihr geweihte Kollegiatskirche in Roncesvalles. Das ist nichts Außergewöhnliches, aber sie wird darüber hinaus auch in Conches in der Normandie verehrt, es gibt eine St.-Fides-Kirche in Sélestat und neben den Orten Sainte-Foy-la-Grande und Sainte-Foy-de-Peyrollières in Frankreichs Südwesten auch ein Sainte-Foy bei Lyon und einen gleichnamigen Ort im Tarentaise. Die heilige Fides ist die Schutzpatronin Londons und Lüttichs. Es gibt ein Santa Fé de

Lérida, ein Santa Fade de Cavagnolo bei Turin und jenseits des Atlantik ein Santa Fé de Bogotá.

Daß ein heiliger Christophorus weltweit verehrt wird, versteht sich, nachdem die Autofahrer den gutmütigen Riesen, der die Reisenden über den Fluß trug, zu ihrem Schutzherrn erkoren haben. Aber der heilige Nikolaus? Von ihm weiß man nichts oder fast nichts. Er soll in Patara in Lykien geboren und zum Bischof von Myra gewählt worden sein. Der Christenverfolgung um das Jahr 312 entging er offenbar, denn er zählte zu den Teilnehmern des Konzils von Nikaia. Erst um das 11. Jahrhundert wurde er bekannt, aber die Legende, die sich um ihn rankt, machte ihn zum Heiligen und Schutzpatron der Seeleute und Schiffer, der heiratsfähigen Mädchen und vor allem der Kinder, da er die drei kleinen Jungen, die der böse Herbergswirt getötet und eingepökelt hatte, wieder zum Leben erweckt haben soll. Jedenfalls gibt es in der Ost- und Westkirche wahrscheinlich keinen populäreren Heiligen. Am 26. Februar 1984 besuchte Johannes Paul II. sogar die schöne Kathedrale von Bari, die zwischen 1087 und 1098 zu seinen Ehren erbaut worden war, und wandte sich an die Vertreter des kulturellen Lebens, um den heiligen Nikolaus als Symbolfigur der Einheit von Orient und Okzident zu feiern. In Griechenland haben sich mehr als 350 Pfarrgemeinden unter seinen Schutz gestellt, und im übrigen Europa erfreute er sich solcher Beliebtheit, daß er schließlich zum Weihnachtsmann wurde, der allmählich das Christkind zu verdrängen droht.

Und der heilige Antonius von Padua! Welche andere historische Persönlichkeit kann sich rühmen, in jeder Kirche einer jeden Stadt und eines jeden Dorfes unsere Aufmerksamkeit auf sich zu ziehen, so daß es einem fast schon zuviel wird? Weil er im Ruf steht, uns einen verlorenen Gegenstand wiederfinden zu lassen? Beschäftigt man sich jedoch näher mit ihm, stellt sich heraus, daß ihm diese Eigenschaft erst seit dem 17. Jahrhundert zugeschrieben wird, seit der Zeit Galileis also, in der die Hagiographie zum Volksgut und die Frömmigkeit zur Frömmelei wurde. Der heilige Antonius wurde 1195 geboren, hieß eigentlich Fernandez, und stammte nicht aus Padua, sondern aus Lissabon. Nachdem er zunächst bei den Chorherrn des heiligen Augustinus eingetreten war, schloß er sich später Franziskus, dem Armen von Assisi, an. Antonius hatte nur ein Ziel, er wollte Marokko christianisieren, doch jedesmal, wenn er sich einschiffte, warf der Sturm ihn wieder an europäische Gestade zurück. Kurz, er schaffte es nicht. In den Klöstern, in denen er sich bewarb, suchte man ihn loszuwerden. Schließlich schickte ihn der heilige Franziskus nach Vercelli, wo er Theologie studierte. Danach widmete er sich dem Predigen und der Lehrtätigkeit und starb am 13. Juni 1231 in Padua. Bald nach seinem Tode galt er als Heiliger, und man braucht nur zu sehen, wie in der Basilika von Padua das sonntäglich gekleidete junge Pärchen vom Lande, offensichtlich frisch vermählt, zum Altar emporblickt, um zu begreifen, daß der heilige Antonius für viele unserer Mitmenschen sehr lebendig ist.

Aber auch in der Welt des 20. Jahrhunderts stoßen wir unentwegt auf Heilige. San Francisco beispielsweise. Ja, der arme kleine Mönch aus Assisi hat der schönsten, komischsten, farbigsten, glanzvollsten Stadt, wo man aber auch die schlimmsten Abartigkeiten und selbstmörderischsten Sekten findet, einer Stadt, die ständig von Naturkatastrophen bedroht ist, der heitersten Stadt an der kalifornischen Küste, ja der Welt, seinen Namen gegeben!

Ganz zu schweigen von den Ländern, wo man alles getan hat, um die Heiligenverehrung auszumerzen. Und trotzdem existieren die Heiligen dort nach wie vor. Reist man durch die Sowjetunion, trifft man allenthalben auf die Heiligen Boris und Gleb, und auch wenn der neben dem Dreifaltigkeits-Sergij-Kloster gelegene Ort umbenannt wurde, strömen doch die Menschen weiterhin in Scharen zum Kloster, erklingen ununterbrochen, vom Morgengrauen bis in die Nacht hinein, Litaneien im Innern der Kirche, und man gewinnt den Eindruck, hier im Halbdunkel das riesige Volk der Freunde Gottes wiederzufinden, jenes Volk, das man nie dazu bringen können wird, im Gleichschritt zu marschieren.

Denn was, bei genauer Überlegung, die heiligen Männer und Frauen kennzeichnet, ist eine stark ausgeprägte Persönlichkeit, so daß man nicht fertig wird, ihre verschiedenen Charakteristika aufzuzählen. Keiner gleicht dem anderen; man glaubt, sie klassifizieren zu können, aber die Etiketten variieren unablässig: tatkräftig, beschaulich, wandernd oder seßhaft, sich der Kranken und Bedürftigen annehmend, Denker, Lehrer oder Prediger. Und nach welchen Kriterien habe ich meine Auswahl getroffen? Selbst wenn man sich, wie ich es getan habe, auf eine bestimmte Zeit, einen einzigen Kontinent beschränkt, findet man sich ständig überboten, gefordert, widersprochen; und die Auswahl wird so willkürlich anmuten wie keine je zuvor.

Warum die einen und nicht die anderen? Ich habe mich natürlich für jene entschieden, die mir am typischsten erscheinen für die Feudalgesellschaft, der seit langem meine Neugier gilt. Unter ihnen habe ich mir die herausragendsten Gestalten vorgenommen, vor allem jene, die für diese Gesellschaft eine besondere Rolle spielten. Und gleichwohl gäbe es von solchen Menschen Dutzende, Hunderte weitere, die ich nicht genannt habe.

Kann man sagen, daß ihnen ein Zug gemeinsam war? Ja, und zwar die Tatsache, daß jeder seinem Ruf konsequent folgte, denn die Heiligkeit kann tatsächlich als Ruf angesehen werden. Man wird uns entgegenhalten, daß dieser Ruf bei der Taufe an jeden Menschen ergeht, daß er aber bei all den verschiedenen Geräuschen, die sich im Lauf des Lebens über einen ergießen, nur schwach zu vernehmen ist. Der Heilige ist ein Mensch, der diesen Ruf bis zum Schluß deutlich hört, bei dem dieser Ruf alle anderen Geräusche übertönt, so daß dieser Getaufte, gleichgültig was er ursprünglich gewesen ist, alles erwirbt, was eine Persönlichkeit – eine eigenständige Persönlichkeit – ausmacht, erstarkt durch etwas, das er in sich trägt und das zum Ferment wird, neue Energien in ihm wachsen läßt und freisetzt, zu seinen Lebzeiten und noch öfter nach seinem Tod. Wer sich ihm nähert, nimmt etwas davon mit. Das gilt für die Heiligen aller Epochen. An dieser Stelle seien nur zwei von jenen genannt, die jüngst kanonisiert wurden: der große Pole Maximilian Kolbe und Maria Baouardy, die kleine Araberin.

Doch den Heiligen des Mittelalters ist etwas Besonderes eigen: sie wurden vom Volk zu Heiligen erklärt. Die meisten von ihnen durchliefen nicht die vorgeschriebenen Etappen der Kanonisation, sie sind, wenn man so sagen darf, nicht wissenschaftlich geprüft, und die Legenden, die um sie entstanden, verherrlichen sie manchmal über alle Maßen. Es sind Leute aus dem Volk, Menschen »wie du und ich«, und ihr Ruhm geht von Mund zu Mund, denn man möchte ihre Feste feiern und die Lebensfreude vermehren. Das ist übrigens ein weiteres gemeinsames Merkmal der Heiligen: sie sind fröhlich. Man fragt sich manchmal, warum heute so viele junge Leute und Erwachsene trotz aller erlangten »Freiheiten« nicht froher wirken: hat man etwa nur ihre natürliche Aggressivität freigesetzt? Und wie kommt es, daß sie trotz aller Selbstsicherheit so voller Ängste sind? Laut Statistik gehen acht Millionen Franzosen zu Wahrsagerinnen, unzählige schließen sich irgendwelchen Sekten an oder suchen Rat bei einem Guru oder Marabut, während, wie es scheint, die okkulten Wissenschaften blühen. Natürlich ist Angst etwas ganz Normales, und auch viele Heilige kannten sie. Müßte man daher annehmen, daß für sie, wie wir bereits ausgeführt haben, das Mysterium Licht ins Dunkel ihrer Angst brachte?

Was jedenfalls bei denen auffällt, die in der Feudalzeit lebten, sind die vielen wunderbaren Dinge, die während ihres irdischen Daseins entstanden. Auf dem Weg des heiligen Bernhard finden wir Meisterwerke der Baukunst: Fontenay, Silvacane, Le Thoronet. Mit dem heiligen Franz von Assisi muß in einem Atemzug Giotto genannt werden, bei der Jungfrau von Orléans sind es die Worte, die sie während ihres Prozesses sprach. Immer wenn man einen Heiligen heraufbeschwört, fällt einem der Name eines Meisterwerks ein. Doch worauf war ihr Streben gerichtet? Gottes Liebe zu erwidern, den Nächsten zu lieben wie sich selbst, was voraussetzt, daß sie in aller Bescheidenheit auch sich selbst liebten, so wie Gott sie geschaffen hatte. Und außer sich selbst haben sie geliebt, wie Christus uns geliebt hat. Alles in allem haben sie, gleich welcher Rasse und Sprache sie waren, indem sie sich Ihm hingaben, auf unserer Welt Spuren von großer Schönheit hinterlassen.

Klaus Herbers:
Die deutschen Heiligen im Mittelalter

Die Heiligen sind überall, sie begegnen uns auf Schritt und Tritt. Ob wir am Rhein entlang über St. Goar fahren oder ob unser Weg über St. Gallen, St. Blasien oder St. Ingbert führt, ob unser nächster Skiurlaub in St. Anton oder St. Johann schon gebucht ist, oder ob unser nächster Hamburg-Besuch uns gar nach St. Pauli führt. Städte, Stadtviertel, Bauten, Wirtshäuser und Straßen tragen die Namen zahlreicher Heiliger, auch in Deutschland. Aber was wissen wir heute noch von ihnen?

Wie viele andere europäische Länder wurde auch Deutschland nicht zuletzt durch seine Heiligen zu einem Teil des christlichen Okzidents, denn ohne heilige Männer und Frauen hätten Identifikationsfiguren gefehlt, um das Christentum auch in Mitteleuropa fest zu verankern.

Ebensowenig wie bei Régine Pernoud kann hier eine Definition des Heiligen gegeben werden; verschiedene Zeitepochen bedürften ohnehin unterschiedlicher Definitionen. Es soll hier als Voraussetzung genügen, daß die jeweiligen Personen von der Nachwelt als heilig verehrt wurden, egal, ob sie seit dem Hochmittelalter heiliggesprochen wurden oder nicht. Es waren nicht wenige, denkt man nur an die vielen Meter von Folianten, die die Bollandisten über die Heiligen seit mehr als drei Jahrhunderten zusammengestellt haben. Berücksichtigt man dazu noch die nicht gedruckten Materialien, so ist klar, daß die nachfolgenden Zeilen nur eine grobe Skizze sein können, die einige Entwicklungslinien der deutschen Geschichte im Spiegel der Heiligen nachzuzeichnen versucht.

Römisch-germanische Anfänge

Die frühesten Zeiten des Christentums im Römischen Reich und die Märtyrer dieser Zeit haben auch das Mittelalter nachdrücklich geprägt; auf diese »Anfänge der Geschichte« soll hier nicht erneut eingegangen werden. Wie kam jedoch das bereits römisch geprägte Christentum nach Germanien, wie nahmen es die Germanen auf?

Die Legende der heiligen Afra aus Augsburg mag als erster Ausgangspunkt dienen. Dabei spielt es hier wie auch im weiteren Text keine Rolle, wieviel die Gelehrten von dieser Legende als »wahr« erachten. Wichtig ist hingegen, welche Vorstellungen im Mittelalter vom Leben dieser Heiligen weitergegeben wurden, denn auch Vorstellungen und Einstellungen sind »reale« Faktoren, die vielleicht besonders viel über die jeweilige Zeit aussagen können. Venantius Fortunatus aus Poitiers schrieb um das Jahr 570, daß die Leute aus der Augsburger Gegend die Reliquien der heiligen Afra verehrten. Er sah darin ein Zeichen des Christentums inmitten einer heidnischen Welt. Im 8. Jahrhundert schrieb man die Lebensgeschichten der Heiligen auf, wobei Gehörtes und Gelesenes zu einem eindrucksvollen Bild verwoben wurden. Aus der Märtyrerin, die unter Kaiser Diokletian (284–305) um 304 den Martertod erlitten haben soll, machte der Schreiber ihrer Vita eine Straßendirne, die durch Bischof Narcissus von Augsburg bekehrt worden sei und vor dem römischen Richter Zeugnis für die von ihr erst spät erkannte Wahrheit abgelegt habe. Die Legende hebt die Standhaftigkeit Afras besonders hervor und berichtet über ihren Feuertod. Auf einer Insel im Lech soll sie – an einen Baumstumpf gefesselt – lebendig verbrannt worden sein. Ihr Kult blieb im ganzen Mittelalter vor allem in Augsburg lebendig; noch heute ist sie neben dem heiligen Ulrich, einem späteren Bischof (923–973), Mitpatronin der Augsburger Diözese.

Besitzen wir mit diesem Bericht eine der frühesten Nachrichten über eine deutsche Heilige, die im Spannungsfeld von römisch-christlicher und römisch-heidnischer Tradition steht, so bot der Afra-Kult auch bei der eigentlich erst wesentlich später einsetzenden Christianisierung Mitteleuropas einen Anknüpfungspunkt. Die iro-schottischen Mönche, die im 7. Jahrhundert missionierten, versuchten allerdings vergeblich, mehr von der heiligen Afra als nur den Namen, den Bericht von ihrem Tod und den Ort ihrer Grabesstätte zu erfahren.

Solche Anknüpfungspunkte waren nicht gerade häufig und die iro-schottischen Glaubensboten konnten in der Regel nicht auf vorhandenen christlichen Traditionen aufbauen. Allerdings hat die noch junge Disziplin der Mittelalterarchäologie in letzter Zeit zahlreiche frühe, bisher noch unbekannte oder ungesicherte Heiligenkulte nachweisen können, so z. B. im Bereich des heutigen Bayern und des heutigen Österreich. Die meisten dieser Kulte wurden jedoch bis zum 6. Jahrhundert aufgegeben und nur wenn sie bis zum 7. Jahrhundert gepflegt wurden, wie im Falle Afras, überlebten sie bis ins hohe Mittelalter.

In das römische Rheinland führt die Legende vom Martyrium der heiligen Ursula und ihrer 11 000 Gefährtinnen. Wie die Legende erzählt, sei Ursula die Tochter eines bretonischen Königs gewesen und von dem heidnischen Königssohn Aetherius zur Gemahlin begehrt worden. Da sie jedoch vor Gott Jungfräulichkeit gelobt hatte, verabredete sie – wie ihr auch in einer Vision vermittelt wurde – eine Wartezeit von drei Jahren. Nach Ablauf dieser Zeit segelte die Flotte Ursulas mit 11 000 Gefährtinnen aufs Meer und nach einem Sturm rheinaufwärts. Alle Frauen erlitten schließlich durch die Hände der Heiden, die Köln belagerten, den Martertod. Die Geschichte läßt sich nach den Forschungen von Walter Levison und Frank Günter Zehnder auf eine lateinische Steininschrift aus dem 4. oder 5. Jahrhundert zurückführen, die das Martyrium bezeugt:

»Durch gottgesandte feurige Erscheinungen wiederholt gemahnt und durch ein Gesicht von der Kraft des hochhehren Martyriums der himmlischen Jungfrauen aus dem Orient herbeigeführt – sie erschien ihm drohend –, hat Klemantius, ein Mann von senatorischem Rang, gemäß seinem Gelübde diese Basilika aus eigenen Mitteln auf einem ihm gehörigen Grundstück von Grund auf wiederherstellen lassen. Sollte jemand auf dem hochheiligen Boden dieser Basilika, wo die ehrwürdigen Jungfrauen für den Namen Christi ihr Blut vergossen haben, den Leichnam irgend jemandes außer den Jungfrauen selbst beisetzen, so soll er wissen, daß er die Strafe der ewigen Höllenglut verdient.«

Hier steht noch nichts von der Zahl der Jungfrauen und dem Namen ihrer Führerin. Dem unbefangenen Leser erscheint die später angegebene Zahl von 11 000 Gefährtinnen ziemlich unglaubwürdig. Sie geht wohl auf einen Lesefehler von *XI* in *XI M(ille)* zurück. Interessant sind die späteren Ausgestaltungen der Legende, die ja oft Bezüge der jeweiligen Abfassungszeit enthalten. Die verschiedenen Formen dieser Legende können hier nicht einzeln aufgeführt werden; bemerkenswert ist jedoch, daß um 1106 zahlreiche Gräber mit Namen und Tituli gefunden wurden, von denen einige Namen der berühmten Seherin Elisabeth von Schönau (gestorben 1164) zur »Überprüfung« übersandt wurden. Ihre »Offenbarungen« waren die Grundlage für zahlreiche weitere Legendenfassungen, und der Mystiker und Heilige Hermann Josef (gestorben 1241 oder 1252) hat in einem Werk (*Revelationes*) 9816 bekannte oder anonyme Jungfrauen aufgezählt.

Die aus der Mitte des 13. Jahrhunderts stammende, weit verbreitete *Legenda aurea* des Jacobus von Voragine (gestorben 1298) erzählt zusätzlich von einem Besuch der heiligen Ursula und ihrer Gefährtinnen in Rom und läßt die Heilige durch die Hunnen sterben, die zu jener Zeit angeblich Köln belagerten.

Ursula wird vornehmlich als Leidende für den christlichen Glauben beschrieben und galt als ein Opfer ihrer inneren Überzeugung. Nicht von ungefähr hat sich dann auch der erwähnte Mystiker Hermann Josef ihrer Legende angenommen. Der Tod ist für den christlichen Glauben zwar auch in den etwas später aufgezeichneten Viten der Missionsheiligen leitendes Motiv, aber ihr Vorbild liegt nicht nur im Leiden, sondern zunächst einmal im Kampf, im aktiven Bekennen der christlichen Botschaft.

Missionierung und Christianisierung Germaniens

Liegen die vermuteten Lebenszeiten Afras und Ursulas noch ganz in römischer Zeit, so setzt die Geschichte der deutschen Heiligen eigentlich erst im 7. Jahrhundert ein. Die Taufe des Merowingerkönigs Chlodwig (482–511) und der Übertritt der Merowinger zum christlichen Glauben führten bei weitem noch nicht zu einer Christianisierung der Franken in ihrer Gesamtheit, insbesondere was die östlichen Teile des Merowingerreiches betraf. Das Christentum konnte nur teilweise und nur langsam die sittlichen und religiösen Bindungen germanischer Art ersetzen. Trotzdem machte das Missionswerk rasche Fortschritte, so daß sich noch in der Merowingerzeit eine fränkische Landeskirche bildete. Das Schwergewicht lag dabei zunächst in der »Gallia«, wo auf ein spätantikes Fundament aufgebaut werden konnte. Aber auch in einzelnen

Gebieten der »Germania« ließ sich auf diese Grundlagen zurückgreifen, so etwa an Rhein und Mosel oder in Alemannien und Bayern. Die schon weit entwickelte Kirche Aquitaniens half vor allem bei der Christianisierung des Maas- und Scheldegebietes.

Für Deutschland war jedoch insgesamt die Missionierung durch irische Glaubensboten entscheidend. Aus dem 6. und 7. Jahrhundert sind mehr als 150 irische Heilige bekannt, von denen hier nur einige wenige hervorgehoben werden können. Gewiß wurden die Iren, wie die neuere Forschung nachdrücklich hervorgehoben hat, auch von einheimischen Kräften unterstützt. Zuweilen wurde auch mancher festländische Missionar im nachhinein zum Iren gestempelt. Aber trotzdem dürfen die Iren zumindest in der Zeit nach 600 als prägende Kraft bei der Missionierung Germaniens gelten.

Mit den Anfängen der irischen Missionsbemühungen ist der heilige Kolumban verknüpft, den Régine Pernoud in ihrem Text ausführlich vorstellt. Seine Bedeutung für die Entwicklung der mitteleuropäischen Kultur ist kaum zu überschätzen. Viele haben sein Charakterbild in seinem Namen gesucht und Kolumban als einen Mann sanfter Gemütsart angesehen. Er selbst empfand den Namensgleichklang mit dem lateinischen Wort *columba* (Taube) eher als Hohn und hat sich oft dagegen zur Wehr gesetzt. Ja, er nannte sich sogar einen »Kahlkopf und ungebildeten Bauern«, um die ungestüme Art seines Wesens nicht verstecken zu müssen. In der Tat paßt auf ihn eher das Bild eines Adlers, der mit seinen Augen alles scharf beobachtet, was sich zu seinen Füßen abspielt. Der in dem irischen Kloster Bangor erzogene Kolumban wurde mit 30 Jahren zum Priester geweiht und kam dann im Jahr 591 mit zwölf Begleitern nach Gallien; dort wies ihm König Childebert II. (575–596) zunächst Annegray, später Luxeuil und Fontaines als klösterliche Heimat zu.

Diese Klöster zählten schon nach kürzester Zeit Hunderte

von Mönchen. Ein solch schneller Aufschwung deutet an, welche Rolle dem Mönchtum für die weitere Entwicklung zukommen sollte. Die herausgehobene Stellung der Klöster – einige ihrer Äbte und Mönche empfingen sogar die Bischofsweihe – beschwor jedoch den Konflikt mit den Bischöfen herauf. Auseinandersetzungen mit dem Merowingerkönig Theuderich II. (596–613), dem Kolumban unter anderem wegen seiner Verbindungen zum widerspenstigen Adel verdächtig geworden war, drängten Kolumban weiter nach Austrien. Sein letztes Vorhaben, Alemannien zu missionieren, mußte er an seine Schüler abtreten, weil Vorposten Theuderichs II. bei Bregenz auftauchten. Er floh nach Norditalien, wo er in Bobbio zum letzten Mal ein neues Kloster gründete. Dort starb er am 23. November 615. Gallus, wohl sein Schüler, widmete sich der Mission im alemannischen Raum; an der Stelle seiner Zelle errichtete man ein Jahrhundert später das noch heute eindrucksvolle Kloster St. Gallen. In Arbon, Bregenz, dem Bodenseegebiet und dem Zürichgau wirkte Gallus als irischer Glaubensbote. Die ihm angetragene Wahl zum Bischof von Konstanz wies er ebenso zurück wie das Angebot, in Luxeuil als Abt zu wirken; er verstand sich wohl eher als Dienender, nicht als Herrschender. Seine Beliebtheit zeigt sich an den zahlreichen Wundergeschichten, die bald nach seinem Tod, an einem 16. Oktober um das Jahr 640, aufgezeichnet wurden. Seine Verehrung war schon im 10. und 11. Jahrhundert weit verbreitet und eine mittelalterliche Hymne preist ihn mit den Worten:

> Daß wir den schuldigen
> Tribut der Huldigung
> freudigen Herzens
> stets dir entrichten
> O Gallus, Gottgeliebter.

Ähnlich wie Alemannien stand auch die Missionierung Bayerns unter dem Einfluß von Luxeuil. Allerdings waren die Glaubensboten Bayerns keine Iren, sondern im Geiste Kolumbans erzogene Romanen. Die agilolfingischen Herzöge riefen vermutlich die Missionare Eustasius, Agilus und Agrestius aus dem berühmten Kloster Luxeuil ins Land. Etwas später, zwischen 660 und 670, kam der Wanderbischof Emmeram nach Regensburg und legte den Grundstein für das dortige Bistum. Seine Person sowie diejenige des heiligen Rupert, der für Salzburg ähnliches leistete, soll uns noch genauer beschäftigen.

Weiter nördlich wirkte der Ire Kilian von Würzburg aus. Noch weiter im Norden und Osten blieb das Feld jedoch weithin unbestellt, wenn auch das spätere bonifatianische Missionswerk häufig ältere Spuren überdeckt hat, die jüngst Matthias Werner in wertvoller Einzelarbeit freilegen konnte. Allerdings sind keine Spuren irischer Missionare sicher nachzuweisen, dafür jedoch die Bemühungen der einheimischen Oberschicht, den christlichen Glauben weiter zu verbreiten.

Angelsächsische Mission und Heiligkeit

In den Gebieten Mittel- und Norddeutschlands ist eine zweite Missionierungsphase bedeutender geworden, die in die erste Hälfte des 8. Jahrhunderts zu datieren ist. In dieser Zeit wurde die Kirche mehr und mehr dem weltlichen Einfluß unterstellt und half, den Osten und Westen des sich formierenden karolingischen Reiches miteinander zu verklammern. Nicht mehr die Iren, sondern die Angelsachsen wirkten bei dieser Aufgabe mit. Dabei übermittelten die Angelsachsen den Franken auch ihre enge Bindung an den heiligen Petrus und das Papsttum und trugen so dazu bei, das päpstlich-karolingische Bündnis und das mittelalterliche Spannungsfeld von Kaiser und Papst vorzubereiten.

Der in Irland erzogene Northumbrier Willibrord (gestorben 739) nahm mit Zustimmung des karolingischen Hausmeiers Pippin die Missionsarbeit in Westfriesland auf. Es ist für diese Phase der angelsächsischen Mission bezeichnend, daß nunmehr das Papsttum zunehmend an der Germanenmission beteiligt war. So holte Willibrord eine Missionsvollmacht auch in Rom ein. Papst Sergius I. (687–701) machte ihn zwar zum Erzbischof der Friesen, eine friesische Kirchenprovinz mit Bischofssitz in Utrecht kam jedoch nicht zustande. So blieb Willibrord, ähnlich wie schon früher seinem Lehrer Wigbert, der durchschlagende Erfolg versagt. Bei einer Missionsreise nach Dänemark soll er nur dreißig Knaben getauft haben. Wenn Willibrord die Friesenmission auch nicht zum Abschluß bringen konnte, so blieben doch sein zähes Ringen und sein Mut in der Erinnerung des Volkes haften; sein Andenken wird besonders am Niederrhein und im Bistum Trier geehrt und gepflegt.

Als weitaus erfolgreicher erwies sich das Wirken des Winfrid-Bonifatius (gestorben 754), der schon seit dem Hochmittelalter als »Apostel der Deutschen« bezeichnet wird, so vorsichtig man bei einer Interpretation dieses Begriffes bleiben muß. Als apostolisch war sein Wirken schon von den Zeitgenossen verstanden worden; so nannte ihn im 12. Jahrhundert der Fuldaer Klosterarchivar Eberhard *totius Galliae atque Germaniae apostolus* (Apostel von ganz Gallien und Germanien). Dies zeigt jedoch auch, daß seine Bedeutung eher in gelehrten Schriften als im Volk erkannt wurde, was ihn heutigen »aufgeklärten« Menschen durchaus nicht unsympathischer machen dürfte. An seinem Grab tagt heute noch jährlich die deutsche Bischofskonferenz der katholischen Bischöfe, ein Zeichen für die prägende Kraft, die dem »Apostel der Deutschen« zugebilligt wird.

Die Gestalt des Bonifatius ist vielleicht seit dem 19. Jahrhundert auf Kosten anderer bedeutender Missionsheiliger des

8. Jahrhunderts etwas zu sehr in den Vordergrund gerückt worden. Wenn Papst Pius IX. im Jahre 1874 die Feier seines Festes von einem deutschen Partikularfest in den allgemeinen römischen Festkalender erhob, so geschah dies sicher nicht ohne Bezug zur Kulturkampfatmosphäre. Auch der schon 1849 gegründete »Bonifatiusverein für das katholische Deutschland« atmete bereits den Geist eines neu erwachten kämpferischen Katholizismus. Diese Perspektive des 19. Jahrhunderts verkürzt jedoch in gewisser Weise die Bedeutung Bonifatius', dessen historische Leistung sich nicht nur von seiner missionarischen Tätigkeit herleitet. Bonifatius hat die verschiedensten Aufgaben seiner Zeit mit Tatkraft angepackt, sein Wirken kann deshalb nur im größeren Zusammenhang gewürdigt werden. Durch die Lebensbeschreibung Willibalds und insbesondere durch eine Sammlung von 180 Briefen läßt sich sein Lebensweg recht gut nachzeichnen.

Papst Gregor I. sandte im Jahre 596 Missionare nach England, um die heidnischen Angelsachsen zum Christentum bekehren zu lassen, und wiederum war es ein Papst namens Gregor (II.), der am 14. Mai 719 Winfrid-Bonifatius aussandte, um ein anderes Land für den christlichen Glauben zu gewinnen. Der in Wessex geborene und im Kloster Nursling (bei Southampton) erzogene Winfrid hatte bereits 716 den Kanal überquert, um das abgebrochene Missionswerk Willibrords bei den Friesen zu vollenden. Aber ähnlich wie Willibrord mußte Bonifatius erfahren, daß die Germanenmission des Rückhaltes bei der politischen Gewalt und beim Papsttum bedurfte.

Als er von Papst Gregor II. seine Missionsvollmacht sowie als neuen Namen den eines römischen Heiligen, Bonifatius, erhielt, galt seine erste Tätigkeit zunächst Hessen und Thüringen. Seine Verkündigung in Thüringen fiel nicht auf fruchtbaren Boden, dafür konnte er in Hessen mit der Gründung des Klosters Amöneburg seinen ersten Erfolg verbuchen. Von einer weiteren Romreise (722) kehrte er als Bischof zurück, und ein Brief des Papstes an Karl Martell empfahl dem Frankenherrscher nachdrücklich das Missionswerk des Bonifatius:

»Papst Gregor an Herrn Herzog Karl, seinen ruhmreichen Sohn. Da wir erfahren haben, daß du, in Christo geliebtester, bei vielen Gelegenheiten frommen Sinn bewiesen hast, so teilen wir, indem wir dir den gebührenden Gruß zuvor entbieten, deiner von Gott geliebten, erlesenen Würde mit, daß wir diesen unseren Bruder Bonifatius – im Glauben und Lebenswandel erprobt, von uns zum Bischof geweiht und wohl erfahren in den Anordnungen des apostolischen Stuhles, dem wir durch Gott in der Sorge für die allgemeine Kirche vorstehen – entsandt haben, um den Völkern von germanischem Stamme und in den verschiedenen Gegenden östlich des Rheines zu predigen, die in heidnische Irrlehren verfallen sind oder bisher noch in der Finsternis der Unkenntnis stecken. Zu diesem Zwecke empfehlen wir ihn deinem höchst gnädigen Wohlwollen, auf daß du ihn immer unterstützen mögest, wenn es nötig ist, und ihn gegen alle Feinde schützest, denen du im Herrn ja überlegen bist . . .«[1]

Die päpstliche Empfehlung bewirkte kurz darauf einen Schutzbrief Karl Martells. Bonifatius konnte sich so der päpstlichen und fränkischen Unterstützung sicher wissen. Beide Briefe deuten bereits die folgenreiche Verbindung zwischen dem Frankenherrscher und dem Papst an. Bonifatius setzte mit dem neuen Rückhalt die Hessenmission fort. Die in Geismar (wohl bei Fritzlar), einem alten kultischen und politischen Stammeszentrum, stehende Donar-Eiche ließ er fällen. Aus ihrem Holz soll die Kirche in Fritzlar erbaut worden sein, die bezeichnenderweise dem heiligen Petrus geweiht wurde.

Papst Gregor III. (731–741) erhob Bonifatius zum Erzbischof (732) und erteilte ihm um 737 den Auftrag, die Kirche in Bayern und Schwaben neu zu organisieren. Das päpstliche

Schreiben zeichnet ein eindrucksvolles Bild von den kirchlichen Zuständen in Bayern und Alamannien.

»Unseren sehr geliebten Bischöfen in den Landschaften Bayern und Schwaben . . . Ihr sollt auch wissen, daß ihr diesen unseren Bruder und Mitbischof Bonifatius, unseren Stellvertreter, mit schuldiger Ehrerbietung im Namen Christi aufnehmen sollt. Und ihr sollt euer kirchliches Amt mit katholischem Glauben entsprechend der Sitte und der Regel der heiligen katholischen und apostolischen Kirche Gottes, der wir durch Gottes Erbarmen vorstehen, von ihm, so wie es mit apostolischer Autorität von uns verordnet ist, empfangen und würdig halten. Und ihr sollt heidnische Gebräuche und Lehren von umherziehenden Briten oder falschen häretischen Priestern und alle Schändlichkeiten aufhalten und verhindern und vernichten. Und ihr sollt das euch von Gott anvertraute Volk mit frommen Ermahnungen leiten und von Totenopfern ganz und gar fernhalten. Und alles, was euch unser schon genannter Mitpriester lehren wird, das sollt ihr für katholische und apostolische Lehre halten, und ihr sollt euch bemühen, Gott dem Herrn und unserem Erlöser zu gefallen. Und wohin auch immer er euch zum Konzil einberufen wird, an die Donau oder nach Augsburg oder wohin es auch immer sei, da sollt ihr im Namen Christi bereit sein, damit wir wissen, daß ihr euch auf seinen Befehl versammelt habt . . . Lebet wohl.«[2]

Bonifatius konnte diesen Auftrag zwar in Alemannien nicht durchführen, legte aber den Grundstein für eine geordnete bayerische Kirche, der nur noch die erzbischöfliche Spitze fehlte. Papst Gregor III. würdigte die Erfolge, die Bonifatius bei der Germanenmission sowie bei der Kirchenorganisation Bayerns erzielt hatte.

Nach dem Tod Karl Martells im Jahre 741 wandte sich Bonifatius verstärkt der Reform der fränkischen Kirche zu. Als ein wichtiges Ergebnis sei hervorgehoben, daß die fränkische Kirche nun fester mit der römischen verbunden war. Diese Bindung erwies sich als bedeutender politischer Faktor, als Pippin im Jahre 751 nach der bisher noch merowingischen Königskrone griff, was der damalige Papst Zacharias mit den bekannten Worten legitimiert haben soll, daß es besser sei »den als König zu bezeichnen, der die Macht habe, als den, der ohne königliche Macht blieb«.[3]

Wenn auch der Einfluß des Bonifatius gegen Ende seines Lebens, insbesondere seit 747, merklich schwand und einheimische Kräfte an seine Stelle traten, so hatte er doch die Weichen für diesen Dynastiewechsel im Frankenreich gestellt. Bei einer letzten Missionsreise nach Friesland wurde er am 5. Juni 754 zusammen mit einigen Begleitern erschlagen.

Der gewaltsame Tod des Bonifatius mutet fast anachronistisch an, ereilte dieses Schicksal doch einen Mann, dessen Lebenswerk gerade der Befestigung der kirchlichen Verhältnisse im Frankenreich gegolten hatte. Bei den angelsächsischen Glaubensboten war das Pathos des blutigen Martyriums eigentlich nicht mehr bestimmend. Entsprechend war der Eindruck auf die Zeitgenossen. Ausführlich werden wir über den Leichenzug rheinaufwärts informiert; mit Erzählungen über Wunder und Visionen setzten bereits die ersten Mirakelberichte ein. So heißt es, sowohl in Utrecht als auch in Mainz habe man den Leichnam des Bonifatius behalten wollen, jedoch sei die Weiterfahrt nach Fulda, in das von Bonifatius 744 gegründete Kloster, durch Traumgesichte geboten worden. Dort ruht sein Leichnam noch heute.

Die historische Bedeutung des Bonifatius liegt vornehmlich im kirchenpolitischen Bereich. Der Aufbau einer »romverbundenen Landeskirche« blieb für die weiteren Jahrhunderte bestimmend. Diese Leistung förderte jedoch nicht notwendigerweise seinen Ruf als Heiliger, und so erklärt es sich wohl, warum Bonifatius lange Zeit stärker in der Geschichtsschreibung als in der Volksfrömmigkeit beachtet wurde. Seine stetige, mühevolle Missions- und Organisationsarbeit kam wohl den Vorstellungen des Katholizismus im 19. Jahrhundert besonders entgegen, der sich wohl nicht von ungefähr verstärkt mit dem »Apostel der Deutschen« und seinem Wirken identifizierte.

Merowingische und karolingische Heiligkeit

Verschiedene andere Typen von Heiligen lassen deutlich erkennen, wie das Christentum in merowingischer Zeit Wurzeln schlug. Das fränkische Reich hatte bis zum 8. Jahrhundert zu einer Einheit gefunden, an der nicht nur das Königtum, sondern auch der Adel entscheidenden Anteil hatte. Die Reichsaristokratie förderte die Entwicklung der Landeskirche und der Klöster. In den dort aufgezeichneten hagiographischen Berichten findet sich zunehmend der Typus des »Adelsheiligen«, welcher der frühmittelalterlichen Adelsherrschaft auch eine kirchlich-sakrale Stütze verschaffte. Er trat gleichwertig neben die im Kult immer noch lebendigen Märtyrerheiligen. In den zeitgenössischen Biographien verkörperte ein Mann vornehmer Abstammung den »Adelsheiligen«, der in der Regel eine staatliche Karriere erfolgreich absolvierte, unter Verzicht auf weitere weltliche Ehren sich ganz dem Dienst Gottes verschrieb und dann als kirchlicher Würdenträger im Weinberg des Herrn arbeitete. Karl Bosl hat am Beispiel der bayerischen Stammesheiligen Emmeram, Rupert und Korbinian gezeigt, wie eng die Begriffe *sanctus* und *nobilis* in den Viten dieser Heiligen zusammengehören. Die Adelsheiligen konnten den Beherrschten als Leitbilder präsentiert werden. So war Emmeram ein Aristokrat aus begütertem Hause, dessen edles Wesen sich auch in seiner adeligen Gesinnung niederschlug, wie die Vita des Heiligen hervorhebt. Ein Katalog an Tugenden zeigt nicht nur den Charakter des Gottesmannes, sondern trägt auch die Merkmale eines spätantiken, gebildeten Weltmannes. Wenn auch dieser Typus des Adelsheiligen nicht erst im 7. Jahrhundert, sondern bereits seit dem 4. und 5. Jahrhundert anzutreffen ist, wie Martin Heinzelmann hervorgehoben hat, so waren seine Charakteristika doch am markantesten zu jener Zeit ausgeprägt, als die fränkische Reichsaristokratie besonders stark der Legitimation bedurfte.

Es wird immer wieder betont, wie sehr der Adel das Bild des frühmittelalterlichen, christlichen Europa geprägt hat. Vertrug sich aber adelige Herkunft und Lebensweise mit dem christlichen Ideal der Ebenbürtigkeit vor Gott? Schon in der Spätantike empfand der zunehmend in geistliche Ränge überwechselnde Provinzadel den Widerspruch zwischen christlichem Gleichheitsideal und adeliger Kirchenführung. Man versuchte, diesen Widerspruch dadurch zu lösen, daß man die frühere Biographie unerwähnt ließ. Die Lebensbeschreibung des heiligen Severin von Noricum (gestorben 482) etwa aus dem Jahre 511 ist hierfür ein beredtes Beispiel. Dort heißt es:

»Viele Priester und geistliche Männer, auch vornehme und fromme Laien . . . gerieten öfter in Verlegenheit, wenn sie untereinander Erkundigungen einziehen wollten, welcher Herkunft der Mann sei, der sich vor ihren Augen durch so große Beweise der göttlichen Begnadung auszeichnete.« Auf ihre Fragen hin antwortete schließlich Severin: »Was nützt einem Diener Gottes der Hinweis auf die gesellschaftliche Stellung oder die Abkunft von vornehmer Familie, wenn er doch durch Verschweigen dieser Umstände die Versuchung zur Überheblichkeit besser vermeiden kann, die auf jeden Fall schädlich ist. Indem er ihr entgeht, begehrt er doch, mit Christi Gnade alle guten Werke zu vollbringen, um sich dadurch den Lohn zu verdienen, ein Gefährte der Auserwählten und Bürger des himmlischen Vaterlandes zu werden.«[4]

Diese »Lösung« befriedigte allerdings nicht auf Dauer. Als seit dem 6. Jahrhundert fast alle Bischofsstühle mit Adligen besetzt wurden, und diese durch Schenkungen und fromme Werke den Aufbau der Kirche maßgeblich förderten, wandelte sich auch die Gestaltung der Heiligenviten. Man wies jetzt ausdrücklich auf die adelige Herkunft des jeweiligen Heiligen hin, nahm jedoch diesen Verweis gleichsam entschuldigend mit dem Topos zurück, der fromme Lebenswandel des Heiligen und nicht die Herkunft zeichne ihn besonders aus. Der Werdegang des merowingischen Bischofs Arnulf von Metz (gestorben um 640), den man später auch als Stammvater der karolingischen Dynastie reklamierte, kann hierfür als typisch gelten; in seiner Vita heißt es: »Der heilige Bischof Arnulf stammte aus einem (vornehmen) Geschlecht der Franken. Recht hochgestellt und adlig war er schon durch seine Eltern und an weltlichen Gütern überreich gesegnet, doch stellte sich später heraus, daß er im Glauben an Christus noch um vieles edler und erhabener war . . . Aber wer wäre imstande, anschließend seine Tüchtigkeit in der Kriegführung oder seine Gewandtheit im Umgang mit den Waffen angemessen darzustellen, zumal er oft mit dem Schwert Scharen feindlicher Völker in die Flucht geschlagen hat. Deshalb ist er, nachdem er lange fast der Geringste von allen zu sein schien, zum ersten aller Fürsten Christi gemacht worden, so daß sechs Gaue *(provinciae)*, welche vorher und heute wieder ebensoviele Königsgutverwalter *(domestici)* überwachen, unter seiner Aufsicht zusammengefaßt und durch seinen Befehl allein regiert wurden. Doch war er fleißig im Beten und Fasten, widmete sich der Fürsorge für die Schwachen und gab, wie geschrieben steht, Gott, was Gottes, und dem Kaiser, was des Kaisers ist (Mark. 12,17).«[5]

Das Ideal eines solchen Adelsheiligen blieb noch bis ins 11. Jahrhundert bestimmend und wurde nur langsam von anderen Leitbildern abgelöst, wie sich beispielsweise an der

Vita des heiligen Haimrad ablesen läßt, der, von niederer Herkunft, in Hasungen ein Leben im Sinne der *vita evangelica* führte.

Die Namen vieler »Adelsheiliger« sind mit der Gründung von Bistümern oder Klöstern verknüpft. Das Wirken der angelsächsischen und fränkischen Glaubensboten hinterließ so auch an vielen Orten zahlreiche noch heute vorhandene Spuren. Als Karl der Große seine Herrschaft begann, war das Missionswerk trotzdem noch nicht vollständig abgeschlossen. Der Stamm der Sachsen, der die Gegend des heutigen Niedersachsen und Westfalen besiedelte, lebte noch in ungebrochenem Heidentum. Die Verbindung von kultischer und politischer Ordnung der Sachsen verdeutlicht ihre Verehrung der Irminsul, die Weltensäule und Zeichen sächsischer Stammesherrschaft war. Die umstrittenen Sachsenkriege Karls des Großen führten nach manchen Rückschlägen schließlich zu einer Eingliederung der Sachsen in das Frankenreich. Hierbei spielte die wirksame Missionierung eine entscheidende Rolle. Die Aufteilung der Missionssprengel bot die Voraussetzungen, um das Sachsenland auch durch die kirchliche Organisation fest an das fränkische Reich zu binden. Die zahlreichen Missionare kamen vor allem aus den Gebieten des Niederrheins und des Mains, von denen hier beispielhaft der heilige Liudger hervorgehoben werden soll.

Etwa 742 als Sproß aus friesischem Adel bei Utrecht geboren, trat Liudger ungefähr 755 in die Domschule am St.-Mauritius-Stift in Utrecht ein, in der die Missionstradition der beiden Angelsachsen Willibrord und Bonifatius fortlebte. In York erhielt er mit fünfundzwanzig Jahren die Diakonatsweihe, besuchte die bekannte Yorker Domschule und kehrte nach einjährigem Studium wieder nach Utrecht zurück. Im Anschluß an seine zweite Reise nach York begann für Liudger die Zeit seines pastoralen Wirkens. 777 wurde er zum Priester geweiht, und Bischof Alberich von Deventer sandte ihn in das innere Friesland. Der Aufstand des Sachsenfürsten Widukind (784) nötigte Liudger zur Flucht aus dem friesischen Ostergau. Liudger ging nach Rom und nach Montecassino, um die Regeln des heiligen Benedikt zu studieren. Aus Rom brachte er nach zweieinhalb Jahren einige der begehrten römischen Reliquien mit. In der Folgezeit galt seine Mission vor allem den fünf mittelfriesischen Gauen.

Liudger war aber nicht nur Missionar. Im Herbst eines jeden Jahres übernahm er für drei Monate die Leitung der Utrechter Domschule. Während dieser Zeit schrieb er wohl an dem Lebensbild seines Lehrers Gregor von Utrecht. Als Karl der Große ihm das Bischofsamt in Trier anbot, lehnte Liudger diese verlockende Aufgabe ab. Statt dessen wurde er wohl auf eigenen Wunsch zur Unterweisung der Westsachsen bestimmt und war seit 805 erster Bischof von Münster. Stift- und Klostergründungen in Nottuln und Werden sind eng mit seinem Namen verbunden. Am 26. März 809 starb Liudger. Sein »heiligmäßiges« Leben scheint vielleicht wenig spektakulär zu sein, aber die von Altfrid von Münster verfaßte Lebensbeschreibung hebt die durch den benediktinischen Einfluß geprägten Charaktereigenschaften Liudgers, seine Bildung, seine Demut und seine *temperantia* eindringlich hervor. Liudger, wohl kein »Held«, sondern eher von weltflüchtig-eschatologischen Leitgedanken bestimmt (Schröer), vertraute auf die Gnade Christi und war sich der menschlichen Schwachheit bewußt. »Vielleicht erlangen uns die Tränen bei dem gnädigen Richtergott Verzeihung, auf unsere Verdienste können wir nicht hoffen«, sagt Liudger in der von ihm verfaßten Lebensbeschreibung Gregors. Mag sein, daß er deshalb seinen Zeitgenossen besonders sympathisch war, seine zeitkritischen Äußerungen wiesen in die Zukunft, nämlich in die Zeit der kirchlichen Reform unter Ludwig dem Frommen (Heinz Löwe). Bei aller Individualität steht Liudger in der Tradition irischer und angelsächsischer Mission, seine

Romreise zeigt die Romverbundenheit, die seit den Tagen des Bonifatius für das Frankenreich kennzeichnend war.

Die Sachsen waren als letzter germanischer Stamm des Festlandes christianisiert worden, entwickelten aber äußerst rasch, schon im 9. Jahrhundert, eine vielfältige christliche Kultur. Um die Christianisierung des sächsischen Volkes zu vertiefen, genügten nicht allein lebende Vorbilder. Die Macht der Heiligen wirkte nach mittelalterlichen Vorstellungen in den Überresten (Reliquien) der Heiligen, und es war von Vorteil, diese Leichname zu besitzen. Übertragungen von Heiligenleichnamen oder von Teilen ihrer sterblichen Reste hatte es – wie bereits erwähnt – schon früher gegeben, aber ab dem 8. und 9. Jahrhundert war ein deutlicher Aufschwung zu verzeichnen. Während man im kirchlichen Westen zur Zeit der Spätantike die Gräber zumeist als unverletzlich respektierte, verbreitete sich im Orient die Sitte, Leichname zu übertragen oder aufzuteilen. Die Plünderung der römischen Friedhöfe durch die Ostgoten (537) und die Normanneneinfälle im karolingischen Frankenreich führten im Okzident dazu, diese Entwicklung nachzuvollziehen. Das erst kurz davor missionierte Sachsen hatte gegenüber dem restlichen Frankenreich auch in dieser Hinsicht einen großen Nachholbedarf, und gerade den weniger gebildeten Schichten bedeuten die Wundertaten eines Heiligen sehr viel. Die Reliquientranslationen nach Sachsen, die im 9. Jahrhundert erfolgten, zeigen, daß fast alle Gebeine aus dem Westfrankenreich und aus Rom kamen, das über den größten Vorrat an heiligen Leichnamen verfügte.

So sehr seit dem 9. Jahrhundert der Glaube im Frankenreich gefestigt wurde, so sehr war auch noch der Gedanke der Mission weiter lebendig. Man glaubte, die errungene Wahrheit an die noch heidnischen Völker weitervermitteln zu müssen. Vor allem auf die nordischen Völker sowie die Slawen im Osten und Südosten des Reiches zielte die vom Franken- bzw. vom Römisch-Deutschen Reich ausgehende Mission. Wie bei einigen anderen der hier genannten Personen mag man sich fragen, ob der heilige Ansgar überhaupt zu den speziell »deutschen« Heiligen zu zählen ist. Der »Apostel des Nordens« wurde zwar im Norden des Westfrankenreiches um 801 geboren, jedoch ist sein Name und sein Wirken zu eng mit dem Norden Deutschlands verbunden, um ihn aus unserem Überblick auszuscheiden. 823 wurde der in Corbie erzogene Ansgar Lehrer in dem sächsischen Kloster Korvey und predigte im Jahre 827, nach der Taufe des Teilkönigs Harald Klak, in Dänemark. Nachdem er 831 Bischof von Hamburg geworden war, reiste er nach Rom. Dort bestellte ihn Papst Gregor IV. (827–844) zum Legaten für Skandinavien. Seine Mission in Dänemark und Schweden blieb schwierig und voller Rückschläge. Obwohl nach einer ersten Schwedenreise seine Gründungen durch einen Aufstand vernichtet wurden, ließ Ansgar in seinem Eifer nicht nach und hörte gemäß den Worten seines Biographen Rimbert auf die Stimme seines ersten Abtes Adalhard, der ihm zurief:

»›Höret, ihr Inseln, und vernehmet, ihr Völker in der Ferne. Der Herr hat dich von Mutterleibe an berufen; vom Mutterschoße an hat er deines Namens gedacht. Er hat deinen Mund scharf gemacht wie ein Schwert; mit seiner Hand hat er dich geschirmt und dich zum auserwählten Pfeil gemacht. In seinem Köcher barg er dich und sprach zu dir: ›Du bist mein Knecht; in dir will ich gepriesen werden.‹ Darauf erhob er mit ausgestrecktem Arm seine Hand gegen Ansgar, der bei diesem Anblick in Erwartung des Segens vor ihm niederkniete. Doch jener fuhr fort: ›Und jetzt sagt dir der Herr, der dich vom Mutterleibe zu seinem Knecht gebildet: Ich habe dich zum Licht der Heiden gemacht; du sollst ihnen Heil bringen bis ans Ende der Erde. Könige werden sehen und Fürsten aufstehen und den Herrn, deinen Gott, den Heiligen Israels, anbeten, denn er wird dich herrlich machen.‹ Diese Vision lange vor seiner Abreise gab dem Knecht Gottes die innerliche Gewißheit der Berufung in jene Länder durch Gottes Befehl.«[6]

Ansgar verstand seine Mission als Erfüllung eines höheren Auftrages und gewann den Schwedenkönig Olav für den christlichen Glauben. Als schließlich die Bistümer Hamburg und Bremen 864 vereint wurden (uns kann hier nicht der noch immer nicht beigelegte Streit interessieren, ob Ansgar Bischof von Hamburg oder von Bremen war), leitete Ansgar die Mission von Bremen aus, wo er auch 865 eines natürlichen Todes starb. Seine Vita erweckt das Bild eines Kämpfers für den christlichen Glauben und wendet sich an die Zeitgenossen, wie der Schluß verrät:

»Hell zeigt unser Bericht, was für ein heiliger Mann er war, welche Verdienste er vor Gott besaß; so wollen auch wir uns nun bemühen, diesem getreuen Nachfolger Christi in allem ebenfalls nachzufolgen. Dann wird er bis ans Ende der Welt immer unter uns auf Erden leben, und wir werden nach Ablauf dieses unseres Lebens mit ihm im Himmel leben dürfen. Er aber wird mit uns auf Erden weiterleben, wenn ihn die Frömmigkeit unseres Wandels und das Gedenken an seine Lehre uns vergegenwärtigt. Wir werden mit ihm im Himmel weilen, wenn wir seinem Beispiel folgen und in gleichem Wollen voller Entschlossenheit immer Dem zustreben, zu Dem er uns vorangegangen ist, zu Jesus Christus, unserem Herrn, der mit dem Vater und dem Heiligen Geiste lebt und herrscht als Gott von Ewigkeit zu Ewigkeit. Amen.«[7]

Mehr als jede theoretische Erläuterung verrät diese Passage, was man im frühen Mittelalter unter einem Heiligen verstand und worin man dessen Funktion sah.

Die Slawenlehrer Kyrillos und Methodios führen uns ebenfalls in die »Weltpolitik« der späten Karolingerzeit, in die Auseinandersetzungen zwischen West- und Ostkirche, in die auch das Ostfrankenreich indirekt verstrickt war. Der ostfränkische Karolingerkönig Ludwig der Deutsche (817–876) nahm schon in den Jahren 845 und 846 eine aktive Südostpolitik auf. Gegen den auf die Unabhängigkeit Mährens bedachten Rastislaw (846–870) schritt Ludwig 855 militärisch ein, Rastislaw verband sich daraufhin einige Jahre später (861) mit Ludwigs aufständischem Sohn Karlmann. Die Bemühungen Ludwigs des Deutschen scheiterten und Rastislaw versuchte, sich auch kirchlich von Bayern zu lösen. Von Papst Nikolaus I. (858–867) zunächst abgewiesen, wandte sich Fürst Rastislaw an Byzanz. Der Patriarch von Konstantinopel entsandte daraufhin die beiden Brüder Konstantinos (Kyrillos) und Methodios als »Slawenapostel« nach Mähren. Beide Brüder waren für diese Aufgabe vorzüglich geeignet. Sie beherrschten die slawische Sprache, konnten deshalb »volksnah« predigen und eine slawische Liturgie zusammenstellen. Die von Konstantinos dazu geschaffene Schrift »Glagolica« (*glagol* = Wort) war der Grundstein für das Altkirchenslawisch, das Ost-, West- und Südslawen gleichermaßen verständlich war. Diese »unkanonische« Sprache machte die beiden Missionare häresieverdächtig. Papst Hadrian II. (867–872) lud sie nach Rom, wo Konstantinos unter dem Namen Kyrillos kurz darauf in einem Kloster starb. Papst Hadrian II. erkannte die slawische Liturgie an und schickte Methodios als päpstlichen Legaten für Mähren und Pannonien nach Mosaburg zurück; 870 weihte Hadrian ihn zum Erzbischof von Sirmium.

Die Spannungen zwischen Ostfranken und Mähren blieben jedoch bestehen. Der neugewählte Erzbischof Methodios wurde 870 gefangengenommen und zur Haft in einem schwäbischen Kloster verurteilt; ob er diese im Kloster Reichenau oder in Ellwangen verbüßte, wird in jüngster Zeit wieder heftig diskutiert. 873 auf Intervention von Papst Johannes VIII. (872–882) freigelassen, konnte Methodios in seine Diözese zurückkehren. Johannes VIII. erkannte auch die slawische Liturgie an, die erst Papst Stephan V. (885–891) nach dem Tod Methodios' (885) verbot.

Der Tod Methodios', dessen 1200. Wiederkehr erst jüngst mit zahlreichen Veranstaltungen begangen wurde, beendete zunächst auch das Ringen um die Zukunft der slawischen Kirche. Die politischen Bemühungen Ludwigs des Deutschen um das slawische Land, die ganz in der Tradition Karls des Großen standen, blieben letztlich weitgehend erfolglos; nur Unterpannonien konnte für die Salzburger Kirche behauptet werden. Kyrillos und Methodios sind somit eigentlich gerade das Gegenteil von deutschen Heiligen; aber sie gehören in den Zusammenhang der Christianisierung im Gebiet zwischen Mittel- und Südosteuropa, und es war sicher eine richtige Entscheidung, daß beide Heilige vor kurzem neben Benedikt von Nursia zu Mitpatronen Europas ernannt wurden.

Heiligkeit im christlichen Reich der Spätkarolinger

Natürlich gab es auch Missionare, die an den Ostgrenzen des Reiches wirkten. Namen wie die der Heiligen Adalbert von Prag (gestorben 997) oder Bruno von Querfurt (gestorben 1009) führen schon in die Zeit der Ottonen. Der Gedanke, durch die Mission bei den »Ungläubigen« Zeugnis für den Glauben abzulegen, blieb während des ganzen Mittelalters weiter bestimmend. Aber der Kampf für Christus und den christlichen Glauben, die *militia Christi*, konnte sich in den verschiedensten Formen konkretisieren, nicht nur in den Auseinandersetzungen mit Heiden, sondern auch in dem eher geistigen »Kampf« um ein gottgefälliges Leben. Welche Identifikationshilfen boten sich dem Menschen der Karolingerzeit zur Gestaltung des eigenen Lebens? Sicher waren es nicht nur Missionare, die zur Nachfolge Christi anregten. Die bereits vorgestellten Adelsheiligen legitimierten die weltliche Herrschaft, gab es aber noch weitere Typen von Heiligen?

Es sei daran erinnert, daß sich jede Zeit nicht nur ihre jeweiligen Heiligen wählt und »schafft«, sondern auch den Kult schon bisher verehrter Heiliger neu belebt oder den jeweiligen Umständen anpaßt. Ablesen läßt sich dies zuweilen an den immer wieder neuen Fassungen der Lebensbeschreibungen schon »älterer« Heiliger oder auch an den Mirakelerzählungen, die in der Regel erst nach dem Tod des Heiligen aufgezeichnet wurden und sich durch die immer neuen Wunder am Grab des Heiligen fortwährend erweiterten und veränderten. Diese Quellen teilen uns mit, welche Nöte und Sorgen unsere Vorfahren zu bewältigen hatten, in welchen Lebenssituationen sie bei den Heiligen Hilfe und Trost suchten; dabei erfahren wir in der Regel auch manches interessante Detail über die alltäglichen Lebensverhältnisse und erhalten Einblick in die Denkstrukturen und Mentalitäten der jeweiligen Zeit. Aufschlußreich ist beispielsweise das *Mirakelbuch der heiligen Walburga.* Die heilige Frau, die um 710 in Wessex geboren wurde, kam wohl durch Bonifatius mit Lioba und Thekla nach Germanien, um die Missionsarbeit zu unterstützen. Als Äbtissin wirkte sie in Heidenheim, wo sie 779 starb. Knapp hundert Jahre später (870) überführte man ihre Gebeine nach Eichstätt, später erhoben jedoch auch andere Städte – wie so oft im Mittelalter –, den Anspruch, ihre Reliquien zu besitzen.

Die Heiligen wirkten dort Wunder, wo man ihre Gebeine wußte; aus diesem Grund war es wichtig, die Leichname möglichst wichtiger und »wundermächtiger« Heiliger zu besitzen. Die Translationen (Überführungen) von Heiligenreliquien nahmen in der Karolingerzeit deutlich zu; insbesondere besorgte man sich die Leichname römischer Heiliger. Hier zeigt sich auf einer anderen Ebene, welche Folgen die Verbindung des fränkischen Reiches mit dem Papsttum zeitigte. Der Adel, der diese Translationen förderte, versprach sich hiervon eine Förderung des christlichen Glaubens, vor allem beim einfachen Volk, das einer »greifbaren« Religion bedurfte.

Aber die Karolingerzeit brachte auch eigene, neue und »zeitgemäße« Heilige hervor; auffällig ist – gerade wenn man das erst »frisch« missionierte Sachsen betrachtet –, welch hohen Anteil die Frauen im Reigen der Heiligen besitzen. Bereits zur Zeit des Bonifatius hatte es bedeutende und einflußreiche Äbtissinnen wie Lioba oder die erwähnte Walburga gegeben; für die spätere Karolingerzeit ist die Äbtissin Hathumoda von Gandersheim wenigstens noch zu nennen. Die Inkluse Luitbirg von Wendhausen gehört zu den wenigen nichtadligen Frauen, deren Leben aufgezeichnet wurde. Die Lebensbeschreibungen rühmen das vorbildliche Leben der Heiligen; die Missionsheiligen der früheren Jahrzehnte konnten für das Volk kaum unmittelbares Vorbild sein. Der vergleichsweise hohe Anteil der Frauen entsprach wohl auch ihrer Bedeutung bei den fortdauernden Mühen um kirchliche Unterweisung, wie man jüngst hervorgehoben hat. Interessant ist jedoch die Beobachtung, daß beispielsweise die Äbtissin Walburga von Neuenhersee in den Quellen als besonders männliche Frau, als *femina virilis*, gekennzeichnet wird (Heinz Löwe), vielleicht ein Zeichen dafür, daß auch weibliche Heiligkeit an den Maßstäben der Männerwelt gemessen wurde.

Die klösterliche Welt des Mittelalters wird oft mit den Begriffen »Askese und Kultur« charakterisiert. Beide Bereiche bedingten einander und waren die Basis für eine spezielle mittelalterliche Kultur. Dort, wo heute die berühmte Abtei Maria Einsiedeln steht, lebte vor mehr als 1100 Jahren ein Einsiedler namens Meinrad. Der Sohn vornehmer Eltern aus Schwaben wurde in der Abtei Reichenau erzogen und dort Diakon, Priester, schließlich auch Mönch. Man sandte ihn als Schulvorsteher in ein kleines Kloster am Zürichsee. Aber bald schon suchte er die Einsamkeit und lebte sieben Jahre auf dem Etzelpaß in vollkommener Armut. Als sich die Kunde von dem frommen Einsiedler weiterverbreitete, zog er sich noch weiter zurück, in den »Finsteren Wald«, wo er 26 Jahre in einer Zelle lebte. Aber auch hier spürte ihn das Volk auf, wie die Legende zu berichten weiß. Die vielen Geschichten, die über den Heiligen erzählt wurden, erfuhren auch zwei Männer, die sich aufmachten, um Meinrad zu ermorden und zu berauben. Die Legende beschreibt seinen Tod fast dramatisch und ähnelt in mancher Hinsicht auch der Passion Christi und der anderen Märtyrer:

». . . Der Mann Gottes fühlte bereits, daß seine Mörder zugegen waren, doch stellte er sich ihnen nicht sogleich, sondern wartete noch etwas, öffnete die verschlossene Türe der Kapelle nicht, um noch eine Weile im Gebet verharren zu können. Mit heiligem Eifer beendete er sein Gebet, nahm die einzelnen Reliquienkästchen in die Hand und küßte sie, empfahl seinen Todeskampf dem Herrn und den Heiligen, deren Reliquien er ehrwürdig umfing. Das haben die Bösewichte durch eine Ritze in der Wand beobachtet. Endlich kommt der starke Held in der Kraft Gottes zum Kampf heraus und entzieht sich seinen Mördern nicht. Nach einem Wort des Grußes fügt er hinzu: ›Ihr Gefährten, warum kommt ihr so spät? Warum habt ihr euch nicht beeilt, um an der Messe meiner Wenigkeit teilzunehmen, damit ich für euch zu unserem gemeinsamen Herrn bete? Aber tretet wenigstens jetzt ein und fleht, daß Gott und seine Heiligen euch gnädig seien.

Dann kommt zu mir zurück, ich möchte euch aus Liebe zu ihm weitergeben, was er mir an Segen geschenkt hat. Und so könnt ihr das Werk vollenden, zu dem ihr gekommen seid.‹ Sie gingen ins Oratorium hinein, aber sie waren nicht auf den gegebenen Rat bedacht, sondern auf das Böse, das sie tun wollten, darum kamen sie sogleich wieder zu ihm heraus. Der Gottesmann gab ihnen seine Kleider, fügte Speise und Trank hinzu und sagte: ›Nehmt das aus meinen Händen an. Wenn ihr dann euer beabsichtigtes Werk vollbracht habt, könnt ihr von dem hier Vorhandenen mitnehmen, was ihr wollt. Ich weiß ja, daß ihr gekommen seid, um mich zu töten. Aber eine Wohltat erbitte ich von euch: Wenn ihr meinem Lebenslauf ein Ende gesetzt habt, stellt die Kerzen, die ihr hier seht, und die ich zu diesem Zwecke gemacht habe, eine brennend zu meinem Haupt und die andere zu meinen Füßen. Dann geht rasch von diesem Orte weg, damit nicht Leute, die mich gewöhnlich aufsuchen, euch ergreifen und ihr die Strafe für euer Verbrechen auf euch nehmen müßt.‹

Plötzlich faßte der genannte Richard mit seinen befleckten Händen den seligen Mann um die Mitte und hielt den von Fasten abgezehrten Leib mit den Armen fest und ruft dem Genossen drohend zu, er solle den Heiligen mit der Keule bearbeiten . . . als seine Seele schied, beim letzten Atemzug, trat ein Duft aus ihm hervor und erfüllte den ganzen Raum der Zelle mit solcher Süßigkeit, als wären alle Wohlgerüche dort ausgegossen worden . . .«[8]

Interessant ist an diesem Bericht weniger, was wahr oder falsch ist, sondern vielmehr, was man im 9. und 10. Jahrhundert unter einem Heiligen verstand, der als Einsiedler Gott wohlgefällig diente. Der Leichnam Meinrads kam zunächst auf die Reichenau, wurde 1039 jedoch in das 934 gegründete Kloster Maria Einsiedeln überführt.

Wenn hier Meinrad als Beispiel für den Typus des asketischen Mönches stehen mag, so gilt es, die Kulturleistung der karolingischen Klöster an einem weiteren Heiligen zu erläutern. Hrabanus Maurus, dessen 1200. Geburtstages man 1980 gedachte, gilt als eine der wichtigsten Gestalten der karolingischen Geistesgeschichte. Der häufig als *Praeceptor Germaniae* bezeichnete Hrabanus wurde erstmals von dem Humanisten Johann Trithemius (1462–1516) so genannt, eine Bezeichnung, die später dann der Heidelberger Theologe und Pädagoge Friedrich Heinrich Christian Schwarz (1776–1887) ausdrücklich aufgriff. Mönch war Hrabanus fast sein ganzes Leben lang, als Abt des Klosters Fulda wirkte er knapp zwanzig Jahre, und die Erzdiözese Mainz führte er dann die letzten neun Jahre bis zu seinem Tod. Die Franken schufen in der Karolingerzeit nicht nur eine neue politische, sondern legten auch den Grund für eine neue geistige Ordnung. Antike Kultur- und Bildungswerte hatte man seit dem 8. Jahrhundert verstärkt aufgenommen, zur Zeit des Hrabanus Maurus wurden dann die Bestandteile unserer Kultur miteinander verwoben: Antike, Christentum und Germanentum. Wenn auch zur Zeit Hrabanus' das von Karl dem Großen zusammengefügte karolingische Großreich auseinanderfiel – ein Prozeß, dem Hrabanus kritisch gegenüberstand –, so überlebte doch die karolingische Bildung und Gelehrsamkeit; dieses Band sollte auch das Ost- und Westfrankenreich in Zukunft weiter miteinander verbinden. Die geistige Leistung ist zu einem großen Teil Hrabanus Maurus zuzuschreiben.

Hrabanus wurde als Kind rheinfränkisch adeliger Eltern 780 oder 783 in Mainz geboren. Aus seinen ersten Lebensjahren ist nur wenig bekannt. Um 800 hatte sich Hrabanus Maurus bereits der Klostergemeinschaft von Fulda angeschlossen. Es waren die Jahre, in denen Fulda begann, zu der oft gerühmten Bedeutung aufzusteigen. Hrabanus kam in ein Kloster, das ihm die Möglichkeit bot, mit zahlreichen hervorragenden Persönlichkeiten Kontakt aufzunehmen. Seine Ausbildung in Fulda entsprach wohl dem, was wir aus anderen Quellen über die Erziehung angehender Mönche wissen; hierzu gehörten Lesen und Schreiben sowie das Auswendiglernen und Rezitieren vornehmlich biblischer Texte. Wahrscheinlich schickte ihn Abt Ratger zusammen mit seinem Freund Hatto zu dem berühmten Gelehrten Alkuin nach Tours, damit er sein Grundwissen vertiefen und die *Artes Liberales* studieren könne. Abt Eigil von Fulda (819–822) förderte Hrabanus Maurus sehr und interessierte sich für seine Unterrichtsgespräche *(disputationes)*. Angeblich auf Wunsch seiner Mitbrüder verfaßte Hrabanus Maurus ein Buch über die Ausbildung der Geistlichen *(De institutione clericorum)*. Auch seine weiteren Schriften zeigen, wie sehr Hrabanus von seinen Mitbrüdern als Autorität und Lehrer anerkannt wurde. Als er 822 Nachfolger von Abt Eigil wurde, wirkte er für das Wohl des gesamten Klosters, auch durch die Pflege geistiger Aufgaben.

Nach dem Tod Kaiser Ludwigs des Frommen (840) stritten sich dessen Söhne um das Reich und die Herrschaft; Hrabanus Maurus stellte sich auf die Seite des ältesten Sohnes, Kaiser Lothars I., und als Fulda und Mainz 842 schließlich in die Herrschaft Ludwigs des Deutschen gelangten, legte er sein Amt als Abt nieder und widmete sich ganz der geistigen Arbeit. Er wurde zur geistigen Autorität des Ostfrankenreiches, und es zeugt vom Weitblick Ludwigs des Deutschen, daß er Hrabanus Maurus ungeachtet seiner früheren Parteinahme zur höchsten kirchlichen Würde des Ostfrankenreiches berief, zum Erzbischof von Mainz. Als Hrabanus 848 auf einer Synode im Prädestinationsstreit gegen den Mönch Gottschalk Stellung bezog, zeigte sich, wie sehr er im Grunde der alten Ordnung verhaftet war. Zeit seines Lebens blieb Hrabanus Maurus Gelehrter und Lehrer in der Tradition der karolingischen Erneuerung, was nicht zuletzt auf seine Begegnung mit Alkuin in Tours zurückzuführen ist. Ausgedrückt wurde die

Beziehung beider Gelehrter am sinnfälligsten dadurch, daß Hrabanus seinen Namen erweiterte und den von Alkuin verliehenen Beinamen »Maurus« zeitlebens beibehielt. Der Name Maurus, eine Anspielung auf den Lieblingsschüler des heiligen Benedikt, bezeichnet das besonders enge Verhältnis zwischen Lehrer und Schüler, und Hrabanus Maurus kann mit Recht als Erbe Alkuins bezeichnet werden. Fulda nahm fortan den Platz von Tours als karolingisches Bildungszentrum ein. Hrabanus Maurus hat als Gelehrter seine Zeitgenossen überragt, von seiner Bedeutung zeugt die immense Nachwirkung seines Werkes in über tausend Handschriften, die Raymund Kottje in einem großen Forschungsprogramm untersucht. Die Scholastiker und die Humanisten haben seine Werke eifrig benutzt.

Der bereits zitierte Humanist Trithemius urteilte über ihn: »Rabanus Maurus, sechster Erzbischof von Mainz, vorher war er Abt des Benediktinerklosters in Fulda, von deutscher Abstammung, aus der Stadt Fulda im Buchenland, einstmals Hörer des Angelsachsen Alkuin, ein Mann, äußerst gebildet in der Heiligen Schrift und in der weltlichen Literatur, von anerkannter Gelehrsamkeit, ein Philosoph, Redner, Astronom und äußerst feinsinniger Dichter (um es ganz neidlos zu sagen), weder Italien brachte jemand hervor, der ihm ähnlich war, noch auch Germanien einen Mann von gleichem Rang . . . Solange er im Kloster Fulda lebte, schrieb er viele Bände in Dichtung und Prosa, vornehmlich im Themenbereich der Heiligen Schrift, die er ganz von Anfang bis Ende auslegte. Die Titel seiner Schriften werden unten angeführt. An Frechulf, den Bischof von Lisieux, den wir obenerwähnt haben, schrieb er ein ausgezeichnetes Werk.«[9]

Nach einer Auflistung der Werke heißt es dann: »Er starb unter der Herrschaft Ludwigs und Lothars im Jahr des Herrn 855 in der dritten Indiktion, im neunten Jahr seines Bischofsamtes. Begraben wurde er im Kloster St. Alban bei Mainz, nicht ohne Ruf der Heiligkeit. Sein Epitaph mit zwanzig recht schönen Versen habe ich gelesen.«[10] Interessant ist die Bemerkung des Humanisten Trithemius zur Heiligkeit *(non sine opinione sanctitatis).* Sie führte wohl erst dazu, daß Hrabanus, der als Gelehrter zunächst wohl nicht im Volk den Ruf der Heiligkeit genoß, schon bald in Deutschland als Heiliger verehrt wurde; heute wird sein Fest in den Diözesen Mainz, Fulda, Limburg (und Breslau) begangen.

Heilige festigen die politische Herrschaft im Reich der Ottonen

Was blieb von der karolingischen Kultur, als aus dem ostfränkischen Reich das Deutsche Reich entstand? Die Bindung zwischen weltlicher und geistlicher Herrschaft wurde fortgesetzt, ja sie wurde noch intensiviert durch das sogenannte ottonisch-salische Reichskirchensystem; auch wenn man diesen Begriff in neuerer Zeit nicht mehr uneingeschränkt anwenden mag.

Schon seit der Spätantike erfüllten kirchliche Amtsträger auch weltliche Aufgaben. In der Karolinger- und Ottonenzeit wirkte der »Reichsbischof« in allen großen und bedeutenden Lebensbereichen seiner Zeit mit: in Politik, Rechts- und Kriegswesen, Wirtschaft, Hofhaltung, Schul- und Bildungswesen sowie in der Pflege der Künste, um von den religiösen Aufgaben einmal zu schweigen. Die Ottonen bezogen den Reichsepiskopat fest in das politische Herrschaftssystem mit ein. Ein programmatisches Bild dieser Beziehungen zeigt ein Sakramentar aus dem frühen 11. Jahrhundert, das noch vor 1012 für König Heinrich II. in Regensburg hergestellt wurde. Auf einer ganzen Seite wird der Herrscher stehend dargestellt, wie er von Christus selbst gekrönt wird. Zwei Engel reichen ihm Schwert und Lanze und zwei heiligmäßige

Bischöfe stützen ihn wie einen zweiten Moses; es sind der heilige Emmeram, der legendäre Regensburger Missionar aus der Völkerwanderungszeit, und der heilige Ulrich von Augsburg. Der heilige Herrscher Heinrich II., von Christus selbst gekrönt, wird in seinen Aufgaben von den Bischöfen im wahrsten Sinne des Wortes »unterstützt«; die Individuen Emmeram und Ulrich sind – obwohl benannt – eigentlich unwichtig, sie stehen als Vertreter einer Gruppe, der Bischöfe.

Das Leben Ulrichs kann beispielhaft verdeutlichen, wie sehr weltliche und kirchliche Herrschaft im Reich der Ottonen zusammengehörten. Der Domkleriker Gerhard hat seine Vita »zum Vorbild und zur Erbauung« niedergeschrieben. Am 31. Januar 993 verlas Bischof Liudolf von Augsburg im Lateran Teile aus dieser Lebensbeschreibung und ersuchte Papst Johannes XV. (985–996) sowie die Synodalen, den Bischof Ulrich heiligzusprechen. Dies war das erste Mal, daß die päpstliche Autorität für eine Heiligsprechung bemüht wurde. Ulrich, um 890 geboren, entstammte einer adeligen Familie Oberschwabens. Das Kleinkind war sehr kränklich, und als es auf Rat eines durchreisenden Priesters schließlich gesundete, glaubten die Eltern auch der Weissagung dieses Mannes: »Gott wird einmal Großes durch ihn wirken.« Nach seiner Studienzeit in St. Gallen wurde Ulrich Kämmerer des Bischofs Adalbero von Augsburg, der »ein großer Gelehrter seiner Zeit« war, und »der fast alle Reichsgeschäfte zusammen mit dem König führte«, eine treffende Charakterisierung, die zeigt, daß Adalbero keinesfalls nur der Seelenhirt seiner Diözese war. Als Ulrich von einer Romreise (909) zurückkehrte, amtierte in Augsburg ein neuer Bischof namens Hiltine. »Hiltine war aber nicht von so hohem Adel, daß Ulrich in seinen Dienst hätte treten mögen.« Ganz unverblümt bekennt der Biograph hier, was Standesunterschiede einem Mann wie Ulrich bedeuteten.

Als Hiltine 923 starb, übernahm Ulrich das Augsburger Bischofsamt, König Heinrich I. (919–936) machte ihn zu Hiltines Nachfolger. Heinrich bestellte damit erstmals im deutschen Südwesten einen Bischof und verpflichtete den Augsburger Hirten durch Treuegelöbnis und Handgang. Ulrich erwiderte dieses Vertrauen, er suchte die Königsnähe, auch noch unter Otto dem Großen, dem Nachfolger Heinrichs I. So heißt es in seiner Vita: »Ulrich . . . begab sich an den Hof des Königs und diente ihm in gewohnter Weise, bis König Heinrich sein irdisches Leben beschloß. Dem Sohn Otto, der nun zum König erhoben wurde, bemühte sich Ulrich den gleichen Eifer im Dienen und die gleiche Festigkeit in der Treue zu bezeugen, wie bisher dem Vater.« Seine Treue zu Otto erwies sich, als Ulrich während des Aufstandes von dessen Sohn Liudolf 953/54 fest zu Otto hielt.

Ulrich kehrte als Bischof nach Augsburg zurück, aber es wurde für ihn eine erschreckende Rückkehr: Mehrmals waren die Ungarn bis nach Schwaben vorgedrungen, und auch die Stadt Augsburg hatte schweren Schaden gelitten. So gehörte zu den vordringlichsten Aufgaben Ulrichs der Wiederaufbau der Stadt.

Aber Ulrich entfaltete seine Herrschaft nicht nur in Augsburg selbst, immer wieder überschritt er die Grenzen seiner Diözese. Neben seinen Verbindungen zum Herrscher pflegte er Beziehungen zu den benachbarten Amtskollegen; so war er bei der Beerdigung des 934 verstorbenen Bischofs Nothing von Konstanz anwesend und beeinflußte die anschließende Erhebung des Dompropstes Konrad (934–974), der im übrigen auch zu den heiligen Bischöfen der Ottonenzeit gezählt werden kann. Er wurde 1123 auf dem ersten Laterankonzil heiliggesprochen und ist noch heute der Patron der Erzdiözese Freiburg.

Die drei Reisen Ulrichs nach Rom galten nicht zuletzt dem Erwerb von Reliquien. Sie bezeugen somit nicht nur Ulrichs

Verbundenheit mit Rom, sondern auch seine Sorge um die Kirche von Augsburg, denn noch immer sah man in den heiligen Leichnamen Unterpfänder himmlischer Gnade. Auch aus anderen Orten besorgte Ulrich die begehrten Reliquien. Gerhard rühmt in der Vita Ulrichs Gastfreundschaft, seine Sorge für Untergebene und Leibeigene sowie die Askese, die er sich selbst auferlegte. Ausführlich berichtet Gerhard darüber, wie bescheiden Ulrich die Fastenzeit und die Karwoche beging, um dann das Osterfest zu feiern.

Ein Bischof der Ottonenzeit mußte allerdings auch andere Qualitäten besitzen. Als 955 die Ungarn erneut in Süddeutschland einfielen, bedrohten sie auch Schwaben und die Bischofsstadt Augsburg. Ulrich leitete die Verteidigung, bis das königliche Heer nahte und die Ungarn auf dem Lechfeld besiegte: »In der Stunde des Kampfes aber saß der Bischof auf seinem Roß, angetan mit der Stola, ohne durch Schild, Harnisch und Helm geschützt zu sein, und blieb unversehrt und unverwundet von den Pfeilen und Steinen, die ihn von allen Seiten umschwirrten.«

In seinen letzten Jahren bemühte sich Ulrich besonders um seinen Neffen Adalbero, den er zu seinem Nachfolger machen wollte. Anfeindungen gegen seine Nachfolgepläne mußte der altersschwache Ulrich auf einer Synode in Ingelheim entkräften. Der Tod seines Neffen machte jedoch mit einem Schlag Ulrichs Pläne zunichte. Als er selbst schließlich am 4. Juli 973 die Augen schloß, endete ein erfülltes Leben im Dienst von Reich und Kirche. Ein anderer heiligmäßiger Bischof der Ottonenzeit, Wolfgang von Regensburg, hat Ulrich in St. Afra in Augsburg bestattet. 973 glaubte man allgemein, ein Heiliger sei aus dieser Welt geschieden. Gerhard läßt seiner Vita einige Wunderberichte folgen und erzählt, aus eigenem Antrieb habe das Volk Ulrichs Todestag festlich begangen. Die Heiligsprechung 993 in Rom bestätigte nur noch, was in Augsburg bereits feststand.

Ähnlich wie das Leben des heiligen Ulrich könnte das Leben weiterer heiliger Bischöfe der Ottonen- und Salierzeit hier nachgezeichnet werden, jedoch würden sich die Lebensläufe – bei aller Verschiedenheit – in einem Punkte ähneln: Sie zeigen die Verflechtung von Reich, Kirche und Kultur. Dies gilt nicht nur für die schon genannten Bischöfe Konrad von Konstanz oder Wolfgang von Regensburg, sondern ebenso für Erzbischof Willigis von Mainz (975–1011), der als Erzkanzler drei Kaisern diente und den Ehrentitel »Vater des Kaisers und des Reiches« erhielt oder auch für Erzbischof Heribert von Köln (999–1021), den Freund und Berater Ottos III. (983–1002). Einer seiner Vorgänger, Erzbischof Bruno von Köln (953–965), der Bruder Ottos des Großen, kann schon durch seine Verwandtschaft mit dem Kaiser als »der« Kirchenfürst gelten, der das ottonisch-salische Reichskirchensystem verkörperte. Sein Biograph sagt: »Er war dem König der bedeutendste Berater bei der Begründung, der treueste Gefährte beim Aufbau und der stärkste Helfer bei der Vollendung des Staates.« Auch der 1192 heiliggesprochene Bischof Bernward von Hildesheim gehört zu den Heiligen des ottonischen Reichsepiskopates. Sein Biograph Thangmar unterstreicht die geistige Aufgeschlossenheit des jungen Bernward und seinen bohrenden Wissensdrang, der ihn schon als Knaben den »aus dem innersten Bereich der Philosophie kommenden Fragen« nachgehen ließ.

Im Hinblick auf das Deutsche Reich gilt es jedoch, nochmals auf den Sieg über die Ungarn auf dem Lechfeld zurückzukommen. Otto I. konnte sich dort als Retter der Christenheit fühlen, ja manche Zeitgenossen glaubten, er sei schon damals des Kaisertitels würdig gewesen. Otto dankte zwei Heiligen, Laurentius, dem Tagesheiligen, sowie Mauritius für ihre Schlachthilfe. Seiner Lanze, die der König beim Kampf ergriff, wurde die letztendliche Rettung zugeschrieben. Die 926 von Heinrich I. von dem Burgunderkönig Rudolf II.

erworbene Mauritiuslanze, die zunächst als Konstantinslanze bezeichnet wurde, gilt seit Otto I. als eine der wichtigsten Reichsinsignien. Offensichtlich galt Mauritius noch zur Zeit Ottos I. als Patron Burgunds oder der dort herrschenden Rudolfingerdynastie. Mauritius wurde jedoch spätestens 965 auch als Patron des Kaisers, schließlich als Patron der Ottonendynastie und des Reiches angesehen. Ein Detail ist kennzeichnend für die Bedeutung dieses Patronates: Im 12. Jahrhundert mußte der deutsche König in Rom nicht am Hauptaltar von St. Peter, sondern am Mauritiusaltar zum Kaiser gekrönt werden, wie es in den Krönungsordines heißt.

Die Skizze über Heilige und Heiligkeit zur Zeit der Ottonen bliebe unvollständig, wenn nicht noch kurz das Neue der sächsisch-ottonischen Heiligkeit ins Blickfeld gerückt würde. Patrick Corbet hat jüngst die Viten der Ottonenzeit eingehend untersucht und einige Punkte besonders hervorgehoben. Zu einer Zeit, der gemeinhin eine vornehmlich mönchisch-innerliche Spiritualität zugeschrieben wird, erarbeiteten Kleriker das Bild eines christlichen Lebens in der Welt. So zeichneten sie auch das Bild der heiligen Königinnen, die ein ausgewogenes, vorbildhaftes eheliches Leben führten, wie beispielsweise Königin Adelheid (gestorben 999), die zweite Gemahlin Ottos des Großen. Ein Bild der Heiligkeit, das eine ganze Dynastie legitimierte, lehnte sich natürlich, wenn auch in verjüngter Form, an die alten germanischen Vorstellungen der Geblütsheiligkeit an. Die Kontinuität eines Geschlechtes gewährleisteten jedoch vor allem die Frauen: Oda (gestorben 912), die Gemahlin Liudolfs von Sachsen (gestorben 866), des Stammvaters der Ottonen (Liudolfinger); Mathilde (gestorben 968), die Gemahlin Heinrichs I.; Edith (gestorben 946) und Adelheid (gestorben 999), die Frauen Ottos des Großen, oder die bereits erwähnte Gemahlin Heinrichs II., Kunigunde (gestorben 1033). Gegenüber diesen heiligen Königinnen, die noch um die Äbtissin Hathumoda von Gandersheim (gestorben

874) ergänzt werden könnten, hat das Haus der Sachsen nur den heiligen Herrscher Heinrich II. und den erwähnten Reichsbischof Bruno von Köln zu verzeichnen. Möglich, daß das Bild der heiligen Herrscherin im Mittelalter von Westen nach Osten wanderte; von den merowingischen Frauen Radegundis und Bathildis über die sächsischen Königinnen bis hin zu Hedwig von Schlesien und Elisabeth von Thüringen im 13. Jahrhundert. Doch bleibt diese Erklärung vordergründig, und weitere Studien wären nötig, um die Entwicklungslinien und Zusammenhänge genauer zu analysieren.

Heilige als Reformer der Kirche

In der Salierzeit und besonders während des Investiturstreites wandelten sich Staat, Kirche und Gesellschaft, was sich auch in den Lebensläufen der Heiligen widerspiegelt. Die Reform der Kirche, der Kampf der monastischen Bewegung und später auch der römischen Kirche gegen Ämterkäuflichkeit und Priesterehe sowie gegen die Investitur kirchlicher Würdenträger durch den Herrscher, leitete eine fundamentale Umwälzung des mittelalterlichen Europa ein.

Die »Adelskirche« der Ottonenzeit konnte den Anforderungen nicht mehr genügen, sobald man an sie die Maßstäbe der Bibel und der kirchenväterlichen Weisungen anlegte. Bereits ab dem 10. Jahrhundert versuchten verschiedene Gruppen die Kirche zu reformieren. Vor allem im burgundisch-französischen Gebiet sowie im lothringischen Grenzraum, aber auch in Italien und Deutschland traten Mönchsgemeinschaften für eine Reform des Mönchtums, ja der ganzen Kirche ein. Der Reformgeist erfaßte auch Klerus und Laien. Die vielschichtigen Aspekte dieses »Gärungsprozesses« können hier nicht im einzelnen entfaltet werden, entscheidend war für das Abendland, daß dieser Reformgeist auch in Rom

Einzug hielt und zu einer Umwälzung der gesamten Kirche führte. Deshalb hat man die nach dem Hauptvertreter, Papst Gregor VII., genannte »gregorianische Reform« sogar als »Revolution« bezeichnet.

»Die gregorianische Reform begann mit den deutschen Päpsten« (Friedrich Kempf). Blieben die Bemühungen der ersten beiden deutschen Päpste noch weitgehend Programm, so änderte sich das Bild mit dem am Jahresende 1048 in Worms zum Papst designierten Bruno von Toul, dem dritten »deutschen Papst«. Sein nur fünfjähriges Pontifikat hat Weltgeschichte gemacht, und Brunos gesamter Lebensweg veranschaulicht auch den Weg, der zur Reform der ganzen Kirche führte. Schon seine Wahl zeigt, wie ernst es Bruno mit einem Neubeginn war. Er hatte Kaiser Heinrich III. (1039–1056) erklärt, wie sehr ihm an einer einstimmigen Wahl durch alle Römer gelegen sei. Er wollte der Wahl das Gewicht beimessen, das ihr zukam. Der Erwählte nahm den Namen Leo an. Man kannte den Brauch des Namenswechsels schon seit langem beim Eintritt in den Mönchsstand, aber für die neu erhobenen Päpste war er erst seit kurzer Zeit üblich. Als Papst wurde man mit dem neuen Namen auch ein »neuer Mensch«. Bruno drückte mit seiner Namenswahl aus, in welche Tradition er sich stellen wollte; Papst Leo I. war der große Papst des 5. Jahrhunderts gewesen, der nachdrücklich den Vorrang des apostolischen Sitzes betont hatte.

Der neugewählte und geweihte Papst scharte sofort viele neue Mitarbeiter um sich, die ihm aus seiner lothringischen Heimat und den Nachbargebieten bekannt waren, darunter beispielsweise Humbert aus dem Kloster Moyenmoutier, der spätere Kardinalbischof von Silva Candida. Bruno und Humbert waren schon seit ihrer Jugend Freunde gewesen und beide sollten Geistliche werden; der Burgunder Humbert lernte im Vogesenkloster Moyenmoutier; Bruno wurde in der Domschule von Toul erzogen. Humbert studierte gründlich, Bruno vielleicht etwas weniger intensiv, dafür jedoch vielseitiger. Diese Prägung sollte in ihrem späteren Leben noch deutlicher werden. Bruno stammte aus dem Städtchen Egisheim südwestlich von Colmar, wo man noch heute sein Andenken ehrt. Er lebte zwischen germanischer und romanischer Welt, besonders seine Jahre in Toul banden ihn an den romanischen Westen. Nach Toul strahlte die von St.-Bénigne in Dijon propagierte Reform aus und prägte auch Brunos Werdegang. Nachdem er Kleriker am Hof Kaiser Konrads II. (1024–1039) gewesen war, kehrte er schon 1026 als Bischof nach Toul zurück, kümmerte sich vor allem um die Klöster seiner Diözese und führte die cluniazensische Reform in mehreren Ordensgemeinschaften durch, darunter auch in Moyenmoutier. In dieser Zeit lernte er einige der Reformer kennen, die er später als Papst nach Rom holte; neben Humbert waren es unter anderen der Touler Archidiakon Udo, die Mönche Hugo von Remiremont, Azolin von Compiègne, Friedrich von Lothringen. Zu dem späteren römischen Kreis gehörte schließlich auch der Italiener Hildebrand, der spätere Papst Gregor VII. So bildete sich in Rom inmitten der römischen Adelswelt, die von Reform wenig wissen wollte, eine Gruppe, die auch über Leos Tod hinaus den neuen Kurs aufrechterhalten konnte.

Unterstützt von dieser Gruppe ging Leo IX. energisch ans Werk, da er die Verhältnisse sehr genau kannte. Petrus Damiani, ein weiterer Reformer, hatte ihm sein *Buch von Sodom und Gomorrha* gewidmet, das alle Probleme der damaligen Kirche offen ansprach.

Aus seinen Helfern, die alle wichtige Posten erhielten, gingen zahlreiche Kardinäle hervor, Mitglieder des immer wichtiger werdenden Kardinalkollegiums. Auf Synoden versammelte sich der abendländische Episkopat. Da Leo IX. wußte, daß einem Reformprogramm auch Geltung verschafft werden mußte, reiste er durch Europa und übernahm so ein

Herrschaftsinstrument der römisch-deutschen Herrscher. Seine Bemühungen blieben nicht ohne Rückschläge, aber der Papst fand starken Widerhall und Rückhalt beim Mönchtum. Wenn Leo IX. auch in seinen Feldzügen gegen die Normannen in Süditalien weniger glücklich war und auch den endgültigen Bruch mit Byzanz nicht vermeiden konnte, so stand jedoch bei seinem Tod am 19. April 1054 fest, daß er den Weg für die kommende Zeit maßgeblich bereitet hatte. Sein letztes Gebet soll er im Petersdom auf deutsch gesprochen haben. Schon bald wurde er als Heiliger verehrt; er blieb zunächst der einzige heilige Papst des hohen Mittelalters, da erst etwa ein halbes Jahrtausend später Papst Paul V. den Mitstreiter und großen Nachfolger Leos IX., Papst Gregor VII. (1073–1078), heiligsprach.

Die Auseinandersetzungen des Investiturstreites zwischen Papsttum und Kaisertum kennzeichnen auch die Lebensschicksale weiterer Heiliger dieser Zeit. Bischof Altmann von Passau (1065–1091) kam zwar durch seine Gönnerin, Kaiserin Agnes, zum Bischofsamt, war jedoch in den Streitigkeiten Anhänger der Reformbestrebungen Papst Gregors VII. Er suchte die Unbeugsamkeit des »hölzernen Klerus« in seiner Diözese zu brechen und wurde Wegbereiter für neue Formen klerikaler Gemeinschaften, die regulierten Kanonikerverbände. Auch literarisch ergriff Altmann für Papst Gregor VII. und gegen König Heinrich IV. Partei und betrieb die »Absetzung« Heinrichs IV. 1077 in Forchheim. Heinrich IV. besetzte daraufhin Passau. Nachdem Altmann von 1079 an ein Jahr in Rom geweilt hatte, kehrte er als Legat für Deutschland zurück, konnte jedoch nur im Ostteil seiner Diözese erneut Fuß fassen. Vor allem in diesen Teilen seines Bistums wurde Altmann schon bald nach seinem Tode als Heiliger verehrt; offiziell wurde sein Kult aber erst im 19. Jahrhundert für Passau, Linz, St. Pölten und Wien zugelassen.

Ein vergleichbarer »Reformbischof« war Benno I. von

Meißen (1060–1105/07), der im Investiturstreit ebenfalls gegen Heinrich IV. Stellung bezog. Auch er wurde erst recht spät, 1523, heiliggesprochen. Man bezeichnete Benno als »Apostel der Wenden«, und die feierliche Erhebung seiner Gebeine, 1524, bot Anlaß zu Martin Luthers kritischer Schrift *Wider den neuen Abgott und alten Teufel, der zu Meißen soll erhoben werden*. Luther verurteilte in dieser Schrift jedoch nicht den Bischof, sondern vor allem den liturgischen Akt der Erhebung als Ausdruck einer dem Evangelium widersprechenden päpstlichen Heiligenverehrung. Die in der päpstlichen Bulle erwähnte angebliche gregorianische »tugent« sei »von den Meysenern erdichtet und erlogen«.

Der Wandel der »archaischen« Gesellschaft zur Zeit des Investiturstreits vollzog sich auf vielen Ebenen, was sich auch in der Geschichte der Heiligen teilweise widerspiegelt. Dabei spielten die deutschen Heiligen allerdings zunächst eine untergeordnete Rolle, galt doch in Reformkreisen als Ziel, zum Leben der Urkirche, zur *primitiva ecclesia*, zurückzukehren. Dies bedeutete zugleich eine Rückbesinnung auf die frühen Heiligen, so förderte man beispielsweise die Verehrung der Apostel.

In der Praxis ließen sich die Reformforderungen am ehesten in neuen religiösen Gemeinschaften verwirklichen, so z. B. in dem neugegründeten Kloster Hirsau oder in den Zisterzen des Anfang des 12. Jahrhunderts entstandenen Zisterzienserordens. In Siegburg und St. Blasien wurden die Lebensgewohnheiten des oberitalienischen Klosters Fruttuaria übernommen. Fast noch früher als die Reformrichtungen des benediktinischen Mönchtums verbreitete sich die Reform der Kanoniker in Deutschland; so bereits am Ende des 11. Jahrhunderts in dem Stift Rottenbuch (Bistum Freising) oder im elsässischen Marbach. Richard von Springiersbach entwikkelte Anfang des 12. Jahrhunderts an der Mittelmosel eine Kanonikergemeinschaft mit strengeren Gewohnheiten. Die

Initiative von Springiersbach beeinflußte auch die Salzburger und Halberstädter Reformgruppen und vor allem die Lebensformen des von Norbert von Xanten (gestorben 1134) gegründeten Prämonstratenserordens.

Das Leben des 1582 von Papst Gregor XIII. heiliggesprochenen Norbert verdeutlicht gut den religiösen und gesellschaftlichen Neubeginn im 12. Jahrhundert. Norbert, wohl in Gennep bei Kleve geboren, wurde von seinen adeligen Eltern für den geistlichen Stand bestimmt, nachdem diesen in einem Traumgesicht der Lebensweg ihres Sohnes offenbart worden war. Als Kanoniker von St. Viktor in Xanten führte Norbert ein seinem Stande entsprechendes Leben und gewann Einfluß im Umkreis von Heinrich V. (1106–1125) und Erzbischof Friedrich I. von Köln. Im Jahre 1115 sollte jedoch seine aufwendige Lebensführung ein jähes Ende finden. Eine Stimme klagte ihn an, und er gelobte Umkehr mit den Worten des Psalmisten: »Laß ab vom Bösen und tu das Gute.« Norbert kam in das Reformkloster Siegburg, traf dort auf reformfreudige Persönlichkeiten und erhielt in Köln seine Diakonats- und Priesterweihe. Danach verteilte er seinen Besitz, lebte zeitweilig als Einsiedler und wirkte schließlich mit großem Erfolg als umherziehender Prediger. Seine Wanderpredigt blieb jedoch nicht unangefochten; auf einer Synode in Fritzlar verteidigte er sich nach den Worten seines Biographen folgendermaßen:

»Hier wurde von seinen Neidern gegen ihn vorgebracht, mit welcher Berechtigung er das Predigeramt ausübe und mit welcher Berechtigung er sich nach außen als Mönch gebe, obwohl er doch nach wie vor aus eigenen Mitteln lebe und in kein Kloster eingetreten sei, und mit welcher Berechtigung er, der noch immer Weltgeistlicher sei, Schaf- oder auch Ziegenfelle als Kleidung benutze. Norbert erwiderte: ›Wenn ich wegen des Predigens angegriffen werde, so steht geschrieben: Wer einen Sünder von seinem Irrweg bekehrt, rettet seine

Seele und deckt eine Menge Sünden zu. Die Macht zu predigen aber ist uns durch den Empfang der Priesterweihe gegeben, da es heißt: Empfanget das Amt und seid Verkünder des Wortes Gottes . . . Was endlich meine Kleidung betrifft, so lehrt uns der erste Hirte der Kirche, daß Gott an kostbarem Gewand kein Wohlgefallen hat . . .‹ Nachdem er das zu seiner Rechtfertigung gesagt hatte, ging Norbert von dort hinweg.«[11]

Der Disput verdeutlicht das allgemeine geistige Klima, das einen Mann umgab, der neue Wege beschritt. Nach der Synode erhielt Norbert von Papst Gelasius II. (1118–1119) die Erlaubnis, »frei und ungehindert zu predigen«. Das Mißtrauen der Kirche gegenüber der schwer kontrollierbaren Form der Wanderpredigt blieb jedoch erhalten, und es ist unklar, ob Papst Calixtus II. (1119–1124) auf dem Konzil von Reims die Predigterlaubnis für Norbert erneuerte, wie sein Biograph behauptet.

Der in Reims anwesende Bischof Bartholomäus von Laon, der sein Bistum durch Norbert reformieren lassen wollte, konnte den Papst und auch Norbert für seinen Plan gewinnen; jedoch stellte Norbert an die Stiftsherren von Laon äußerst strenge Forderungen: »Ich habe mir vorgenommen, nach bester Erkenntnis rein nach dem Evangelium und der apostolischen Lehre zu leben. Ich weise das schwere Amt nicht zurück, vorausgesetzt, daß die Kanoniker an dieser Kirche bereit sind, sich nach dieser Lebensform zu richten.«[12]

Mit diesen Vorstellungen stieß er schon bald auf Widerstand, und der Bischof, der die Zeichen der Zeit wohl erkannt hatte, bot Norbert daraufhin an, sich einen Ort in seinem Bistum auszuwählen, an dem er sich niederlassen könne. Norbert entschied sich für das Tal von Prémontré, etwa zwanzig Kilometer von Laon entfernt. Die Mitglieder verpflichtete er auf die kanonischen Regeln des heiligen Augustinus. Nach der Gründung der neuen Gemeinschaft von Prémontré blieb Norbert weiterhin Wanderprediger und gründete Niederlassungen in den Diözesen Laon, Soissons, Cambrai, Lüttich, Metz, Münster und Mainz. Die Neugründungen fügte er zum Klosterverband der Prämonstratenser zusammen. Im Frühjahr 1126 erreichte er vom Papst die Bestätigung seines Ordens, der allerdings erst unter Norberts Nachfolger Hugo von Fosses (gestorben 1161) einen festeren Rahmen erhielt.

Gerade für die Zeit Norberts, in der er weiter als Wanderprediger wirkte, berichtet seine Vita über zahlreiche Wunder, die für eine Geschichte des »heiligen Norbert« aufschlußreich sind.

In Köln vergrößerte sich seine Gefolgschaft rasch. Norbert selbst hatte die Absicht, eine Kirche bauen zu lassen, und bat den Erzbischof Friedrich um einige Reliquien als Schutzheilige des neuen Gotteshauses. Der Bischof stimmte zu. Norbert wollte jedoch während eines Fastens mit Hilfe Gottes »den Schutz eines ehrwürdigen Heiligen . . . finden. Schon in der gleichen Nacht hatte einer eine Erscheinung: eine der elftausend Jungfrauen bezeichnete ihm nicht nur den Namen einer der Jungfrauen, sondern auch ihre Grabstelle, die bisher unbekannt war. Am anderen Tag suchte man nach der Angabe der Vision den Leichnam und fand ihn dort unversehrt. Diesen nahm Norbert unter Hymnen, Lobgesängen und Danksagungen an sich. Dann füllte man ihm zum Mitnehmen noch zwei Gefäße mit Reliquen der anderen Jungfrauen, der heiligen Märtyrer der Thebäischen Legion, der heiligen Mauren und der beiden Ewalde.« Als Norbert am nächsten Tag den Propst von St. Gereon um Reliquien bat, wurde ihm die Suche in der Kirche erlaubt. Nach einer Nacht des Gebetes »befahl er, mitten im Kloster, wo nicht die Spur einer Grabstelle zu erkennen war, zu graben. Und hier fand man einen Leichnam ohne Haupt, sonst unversehrt, der dort mit aller Sorgfalt bestattet worden war . . . Als die Kanoniker und das Volk, das in zahlloser Menge zusammengekommen war, das sahen, sagten sie: ›Siehe, unser Herr, der heilige Gereon, unser ehrwürdiger Schutzpatron! Wir und unsere Vorgänger haben ihn viele Jahre hindurch gesucht, aber wegen unserer Sünden nicht finden können.‹ Mit lauter Stimme sagten sie voll Freude Gott unendlichen Dank und als gottgefällig priesen sie den Menschen, durch den ein so großer und kostbarer Schatz, den man so lange missen mußte, gefunden werden durfte. Damit aber niemand zweifle, daß es wirklich der heilige Gereon war, ist zu wissen, daß es in Wahrheit ein untrügliches Erkennungsmerkmal gab. Denn über seinen Tod und sein Martyrium war zu lesen, daß der Kopf nicht ganz, sondern nur zum Teil abgeschlagen worden war; von diesem Teil wußte man, daß ihn die Heiden in einen Brunnen zwischen dem Sanktuarium und dem Schiff der Kirche geworfen hatten. Über der Öffnung dieses Brunnens hatte man einen Altar zu seinen Ehren geweiht, aber wo der übrige Leib war, wußte man nicht. Der heilige Leichnam wurde also, wie es sich gebührte, angenommen und aus dem Grab gehoben. Ein Teil davon bekam der Gottesmann, der übrige Teil wurde von Klerus und Volk aufs feierlichste wieder bestattet.«[13]

Diese Geschichte in der Vita des heiligen Norbert veranschaulicht gut die für den mittelalterlichen Menschen so wichtige Gemeinschaft der Lebenden und der Toten; lebende und tote »Heilige« finden aufgrund ihrer Heiligkeit zueinander; und beide sind nicht nur Vorbilder für die Christen, sondern auch Mittler zu Gott.

Eine weitere Episode aus Norberts Leben verdient es, kurz wiedergegeben zu werden. In Antwerpen hatte Anfang des 12. Jahrhunderts ein Mann namens Tanchelm aus der Umgebung des reformfreudigen Grafen Robert II. von Flandern (1093–1111) zahlreiche Anhänger gefunden. In seinen Predigten ging er sogar so weit, »die Handlungen der Bischöfe und Priester als ›nichts‹ zu bezeichnen und zu leugnen, daß der Empfang des heiligen Leibes und Blutes unseres Herrn Jesus Christus für das ewige Heil von Nutzen sei. Zu diesem Irrtum verleitete er viele Leute dieser Gegend, so daß sie ihm in allen Dingen glaubten. An die 3000 streitbare Kerle folgten ihm, und es gab keinen Herzog, keinen Großen, der ihm entgegengetreten wäre und ihm Einhalt geboten hätte. Er trug vergoldete Kleider, Gold schimmerte im gewellten Haar, und er schillerte von allem möglichen Zierat. Durch groß aufgemachte Gelage und verführerische Reden verschaffte er sich vollkommen das Wohlwollen seiner Zuhörer. Eine erstaunliche und erschreckende Sache. Sie tranken sogar sein Badewasser.«[14]

Der hier charakterisierte Tanchelm, dessen Lebensweg nicht ganz geklärt ist, gehört in die Schar der im 12. Jahrhundert immer häufiger werdenden Prediger, die in Fortführung und Übersteigerung der Reformideen die kirchliche Hierarchie und die Sakramente in Frage stellten. Deshalb wurden sie von der Amtskirche der Ketzerei bezichtigt. Norbert führte das Volk von Antwerpen, »das dieser Scharlatan in die Irre geführt hatte, auf den Weg der Wahrheit und Gerechtigkeit zurück«, wie sein Biograph vermerkt.

1126 übernahm Norbert das ihm angebotene Erzbistum Magdeburg. Dort stieß er mit seinen Reformbemühungen zwar auf Widerstand, aber sein Wille nach Erneuerung blieb bis zu seinem Tod 1134 ungebrochen.

Die Vita des heiligen Norbert ist deshalb für uns so interessant, weil sie zahlreiche Aspekte der neuen Gesellschaft des 12. Jahrhunderts widerspiegelt. Norbert von Xanten erprobte mit seinen Wanderpredigten eine Form der Verkündigung, die den neuen gesellschaftlichen Wandlungen Rechnung trug. Die zunehmende Mobilität im 12. Jahrhundert und die Entstehung von Städten erforderten neue religiöse Formen. Man besann sich der Ideale von freiwilliger Armut,

Handarbeit und aktiver Seelsorge und trug so diesen neuen gesellschaftlichen Entwicklungen Rechnung. Viele der neuen Kanonikerstifte lagen in den Städten und hatten zudem meist ein Hospiz, was ihre Ausrichtung auf Straßenverbindungen und auf die Bedürfnisse der Stadtbevölkerung verdeutlicht. Die Zeit der »armen Heiligen« und der »Stadtheiligen« war angebrochen; unter diesen Heiligen nahmen auch die Frauen einen festen Platz ein.

Aus der kirchlichen Erneuerung im 11. und 12. Jahrhundert ergab sich als eine Konsequenz die Aufwertung von Seelsorge und Predigt, wie sie bald von den Bettelmönchen noch intensiver als von Norbert geübt werden sollte. Hiermit war auch die Idee der christlichen Mission und des Kampfes gegen Heiden und Ketzer verbunden. 1095 hatte Papst Urban II. zum ersten Kreuzzug aufgerufen, um die heiligen Stätten den Ungläubigen zu entreißen und der bekannte Bernhard von Clairvaux (gestorben 1153) ermahnte zu einem Kreuzzug gegen die heidnischen Wenden. Die Bevölkerungsentwicklung und die Begrenzung der Ressourcen in den Altsiedlungsräumen waren für solche Unternehmungen vorteilhaft, was auch die Anfänge der Ostkolonisation im 12. Jahrhundert begünstigt haben dürfte.

Bischof Otto von Bamberg (1102–1139) ist als der große Missionar Pommerns in die Geschichte eingegangen. Otto entstammte einem schwäbischen Adelsgeschlecht, aber sein späteres Ansehen verdankt er wohl kaum dem Ruf seiner offensichtlich wenig begüterten Familie, sondern seinen beiden Missionsreisen nach Pommern im Auftrag des Polenkönigs Boleslaw III. (1102–1138) und Kaiser Lothars III. (1125 bis 1137). Seine Mission war tief geprägt von den Ideen der Reform, und als Klostergründer förderte er vor allem die neuen Mönchsorden. Als Otto 1139 starb, fand er auf eigenen Wunsch in dem von ihm gegründeten Kloster Michelsberg seine letzte Ruhestätte. Die dortige Mönchsgemeinschaft,

Bischof Otto II. von Bamberg und die Pommern forderten seine Heiligsprechung; diesem Wunsch entsprach Papst Clemens III. im Jahre 1189.

Das Werk Ottos von Bamberg verdeutlicht beispielhaft eine erfolgreiche, christlich geprägte Missionierung im Osten. Als Gegenstück kann der Wendenkreuzzug von 1147 gelten, bei dem die Bekehrung als Mittel der Eroberungspolitik fungierte und mit der Losung »Tod oder Taufe« hinreichend gekennzeichnet ist.

Herrscherhäuser und Heiligkeit

Die Zeit der Staufer (1137–1254) ist durch einen weiteren Aspekt mittelalterlicher Heiligengeschichte besonders gekennzeichnet. Man versuchte verstärkt, die weltliche Herrschaft durch Heilige zu legitimieren. Es wurde wichtig, »heilige« Vorfahren oder Vorgänger aufzuweisen und somit die eigene Stellung in eine bestimmte geistige Tradition zu stellen.

Die Welfen förderten die Kanonisation des bereits erwähnten Bischofs Konrad von Konstanz, der schließlich 1138 auf dem Laterankonzil heiliggesprochen wurde. Sie taten dies sicherlich, um so das eigene Ansehen mit Hilfe dieses berühmten Vorfahren zu steigern. Ungarn, Engländer und Dänen betrieben die Kanonisierung ihrer Könige Stephan I., Edmund von Ostanglien und Knud. Mit einiger Berechtigung hat jüngst Gábor Klaniczay vermutet, die Idee, eine Dynastie durch heilige Stammväter oder Vorfahren zu legitimieren, sei von der Peripherie Europas nach Mitteleuropa gekommen.

Friedrich Barbarossa (1152–1190) betrieb die Heiligsprechung Karls des Großen, der das im Abendland erneuerte Kaisertum symbolisierte. Zudem ließ er unter maßgeblicher Beteiligung des Kölner Erzbischofs Rainald von Dassel

(1159–1167) die Gebeine der Heiligen Drei Könige nach Köln überführen, und man hat vermutet, daß die drei Weisen durch ihre Nähe zum göttlichen Kind von Bethlehem gleichsam das von Gott eingesetzte Königtum und königliche Heiligkeit versinnbildlichen könnten (H. Hofmann). Zu beiden Orten, zum Grab Karls des Großen in Aachen und zum Dreikönigsschrein in Köln, sollten bald viele Pilger kommen; Friedrich Barbarossa »begründete« damit zwei bis heute lebendige Stätten der Heiligenverehrung.

Die »Welle« der königlichen Heiligenkulte dauerte bis ins 14. Jahrhundert an. Anders als zur Karolinger- und Ottonenzeit repräsentieren die heiligen Königinnen im Hochmittelalter eher ein Gegenbild oder eine Ergänzung des *homo politicus*. Die heilige Hedwig von Schlesien (gestorben 1243) oder die heilige Elisabeth von Thüringen (gestorben 1231) sind herausragende Beispiele für die Gruppe der königlichen Witwen und Prinzessinnen. Sie wirkten karitativ und hatten mit der politischen Herrschaft allenfalls am Rande zu tun.

Hedwig, die Gemahlin Herzog Heinrichs I. von Schlesien, betätigte sich als Gründerin von Frauenklöstern und widmete sich vornehmlich den Armen. Wie Elisabeth von Thüringen speiste sie selbst die Hungrigen und legte sich äußerste Askese auf; den Vorhaltungen des Archidiakons von Breslau, sie faste zuviel, begegnete sie mit den Worten: »Ich esse, was mir genügt.« Als Hedwig 1243 in Trebnitz starb, wurde sie schnell als Heilige verehrt und 1267 durch Papst Clemens IV. offiziell in die Schar der Heiligen aufgenommen.

Unter den heiligen Herrschern und Herrscherinnen nimmt Markgraf Leopold III. von Österreich (1095–1136) in gewisser Weise eine Sonderstellung ein. Sein Wirken im Sinne der Kirchenreform und zum Wohle der Mark Österreich ist erst recht spät gebührend gewürdigt worden. Mit einer Bulle vom 6. Januar 1485 erklärte Papst Innozenz VIII. den Babenberger offiziell zum Heiligen. Er hob dabei die Abschnitte von

Leopolds Leben hervor, die den Ruf seiner Heiligkeit ausmachten:

»Aber unter anderen Beispielen der Heiligkeit hat die göttliche Barmherzigkeit der Welt einen leuchtenden Stern geschenkt, den heiligen Leopold, den Fürsten Österreichs, genannt der milde Markgraf. Er trug die Gewänder der Unschuld, der Weisheit und der Gerechtigkeit, mit denen nach unseren Worten die Kirche bekleidet ist. Er ragte hervor durch gute Sitten, Milde und Wohlwollen, war berühmt für seine Einfachheit, Enthaltsamkeit und Freigebigkeit. Seine Lauterkeit, seine heilige Lebensführung, Demut, Frömmigkeit und sein Glaube waren bei den Christgläubigen dermaßen geachtet, daß er von allen Deutschen bisher stets einstimmig als ein Heiliger geehrt war. Von seiner Großzügigkeit und seinem christlichen Glaubenseifer künden noch jetzt mehrere hochberühmte Klöster, die von ihm entweder mit reichen Mitteln gegründet oder mit großen Stiftungen bereichert wurden . . .

Vierzig Jahre regierte er das Land Österreich und, was besonders viel bedeutet, in höchst unruhigen Zeiten. Heinrich der Vater und der Sohn stritten gegeneinander, und als infolge des Kampfes Heinrichs IV. gegen Lothar bittere Kämpfe ausbrachen und ganz Deutschland von Kriegen, Brand und Verwüstung heimgesucht wurde, hat er mit höchster Gerechtigkeit, Demut und Ruhe die Regierung geführt, und während andere Länder unter Mord und Blutvergießen litten, hat er die ihm anvertraute Mark Österreich in gottgefälligem Frieden erhalten . . .

Obwohl uns die verschiedenen Vorbilder der Heiligen vor Augen gestellt sind, weigern wir uns hartnäckig, sie nachzuahmen, und wenn es um unser Heil geht, schützen wir unsere Schwäche oder unsere Beschäftigung vor. Das glänzende Beispiel des edlen Fürsten Leopold, der verheiratet war und für viele Kinder und Untertanen zu sorgen hatte, ermahnt uns, alle Entschuldigungen zu lassen und durch die Zeitlichkeit bedachtsam hindurchzugehen. Wir sollen uns so als heilig erweisen, um das Ewige nicht zu verlieren.«[15]

Die Translation der Reliquien und die Erhebung der Gebeine erlaubte Papst Innozenz mit einer Urkunde vom 9. März 1486. Sie konnte schließlich am 15. Februar 1506 mit großen Feierlichkeiten stattfinden. Der 15. Februar blieb fortan neben dem 15. November ein eigener Festtag des heiligen Leopold.

An den Akten des Heiligsprechungsprozesses läßt sich jedoch – trotz der formelhaften Sprache – ablesen, wie sehr hierdurch auch historische Nachforschungen angeregt wurden. In dem von Leopold gegründeten Stift Klosterneuburg setzte vor dem Prozeß eine rege Sammeltätigkeit ein. Urkundensammlungen wurden überprüft und abgeschrieben. Nachdem Leopold heiliggesprochen worden war, beauftragte man den Priester Ladislaus Sunthaym, eine Familiengeschichte des neuen Heiligen abzufassen, die durchaus von einer kritischen Einstellung der Geschichte gegenüber getragen war. Sein Text ist – anders als noch in vielen anderen gelehrten Werken dieser Zeit – nicht in lateinischer, sondern in deutscher Sprache geschrieben, konnte also breitere Wirkung als lateinische Werke zeitigen.

Die Geschichte Sunthayms bildete wohl auch die Grundlage für das große Triptychon des Stammbaumes der Babenberger, das zwischen 1489 und 1492 gemalt wurde. Die Männer aus dem Geschlecht der Babenberger sind in 27 Rundbildern mit Szenen aus ihrem Leben zu sehen; die Frauen sind auf beiden Seiten abgebildet. Diese Wirkungen des Leopoldkultes zeigen, wie sehr der neue Heilige auch die Geschichte des ganzen Landes heiligen sollte: Kaiser Leopold I. (1658–1705) ernannte seinen Namensvetter schließlich zum Landespatron, und noch heute kennt ihn jedes Kind in Niederösterreich, da an seinem Festtag die Schulen geschlossen bleiben.

Vielfalt der Heiligen oder »heilige Vielfalt« im Spätmittelalter?

Die Zeit vom 13. bis 15. Jahrhundert, das Spätmittelalter, wird gerne als Zeitalter des »Umbruchs«, der »Auflösung« oder der »Vielfalt« bezeichnet; Charakterisierungen, die unter bestimmten Aspekten gewiß den Kern des Problems treffen. Auch die Maßstäbe der Heiligkeit wandelten sich im 13. und 14. Jahrhundert, wie André Vauchez hervorgehoben hat. Trotzdem blieb das Bild vom Heiligen in seinen Grundzügen konstant, es fächerte sich lediglich weiter auf. Vauchez betont selbst, daß die gebildeten Geistlichen vor allem die Frömmigkeit der Heiligen als Vorbild für die Laien in den Vordergrund rückten, während die Laien und der niedere Klerus die Heiligen besonders nach ihren Wundertaten beurteilten. In der Tat wurde die Heiligkeit im Mittelalter meistens zunächst von den Gläubigen propagiert, und das Empfinden des Volkes hat durchaus nicht immer eine offizielle Billigung in Rom erfahren. Im Europa des 13. Jahrhunderts lassen sich laut neueren Forschungen mehrere hundert Ortsheilige nachweisen, denen das Volk Wunderkraft nachsagte; die Zahl der Heiligsprechungsverfahren zwischen 1185 und 1431 betrug demgegenüber nur 70, und von diesen 70 endete nur etwa die Hälfte der Verfahren mit einer tatsächlichen Kanonisation. Diese Tendenz scheint sich im Spätmittelalter besonders zugespitzt zu haben, jedoch galten auch früher schon für die Heiligenverehrung im Volk eigene Gesetze. Die Quellen fließen für das Spätmittelalter allerdings reicher und informieren uns oftmals explizit über die verschiedenen Formen der Heiligenverehrung.

Der Kult des heiligen Werner von Oberwesel bietet ein schönes Beispiel für einen spätmittelalterlichen »Volksheiligen«. Werner soll 1287 bei Bacharach erschlagen worden sein. Ein Jahr später, 1288, verboten König Rudolf (1273–

1291) und der Erzbischof von Mainz die Verehrung Werners. Seine »Heiligkeit« wandelte sich, bald schon wurde er als Blutzeuge verehrt, der angeblich durch die Hände der Juden getötet worden war. Der im 15. Jahrhundert angestrebte Kanonisationsprozeß führte zu keinem Erfolg, jedoch blieb der Kult des heiligen Werner bestehen; seit dem 16. Jahrhundert galt er als Patron der Winzer und im 18. Jahrhundert feierte man im Bistum Trier sein Fest, bis dieses 1963 abgeschafft wurde.

Heiligenverehrung durch das Volk und Heiligsprechung in Rom waren also zweierlei Dinge, und die im Volk lebendige Verehrung der Heiligen äußerte sich vor allem durch den Besuch ihrer Grabesstätten. Pilgerfahrten gehörten schon fast zum »Alltag« des Spätmittelalters. Dabei finden wir seit dem Spätmittelalter Belege für Pilger aus den unterschiedlichsten sozialen Schichten. Könige und Adlige pilgerten ebenso wie Scholaren, Kaufleute, Handwerker oder Bauern. Kaiser Karl IV. begab sich 1357 nach Mainz, Köln und Aachen. Burgundische Söldner unterbrachen 1475 ihre Kampfeshandlungen, um am Grab des heiligen Quirinus in Neuss zu beten und zu opfern; danach nahmen sie ihr Kriegshandwerk wieder auf.

Sieht man einmal ab von den großen Pilgerfahrten nach Jerusalem, Rom und Santiago de Compostela, so waren Orte wie Aachen, Köln oder Einsiedeln sehr beliebte und besuchte Pilgerzentren. Aber auch im lokalen Bereich nahmen die Pilgerfahrten im Spätmittelalter deutlich zu, so fuhren die Münchener regelmäßig zweimal jährlich zum Kloster Andechs. Interessanterweise stieg im Spätmittelalter die Zahl der Marienheiligtümer sprunghaft an, so daß das Interesse für die Gräber anderer Heiliger fast ein wenig in den Hintergrund geriet. F. Rapp konnte in der Diözese Straßburg nach dem Jahre 1350 insgesamt 34 neue Wallfahrtsorte feststellen, davon achtzehn Marienheiligtümer. Orte, an denen sich angeblich Hostienwunder ereigneten, gehören in den Zusammenhang der Corpus-Christi-Bewegung. Für diese eucharistische Frömmigkeit, die sich bis zum religiösen Fanatismus steigern konnte, sind Gottesbüren oder Wilsnack als Beispiele zu nennen.

Im Spätmittelalter verlagerten sich auch die Motive der Pilger; die Gräber der Heiligen, zu denen sie zogen, hatten zuweilen eine geringere Bedeutung als die Ablässe, die man an ihren Grabesstätten erwerben konnte. Diese Versprechungen zogen Gläubige wie Magnete an. Viele Bürger wiesen in ihren Testamenten eine Geldsumme aus, die zur Durchführung einer Pilgerfahrt dienen sollte, manche Pilger erfüllten ein Gelübde, und vielen Missetätern wurde im Spätmittelalter eine Strafpilgerfahrt auferlegt. Jan van Herwaarden hat die Bußfahrten insbesondere im niederländischen Raum untersucht und für die Zeit zwischen 1383 und 1550 auch die Anzahl der Pilgerfahrten im deutschen Sprachraum notiert: 293 Fahrten führten nach Köln, 203 nach Trier, 196 nach Wilsnack, 183 nach Einsiedeln und 132 nach Aachen.

Während der großen Pest 1348/49 kam es zu spontanen Pilgerbewegungen, zu denen auch die Geißlerzüge gerechnet werden können. Solche Massenwallfahrten blieben bis ins 15. Jahrhundert bestehen, wurden von den Theologen allerdings skeptisch beurteilt. Es war weniger »der Heilige« als »das Heilige« oder besser »das Wunderhafte«, welches das Volk in Massen in seinen Bann zog. Die Theologen, insbesondere aus den Bettelorden, förderten zwar den Glauben an die Heiligen, indem sie wichtige Werke zusammenstellten, aber in diesen Büchern – auch in der bekannten und weitverbreiteten *Legenda aurea*, der Goldenen Legende des Jacobus von Voragine – stand eher das heiligmäßige, vorbildhafte Leben, weniger das wundermäßige Wirken der Heiligen im Vordergrund.

Trotz der zunehmenden Suche nach Wundern, die ja nicht neu war, sondern sich im Spätmittelalter lediglich verstärkte und weiter ausprägte, waren die Heiligen auch als Persönlichkeit, nicht nur als »Wunderhelfer« in der spätmittelalterlichen Gesellschaft gegenwärtig. Heilige als Stadtpatrone oder als Schutzherren für Häuser und Herbergen sind teils bis heute – vor allem in den katholischen Gebieten – erhalten geblieben. Die besonderen Patronate der Heiligen führte man oft auf die Attribute zurück, mit denen sie seit dem 12. Jahrhundert in der Kunst zunehmend dargestellt wurden (oder umgekehrt). Der heilige Vitus, den man mit einem Ölkessel darstellte, wurde beispielsweise zum Patron der bettnässenden Kinder, wahrscheinlich, weil man den Ölkessel als Nachtgeschirr deutete. Auch der Klang des Namens konnte bei der Ausbildung besonderer Patronate mitwirken. Der heilige Wolfgang schützt vor Wölfen, der heilige Blasius die Blasenkranken. Besondere Patrone gab es natürlich nicht nur für Kranke, sondern auch für die verschiedensten Berufsgruppen. So haben die Fischer den heiligen Petrus oder die Schützen den heiligen Sebastian zum Schutzherrn.

Schlägt man ein spätmittelalterliches Legendar auf, so zeigt sich, daß täglich mehrere Heiligenfeste zu begehen waren. Gab es in diesem prall gefüllten Heiligenkalender überhaupt noch Platz für neue Heilige? Nur begrenzt. In Rom erkannte man nur zurückhaltend neue Heilige offiziell an, insbesondere zeigte sich seit dem 13. Jahrhundert die Kurie gegenüber »Märtyrerheiligen« sehr reserviert. Männer und Frauen, die wie der zitierte Werner erschlagen wurden, hatten es schwer, in den offiziellen Heiligenkalender aufgenommen zu werden. Die in den Mittelmeerländern besonders häufig anzutreffenden Asketen, die aus freiem Entschluß die Armut suchten und ihr Leben in den Dienst der Benachteiligten stellten, erfreuten sich hingegen bei der Kurie größerer Beliebtheit. Schlechte Zeiten für »Heilige«, die diesem Bild nicht entsprachen! So wurde der Kult der heiligen Notburga (gestorben 1313, eine Legendenfassung legt ihr Leben sogar ins 9. und 10. Jahrhundert), der »heiligen Jungfrau aus Rattenberg am Inn«, die in opferbereiter Nächstenliebe als Dienstmagd bei den Grafen von Rottenburg tätig war, erst 1862 offiziell bestätigt. Notburga, die ihre Arbeit bereitwillig tat, wegen ihrer Mildtätigkeit entlassen, später dann jedoch wieder auf Schloß Rottenburg zurückgerufen wurde, gilt schon seit dem späten Mittelalter als Patronin Tirols sowie der Dienstmägde und Bauern. Kein Geringerer als Kaiser Maximilian I. (1486–1519) bedachte ihre Ruhestätte in der Rupertskapelle in Eben mit reichen Schenkungen.

Der Notburga-Kult war also auch ohne päpstliche Bestätigung lebendig. Die Zahl der kanonisierten deutschen Heiligen wuchs im Spätmittelalter hingegen kaum noch an. Dennoch hatte Deutschland maßgeblichen Anteil an den großen geistigen und religiösen Bewegungen des Spätmittelalters. Ist es nur ein Zufall, daß der aus der Diözese Neapel stammende Thomas von Aquin (gestorben 1274) bereits 1323 von Papst Johannes XXII. (1316–1334) heiliggesprochen wurde, sein Lehrer Albertus Magnus (gestorben 1280), der vor allem in Köln wirkte, jedoch erst 1931 durch Papst Pius XI.? Dabei soll hier nicht gestritten werden, welcher von beiden bedeutender oder »heiliger« gewesen sei, und gewiß erklären auch die Unterschiede ihrer Lehren diese »ungleiche« Behandlung in Rom.

Mit der Gestalt Alberts des Großen verbindet sich der geistige Aufbruch des 13. Jahrhunderts. In dieser Zeit hielten wirtschaftlicher und technischer Aufschwung an, die Bevölkerung wuchs, und die Bedeutung der Städte und des Fernhandels nahm zu. Obwohl die Gesellschaft weiterhin agrarisch bestimmt blieb, förderten diese neuen Tendenzen auch die Entwicklung der Rationalität. Der zunehmende Reichtum provozierte Protestbewegungen, und das Problem der freiwilligen Armut wurde zum zentralen Thema in Religion und Politik. Die zunehmenden »Ketzer«-Bewegungen sowie die

Bettelorden verdeutlichen diese Entwicklung. Die zunächst am Rande der Kirche stehenden Franziskaner konnten nach einigem Ringen schließlich in die Kirche integriert werden. Die Papstkirche beanspruchte sogar wenig später die geistige Hilfe der Bettelorden, um ihre hierokratischen Vorstellungen in die Praxis umzusetzen. Die Ordensschriftsteller honorierten die päpstliche Anerkennung und Unterstützung mit der Abfassung von papalistischen Traktaten.

Ort der geistigen Auseinandersetzungen wurde immer mehr die Universität, insbesondere diejenige von Paris. Die neuen Orden hatten sich der Probleme der Stadtbevölkerung angenommen, und die Bedeutung der Predigt im Selbstverständnis dieser Orden erforderte eine gründliche Ausbildung. Jeder Orden wollte seine begabtesten Lehrer nach Paris schikken, so daß zwischen 1230 und 1280 Weltkleriker, Franziskaner und Dominikaner um die begehrten Pariser Lehrstühle stritten. Die neuen Lehren waren stark durch eine Rezeption der Philosophie des Aristoteles beeinflußt, die auf verschiedenen Wegen, insbesondere über den Kontakt zwischen islamischer und christlicher Kultur in Spanien, ins Abendland gelangt war. Schon etwa 1210 wurden in Paris Vorlesungen über aristotelische Naturwissenschaft und Metaphysik gehalten.

Auch der Dominikaner Albert der Große, dem man den Ehrennamen *Doctor universalis* gegeben hat, lehrte 1245–1248 in Paris, um dann nach Köln zurückzukehren, wo er ein »Studium generale« seines Ordens aufbaute. Ein kurzer Aufenthalt in Rom 1256, seine Tätigkeit als Bischof von Regensburg (1260–1262) und weitere Aufenthalte in Böhmen, Würzburg und Straßburg unterbrachen nur kurz sein Wirken in Köln. Dort starb er 1280. Albert bemühte sich konsequent darum, dem lateinischen Westen die verschiedenen Werke des Aristoteles nahezubringen. Dabei öffnete er sich auch anderen Traditionen, was ihm zuweilen zwar als Unausgeglichenheit vorgeworfen wurde, obwohl er damit auch einen größeren Reichtum an Motiven erschloß. Albert lehnte den Averroismus weniger scharf ab als sein Schüler Thomas von Aquin, indem er die Selbständigkeit philosophischer Forschung verteidigte und eine methodologische Trennung von Philosophie und Theologie forderte. Er fand es verfehlt, das Christentum in Philosophie übersetzen zu wollen, denn Theologie gründet auf Offenbarung, Philosophie auf Vernunft (*ratio*). Dabei ist sein Aristotelismus zugleich Neuplatonismus. Wie er selbst sagt, könne man in der Philosophie nur zur Vollendung kommen, »wenn man das Wissen von beiden hat, von Aristoteles und Platon«. Geistig erkennen, heißt für Albert, das Allgemeine erkennen; der Intellekt als solcher muß deshalb allgemein sein, um das Allgemeine zu begreifen. Beim Erkennen des Allgemeinen wächst der Mensch über Raum und Zeit hinaus und wird gleichsam göttlich. Der Intellekt macht also zu Kindern Gottes; ein Motiv, das später in der spekulativen Mystik aufgegriffen wurde.

Zu Recht heißt der große mittelalterliche Gelehrte *Doctor universalis*, denn er strebte eine umfassende Erkenntnis an. Ein spätmittelalterlicher Chronist schrieb über ihn nach seinem Tode: »Albert aus dem Dominikanerorden, der ausgezeichnetste Theologe und gelehrteste aller Magister . . .; aber weil er von Nation ein Deutscher war, wird er von vielen gehaßt, und sein Name wird verschrien, obwohl seine Werke benützt werden.« Unnötig, hier zu untersuchen, inwieweit dieses Urteil zutrifft, es zeigt aber zumindest eine Interpretation seiner unmittelbaren Nachfahren.

Begleitet wurde die neue Geistigkeit des Verstandes von der Geistigkeit des Herzens, der Mystik. Verstand und Herz gehören für den Scholastiker und Mystiker Eckhart (gestorben 1328) zusammen. Meister Eckhart hat auf die Ideen des Neuplatonismus zurückgelenkt und lehrte wie auch seine Schüler Heinrich Seuse (gestorben 1366) und Johannes Tauler (gestorben 1361) nicht nur vom Katheder aus, sondern predigte in weiten Kreisen die mystische Einigung mit Gott als Ziel menschlicher Existenz. Die mystische Bewegung war schon zuvor in zahlreichen Formen praktiziert worden, und die »mystischen Frauen« des 12. Jahrhunderts (Hildegard von Bingen, Elisabeth von Schönau) und religiöse Frauenbewegungen des 12. und 13. Jahrhunderts wie die von Flandern ausgehende »ekstatische Bewegung« können in gewisser Weise als Vorläufer gelten. Diese »ekstatische Bewegung«, die schon bald von den Bettelorden religiös betreut wurde, zog weite Kreise. Ohne hier im einzelnen die auch in der neueren Frauengeschichtsschreibung studierten gesellschaftlichen Hintergründe dieser religiösen Entwicklungen darstellen zu können, seien doch wenigstens die Namen einiger »heiliger Frauen« wie Mechtild von Magdeburg (gestorben 1282 oder 1294, Mechtild von Hackeborn (oder von Helfta, gestorben 1299) und Gertrud die Große (gestorben um 1302) genannt. Auch die klassische Zeit der deutschen Mystik war durchaus nicht nur eine Epoche der Männer, wie es in der Geschichtsschreibung oft suggeriert wird. Im schwäbischen Dominikanerinnenkloster Maria Medingen wirkte die (selige) Mystikerin Margarete Ebner (gestorben 1351); ihre Korrespondenz über Visionen ist die früheste erhaltene deutsche Briefsammlung. Ein Heiligsprechungsverfahren ist noch nicht abgeschlossen.

Die deutsche Mystik wirkte auch weiter im flandrischen Sprachraum. Die von dort ausgehende *Devotio moderna* zielte auf eine persönliche, innerliche Frömmigkeit. Ihr Begründer, Gerhard Groote (gestorben 1384) hatte sich zu monastischem Weltverzicht bekehrt. Der *Devotio moderna* kam es vor allem auf die *imitatio Christi* an, wie sie in der von Groote begonnenen und wahrscheinlich von Thomas von Kempen (gestorben 1471) verfaßten gleichnamigen Schrift erläutert wird. Die *Devotio moderna* verbreitete sich in ganz Europa, die Bursfelder Kongregation ist ihr nahe verwandt.

Wenn man als letzten Vertreter der deutschen Mystik (neben dem Patron der Innerschweiz, Nikolaus von Flüe) Nikolaus von Kues (gestorben 1466) nennt, so sei dessen Kritik an den vielen Feiertagen infolge der zahlreichen Heiligen- und Kirchenfeste in Erinnerung gerufen. Im Laufe eines Jahrtausends war eine Vielzahl neuer Heiliger zu Vertrauten des christlichen Volkes geworden, sie hatten Kirchen, Altäre, Gräber, Patronate erobert und waren dem Christen Vorbild und Begleiter durch Raum und Zeit, schließlich auch Mittler zu Gott. Wie viele es genau waren, läßt sich angesichts der unübersichtlichen Quellenlage allenfalls schätzen. Sicherlich änderten sich aber die Heiligen sowie der Umgang mit ihnen im Laufe eines Jahrtausends. Welten liegen zwischen dem frühmittelalterlichen Adelsheiligen und dem Christus suchenden Mystiker des Spätmittelalters. Und auch das »Volk« hat zu jeder Zeit unterschiedliche »Lieblinge«, die allerdings durch die Kirche und die politische Herrschaft massiv begünstigt werden konnten.

Eine Geschichte Deutschlands im Spiegel seiner Heiligen muß mit dem Zeitalter der Reformation abbrechen, wenn sie Deutschland in seiner Gesamtheit erfassen soll. Die Heiligen und insbesondere die Formen ihrer Verehrung haben gewiß auch dazu beigetragen, daß der Ruf nach Reform der Kirche erschallte. Ob sich deshalb die provokante These von Lionel Rothkrug als richtig erweist, die Reformation habe sich nur dort durchgesetzt, wo keine Reliquienkulte und insbesondere keine Marienwallfahrten bestanden hätten, bleibt allerdings vorerst noch zweifelhaft.

Wenn in diesem Beitrag hauptsächlich das Leben deutscher Heiliger dargestellt wurde, so ließe sich sicher ein weiteres (oder besser mehrere) Kapitel über ihre Nachwirkung in Kunst, Liturgie, Patrozinienwesen, Volksbrauch usw. anfügen. Denn wenn die Heiligen des Mittelalters wirklich »ein Jahrtausend prägten«, dann ist dies sicherlich am eindrucksvollsten dadurch zu belegen, daß ihr Einfluß bis heute anhält.

Bibliographische Hinweise

Mit den folgenden Hinweisen ist keine ausführliche oder gar vollständige Bibliographie beabsichtigt; es sollen lediglich einige Werke genannt werden, die beim Verfassen des Textes über die deutschen Heiligen herangezogen wurden. Unerwähnt bleiben die einschlägigen Nachschlagewerke zur mittelalterlichen Geschichte sowie die Lexika der Heiligen. Zitiert wird vor allem jüngere Literatur, durch die ältere Werke leicht erschließbar sind. Als allgemeine Werke seien genannt: Aaron J. Gurevič, *Mittelalterliche Volkskultur*, München 1987, führt gut in die spezielle Eigenart mittelalterlicher Heiligenverehrung ein; vgl. auch den Sammelband: *Volksreligion im hohen und späten Mittelalter*, hg. von Peter Dinzelbacher und Dieter R. Bauer, Paderborn 1987. Verschiedene der im Text erwähnten Heiligen sind mit weiteren Literaturverweisen behandelt bei: Werner Goez, *Gestalten des Hochmittelalters. Personengeschichtliche Essays im allgemeinhistorischen Kontext*, Darmstadt 1983 (vgl. insbesondere Ulrich von Augsburg und Papst Leo IX.) sowie in: *Gestalten der Kirchengeschichte*, Bd. 3 und 4, hg. von Martin Greschat, Stuttgart u. a. 1983 (vgl. vor allem G. Haendler: Bonifatius; W. Lammers: Ansgar, J. Bujnoch: Kyrill; K. Elm: Norbert von Xanten; E. Gössmann: Hildegard von Bingen; E. Gössmann: Elisabeth von Thüringen; G. Schwaiger: Albertus Magnus; D. Mieth: Meister Eckhart; L. Gnädinger: Johannes Tauler; H. G. Senger: Nikolaus von Kues). Die aus dem Lateinischen ins Deutsche übersetzten Quellenzitate entstammen – soweit in den Anmerkungen nicht anders angegeben – den von der Wissenschaftlichen Buchgesellschaft herausgegebenen Quellenbänden *Ausgewählte Quellen zur deutschen Geschichte des Mittelalters.*

Zu den römisch-germanischen Anfängen und zum Wirken der hl. Afra vgl. W. Sage, in: *Geschichte der Stadt Augsburg,* Stuttgart 1984, S. 100–115. Die Legende der hl. Ursula und ihrer Gefährtinnen hat zuletzt Frank Günter Zehnder, *Sankt Ursula, Legende, Verehrung, Bilderwelt,* Köln 1985, umfassend dokumentiert.

Die Zeit der irischen Mission ist durch die von Heinz Löwe herausgegebenen Sammelbände: *Die Iren und Europa im früheren Mittelalter,* I und II, Stuttgart 1982, unter den verschiedensten Aspekten erfaßt. Zur Rolle des frühen Mönchtums für die Entstehung des christlichen Europa vgl. Friedrich Prinz, *Askese und Kultur. Vor- und frühbenediktinisches Mönchtum an der Wiege Europas,* München 1989 sowie den ebenfalls von Friedrich Prinz herausgegebenen Sammelband: *Mönchtum und Gesellschaft im Frühmittelalter,* Darmstadt 1976 (*Wege der Forschung,* Bd. 312), der auch den Aufsatz von Karl Bosl *zum merowingischen Adelsheiligen* enthält. Zur Zeit der angelsächsischen Mission sind folgende Werke zu nennen: G. Kiesel, *Der heilige Willibrord im Zeugnis der bildenden Kunst,* 1969; Christian Beutler, *Die Entstehung des Altaraufsatzes. Studien zum Grab Willibrords in Echternach,* München 1978. Das Wirken des Bonifatius ist immer noch zusammenfassend am besten abgehandelt bei Theodor Schieffer, *Winfrid-Bonifatius und die christliche Grundlegung Europas,* Freiburg 1954, Nachdruck Darmstadt 1972 (der Nachdruck mit einem Nachwort zu der seit 1954 erschienenen Literatur).

Zum Typus des Adelsheiligen vgl. neben dem zitierten Aufsatz von Karl Bosl auch Martin Heinzelmann, *Bischofsherrschaft in Gallien. Zur Kontinuität römischer Führungsschichten vom 4. bis zum 7. Jahrhundert,* Zürich und München 1976; zu Severinus von Noricum: Friedrich Lotter,

Severinus von Noricum. Legende und historische Wirklichkeit. Untersuchungen zur Phase des Übergangs von spätantiken zu mittelalterlichen Denk- und Lebensformen, Stuttgart 1976 (umstritten, jedoch anregend). Die Person des hl. Liudger hat Alois Schröer, *Das geistliche Bild Liudgers*, in: *Das Erste Jahrtausend. Kultur und Kunst im werdenden Abendland an Rhein und Ruhr*, Textband I, Düsseldorf 1962, S. 194–215 (das mit einem Tafelband ausgestattete Sammelwerk ist auch für weitere Aspekte der vorgelegten Skizze herangezogen worden) beschrieben. Vgl. außerdem: Karl Hauck, *Apostolischer Geist im genus sacerdotale der Liudgeriden. Die »Kanonisation« Liudgers und Altfrieds Bischofsgrablege in Essen-Werden*, in: *Festschrift R. Schmidt-Wiegand*, Berlin 1986, S. 191–219.

Für die nordische Mission Ansgars ist als jüngstes Werk zu nennen: Karl H. Krüger, *Erzbischof Ansgar. Missionar und Heiliger*, in: *Mit Ansgar beginnt Hamburg*, Hamburg 1986, S. 35–66. Die Literatur zu Kyrillos und Methodios ist fast unübersehbar geworden, vgl. als zusammenfassende jüngere Studie: Heinz Löwe, *Cyrill und Methodius zwischen Byzanz und Rom*, in: *Gli Slavi occidentali e meridionali nell'Alto Medioevo*, in: *Settimane di studio del Centro italiano di studio sull'Alto Medioevo 30*, 1983, S. 631–686; eine deutsche Übersetzung der Viten hat mit einer Einleitung Joseph Schütz, *Die Lehrer der Slawen: Kyrill und Method. Die Lebensbeschreibung zweier Missionare*, St. Ottilien 1985, veröffentlicht.

Zu den Heiligen im späten Karolingerreich vgl. den Überblick von Heinz Löwe, *Lateinisch-christliche Kultur im karolingischen Sachsen*, in: *Angli e Sassoni al di qua e al di là del mare*, in: *Settimane di studio del Centro italiano di studio sull'Alto Medioevo 32*, Spoleto 1986, S. 491–531 zu den Sachsen. Das Mirakelbuch der hl. Walburga ist ediert von Andreas Bauch, *Ein bayrisches Mirakelbuch aus der Karolin-*

gerzeit. Die Monheimer Walpurgiswunder des Priesters Wolfhard, Regensburg 1979. Die Geschichte des Eremiten Meinrad samt der zitierten Quellen findet sich in dem Band: *Sankt Meinrad. Zum elften Zentenarium seines Todes, 861–1261,* Einsiedeln, Zürich, Köln 1961.

Zu Hrabanus Maurus vgl. zuletzt die beiden Sammelbände: *Hrabanus Maurus und seine Schule. Festschrift der Rabanus-Maurus-Schule 1980,* hg. von Winfried Böhne, Fulda 1980, sowie *Hrabanus Maurus, Lehrer, Abt und Bischof,* hg. von Raymund Kottje und Harald Zimmermann (Akademie der Wissenschaften und der Literatur Mainz, Abhandlungen der geistes- und sozialwissenschaftlichen Klasse 4), Wiesbaden 1982; beide mit zahlreichen einschlägigen Beiträgen.

Das Wirken Ulrichs von Augsburg hat Georg Kreuzer in *Geschichte der Stadt Augsburg,* Stuttgart 1984, S. 115–121 behandelt. Der Reichsepiskopat ist jetzt umfassend von Herbert Zielinski, *Der Reichsepiskopat in spätottonischer und salischer Zeit (1002–1125),* Stuttgart 1984, prosopographisch aufgearbeitet worden. Zum Kult des heiligen Mauritius vgl. Maurice Zufferey, *Der Mauritiuskult im Früh- und Hochmittelalter,* in: *Historisches Jahrbuch 106,* 1986, S. 23–58. Patrick Corbet, *Les saints ottoniens. Sainteté dynastique, sainteté royale et sainteté féminine autour de l'An Mil,* Sigmaringen 1986, hat insbesondere die heiligen Frauen der sächsischen Dynastie in den Vordergrund seiner Untersuchungen gestellt. Zur Entwicklung des Typus der »heiligen Frauen« vgl. auch die Beiträge in dem Sammelband: *Frauen in der Geschichte,* Düsseldorf 1986 (S. 272–294: Susanne Wittern zu den merowingischen Königinnen Radegundis und Bathildis). Jüngst hat Klaus Guth einen äußerst anschaulichen Band: *Die heiligen Heinrich und Kunigunde. Leben, Legende, Kult und Kunst,* Bamberg 1986, herausgebracht.

Den religiösen Umbruch zur Zeit des Investiturstreites

haben zuletzt zusammenfassend beschrieben: Ernst Werner und Martin Erbstößer, *Ketzer und Heilige: Das religiöse Leben im Hochmittelalter*, Berlin-O. 1986 und Wien, Köln, Graz 1986. Der Forschungsstand über das Wirken Norberts von Xanten ist in dem Sammelband: *Norbert von Xanten. Adliger, Ordensstifter, Kirchenfürst*, hg. von Kaspar Elm, Köln 1984, dokumentiert. Wilfried M. Grauwen, *Norbert, Erzbischof von Magdeburg*, Duisburg, 2. Aufl. 1986, konzentriert sich auf das Wirken Norberts als Bischof. Die Mission Ottos von Bamberg hat in umfassendem Zusammenhang Jürgen Petersohn, *Der südliche Ostseeraum im kirchlich-politischen Kräftespiel des Reichs, Polens und Dänemarks vom 10. bis 13. Jahrhundert. Mission – Kirchenorganisation – Kultpolitik*, Köln – Wien 1979, aufgearbeitet; vgl. jüngst auch: Gerd Zimmermann, *Bamberg und Pommern*, in: *Vierteljahresschrift für Wissenschaft, Erziehung und Unterricht* 32, 1986, Heft 3, S. 107–116.

Zur Legitimation von Dynastien, insbesondere während der Stauferzeit, vgl. den Aufsatz von Gábor Klaniczay in: *Continuity and Change. Political Institutions and Literary Monuments in the Middle Ages*, hg. von Elisabeth Vestergaard, Odense 1986, S. 61–86; zur späteren Zeit vgl. auch André Vauchez, *Beata stirps: sainteté et lignage en Occident aux XIIIe- et XIVe siècles*, in: Georges Duby und Jacques Le Goff, *Familie et parenté dans l'Occident médiéval*, Rom 1977, S. 397–406. Zu den Heiligen Drei Königen vgl. Hans Hofmann, *Die Heiligen Drei Könige. Zur Heiligenverehrung im kirchlichen, gesellschaftlichen und politischen Leben des Mittelalters*, Bonn 1975, sowie den Ausstellungskatalog: *Die Heiligen Drei Könige, Darstellung und Verehrung*, Köln 1982 (mit zahlreichen Einzelbeiträgen). Der heilige Leopold ist im Gedenkjahr 1985 vielfach Gegenstand der Diskussion geworden; vgl. *Der Heilige Leopold. Landesfürst und Staatssymbol*, Katalog der niederösterreichischen Landesausstellung 1985,

Wien 1985, sowie Floridus Röhrig, *Leopold III. der Heilige*, Wien, München 1985, dessen Buch auch die verwendeten Quellenzitate entnommen sind.

Die weiblichen Heiligen des Spätmittelalters und ihre Verehrung hat Ortrud Reber, *Die Gestaltung des Kultes weiblicher Heiliger im Spätmittelalter*, Hersbruck 1963, beispielhaft an den heiligen Frauen Elisabeth, Klara, Hedwig und Birgitta aufgezeigt. Die Kanonisationsakten hat für das 13. Jahrhundert Michael Goodich, *Vita perfecta. The Ideal of Sainthood in the Thirteenth Century (Monographien zur Geschichte des Mittelalters*, Band 25), Stuttgart 1982, untersucht und einige typische Merkmale der kanonisierten Heiligen herausgearbeitet. Umfassender und tiefgehender ist die Arbeit von André Vauchez, *La sainteté en Occident aux derniers siècles du Moyen Age d'après les procès de canonisation et les documents hagiographiques*, Rom 1981. Einige Aspekte spätmittelalterlicher Heiligenverehrung und Frömmigkeit hat Ludwig Schmugge, *Die Pilger*, in: *Unterwegssein im Spätmittelalter*, hg. von Peter Moraw, *Zeitschrift für Historische Forschung*, Beiheft 1, 1985, S. 17–47 hervorgehoben. Der abschließend zitierte Lionel Rothkrug hat seine These vor allem in folgendem Werk dargelegt: *Religious Practices and Collective Perceptions: Hidden Homologies in the Renaissance and Reformation*, in: *Historical Reflexions* 7,1, 1980 S. 1–266.

Anmerkungen

I. Eine große Schar

1. Es ist durchaus vorstellbar, daß Spanien als römische Provinz von einem der Apostel christianisiert worden war.
2. Bereits 950 – also eineinhalb Jahrhunderte bevor Aimery Picaud seinen Bericht abfaßte – pilgerte Godeschalk, der Bischof von Le Puy, mit einer großen Anzahl seiner Schäflein nach Compostela.
3. Wir zitieren nach der sehr bemerkenswerten Ausgabe Jeanne Vieillards, *Le Guide du pèlerin de Saint-Jacques-de-Compostelle. Texte latin du XIIe siècle*, herausgegeben und ins Französische übersetzt nach den Handschriften von Compostela und von Ripoll. Mâcon, Protat 1950. Deutsch: Klaus Herbers, *Der Jakobsweg. Mit einem mittelalterlichen Pilgerführer unterwegs nach Santiago de Compostela*, 2. Auflage, Tübingen 1986.
4. Dieser Schrein verschwand vermutlich während der Religionskriege.
5. Paul Zumthor, *Histoire littéraire de la France médiévale VIe – XIVe s.*, Paris, P.U.F., S. 81, 1954.

II. Die Anfänge der Geschichte

1. Apg 25/13–20.
2. Apg 2/5–11.
3. Apg 2/23–24, 24–32, 37–38.
4. Apg 2/42–47.
5. 1 Kor 2.
6. 2 Kor 1.
7. 2 Kor 12.
8. 1 Petr 2/9.
9. Apg 3/12.
10. Apg 5/3.

11. Apg 8.
12. Apg 5/11.
13. Apg 6/4.
14. Apg 5/11.
15. Es geht darum, daß Petrus eines Tages gegen seine eigene Entscheidung verstieß, nicht hinsichtlich der Beschneidung, sondern einer anderen jüdischen Vorschrift in bezug darauf, ob man seine Mahlzeiten zusammen mit Heiden einnehmen dürfe oder nicht. In seinem Galaterbrief sollte Paulus ihm deswegen heftige Vorwürfe machen (Gal 2/11 ff.).
16. Wir zitieren nach Jean Daniélou und Henri Marrou, *Nouvelle Histoire de l'Eglise*, Paris, le Seuil, 1963, Bd. I, S. 206.
17. Alle diese Texte sind nach der Ausgabe von France Quéré, *Les Pères apostoliques. Écrits de la primitive Église* zitiert. Hier Abs. 30/1,3.
18. Ibid., Abs. 38/1,2.
19. Ibid., Abs. 2.
20. Ibid., Abs. 5.
21. Ibid., Abs. 35/2.
22. Ibid., Abs. 46/5–6.
23. Ibid., Abs. 50/2; Abs. 51/1.
24. Ibid., Abs. 38/1.
25. Ibid., Abs. 41/1.
26. Ibid., Abs. 8.
27. Ibid., Abs. 14/1.
28. Ibid., Abs. 11/12.
29. Ibid., Abs. 12/4.
30. Siehe F. Quéré, *op. cit.*, S. 105–155.
31. Näheres über diese sehr bekannten Märtyrer ist nachzulesen in der Zeitschrift *Missi*, 1981, 4–5, S. 128/129.
32. Ausgabe F. Quéré, S. 45.
33. Ibid., S. 153.

34. Ibid., S. 227.
35. Siehe die Quellen dieser Texte im genannten Werk von Daniélou-Marrou, Bd. I, Kap. VII.
36. In der altchristlichen Abteilung der Vatikanischen Museen sieht man diese Arkaden auf den christlichen Sarkophagen.

III. Das Feld wird bestellt

1. Diese Kämpfe begannen, ebenso wie die Irrlehren selbst, bereits in apostolischer Zeit; Beweis sind die Briefe der Apostel Paulus und Petrus.
2. Wir verweisen auf die neue Ausgabe des Werkes von Henri Ghéon, *Saint Martin, l'évêque des païens,* Culture et promotion populaire 1981.
3. Siehe Charles Higounet, *L'Écriture,* P.U.F., *Coll. que sais-je?* Nr. 653, besonders S. 96 ff.
4. Wir zitieren nach Daniel-Rops, *Le Miracle irlandais,* Paris, R. Laffont 1956, besonders S. 28 ff.
5. Ibid., S. 31.
6. Diese Statue befindet sich an der Dee-Mündung, nicht weit von der Stadt Wicklow.
7. Es handelt sich wohl um König Guntram, obwohl der Biograph Jonas von Sigibert spricht.
8. Brunhilde und Theuderich besiegten schließlich König Theodebert.
9. Matthäus 3/7–12.
10. Übrigens ist nicht allgemein bekannt, daß die Psychoanalyse im Prinzip nur auf das Unbewußte abzielt, während die Beichte allein das bewußt Getane interessiert.
11. Siehe seine Artikel in *Bibliothèque de l'École des Chartes,* Bd. 131 und 132 (1973), S. 21–104 und 369–485.
12. Ibid., S. 421.
13. Dom Jacques Dubois und Laure Beaumont-Maillet, *Sainte Geneviève de Paris,* Beauchesne 1982.

14. Siehe das Werk der Marquise de Maillé, *Les Cryptes de Jouarre*, Paris, Picard, 1971, besonders S. 13–57.
15. Siehe das Sammelwerk *Sainte Fare et Faremoutiers. Treize siècles de vie monastique*, mit einem Vorwort von Gabriel Le Bras, Abtei Faremoutiers 1956.
16. Wir verweisen auf die verschiedenen Broschüren über die Kathedrale von Ely, verlegt in der Sammlung Pitkin, London 1980, und auch auf die Studie von C. J. Stranks, St. *Etheldreda Queen and Abbess*, Ely 1975.

IV. Vereint in »Brot und Speis«

1. Eph 5/32.
2. Brief des Ignatios von Antiocheia in der oben zitierten Ausgabe, Abs. 5/2.
3. Brief des Ignatios von Antiocheia an die Epheser, Abs. 19/1.
4. Da das Griechische, in dem das Evangelium abgefaßt ist, für Bruder und Vetter nur ein Wort, *adelphos*, hat, kam es natürlich zu Mißverständnissen. Die Geschichte von Jesus im Tempel wurde übrigens zweimal meisterhaft kommentiert: im 12. Jahrhundert durch Aelred de Rievaulx und im 20. Jahrhundert durch R. P. Brückberger in seinem Werk *La Révélation de Jésus-Christ*, Paris, Grasset, 1983.
5. *La Sainteté en Occident*, S. 617.
6. Wir verweisen auf die Studie von Cambell (J.), *Les Vies occitanes de saint Auzias et de sainte Dauphine*, Rom 1963. Vom selben Autor *Le Procès de canonisation de Delphine*, Apt 1962.
7. Dieses Problem behandelte Kardinal Henri de Lubac in seinem Werk *La Postérité spirituelle de Joachim de Flore*, Paris, Lethielleux, 1979.
8. Der Kanonisationsprozeß der Birgitta von Schweden erschien 1924–1930 in Stockholm bei I. Collijn.

9. Diese ungarische Krone (einige Fachleute datieren sie übrigens erst ins 12. Jh.) war im letzten Weltkrieg sicherheitshalber in die Vereinigten Staaten gebracht worden; am 6. Januar 1978 wurde sie im Lauf einer Plenarsitzung des Parlaments in Budapest der Volksrepublik Ungarn zurückgegeben.
10. Auf diese verschiedenen Fragen wird in den *Actes* des Kolloquiums von Paris im Juni 1976 Bezug genommen, besonders in dem Artikel von André Vauchez, *Beata Stirps*. Das Kolloquium hatte zum Gegenstand *Familie und Verwandtschaft im Abendland des Mittelalters.*
11. Besonders genannt sei von Léon Van der Essen, *Le Siècle des saints*, Brüssel 1943.
12. *Histoire de l'Église* von Daniélou-Marrou, Bd. I, S. 312.
13. Das Thema wurde von Pierre Riché erschöpfend behandelt. Siehe insbesondere sein grundlegendes Werk *Éducation et culture dans l'Occident barbare*, le Seuil, 1967. Sehr empfehlenswert ist auch seine kleine Arbeit *De l'éducation antique à l'éducation chevaleresque*, Flammarion, Sammlung *Questions d'histoire*, 1968.
14. Dieser Text findet sich neben vielen, sehr gut ausgewählten weiteren Texten in dem Werk *Saint Benoît et ses fils, textes bénédictins*, ins Französische übersetzt von den Mönchen von Hautecombe. Paris, Fayard, 1961, in der Sammlung *Textes pour l'histoire sacrée.*
15. Wir verweisen auf die Werke Jean Gimpels, besonders auf *La Révolution industrielle du Moyen Age*, le Seuil, 1975.

V. Mystisches Leben und »Mittlerer Weg«

1. *Livre des œuvres divines*, übersetzt von Bernard Garceix, Albin Michel, Paris 1982.
2. Ibid., S. XXVIII.

3. Wie auch im letzten Jahrhundert, 1870, das enzyklopädische Werk der Herrad von Landsberg, Äbtissin von St. Odilienberg, *Der Lustgarten* verschwunden ist.
4. Man fragt sich, warum solche Werke noch nicht vollständig, wie es erforderlich wäre, reproduziert wurden, so wie die Vatikanische Bibliothek durch solche Maßnahmen nach und nach die schönsten ihrer Handschriften der ganzen Welt zur Verfügung stellt.
5. Hildegard von Bingen, *Wisse die Wege (Scivias). Nach dem Originaltext des illuminierten Rupertsberger Kodex,* ins Deutsche übertragen und bearbeitet von Maura Böckeler. Otto Müller Verlag, Salzburg 1954, II. Buch, 1. Vision, S. 147 f.
6. Ibid., II. Buch, 3. Vision, S. 159.
7. Ibid., II. Buch, 4. Vision, S. 169.
8. Ibid., II. Buch, 2. Vision, S. 154.
9. Eduard Gronau, *Hildegard von Bingen.* Pattloch, Aschaffenburg 1985, S. 356 f.
10. Firma Hamonia Mundi, Plattentitel: *Ordo Virtutum sequentia.*
11. *Albanès, Vie de sainte Douceline,* Marseille 1873. Edition R. Gout, Paris 1927. Siehe die Artikel von C. Carozzi in den *Cahiers de Fanjeaux* 10 und 11 (1975, 1976).
12. Er wurde bald danach, um 1262, ihr Provinzial, bevor er 1272 zum Bischof von Orange ernannt wurde.
13. Das Hauptwerk über die Beginen ist das von E. Mac Donnell, *The Beghines and Beghards in Medieval Culture with special emphasis on the Belgian scene,* New Brunswick 1954.

VI. Die Heiligen und die Macht

1. Joh 19/12.
2. Joh 19/10–11.
3. Unsere Information stammt aus Adhémar d'Alès, *Priscil-*

lien et l'Espagne chrétienne à la fin du IVe siècle, Paris, Beauchesne, 1936.

4. Papst Gregor IX., der so die kanonische Inquisiton einsetzte (die er in die Hände der Bettelorden, der Dominikaner und Franziskaner, legte), war zugleich ein überzeugter Verfechter der Gedankenfreiheit und unterstützte in diesem Sinne die Universität von Paris, als sie 1229 in Schwierigkeiten geriet und gegen die Königin von Frankreich, Blanca von Kastilien, und gegen den päpstlichen Legaten, Frangipani, streikte.
5. Wir möchten darauf hinweisen, daß dank der Kolloquien von Fanjeaux und der *Cahiers*, wo sie jedes Jahr veröffentlicht werden, das Wissen um die Geschichte der Inquisiton beträchtlich erneuert wurde.
6. *La Femme au temps des cathédrales*, Stock, 1980.
7. Die gleiche oder fast die gleiche Zeitspanne wie zwischen dem Tod Heinrichs IV. und dem Sturz Napoleons.
8. Er schrieb sein Werk *L'Histoire des Francs* zwischen 576 und 591. Da er etwa dreißig Jahre nach Chlothildes Tod (545) in Tours lebte, konnte er über sie und ihre Familie noch Informationen von Augenzeugen sammeln.
9. Siehe den Artikel von P. A. Sigal, *Les miracles de saint Gibrien à Reims* in *Annales E.S.C.*, XXIV, 1969, S. 1522–1539.
10. Wir haben an anderer Stelle dieses so bedeutende Werk *Les Origines et l'Évolution de la tradition courtoise en Occident*, erschienen in fünf Bänden in Paris bei Champion, 1958 bis 1963, kurz zusammengefaßt.
11. Op. cit., Bd. 1, S. 57.
12. Edmond Bordier, *Vivant saint Edmond, roi et martyr*, Paris, Ed. du Cèdre, 1961.
13. Ibid., S. 58.

14. Wir verweisen auf das wichtige Werk von Jean-Pierre Cuvillier, *L'Allemagne médiévale. Naissance d'un État*, Paris, Payot, 1979.
15. Cuvillier, op. cit., S. 283.
16. Beide Werke erschienen 1983, das erste bei Fayard, das zweite bei Tallandier.
17. Das sehr vollständige Werk von Dora M. Bell enthält alle wichtigen Texte zu diesem Thema: *L'Idéal éthique de la royauté en France au Moyen Age, d'après quelques moralistes du temps*, Genf 1972. Wir haben uns mit dem Thema in unserem Werk *Christine de Pisan*, Calmann Lévy, 1982, befaßt.
18. Siehe Charles Journet, *Saint Nicolas de Flue*, Fribourg, Ed. Saint Paul, Neuauflage 1980.

VII. Reliquien, Wunder und Legenden

1. Zitate aus dem Werk von Marignan, *Le Culte des saints sous les Mérovingiens*, Paris 1899, das sehr typisch ist für die damalige Einstellung. Siehe N. Herrmann Mascard, *Les Reliques des saints. Formation coutumière d'un droit*, Klincksieck, 1975.
2. Wir verweisen besonders auf das sehr schöne Werk von Marie-Madeleine Gauthier, *Les Routes de la foi. Reliques et reliquaires de Jérusalem à Compostelle*, Paris, Bibliothèque des Arts, 1983. Siehe auch *L'Art gothique*, von A. Erlande-Brandebourg, Paris, Mazenod, 1983; vgl. S. 83 ff., 109 ff.
3. Raymonde Foreville, *Le Livre des miracles de saint Gilbert de Sempringham*, Paris, Bloud et Gay, 1943.
4. Hierzu die gängige Ausgabe der *Légende dorée*, herausgegeben von Téodor de Wyzewa, Paris, Perrin, 1917.
5. Ziffer der Urkunde: J. 442, Nr. 19.
6. Siehe *La Basilica dei santi Felice e Fortunato in Vicenza*, herausgegeben vom Banco popolare di Vicenza, 1979, 2 Bde.

7. In Buch II seiner *Dialogues*.
8. Die geniale Erfindung Gutenbergs bestand bekanntlich in der Verwendung beweglicher Lettern, die unendlich oft benutzt werden konnten.
9. Dazu D. Colombani, *La Liturgie dans les miracles de Notre-Dame de Gautier de Coinci*. Erschienen in *Mosaic*, XII, 2, 1979, University of Manitoba.

VIII. Wie sie als Heilige anerkannt werden

1. Marignan, *op. cit.*
2. Schon das erste Provinzialkonzil von Tours 461 sprach von dem Fest des heiligen Martin als von einer seit langem üblichen Feierlichkeit.
3. Vauchez, *La Sainteté en Occident*, S. 166.
4. Daher der Fehler, der sich in das im übrigen sehr bemerkenswerte Werk Dr. Frédéric Jeannins, *La Mort du luxe*, Nouvelles Éditions latines, Paris 1983, eingeschlichen hat: die 1294 kanonisierten Heiligen, auf die er anspielt, wurden zwischen dem 13. und dem 19. Jahrhundert heiliggesprochen (S. 136).
5. Für die Zeit davor bezeugte der heilige Cyprian (gestorben 258) die festliche Begehung des Geburtstages des heiligen Polykarpos, Bischof von Smyrna, der 155 den Martertod starb.
6. Vauchez, *La Sainteté en Occident*, S. 35.
7. Ibid., S. 42–43.
8. Vacant-Mangenot, *Dictionnaire de théologie catholique*, Bd. XIV, Col. 974.
9. Begebenheit laut Msgr. P. M. Brun, *Les péripéties de la canonisation de sainte Jeanne d'Arc*, in *Bulletin de la Société archéologique et historique de l'Orléanais*. Neue Serie, Bd. VI, Jahrgang 1970, Nr. 43, S. 121–134.

Für die Übersetzung aus dem Französischen wurde zitiert nach:

Bibliothek der Kirchenväter, Die Apostolischen Väter, Übersetzung: Dr. Franz Zeller, Kösel Verlag, München 1918.
Einheitsübersetzung der Heiligen Schrift, Katholische Bibelanstalt, Stuttgart 1980.

Die deutschen Heiligen im Mittelalter

1. *Monumenta Germaniae Historica, Epistolae*, III, 1892, S. 269; deutsch: W. Lautemann, *Geschichte in Quellen*, II, 1970, S. 44.
2. Ibid., 45 f.
3. *Annales Regni Francorum* zum Jahr 749, lateinisch-deutsch, hg. von Reinhold Rau, *Ausgewählte Quellen zur deutschen Geschichte des Mittelalters*, 5, Darmstadt 1968, S. 14 f.
4. *Vita Severini*; deutsch: *Herrschaft, Gesellschaft, Wirtschaft, Quellenband I*, Donauwörth 1973 (Friedrich Lotter), S. 64 (vgl. jetzt auch die lateinisch-deutsche Ausgabe von Theo Nüßlein, Reclams Universalbibliothek 8285, 1986).
5. Ibid., S. 70 f.
6. *Vita Ansgarii 25*; deutsch: R. Buchner, *Ausgewählte Quellen zur deutschen Geschichte des Mittelalters*, 11, Darmstadt 1968, S. 85–87.
7. *Vita Ansgarii 42*, ebenda S. 133.
8. *Vita Meinradi*; lateinisch-deutsch: *Sankt Meinrad. Zum elften Zentenarium seines Todes*, Einsiedeln, Zürich, Köln 1961, S. 37 bis 39.
9. Josef Leinweber, *Das Bild des Hrabanus Maurus im Spätmittelalter und in der Zeit des Humanismus*, in: *Hrabanus Maurus und seine Schule. Festschrift der Rabanus-Maurus-Schule 1980*, hg. von Winfried Böhne, Fulda 1980, S. 202.
10. Ibid., S. 203.
11. *Vita Norberti*; lateinisch-deutsch: Hatto Kallfelz, *Ausge-*

wählte Quellen zur deutschen Geschichte des Mittelalters, 22, Darmstadt 1973, S. 459.

12. Ibid., S. 473.
13. Ibid., S. 485–487.
14. Ibid., S. 515.
15. Heiligsprechungsbulle Innozenz' VIII. vom 6. Januar 1485; deutsch: Floridus Röhrig, *Leopold III., der Heilige, Markgraf von Österreich*, Wien, München 1985, S. 161–162.

Personenregister

Eugen Drewermann im dtv

Foto: Klaus Bäulke

Kleriker
Psychogramm eines Ideals
Die schonungslose Analyse des inneren Zustandes der katholischen Kirche deckt deren psychische Strukturen und unbewußte Hintergründe auf.
dtv 30010

Tiefenpsychologie und Exegese 1
Die Wahrheit der Formen
Traum, Mythos, Märchen, Sage und Legende
dtv 30376

Tiefenpsychologie und Exegese 2
Die Wahrheit der Werke und der Worte
Wunder Vision, Weissagung, Apokalypse, Geschichte, Gleichnis
dtv 30377

»Ich steige hinab in die Barke der Sonne«
Meditationen zu Tod und Auferstehung
Quer durch die abendländische Literatur-, Geistes- und Religionsgeschichte spürt Drewermann dem uralten und seit je zentralen Menschheitsthema Tod und Hoffnung auf Unsterblichkeit, auf Auferstehung nach.
dtv 30437

Lieb Schwesterlein, laß mich herein
Grimms Märchen tiefenpsychologisch gedeutet
dtv 35050

Rapunzel, Rapunzel, laß dein Haar herunter
Grimms Märchen tiefenpsychologisch gedeutet
dtv 35056